戦時下の日本仏教と南方地域

大澤広嗣

法藏館

戦時下の日本仏教と南方地域＊目次

第Ⅱ部　南方進攻と仏教学者の関与

凡　例

（1）資料からの引用について、旧字体の漢字は、常用漢字に基づく字体に置換した。ただし人名・大学名・機関名などの固有名詞において、一部に旧字体のものがある。誤植は必要に応じて訂正し、句読点を補った。歴史的仮名遣いの資料は、そのまま引用した。

（2）引用文について、文中における亀甲括弧〔　〕は、筆者による補足である。引用文における「……」は中略、「／」は改行を意味する。引用文にある傍点は、特記のない限り引用した筆者によるものである。原文にない振り仮名は、必要に応じて付した。

（3）年次の表記について、内容把握の便宜を考慮して、西暦を主として必要に応じて和暦を併記した。法令は、和暦に基づいて公布されているため、和暦で記した。

（4）引用文献について、新聞及び雑誌は、各章注記の初出に発行元を記載して、以降は省略した。原本から復刻した文献の場合は、必要に応じて書誌情報を併記した。

（5）人物の生没年について、各章での主要な人物のみ適宜に記載した。

（6）仏教宗派は、当時の名称に従った。ただし文脈で必要に応じて、現在の名称にした箇所がある。

戦時下の日本仏教と南方地域

本書に関連する国と地域（1941〈昭和16〉年）

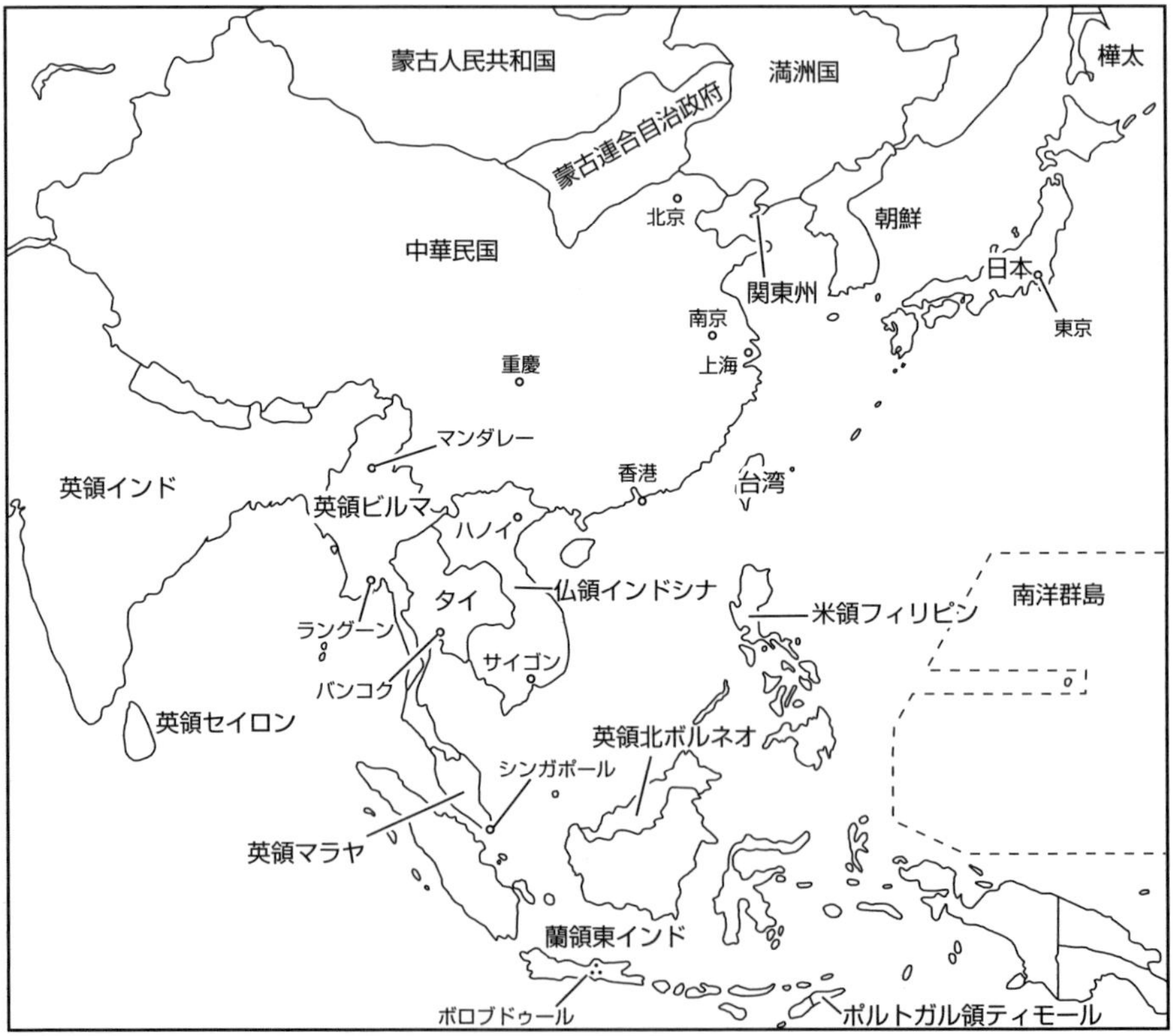

序論

第一節　問題の所在

1　研究の目的

今日、我が国と東南アジアは、政治、経済、文化などの諸分野で交流が盛んであり、仏教界でも、関係が深い。例えば、連合組織である公益財団法人全日本仏教会では、世界仏教徒連盟（ＷＦＢ）の加盟を通じて、東南アジアの仏教徒と交流する。高野山真言宗はバンコクにある日本人納骨堂に堂守を務める僧侶を派遣し、曹洞宗の関係者はシンガポール日本人墓地で毎年の慰霊法要を行い、日蓮宗は法華系新宗教からの改宗者に対してマレーシアで布教活動をしている。または日本人でありながら、個人の資格で、現地の僧院で出家して、上座仏教の瞑想を実践する人々がいる。一方、現地からは、日本の仏教系大学に留学する僧侶や、日本に進出してきたタイ仏教の寺院が少なからず見られ、またベトナム仏教の寺院が日本の宗教法人として認証を受ける例がある。

そもそも「東南アジア」は、現代の地域概念である。大陸部（ミャンマー、タイ、ラオス、カンボジア、ベトナムの五か国）と島嶼部（インドネシア、マレーシア、フィリピン、シンガポール、ブルネイ、東ティモールの六か国）に区分される。地域協力機構である東南アジア諸国連合（ＡＳＥＡＮ）は、東ティモールを除く一〇か国が加盟する。

このうち仏教徒は、大陸部を中心に多い。ミャンマー、タイ、ラオス、カンボジアは上座仏教で、ベトナムは漢訳仏典を用いる大乗仏教である。また大陸部と島嶼部の各地には、華僑・華人が居住して、仏教や道教を信仰する。

その東南アジアは、かつて「南洋」や「南方」と呼ばれ、第二次世界大戦中においては、日本の勢力下にあった。日本はフランス領のインドシナ（現、ベトナム、ラオス、カンボジア）に武力進駐を行い、東南アジア地域で唯一の独立国であったタイとは同盟関係を結び、日本陸軍の部隊が駐屯した。連合国の植民地であったイギリス領ビルマ・マラヤ（現、マレーシア）・シンガポール・北ボルネオ、オランダ領東インド（現、インドネシア）、アメリカ領フィリピンを占領して、軍政を実施した。また中立国ポルトガル領のティモールを日本は占領した。その後、ビルマとフィリピンは独立したが全くの日本の影響下にあった。東インドは独立が準備されたが、日本の敗戦により中止されることとなった。

戦時下に、日本の仏教界では、政府や軍部の命令により同地に日本人僧侶や仏教学者を派遣した。彼らは、武力進攻前に情報収集などの諜略活動に関わり、進攻当初における宣撫工作に従事して、占領後には宗教行政を担当する行政職員として着任し、仏教を通した文化工作活動の実施に協力するなど、随所で関わっていた。

日本影響下の東南アジアに関する研究は、これまで多くの成果が蓄積されてきた。しかし、本書で扱う日本の仏教界による現地への関与について、横断的に着目した研究は、今までに皆無であったといってよい。一九四五（昭和二〇）年の敗戦から、長い年月が経過した。当時の活動に関わった生存者の減少による記憶の風化が見られるが、一方でこれまで言及が回避されてきた東南アジアに対する日本仏教の関わりについて、ようやく実証的に研究することができる時期に来たともいえる。

戦時下の日本仏教は、東南アジアに対してどのような関与をなしたのか。その関与は、国家のいかなる指示系統で施策が実行されて、仏教界関係者が動員されていたのか。そして、仏教界から国策協力としていかなる働きかけがあったのか。宗教研究の立場からそれを明らかにすることが本書の狙いである。

2 課題と方法

本書の課題は、「南方進攻における日本仏教の応用」の具体的内容について、明らかにすることである。ここでの「応用」とは、政府や軍部により仏教者を動員した諸活動を指し、布教活動が主たる目的ではないことに留意されたい。対する仏教側でも、調査活動と文化工作を通して南方地域での影響力拡大を行ったのである。いわばそれは、日本仏教による南方進出の「方便」であった。

この「南方進攻における日本仏教の応用」については、二つの方法から接近できる。第一に、政府と軍部から仏教界に対する諸施策の実態を分析する方法である。第二には、諸施策を受けた仏教界の対応を分析する方法である。

本書でこの方法を採るのには、理由がある。それは宗派史観では、叙述に限界があるためである。日本仏教による南方地域への関与は、仏教各宗派が主体ではなかった。仏教界と政府・軍部は、協働関係にあり、両者の間で連絡回路の役割を果たしたのが、仏教界の連合組織である財団法人大日本仏教会である。政府や軍部の命令を受けた仏教界の連合組織が、各宗派に対して人員と資金の取りまとめを行い、各種の活動と事業を実施していたのである。従来の研究手法で多く見られた仏教宗派が作成した資料を用いて、その宗派を分析の枠組みとする「宗派史観」では、この課題を分析することができない。そのため本書では、特定の仏教宗派を分析の枠組みとはせず、仏教界を横断的に見ていくこととしたい。

次に、本書の表題の用語を説明する。「戦時下」とは、一九三七（昭和一二）年に勃発した日中戦争の長期化を受け、政府が事態の解決のため、南方進出政策を本格化させた一九四〇（昭和一五）年を経て、一九四一（昭和一六）年の対米英の宣戦布告から一九四五（昭和二〇）年の敗戦に至るまでの時期とする。

「日本仏教」とは、仏教宗派及び仏教界の連合組織を指す。設立の法的根拠について、仏教宗派は戦時下に施行された統制法の一つである「宗教団体法」に基づき、主務大臣である文部大臣から設立認可を受けた。また仏教界の連合組織である財団法人仏教連合会（後の財団法人大日本仏教会）は、「民法」に基づき文部大臣から設立許可を受けた公益法人である。この視点を用いるのは、政府と宗教団体の関係を見る際に、法制度の枠組みを踏まえることが重要なためである。さらに、その周辺にいた特定の仏教宗派には属さない組織とその関係者も記述の対象とする。

また本書では、当時に使われた「南方」という地域呼称を用いることとし、今日一般に呼称される「東南アジア」という地域呼称を用いなかった。そもそも日本は、明治期から対外拡張を進め、日清戦争後に台湾、日露戦争後に樺太、遼東半島先端を得た後に、朝鮮半島を併合した。昭和前期には中国東北部に満洲国を建国して、日中戦争で中国を占領地とするなど、東アジア地域に領域を拡大した。その間の大正期には、第一次世界大戦の講和を受けて国際連盟により、日本がミクロネシアのドイツ領南洋群島の委任統治を行うことになった。日本統治下での南洋群島は、「内南洋」とも呼ばれ、それ以外の東南アジア島嶼部と南太平洋は「外南洋」と呼称された。ただし明治期において、「南洋」と使う場合、おおまかに現在の東南アジアと大洋州を指す地域概念であった。やがて昭和一〇年代から日本の南進政策が展開されると、東南アジアに対して戦略的な関心が増大した。この頃から、「南洋」を含めた地域概念として、「南方」という呼称が頻出して、しばしば「南方共栄圏」と呼ばれるが、開戦後は、その南方占領地を拡大していくのである。本書では、戦時下の当該地域に対する仏教界の関与を分析するため、当時の地域呼称に従った。

本書で使用する資料について、主に日本側の資料を用いるため、日本中心の内容となることを予め断らねばならない。そのため、日本の仏教者による現地の民衆との関わりについての言及が少ないが、これは日本の植民地主義について、目をつぶるものではない。南方地域で使われる言語は、各々の旧宗主国の言語と現地の言語が共存するため、極めて多種多様のものとなる。それら各々の言語で記述された資料を均等に扱うことは容易ではない。しかしながら、戦時下における日本仏教と南方地域の関わりは、多岐にわたる問題がありながら、先行研究が少なかった。そこで、まず本書では日本側からの関与の実態を考察することを主眼として、現地側の視点による日本仏教に対する評価や批判については、後続の研究による補完を期したい。

第二節　先行研究の整理

本書の研究領域は、主には近代日本仏教研究、日本勢力下東南アジア研究に関わる。ここでは先行研究を整理して、本書の位置を示そう。

まず近代日本仏教研究については、アジア関与についての研究と接点がある。研究課題としては、仏教宗派による海外布教、現地での教育事業や社会事業、仏教者の遺跡探検や留学などである。このなかで、最も関心を払われてきた領域が、海外布教であったといえよう。それは、日本人が移り住むところには神社が建てられ、各宗派の寺院や布教所が現地に建立されていったことでも理解できる。

日本仏教のアジア布教については、台湾と朝鮮が早くに領有化されたため、各宗派では現地に人員を派遣して、順次に布教の拠点を建設した。いわば関与した時期と規模が長大であり、またその活動が各宗派発行の機関誌や仏教系新聞において随時に記録されたため、研究資料として入手できる機会が、他の地域と比較して多かったのである。しかも現地で活発に活動したのは、浄土真宗本願寺派（当時は真宗本願寺派。通称、西本願寺）と真宗大谷派（通称、東本願寺）であったことから、近代日本仏教研究におけるアジア布教研究の領域では、東アジア（台湾、朝鮮）における浄土真宗の活動という枠組みの研究が多かった。真言宗、浄土宗、臨済宗、曹洞宗、日蓮宗などの各宗派も同様にアジア布教を行ったが、先行研究では、宗派単位で記述されてきた。これは当時の布教が、宗派を主体として現地に派遣した事業であり、その経過を再構成して分析しているためであり、妥当な研究方法といえよう(1)。

一方、本書が対象とする南方地域については、アジア布教の視点からの研究は少ない。日本が統治した南洋群島には、在留する日本人が居たため複数の寺院と布教所があった。それ以外の南方地域でも、商業や農業で在住する日本人が存在し、日本からの仏教各宗派の進出が見られた。ただし移民が多かった北米やハワイと比べて、布教の規模が小さく、資料が限られていたこともあり、研究が進んでいなかったのである。ちなみに、文部省宗教局の調べによれば、一九三〇（昭和五）年末現在の寺院数と信徒数は、次の資料のとおりであり、ここからシンガポールやフィリピンなどで活動していた事実が確認できる。

南洋群島
　曹洞宗（教会所一、布教者一、信徒五〇）、真宗大谷派（教会所二、布教者四）
シンガポール、マレー半島、マレー諸島
　曹洞宗（寺院一、教会所一、布教者二、信徒一五〇）、真宗本願寺派（教会所二、布教者三、信徒四四八）、

日蓮宗（教会所二、布教者二、信徒一八〇）

フィリピン

曹洞宗（寺院三、布教者四、信徒二五〇）、真宗本願寺派（教会所一、布教者二、信徒一一〇）、真宗大谷派（教会所一、布教者一）(2)。

ただし、先行研究が少ないながらも、いくつか重要な研究がある。例えば真宗本願寺派について、マニラ本願寺と南方での布教全般は小島勝、シンガポールでの布教は柴田幹夫の研究がある(3)。真宗本願寺派法主であった大谷光瑞《こうずい》について、シンガポールでの諸活動は柴田幹夫、ジャワでの農園事業については加藤斗規の成果がある(4)。また光瑞の側近で南洋の各諸島を調査した龍江義信《たつえよしのぶ》の事績は和田秀寿により明らかにされている(5)。各宗派の動きでは、日蓮宗のマレーシア布教について安中尚史《あんなかなおふみ》の研究がある(6)。戦時下の同盟国タイからの仏舎利奉迎については岸本昌也の成果があり(7)、また近代日本とタイの仏教界の相互交渉はハンパイブーンの研究がある(8)。

本書の狙いは、このように戦時下における日本仏教による南方地域への関与に照明をあてるものであるが、従来の宗派史観では、十分な分析ができない。それは宗派を主体とした関与が、ほとんど行われなかったためである。南方地域では現地の宗教事情尊重の方針から、仏教宗派による、新たな布教を目的とした進出に制限があり、僧籍があった人物による学術調査や文化工作も、特定の宗派を背景としない組織が行った。また政府や軍部からの命令に応じて、仏教各宗派から人員と資金を動員したのが連合組織である財団法人大日本仏教会である。このような状況であったにもかかわらず、従来の主に宗派活動に重点をおいた近代日本仏教研究では、本書で用いた当時の日本仏教界から見る視角が欠落していたといえよう。

次に、日本勢力下における東南アジア研究について述べたい。これは戦時下の東南アジアに対する日本の関与と占領を研究したもので、軍政（軍による行政）、経済活動、日本語教育など多角的な視点から先行研究が蓄積された。近年の学界では、この領域研究を指して「日本占領下東南アジア研究」と呼ばれる。[9] ただし日本は、フランス領インドシナに対して協定に基づいた武力進駐、タイには同盟条約を締結して武力進駐を行ったので、日本による現地の政府当局に対する強い圧力があったにせよ、主権は日本になく、法的には「占領」ではない。日本による東南アジアへの武力の進駐、進攻と占領、軍政の実施という一連の動きに関する研究について、本書では「日本勢力下東南アジア研究」と称する。

この日本勢力下東南アジア研究において、宗教対策については、東南アジア島嶼部であるインドネシアのイスラーム、フィリピンのキリスト教に重きが置かれていた。これは、インドネシアで主流の宗教がイスラーム、フィリピンはカトリックであったからである。一方で、東南アジア大陸部における仏教を対象とした研究は皆無である。

東南アジア島嶼部を対象とする研究は、主に次のものがある。

南方軍政における陸軍と海軍の当局による現地での宗教対策については太田弘毅の研究がある。[10] 太田は、陸軍が軍政を担当したマレー、スマトラ、北ボルネオ、ジャワにおける「スルタン」と呼ばれるムスリムである在地の王国君主への対策、カトリック信者が多いフィリピンの宗教対策を論じた。また海軍が軍政を担当した南ボルネオ、セレベス、モルッカ諸島、小スンダ列島、ニューギニア、ビスマルク諸島での宗教対策も検討を加えている。

オランダ領東インドについては、研究が進んでいる。イスラーム工作については、倉沢愛子と小林寧子《やすこ》の研究がある。[11] 倉沢は、ジャワにおけるムスリムに対する宣撫工作の実態を明らかにした。小林は、ジャワにおける「キヤイ」と尊称されるイスラームに関して学識を持つ長老格の人物に対する軍の工作を論じている。東インドには、ムスリムだけではなく、キリスト教徒も在住した。原誠は、軍の命令で日本から現地に派遣された日本基督教団南方派遣宣教師の動向、日本軍政下のインドネシアでのキリスト教対策を論じている。[12]アメリカ領フィリピンは、キリスト教の信者が多くを占める。寺田勇文は、軍によって現地に派遣された日本のカトリック関係者による宣撫工作の動向を明らかにした。[13]川島緑は、日本軍政下におけるフィリピン南部のイスラーム系の少数民族であるモロ族の動向を論じた。[14]

東南アジア大陸部における宗教対策に関する研究は、前掲の島嶼部に比べて少ない。太田常蔵が、ビルマ軍政の研究成果のなかで、仏教について言及している。[15]これは、太田が研究者の立場から当時のビルマ軍政の調査事業に関与して、戦後に取りまとめた成果である。

以上の先行研究を視野に入れて、本書は、近代日本仏教研究と日本勢力下東南アジア研究の間にあった、これまで論じられてこなかった空隙を埋める研究となることを目指す。ただし先行研究が希薄であったという消極的な理由だけで、研究に取り組んだものではない。戦時下の東南アジアすなわち南方地域を取り上げることで、宗派史観を超えた近代日本仏教によるアジアへの関与の実態をはじめて明らかにすることができると考えるためである。

第三節　本書の構成

本書は、三部構成となっている。導入にあたる「第Ⅰ部　戦時体制と仏教界・仏教学界」は、南方地域へ送り出す側の日本本土における仏教者の動きについて述べたものである。それを踏まえて二本柱で事例の分析を行う。「第Ⅱ部　南方進攻と仏教学者の関与」では、僧籍を持った学者による調査活動や宣撫工作を通した戦争への関与を述べる。「第Ⅲ部　日本仏教の対南文化進出」では、布教活動ではない文化工作として南方地域に進出した仏教界の動向を述べる。

各部における問題の対象は、次のとおりである。「第Ⅰ部　戦時体制と仏教界・仏教学界」では、仏教界の連合組織である財団法人大日本仏教会（第一章）、学術団体である国際仏教協会（第二章）を扱う。財団法人仏教圏協会（第三章）は、南方派遣の宣撫工作要員を養成した教育訓練機関を運営した母体で、前述の国際仏教協会から分離独立したものである。

「第Ⅱ部　南方進攻と仏教学者の関与」では、興亜仏教協会（第一章）による真宗本願寺派の宇津木《うつき》二秀《にしゅう》と新義真言宗豊山派の久野《くの》芳隆《ほうりゅう》を派遣したインドシナ半島調査、ビルマ進攻作戦での宣撫工作とその後の日本語教育に関わった真言宗の上田天瑞《てんずい》（第二章）、マレー半島で宗教行政と宗教調査に関わった曹洞宗の渡辺楳雄《ばいゆう》（第三章）、財団法人大日本仏教会によるインドシナへの青年学僧の留学派遣（第四章）を取りあげる。彼らは、それぞれが仏教系大学の関係者であった。

「第Ⅲ部　日本仏教の対南文化進出」では、日本占領下のシンガポールに真如《しんによ》親王（高岳《たかおか》親王）の大仏建造を計画した真如親王奉讃会（第一章）、ジャワ島の仏教遺跡ボロブドゥール（第二章）をめぐる軍政関係者とその周辺、バンコクに建設が構想された日泰文化会館（第三章）をめぐる仏教界の関与を論じる。

結論では、本書の課題である「南方進攻における日本仏教の応用」がどのようなものであったかについて総括する。

注

（1）仏教各宗派のアジア布教に関する先行研究の整理は、藤井健志「戦前における仏教の東アジア布教――研究史の再検討」（『近代仏教』第六号、日本近代仏教史研究会、一九九九年）、同「仏教者の海外進出」（末木文美士編『新アジア仏教史一四　日本Ⅳ　近代国家と仏教』佼成出版社、二〇一一年）を参照。

各宗派で刊行したものに、寺河俊海『真言宗布教史』（高野山真言宗布教研究所、一九七〇年）、曹洞宗海外開教伝道史編纂委員会編『曹洞宗海外開教伝道史』（曹洞宗宗務庁、一九八〇年）、「浄土宗海外開教のあゆみ」編集委員会編『浄土宗海外開教のあゆみ』（浄土宗開教振興協会、一九九〇年）、浄土真宗本願寺派国際部・浄土真宗本願寺派アジア開教史編纂委員会編『浄土真宗本願寺派アジア開教史』（本願寺出版社、二〇〇八年）など。

アジア布教に関する個別研究は、多数になるが、近年の主な成果として、木場明志・程舒偉編『日中両国の視点から語る　植民地期満洲の宗教』（柏書房、二〇〇七年）、中西直樹『植民地朝鮮と日本仏教』（三人社、二〇一三年）、新野和暢『皇道仏教と大陸布教――十五年戦争期の宗教と国家』（社会評論社、二〇一四年）など。

（2）「神道仏教海外布教現況（昭和五年末現在）」（『宗教行政』第四号、文部省宗教局内宗教行政研究会、一九三三年）、一五四―一五六頁

なお「開教一覧」（仏教タイムス社編『仏教大年鑑　昭和四四年版』仏教タイムス社、一九六九年）には、戦前の各宗派による植民地及び海外における寺院、布教所の一覧がある。例えば、南方地域について、真宗本願寺はシンガポールの昭南布教所、マレーのバトパハ布教所、フィリピンのマニラ別院、バギオ布教所、真宗大谷派はインドシナのハノイ布教所、マラヤのペナン島布教所、曹洞宗はフィリピンの南天寺、シンガポールの西有寺、日蓮宗はシンガポールの妙法寺などが確認できる。

（3）小島勝「マニラ本願寺布教使・山之内秀雄師の文化交流活動」（渡邊隆生教授還暦記念論集刊行会編『渡邊隆生教授還暦記念　仏教思想文化史論叢』永田文昌堂、一九九七年）、同「東南アジア・南太平洋諸島における開教」（前掲、『浄土真宗本願寺派アジア開教史』）。柴田幹夫「シンガポール本願寺と日本語学校」（『環日本海研究年報』第一四号、新潟大学大学院現代社会文化研究科環日本海研究室、二〇〇七年）、同「戦前のシンガポールにおける日本語学校について」（『新潟大学国際センター紀要』第三号、新潟大学国際センター、二〇〇七年）。

（4）　柴田幹夫「大谷光瑞とシンガポール本願寺」（龍谷大学仏教史研究会編『仏教史研究』第四三号、永田文昌堂、二〇〇七年）、同「大谷光瑞とシンガポール」（『アジア遊学』第一二三号、「シンガポール都市論」、勉誠出版、二〇〇九年）。加藤斗規「大谷光瑞と南洋」（柴田幹夫編『大谷光瑞とアジア――知られざるアジア主義者の軌跡』勉誠出版、二〇一〇年）。

（5）　和田秀寿「大谷探検隊の一側面――南洋諸島を調査した龍江義信の事績を中心として」（『仏教学研究』第七〇号、龍谷仏教学会、二〇一四年）。

（6）　安中尚史「マレー半島における日蓮宗布教の一考察」（『印度学仏教学研究』第六二巻第二号、日本印度学仏教学会、二〇一四年）。

（7）　岸本昌也「日タイ「宗教」外交の展開――昭和十八年仏舎利奉遷をめぐって」（近代日本研究会編『年報・近代日本研究』第一七号、山川出版社、一九九五年）。

なお明治期に日本の仏教界は、仏骨とされる聖遺物をタイから招請した。川口高風「日置黙仙と忽滑谷快天よりみた仏骨奉迎」（『愛知学院大学教養部紀要――愛知学院大学論叢』第六一巻第一号、愛知学院大学教養教育研究会、二〇一三年）、金沢篤「忽滑谷快天ノート　二――仏骨奉迎の顚末」（『駒澤大学禅研究所年報』第二五号、駒澤大学禅研究所、二〇一三年）、佐藤照雄「明治後期の対タイ文化事業――稲垣満次郎と仏骨奉迎事業を中心として」（『アジア太平洋研究科論集』第一九号、早稲田大学大学院アジア太平洋研究科出版・編集委員会、二〇一〇年）を参照。

（8）　ナワポーン・ハンパイブーン「タイ国近代化形成期における日本との仏教交流」（『アジア太平洋研究科論集』第二〇号、早稲田大学大学院アジア太平洋研究科出版・編集委員会、二〇一一年）、同「タイと日本の仏教交流　タイ・日関係史の一側面――国交開始から第二次世界大戦終戦に至るまで（一八八七年―一九四五年）」（早稲田大学博士論文、二〇一三年）。

（9）　前川佳遠理「日本占領下東南アジア研究史」（東南アジア学会監修、東南アジア史学会四〇周年記念事業委員会編『東南アジア史研究の展開』山川出版社、二〇〇九年）。

（10）　太田弘毅「陸軍南方軍政下の土侯対策――回教圏を中心に」（『軍事史学』第一六巻第一号、軍事史学会、一九八

〇年）、同「フィリピンにおける日本軍政と宗教政策」（『政治経済史学』第二三六号、日本政治経済史学研究所、一九八五年）、同「日本海軍軍政下の宗教――南西方面民政府管内」（『日本歴史』第五二七号、吉川弘文館、一九九二年）。

(11) 倉沢愛子「動員と統制――日本軍政期のジャワにおけるイスラム宣撫工作について」（『東南アジア――歴史と文化』第一〇号、東南アジア史学会、一九八一年）、同『日本占領下のジャワ農村の変容』（草思社、一九九二年）所載の「第九章　イスラム宣撫工作」、同編『東南アジア史のなかの日本占領』（早稲田大学出版部、一九九七年）、同「「大東亜」戦争期の対イスラーム政策」（坂本勉編『日中戦争とイスラーム――満蒙・アジア地域における統治・懐柔政策』慶應義塾大学出版会、二〇〇八年）。

小林寧子「インドネシア・ムスリムの日本軍政への対応――ジャワにおけるキヤイ工作の展開と帰結」（前掲、倉沢愛子編『東南アジア史のなかの日本占領』）、同「イスラーム政策と占領地支配」（倉沢愛子ほか編『岩波講座アジア・太平洋戦争――第七巻　支配と暴力』岩波書店、二〇〇六年）。

(12) 原誠「南方派遣宣教師活動の善意と限界」（『福音と世界』第三七巻第二号、新教出版社、一九八二年）、同「日本基督教団南方派遣宣教師とインドネシアの教会」（『基督教研究』第五六巻第一号、同志社大学、一九九四年）、同「日本軍政下のインドネシアのカトリック教会――フロレス島を中心に」（『基督教研究』第五七巻第一号、同志社大学、一九九五年）、同「日本軍政とインドネシアのキリスト教」（前掲、倉沢愛子編『東南アジア史のなかの日本占領』）、同「日本占領下インドネシアにおける宗教政策――キリスト教の場合」（『上智アジア学』第一九号、上智大学アジア文化研究所、二〇〇一年）。

(13) 寺田勇文「宗教宣撫政策とキリスト教会」（池端雪浦編『日本占領下のフィリピン』岩波書店、一九九六年）、同「日本占領下のフィリピンのプロテスタント教会――日本の対比宗教政策との関連で」（土肥昭夫教授退職記念論文集編集委員会編『キリスト教と歴史――土肥昭夫退職記念論文集』新教出版社、一九九七年）、同「カトリック女子宗教部隊――日本占領下マニラでの活動」（『ソフィア』第四五巻第四号、上智大学、一九九七年）、同「日本のフィリピン占領とキリスト教会」（『上智アジア学』第一九号、上智大学アジア文化研究所、二〇〇一年）、Terada Takefumi, "The Japanese Catholic Women's Religious Corps and Its Activities in the Philippines during World

War II"（『国立民族学博物館調査報告』第三一号、国立民族学博物館、二〇〇二年）。また小野豊明・寺田勇文編『比島宗教班関係史料集』全二巻（南方軍政関係史料一六、龍溪書舎、一九九九年）は、当時の各種文書や小野豊明『比島宣撫と宗教班』（中央出版社、一九四五年）、塚本昇次『従軍司祭の手記』（中央出版社、一九四五年）を復刻したものである。

（14）　川島緑「「モロ族」統治とムスリム社会の亀裂――ラナオ州を中心に」（前掲、池端雪浦編『日本占領下のフィリピン』）、同「日本占領下ミンダナオ島におけるムスリム農民の抵抗――タンパラン事件をめぐって」（前掲、倉沢愛子編『東南アジア史のなかの日本占領』）。

（15）　太田常蔵『ビルマにおける日本軍政史の研究』（吉川弘文館、一九六七年）所載の「第四章　教育・文化・宗教・宣伝政策の展開」。

第I部　戦時体制と仏教界・仏教学界

第一章　財団法人大日本仏教会の組織と活動

はじめに

1　連合組織の変遷

本章は、昭和前期における仏教界の連合組織について、その沿革と役割を論じる。対象となる連合組織は、仏教各宗派懇話会を淵源とする大日本仏教会である。法人格のない任意団体に始まり、一九三八（昭和一三）年に財団法人として設立され、その後は二度の名称変更を行った。一九四四（昭和一九）年に解散となり、宗教界全体の連合組織である大日本戦時宗教報国会に再編された。本章は、敗戦直後の同報国会までを範囲とする。

仏教界の連合組織を取りあげるのは、宗教界において教派神道とキリスト教の連合組織が任意団体であったのに対し、仏教界だけが、「民法」に基づき、文部大臣から財団法人の設立許可を受けていたためである。財団法人になることで、法人名義で財産の管理ができるが、主務官庁から指導監督を受けた。仏教連合会の財団法人の設立が許可されたのは、「国家総動員法」が公布された一九三八年である。この法人格の取得は、後述するように政府の戦時体制と関わっていたのである。

次に、本章で述べる仏教界の連合組織について、その沿革を述べる。本章は、一九一二（明治四五／大正元）年に設立された任意団体である仏教連合会を起点とする。

一九三八（昭和一三）年に「財団法人仏教連合会」として文部大臣から設立許可を受けて法人化された。一九四〇年に「財団法人大日本仏教連合会」と改称された後、一九四一年に任意団体の興亜仏教協会を吸収合併して、「財団法人大日本仏教会」となった。

一九四四（昭和一九）年には、文部省の指導により財団法人大日本仏教会は解散となり、教派神道、キリスト教の連合組織を再編して、「財団法人大日本戦時宗教報国会」が設立された。その内部の機構として、仏教局等が置かれた。

敗戦後には、任意団体の日本仏教連合会が再建され、一九五一（昭和二六）年には日本仏教徒会議が発足した。これら団体を再編して、一九五四年の全日本仏教会の創立となり、一九五七年に「財団法人全日本仏教会」（略称「全仏」）として、改めて文部大臣より設立が許可された。公益法人制度改革により、二〇一二（平成二四）年には「公益財団法人全日本仏教会」に移行して、文部科学大臣の所管から離れた。

一方の財団法人大日本戦時宗教報国会は、敗戦直後に「財団法人日本宗教会」と改称した。一九四六（昭和二一）年に「財団法人日本宗教連盟」（略称「日宗連」）となり、政府の影響下から離れ、体制を一新した。二〇一二年に「公益財団法人日本宗教連盟」となった。現在、同連盟では、各宗教系統の連合組織が協賛団体となっている。教派神道連合会、公益財団法人全日本仏教会、日本キリスト教連合会、宗教法人神社本庁、公益財団法人新日本宗教団体連合会の五団体で、順位は設立順に基づく。

まとめると戦前の「財団法人仏教連合会」と現在の「公益財団法人全日本仏教会」は、法人格は連続していないが、日本の仏教宗派の連合組織という役割は共通する。戦前の「財団法人大日本戦時宗教報国会」と現在の「公益財団法人日本宗教連盟」は、法人格は連続しているが、財団法人の規則である寄附行為（現制度では定款）の目的や体制は異なる。法人格は従前のものを継承しているが、法人側は全く別の団体であると認識している[1]。

以上の流れをまとめると**表1**のとおりとなる。本章で論述する主な組織は太字とした。

表1　仏教界における連合組織の変遷

一九一二（明治四五／大正元）年	仏教各宗派懇話会（任意団体）	内務次官床次竹二郎、思想善導と国民教化のため、教派神道、仏教、キリスト教の各派関係者を集めた三教会同を開催。会合に参加した仏教各宗派により設立
一九一六（大正五）年	仏教連合会（任意団体）	名称の変更
一九三八（昭和一三）年	**財団法人仏教連合会**	文部大臣より民法に基づく財団法人として設立許可
一九四〇（昭和一五）年	**財団法人大日本仏教連合会**	文部大臣より寄附行為の変更認可、名称変更
一九四一（昭和一六）年	**財団法人大日本仏教会**	文部大臣より寄附行為の変更認可、名称変更。興亜仏教協会（任意団体）を吸収合併
一九四四（昭和一九）年	**財団法人大日本戦時宗教報国会**	教派神道連合会、財団法人大日本仏教会、日本基督教連合会等を再編して、文部大臣より財団法人の設立許可。総務局、神道局、仏教局、基督教局を設置（注）
一九四五（昭和二〇）年	日本仏教連合会（任意団体）	仏教界の連合組織の再建
一九五一（昭和二六）年	日本仏教徒会議（任意団体）	
一九五四（昭和二九）年	全日本仏教会（任意団体）	日本仏教連合会と日本仏教徒会議が合併して発足
一九五七（昭和三二）年	財団法人全日本仏教会	文部大臣より民法に基づく財団法人として設立許可
二〇一二（平成二四）年	公益財団法人全日本仏教会	公益法人制度改革により、主務官庁制の廃止。内閣府公益認定等委員会から公益認定を受け、公益財団法人に移行

（注）一九四五（昭和二〇）年の敗戦後、従前の教派神道連合会、日本キリスト教連合会は再建。財団法人大日本戦時宗教報国会は、財団法人日本宗教会の改称を経て、一九四六年に財団法人日本宗教連盟と名称変更。二〇一二（平成二四）年に公益財団法人日本宗教連盟へ移行

2　総力戦下の宗教界の統制

財団法人大日本戦時宗教報国会は、一九四四（昭和一九）年九月二九日に設立された宗教界全体の連合組織である。同会に至るまで、戦時下の宗教界の連合組織は複数あった。日中戦争の開戦以降、政府の主導で国内各方面での統制が進んだが、宗教界の場合は遅延していた。国民全体の統制と動員を進める内閣と宗教団体を所管する文部省の間で、それぞれの立場と思惑から施策を進めていたためである。

内閣の動きとして、大政翼賛会の主導で、一九四一（昭和一六）年五月三一日に任意団体の「大日本宗教報国会」が結成され、六月一四日には東京小石川の伝通会館にて第一回宗教報国全国大会が開かれた(2)。公事結社である大政翼賛会（総裁は内閣総理大臣）が、文部省の協力を得て設立したもので、教派神道連合会、大日本仏教会、日本基督教連合会の三団体が賛助団体となった。初代理事長は千家《せんげ》尊宣《たかのぶ》（大政翼賛会参与）であったが、一九四二年三月に解消された。なお大政翼賛会第三調査委員会では、「大東亜共栄圏建設に伴ふ文化的事項に就て」（昭和一六年九月一六日決定）における「第二、思想、宗教、道徳、及び芸術」として、宗教は、「新秩序建設に反抗する内容に非ざる限り、各国内、各種信仰に其の自由を認むるの寛容なる態度を要すべきもの(3)」とした。

大政翼賛会興亜局の呼びかけで、前述の三団体に、大日本回教協会と東京イスラム教団を加えて、一九四二（昭和一七）年四月二日に任意団体の「興亜宗教同盟」が発足した。当初は早期に発足予定であったが、大政翼賛会と文部省の間で調整がつかず、設立が遅延した。発足当時の幹部は、永井柳太郎（総裁事務取扱、副総裁）、大谷光瑞（副総裁）らだが、一九四三年九月に辞任した。同盟は、一九四五年二月一八日に、大政翼賛会を改組した興亜総本部（旧、大政翼賛会東亜局）へ統合されるまで存続した。

それとは別に、文部省の主導として、一九四一（昭和一六）年一二月、任意団体の「宗教団体戦時中央委員会」が発足した。委員会は、文部省と諸官庁が宗教界との相互連絡を行うことを目的に設置され、代表は浄土宗執綱の里見達雄であった(4)。後述するように、同会は、財団法人大日本戦時宗教報国会に再編される。

前述のように戦時下には、宗教界の連合組織が、複数存在したのである。このため政府内や外部有識者から、総力戦のため宗教団体を効率的に統制する宗教政策の推進が議論されていた。

政府では、宗教政策を審議する機関の制度化が試みられた。かつて「宗教制度調査会官制」（大正一五年五月一三日勅令第一一六号）により、同会が設置されて、文部大臣の監督下に、宗教者、学者、政治家などの有識者を集めた諮問機関が設置され、宗教団体法案が審議された。「宗教団体法」が、一九四〇（昭和一五）年四月一日に施行されると宗教制度調査会は廃止された。

内閣総理大臣の監督に属した教育審議会（昭和一二年一二月一〇日勅令第七一一号で設置）で、一九四一（昭和一六）年一〇月に新たな宗教制度に関する諮問機関の設置が答申されたが実現しなかった(5)。その後は、法令に基づいて設置された機関はなく、文部省が必要に応じて宗教界や有識者から任意の懇談会で意見を聴取していたので、決定に法的な拘束力はなかった。例えば、一九四一年一二月三日、文部大臣官邸にて宗教行政に関する懇談会が開催され、「内外地の宗教行政の連絡を強化統一せしめること」、「今後宗教行政を一層円滑に運用するため文部省内へ宗教審議会の設置を考慮すること」などの意見があった(6)。その後、文部省では、一九四三年初頭頃から宗教行政の諮問機関設置の検討を始めたが、政府内での調整にはさらに時間を要した。

「大東亜共栄圏」の宗教行政をめぐっては、一九四二（昭和一七）年一一月一日に設置された大東亜省が関わるが、この点は後述する。

3　宗教制度と仏教宗派

仏教宗派は、文部大臣が所管した。ここでは、宗教制度を確認しておきたい。一九一三（大正二）年六月一三日に、内務省で廃止された宗教局が、文部省に移管され、宗教局（一九四二年一一月一日教化局宗教課、一九四三年一一月一日教学局宗教課に縮小）が設置された。神社行政は、内務省が引き続き所掌していた。この時、「文部省官制中改正ノ件」（大正二年六月一三日勅令第一七三号）で、第一条「文部大臣ハ教育、学芸及宗教ニ関スル事務ヲ管理ス」と改正されたのである。

この頃は、宗教団体の行政事務に関わる体系的な法律がなく、煩雑な諸法規で対応していた。「民法」（明治二九年四月二七日法律第八九号）には、第三四条「祭祀、宗教、慈善、学術、技芸其他公益ニ関スル社団又ハ財団ニシテ営利ヲ目的トセサルモノハ主務官庁ノ許可ヲ得テ之ヲ法人ト為スコトヲ得」とあり、法人について制度化したものだが、宗教団体は対象外であった。宗教団体に関する特別法の制定が、明治中期から立法が試みられたが、四度とも帝国議会での否決ないし審議未了、未提出に終わり制定されなかった。[7]五度目にして、「宗教団体法」（昭和一四年四月八日法律第七七号）が公布された。同法の対象は、第一条「本法ニ於テ宗教団体トハ神道教派、仏教宗派及基督教其ノ他ノ宗教ノ教団（以下単ニ教派、宗派、教団ト称ス）並ニ寺院及教会ヲ謂フ」とした。文部大臣が宗教団体、地方長官（各府県知事及び北海道庁長官）が寺院と教会を管理した。宗教団体法の施行後は、従前の宗教団体はあらためて同法に基づいて設立認可を受けることになったのである。

「宗教団体法」のほかに、仏教界にとって関連する法規がある。前述した仏教界の連合組織は「民法」に基づき設立された。また、「管長身分取扱方ノ件」（明治一七年八月一一日太政官達第六八号）により、仏教宗派の各管長は勅任官待遇とした。勅任官とは、天皇の勅令により内閣総理大臣が任命する官吏で、一・二等（次官、局長級）とされ、宗教団体法の施行後も効力を有した。つまり仏教界は、「宗教団体法」、「民法」、「管長身分取扱方ノ件」の三つの法規によって、国家とつながっていた。これらの法規によって国家により保護と監督を受けたのである。

大日本仏教会に所属する宗派について説明する。「宗教団体法」の施行前は、一三宗五六派であったが、施行後はあらためて同法による認可を要した。一九四一（昭和一六）年三月から一九四二年三月にかけて、神道教派一三、仏教宗派二八、キリスト教団二が認可された。仏教宗派は、一九四一年三月の一か月間で臨済宗国泰寺派（一九四二年三月認可）を除く全派が認可された。移行状況は、**表2**のとおりである。[8]

仏教宗派が、一三宗五六派から二八派に半減したのは、文部省が認可に際して共通する宗祖を仰ぐ宗派の合同の促進を指導したためである。財団法人大日本仏教会の寄附行為には、宗派の参加に関する条項はないが、これら文部大臣が認可した全ての宗派が所属することを意味していた。[9] 前述のように大日本仏教会と改称されたのは、仏教宗派の認可が相次いだ一九四一年三月であり、仏教界全体が再編に向けて動いたのである。敗戦直後に「宗教団体法」は廃止され、新たに制定された「宗教法人令」（昭和二〇年一二月二八日勅令第七一九号）の公布施行後は、合同された仏教各宗派は従前の体制に戻り、さらには宗派から独立する有力寺院が相次いだ。

第一節　財団法人仏教連合会

1　前史の任意団体時期

財団法人仏教連合会は、法人格を取得する前から活動を行っていた。現在の仏教界における連合組織は、公益財

表2　宗教団体法に基づく仏教宗派の認可状況

13宗56派 （宗教団体法の施行前）	13宗28派 （宗教団体法の施行後）	文部省認可 日付と告示番号（注）
天台宗、天台宗寺門派、天台宗真盛派	天台宗	3月31日　第514号（合併設立認可）
古義真言宗、真言宗醍醐派、真言宗東寺派、真言宗泉涌寺派、真言宗山階派、真言宗善通寺派、新義真言宗智山派、新義真言宗豊山派	真言宗	3月31日　第503号（合併設立認可）
真言律宗	真言律宗	3月29日　第415号（宗制認可）
律宗	律宗	3月21日　第452号（宗制認可）
浄土宗	浄土宗	3月28日　第414号（宗制認可）
浄土宗西山禅林寺派、浄土宗西山光明寺派、浄土宗西山深草派	浄土宗西山派	3月31日　第508号（合併設立認可）
臨済宗天竜寺派、臨済宗相国寺派、臨済宗建仁寺派、臨済宗南禅寺派、臨済宗妙心寺派、臨済宗建長寺派、臨済宗東福寺派、臨済宗大徳寺派、臨済宗円覚寺派、臨済宗永源寺派、臨済宗方広寺派、臨済宗仏通寺派、臨済宗向嶽寺派	臨済宗	3月31日　第556号（合併設立認可）
臨済宗国泰寺派	臨済宗国泰寺派	3月31日　第408号（宗制認可）
曹洞宗	曹洞宗	3月31日　第624号（宗制認可）
黄檗宗	黄檗宗	3月31日　第460号（宗制認可）
真宗本願寺派	真宗本願寺派	3月31日　第490号（宗制認可）
真宗大谷派	真宗大谷派	3月31日　無番（宗制認可）。事務手続の過誤で官報登載漏れ
真宗高田派	真宗高田派	3月31日　第507号（宗制認可）
真宗興正派	真宗興正派	3月22日　第450号（宗制認可）
真宗仏光寺派	真宗仏光寺派	3月31日　第599号（宗制認可）
真宗木辺派	真宗木辺派	3月31日　第459号（宗制認可）
真宗出雲路派	真宗出雲路派	3月31日　第486号（宗制認可）
真宗山元派	真宗山元派	3月31日　第489号（宗制認可）
真宗誠照派	真宗誠照派	3月31日　第481号（宗制認可）
真宗三門徒派	真宗三門徒派	3月31日　第487号（宗制認可）
日蓮宗、顕本法華宗、本門宗	日蓮宗	3月29日　第449号（法人宗派設立認可）
日蓮正宗	日蓮正宗	3月31日　第646号（宗制認可）
本門法華宗、法華宗、本妙法華宗	法華宗	3月28日　第408号（合併設立認可）
日蓮宗不受不施派、日蓮宗不受不施講門派	本化正宗	3月31日　第492号（合併設立認可）
時宗	時宗	3月27日　第398号（宗制認可）
融通念仏宗	融通念仏宗	3月31日　第453号（宗制認可）、第454号（法人認可）
法相宗	法相宗	3月29日　第451号（宗制認可）
華厳宗	華厳宗	3月31日　第479号（宗制認可）、第480号（法人認可）

（注）認可年は、臨済宗国泰寺派のみ1942（昭和17）年、その他は全て1941（昭和16）年

団法人全日本仏教会であるが、「本会は一九〇〇（明治三三）年、国家の宗教統制に反対して結成された「仏教懇話会」に淵源[10]があると認識している。これは後述するように、誤って伝えられてきた年次である。

現存する資料から、設立年次を確認する。仏教連合会が、一九三八（昭和一三）年の財団法人の設立に際して、文部省に提出した資料によれば、「本会は大正元年、明治天皇御大喪に就き、仏教各宗派管長中より代表者の参列に関し、各宗派当局者の協議会開催に端を発し、同年仏教各宗派懇話会を設置し各宗派管長及宗務要職者間の親睦を敦くし、其の共通事項を審議処弁する機関とし、東京に本部を設けたり[11]」とある。後身の大日本仏教会の資料にも、「明治四十五年、仏教各宗派管長及重役は時勢に鑑み各宗派の連絡協調と共通事項審議処弁の中央機関として仏教懇話会を設置す[12]」とある。

引用した資料では、詳細に述べられていないが、これは内務次官の床次竹二郎《とこなみ》の提唱で、一九一二（明治四五）年二月二五日に行われた、教派神道、仏教宗派、キリスト教の各派関係者による「三教会同」を発端とする。同年七月三〇日に明治天皇は崩御して、同（大正元）年九月一三日に大喪儀が、東京の青山練兵場（現、明治神宮外苑）で行われ、仏教各宗派の幹部が参列した。仏教系新聞の『中外日報』によれば、三教会同を契機として仏教各宗派懇話会が設立され、大喪儀の直後に第一回打合会が開かれたのである[13]。

つまり仏教界の連合組織の淵源は、全日本仏教会が説明する一九〇〇（明治三三）年ではなく、実際には一九一二（明治四五／大正元）年である。長らく仏教界では、仏教各宗派懇話会の淵源について、一八九九年一二月に、帝国議会へ提出された第一次宗教法案（一九〇〇年二月貴族院で否決）に反対して、仏教界の有志が結成した団体と混同してきた可能性がある[14]。全日本仏教会の記述は、同会がこれまで発行した各種年史に依拠したものであるが、正確な資料がないとしている。これは大日本仏教会時代の一九四二（昭和一七）年一〇月一一日に発生した事務所の火災により記録が欠損したからであり、止むを得ない[15]。

その後の仏教各宗派懇話会の沿革を見ていこう。一九一六（大正五）年秋には、京都で仏教各宗派管長会議が行われ、「仏教連合会」と改称することになり、以降は事業と活動を活発に展開した。後述する一九三八（昭和一三）年の財団法人化までの時期において、政教問題については、宗教（団体）法制定問題、寺院の国有境内地譲与問題、僧侶参政権問題、治安警察法の改正問題、ローマ教皇庁の使節交換の反対運動[16]、などに取り組んだ。事業として、対外的には、「東亜仏教徒親善増進、東亜仏教徒大会の開催、日本仏教徒訪華団派遣、北支水災罹災民救護、北支難民救済薬寄贈、支那布教権問題解決促進運動等[17]」、対内的には、「仏教教化の振興、仏教徒社会事業、司法保護事業、教化事業の発展、全日本仏教徒社会事業総連盟の結成、時局認識の徹底、思想国防及軍備充実の趣旨普及、普通選挙の精神徹底、内鮮融和増進朝鮮留学生養成、及、仏教音楽の普及等[18]」を行った。一九一四年には機関誌として、月刊『政教新論』（発行名義は政教新論社）を創刊した。また各道府県に支部を設置し、組織を強化して施策を浸透させた。

2　財団法人仏教連合会の設立許可

仏教連合会は、一九三八（昭和一三）年七月一一日に、文部大臣より「民法」第三四条に基づく法人として、財団法人の設立許可を受け、七月二八日に設立登記がなされた。

財団法人仏教連合会の設立当初は、宗派の連絡を行う事務局体制の確立のため、調整が図られた。その後、「窪川旭丈、市橋覚俊氏が主事を勤める頃から、漸く各宗の共同体の体裁を整え始めた[19]」という。窪川は浄土宗、市橋は新義真言宗豊山派（現、真言宗豊山派）の僧侶である。市橋は、一九三五（昭和一〇）年から一九四〇年まで同派の宗務長を務めていた。仏教連合会が、財団法人としての設立を文部省に申請した際には、書類上の設立代表者の名義は、市橋であった。

当初の仏教連合会の目的等は、財団法人の寄附行為によると次のとおりである。仏教界での連絡体制を整備することが主たる目的であった。

財団法人仏教連合会寄附行為（昭和一三年七月一一日文部大臣許可）〔抄〕

第一条　本会ヲ財団法人仏教連合会ト称ス

第二条　本会ハ仏教各宗派ノ連絡協調ヲ図リ其ノ共通事項ヲ審議処弁スルヲ以テ目的トス

第三条　前条ノ目的ヲ達スル為行フ事業左ノ如シ

一　仏教各宗派ノ宗務及教化事業ノ連絡協調

二　仏教各宗派ノ僧侶教師及社会事業、教化事業、保護事業関係者ノ講習会、研究会及講演会開催

三　仏教各宗派共同事業ノ後援ニ関スル事項

四　其ノ他本会ノ目的ヲ達成スルニ必要ナル事項[20]

仏教連合会が、財団法人格を取得したのは意図があった。その背景に仏教界からの国策への協力があったためである。文部省への申請書類に添付された、設立時の理由書には、次のようにある。

財団法人仏教連合会設立理由書〔抄〕

仏教連合会ハ……創立以来……仏教ノ興隆ト文化ノ発展ニ寄与シ来レルモノナルガ今般時代ノ趨勢ニ鑑ミ事業ノ拡張、対外的活動ノ強化、財産ノ所有及金品ノ寄附受入等ノ為法人格ヲ具有ノ必要ヲ痛感シ茲ニ財団法人仏教連合会ヲ設立シ以テ益々仏教報国ノ実ヲ挙ゲントスルモノナリ

この頃は、前年の一九三七（昭和一二）年七月に日中戦争が勃発して、戦時体制に入った時期である。つまり「仏教ノ興隆」が目的ではあったが、事業を広げ、対外的に活動を進めるために、財団法人格を持つことで、財務基盤の強化を図った。また同時期には、「国家総動員法」（昭和一三年四月一日法律第五五号）が公布され、総動員態勢に入っていたのである。

日中戦争の影響は、仏教連合会の活動に波及した。第一次近衛《このえ》文麿《ふみまろ》内閣では、「国民精神総動員実施要綱」（昭和一二年八月二四日閣議決定）により運動が始まった。一九三八（昭和一三）年一〇月一二日に、民間側の団体として国民精神総動員中央連盟（会長、海軍大将有馬《ありま》良橘《りょうきつ》）が結成されたが、仏教連合会はこれに加盟した。仏教連合会では、「支那事変勃発以来は、不断に各宗派、各仏教団体の時局活動の拡大強化を激励し、特に、皇軍感謝・銃後後援・報国托鉢、忠霊顕彰、軍人援護、戦没軍馬追弔・愛馬思想作興等に就ては、仏教五十六宗派宗務総長連名の連合告達を数回発布[21]」した。

また中国大陸には、仏教徒が多いため、文化工作に関わった。同会では、「支那関係有力文化団体二十五団体と共に対支文化工作協議会を結成し、日本の真精神を宣明発揚するため「日本仏教徒より中華仏教徒へ」の放送、及、パンフレットを刊行して普く配布し、また時局講演会、支那開教講習会の開催、北京の仏教同願会、上海の中支宗教大同連盟に加盟活動する外、更に興亜宗教工作、文化工作等に就きて種々画策[22]」を行ったのである。

3　財団法人大日本仏教連合会への改称

財団法人仏教連合会は、一九四〇（昭和一五）年七月一五日には、財団法人大日本仏教連合会と改称した。名称の変更は、同名の地方組織が多いとの理由であったが、名称に「大日本」と冠したことで、前記した「財団法人仏教連合会設立理由書」の文中にあるように「仏教報国」への志向を強めたのである。

改称された直後の機関誌『政教新論』第二七巻第九号（一九四〇年九月）を見ると、「新体制確立に関する近衛内閣総理大臣声明」との記事が見える。これは、枢密院議長を辞した近衛文麿が、一九四〇年六月二四日に新たな政治体制の確立を目指す新体制声明を発して、米内《よない》光政内閣の解散後、七月二二日に第二次近衛文麿内閣を成立させたからである。

なお同年は、初代天皇とされる神武天皇の即位から起算して二六〇〇年とされた。一一月には内閣主催の「紀元二千六百年式典」と官民での各種慶祝行事が実施された。大日本仏教連合会では、「仏教五十六宗派及本会各府県支部、各仏教団体等に大いに之が遂行を奨励し、……橿原神宮外苑……に記念植樹をなし、また宮城外苑肇国奉公隊に仏教徒の勤労奉仕、及、記念植樹等の奨励[23]」を行った。

第二節　財団法人大日本仏教会

1　組織と事業

(1) 組織

財団法人大日本仏教連合会は、一九四一（昭和一六）年三月二四日に再び名称を変更した。すなわち財団法人大日本仏教会である。この改称は、内閣に設置された対中国行政の事務機関である興亜院の指導によって、任意団体の興亜仏教協会を吸収合併した再編であった（興亜仏教協会の詳細は、第Ⅱ部第一章を参照）。

初代会長は、真宗木辺派管長の木辺《きべ》孝慈《こうじ》（大谷光瑞の実弟）、興亜局長は馬田《うまだ》行啓《ぎょうけい》（日蓮宗宗務総監）である。その後の幹部を見ると、一九四二（昭和一七）年には二代会長は酒井日慎（日蓮宗管長）、副会長は安田力《いさお》（真宗大谷派宗務顧問）、総務局長は梅山英夫（真宗本願寺派）、興亜局長は中村教信（元真言宗興亜部長）が就任した。一九四四年八月からは三代会長は郁芳《いくほう》随円（浄土宗管長）、副会長は倉持秀峰（真言宗宗機顧問）、総務局長は来馬《くるま》琢道《たくどう》（曹洞宗）、教化局長は花月《かげつ》純誠（真宗本願寺派）、興亜局長は上野興仁（真宗大谷派）であった。

大日本仏教会の役員については、宗派の規模に応じて、人員を供出することになった。つまり教勢の大きい宗派は、大日本仏教会内で発言力を有したのである。理事は一五人で、各宗派の宗務要職者から会長が委嘱することになり、監事は二人であった。評議員は若干人で、各宗派より各一人を選出することになったが、所属寺院が一千か寺を超える宗派は、二千か寺ごとに一人を追加することが寄附行為で定められた。

財団法人大日本仏教会の幹部について、一九四三（昭和一八）年一月時点では、**表3**のとおりである。[24]

表3　財団法人大日本仏教会の役員（一九四三〈昭和一八〉年）

顧問	姉崎正治（帝国学士院会員、東京帝国大学名誉教授、文学博士）、安藤正純（衆議院議員）、小笠原長生（宮中顧問官、海軍中将、子爵）、小倉正恒（戦時金融金庫総裁、貴族院議員）、木辺孝慈（真宗木辺派管長、大日本仏教会前会長、男爵）、下村寿一（東京女子高等師範学校長）、高楠順次郎（帝国学士院会員、東京帝国大学名誉教授、文学博士）、松井石根（大日本興亜同盟副総裁、陸軍大将）、柳原義光（貴族院議員、伯爵）、結城豊太郎（日本銀行総裁、貴族院議員）
会長	酒井日慎（日蓮宗管長）（理事）
副会長	安田力（真宗大谷派宗務顧問）（理事）
常務理事	里見達雄（浄土宗宗務長）
理事	青木道晃（天台宗宗務総長）、岡田戒玉（真言宗宗務長）、東海裕山（臨済宗宗務総長）、谷口虎山（曹洞宗総務）、朝倉暁瑞（真宗本願寺派東京宗務出張所長）、粟津勧縁（真宗大谷派東京宗務出張所長）、華園称淳（真宗興正派総務）、田村歓陽（浄土宗西山派宗務長）、山田日真（日蓮宗宗務総監）
監事	飯塚栄山（新義真言宗豊山派元宗務長）、松浦宗彭（臨済宗東京宗務出張所長）
職員	梅山英夫（総務局長）、一条源通（総務局社会部長）、宇野諦導（総務局財務部長）、中川豊舜（総務局庶務部長）、源秀英（総務局社会部主事）、三上運海（総務局財務部主事）、岩田穆堂（総務局組織部主事）、中村教信（興亜局長）、森大器（興亜局連絡部長）、宮崎乗雄（興亜局調査部長）、佐野是光（興亜局主事）、武内紫明（嘱託）、中川吉太郎（嘱託）
評議員	三崎良泉（天台宗財務部長）、大森亮順（天台宗浅草寺住職）、野口照清（真言宗庶務部長）、伊藤弘憲（真言宗財務部長）、宮崎忍海（真言宗興亜部長）、武田琢源（真言宗総務課長）、土宜覚了（真言宗京都宗務出張所長）、瀬木俊明（真言律宗宗務長）、北川行戒（律宗宗務長）、木村玄俊（浄土宗財務部長）、江藤澂英（浄土宗教学部長）、小林円達（浄土宗知恩院執事長）、岡本貫玉（浄土宗清光寺住職）、内藤隆諦（浄土宗西山派東京宗務出張所長）、松下義周（臨済宗監正部長）、森宗苾（臨済宗教学部長）、家永紀道（臨済宗財務部長）、般林洪川（臨済宗国泰寺派）、来馬琢道（曹洞宗庶務部長）、佐藤元恵（曹洞宗財務部長）、山田霊林（曹洞宗教学部長）、西沢浩仙（曹洞宗宗会議員）、成田大兆（曹洞宗報国会理事）、岩本勝俊（曹洞宗宗会議員）、来馬道断（曹洞宗宗会議員）、古市活禅（黄檗宗東京出張所長）、本多恵隆（真宗本願寺派執行長）、岡部宗城（真宗本願寺派執行）、武岳順静（真宗本願寺派執行）、藤音得忍（真宗本願寺派執行）、花田信之（真宗本願寺派宗務所文書部長）、大谷瑩潤（真宗大谷派宗務総長）、恵美安霊（真宗大谷派財務局長）、瀧含雄（真宗大谷派教学局長）、春日慶縁（真宗大谷派文書部長）、高橋芳雄（真宗高田派顧問）、榊原順次（真宗興正派東京出張所主任）、佐々木篤祐（真宗仏光寺派宗務長）、仲井義照（真宗木辺派参務）、菅原茂俊（真宗出雲路派参務）、藤園賢海（真宗山元派東京出張所長）、安野源智（真宗誠照寺派参務）、水野了応（真宗三門徒派宗務長）、河田行誠（日蓮宗興亜局長）、沖鳳亀（日蓮宗財務部長）、野木慈隆（日蓮正宗宗務総監）、荒井真行（法華宗庶務部長）、藤原日澄（本化正宗東京宗務支所長）、河野悦然（時宗宗務長）、清林亮玄（融通念仏宗宗務長）、板橋良玄（法華宗興福寺住職）、平岡明海（華厳宗宗務長）

加盟組織について、一九四三（昭和一八）年時点では、仏教宗派は政府から設立を認可された全ての一三宗二八派がその連絡下にあり、地域の仏教会は四七道府県と外地（樺太仏教連合会、台湾仏教会）の計四九団体であった。大日本仏教会の外地連絡所は、満洲国連絡所（新京、満洲国仏教総会内）、中華民国華北連絡所（北京、北支日本仏教連合会内）、同華中連絡所（上海、中支宗教大同連盟仏教部内）、同華南連絡所（広東、東本願寺内広東日本仏教連合会内）、関東州連絡所（大連、西本願寺内関東州仏教総会内）、朝鮮連絡所（京城、朝鮮総督府社会教育課内朝鮮仏教協和会内）、台湾連絡所（台北、台湾総督府文教局社会課内台湾仏教会内）であった[25]。

一九四四年九月に文部省の指導で大日本仏教会は解散となり、後述する財団法人大日本戦時宗教報国会に再編された[26]。

(2) 事業

財団法人大日本仏教会の目的と事業について、一九四二（昭和一七）年時点の寄附行為を見ると、戦時体制に合わせた体制となっていることがわかる。

財団法人大日本仏教会寄附行為（昭和一七年六月一八日文部大臣変更認可）〔抄〕

第一条　本会ハ財団法人大日本仏教会ト称ス

第二条　本会ハ日本仏教ノ本義ニ基キ仏教各宗派及仏教諸団体ノ協力一致ヲ図リ天業ヲ翼賛スルヲ以テ目的トス

第三条　本会ハ前条ノ目的ヲ達成スル為左ノ事業ヲ行フ

一　仏教各宗派ノ共通セル事項ノ連絡協調及処弁
二　国民精神作興運動ニ関スル事項
三　興亜文化事業ニ関スル事項
四　教化事業、社会事業、司法保護事業等ニ関スル講習会、研究会、協議会、講習会及大会ノ開催
五　国内及海外ニ於ケル仏教各種団体トノ連絡協調
六　教派及教団トノ連絡交渉
七　諸官署及諸団体トノ連絡交渉
八　其ノ他本会ノ目的達成ニ必要ナル調査研究及事業(27)

戦時体制といえば、「金属類回収令」（昭和一六年八月三〇日勅令第八三五号）の施行後、大日本仏教会は各都府県仏教会を通じて寺院からの梵鐘や仏具の回収を進めるなど、国策への協力を深めた。

2　文部省の施策との関わり

南方戦線での戦局が平定した一九四二（昭和一七）年三月二七日には、文部省にて内外地宗教事務連絡協議会が開催された。文部省は、宗教団体法の施行から二年が経過して、国内の宗教界の整備が十分ではないため南方宗教工作は慎重の方針を示した。同会で文部次官の菊池豊三郎は「大東亜共栄圏に於ける宗教方策が確立実現せらるためには、先づ内地外地の宗教団体の体制に十分な措置が講ぜられねばならぬ(28)」と発言した。

同じく一九四二年一二月七日に、文部大臣官邸で宗教行政に関する懇談会が開催された。文部省、議員、学識経

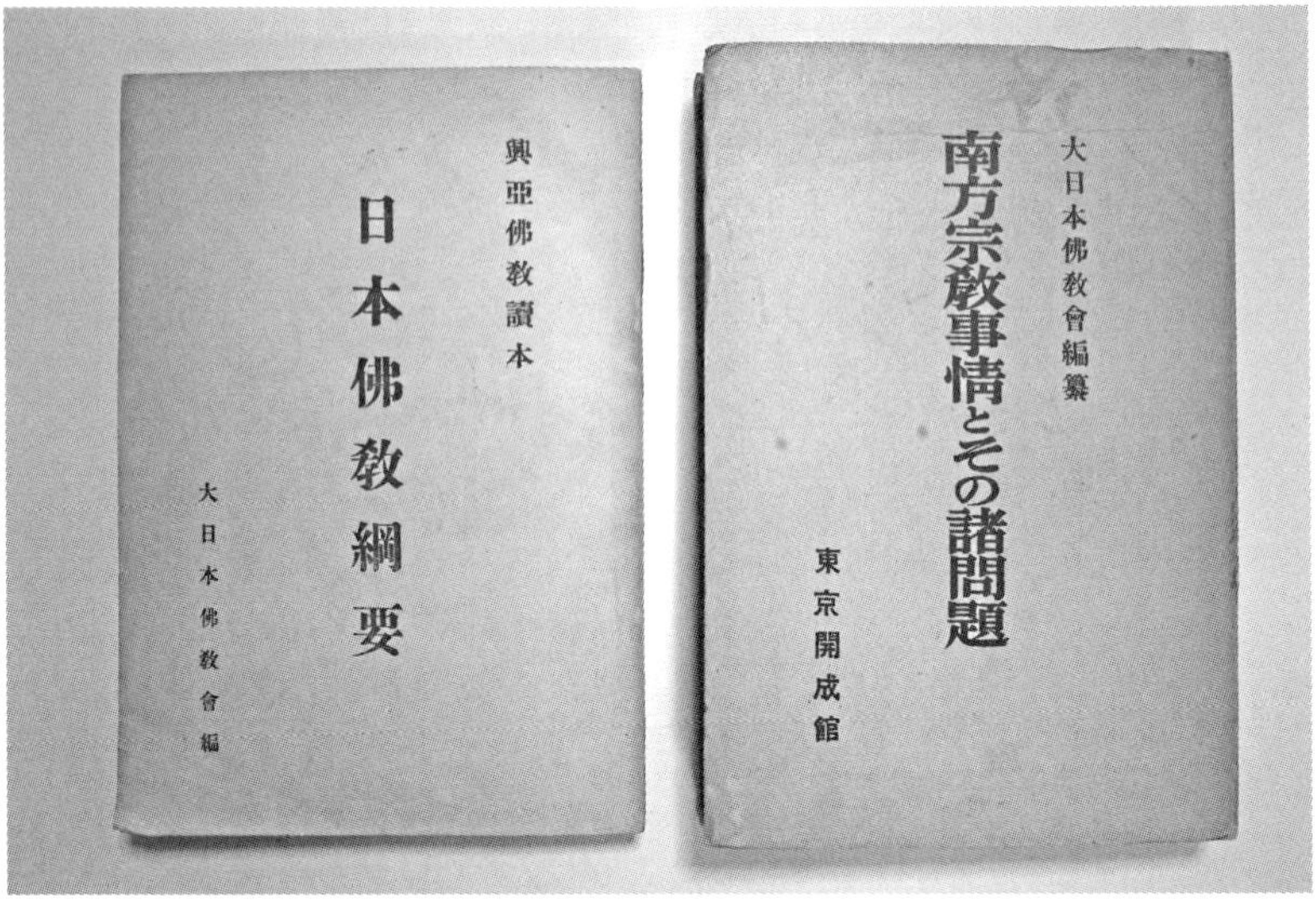

図1　大日本仏教会の作成資料（筆者蔵）

験者が出席して、南方に対する宗教対策の確立などが議論された。参加した姉崎正治《あねさきまさはる》は、「南方建設に於ける宗教問題の重要性は今更言ふまでもないが、それだけに対策は極めて慎重を要し、徒らに日本の宗教団体が従前と同じやうな形で進出して工作するといつた態度や方針ではいけない。要するに現地の宗教そのままを充分尊重して、これを指導するといふ態度が根本でなければならぬ[29]」と発言した。

次に、主な講習会の実施状況を見る。日中戦争の以降には、文部省主催の宗教団体対支布教協議会（一九三八年八月四日）が開かれた。一九四二（昭和一七）年六月一六日から二〇日にかけて、東京芝の浄土宗増上寺内にある明照会館にて「南方宗教講座」が文部省主催で開催され、参加した宗教団体関係者に南方宗教工作の重要性を講習して、教派神道、仏教系、キリスト教系の四四団体から、二〇二人が参加した。後に講義録は、大日本仏教会の編集で、『南方宗教事情とその諸問題』として初版四〇〇〇部が刊行された[30]。

キリスト教関係者のみを対象とした講習会として、同年一一月一一日から一三日まで、文部省主催により省内にて「南方派遣女子基督者錬成会」が開催された。日本語教師としてフィリピンに派遣する日本天主公教教団の修道女四人、女性信徒一六人が参加した。

文部省宗教局では、一九四二年に南方地域の宗教に関する資料を取りまとめた『南方宗教事情調査』を地域ごとに全七輯を作成した(31)。資料の出典はなく、また執筆者の署名もないが、宗教研究者に委嘱して執筆させたと考えられる。また「宗教文化叢書」として、古野清人と高楠順次郎に執筆を依頼して二冊の資料を作成した(32)。

第三節　財団法人大日本仏教会と南方地域

1　興亜局の所掌事務

財団法人大日本仏教会で、日本の勢力下にあったアジア諸地域に対する活動は、同会の興亜局が所掌した。本項では南方地域に対する同会の関与を見ていく。南方地域を取り上げる理由として、仏教連合会から大日本仏教会と改称された一九四〇（昭和一五）年から一九四一年にかけて、日本軍によるフランス領インドシナの武力進駐を端緒として、南方進出の拠点確保とその後の進出が本格化した時期である。日本は、長期化した日中戦争を解決するため南方地域に進出したのであった。仏教連合会は、一九三八年の財団法人設立以降、「近年は特に各宗派共通の対外問題に活動(33)」したが、大日本仏教会への改称の時期と前後して、従前の中国方面への活動と共に、南方方面の活動を開始するのである。

まずは興亜局の概要を確認する。大日本仏教会の事務規程を見ると、布教活動よりは各種の事業を重視していることがわかる。

財団法人大日本仏教会事務規程（昭和一七年五月九日制定）〔抄〕

第一条　本会ニ左ノ二局七部ヲ置ク

総務局／一　庶務部／二　組織部／三　社会部／四　財務部

興亜局／一　連絡部／二　調査部／三　事業部

第二条　各局部ノ分掌スル事務ノ概目左ノ如シ

興亜局連絡部

一　仏教各宗派及仏教諸団体ノ海外ニ対スル事業ノ指導、統制及連絡ニ関スル事項

二　宗教家ノ交驩及留学生ノ斡旋ニ関スル事項

興亜局調査部

一　興亜文化事業ニ関スル事項ノ調査及研究ニ関スル事項

興亜局事業部

一　東亜文化事業ノ実施及布教圏ノ拡張ニ関スル事項

二　仏教ヲ基調トスル東亜民族ノ親善提携ニ関スル事項(34)

大日本仏教会の対外活動について、興亜局事業部の事務内容に「布教圏ノ拡張」とあるように、布教が直接の目的ではないことに注意されたい。つまりこの文言は、日本仏教の影響力拡大を意味し、後続する「仏教ヲ基調トスル東亜民族ノ親善提携」など、文化工作が目的であったからである。

大日本仏教会による日本仏教の南方進出は、日中戦争による中国進出と連続した動きのなかで、理解する必要が

ある。中国方面においては、「対支進出宗教団体指導要領」（昭和一六年八月一一日興亜院文化部長・文部省宗教局長決定）と共に、「仏教各宗派対支進出指導要領」（同）が発出された[35]。つまり政府では、今後、毎年度の仏教各宗派の対外事業（寺院や教会の設立、布教師の派遣等）に関する計画については、大日本仏教会興亜局が取りまとめを行うことを定めた。その後、興亜院と文部省の審査を経て、許可を受けることになったのである。この決定まで、各宗派が個々で中国に進出していたため、現地で競合していたのである。これを問題視した政府が、各宗派を効率よく統制すべく、指導要領を出したのである。ただし南方方面は、文化工作を主体としたため、各宗派による布教を想定した制度は創出されなかった。

「大東亜省官制」（昭和一七年一一月一日勅令第七〇七号）に基づき、同省が同日に設置された[36]。内地と外地（朝鮮、台湾、樺太）を除く、「大東亜」地域に関する事務の一元化のため、拓務省、対満事務局、外務省の東亜局、南洋局を改廃して新たに設置された。大東亜省の設置前から、文部省での南方宗教工作に関する事務の移管を検討していた[37]。

大東亜省の設置後、興亜院が所掌していた中国方面の宗教事務は、同省支那事務局が引き継ぎ、「大東亜省分課規程」（昭和一七年一一月二日官報）にもその旨が明記されているが、同省南方事務局について宗教に関する条項はない[38]。同省の設置直後に『中外日報』では、「文部省では今春来南方の宗教対策に関し各関係官庁と密接な連絡をとりつつ鋭意具体化に努め大体の成案を得てこれが実施に要する費用の捻出を考究中であつた模様であるが、行政簡素化に伴ふ行政機構の再編成により今後は大東亜省南方事務局に於て右宗教工作問題が取扱はれるべき性質のものとなつた[39]」と報じられた。その後、翌年の一九四三（昭和一八）年春から具体策が実施予定との報道があったが[40]、有効な施策は実施されなかった。早急な組織統合による事務機能の不効率と宗教関係の事務を担う人材が不足していたことが原因にあった。何より「大東亜」の現地の宗教を「尊重」する方針と共に、宗教が戦争遂行のため直接に関わる行政分野ではなかったため、大東亜省では、宗教対策を積極的に展開しなかったのである。

結局は、後述する文部大臣の監督下にあった宗教教化方策委員会の答申で、大東亜の宗教施策に関する方針が示された。つまり戦時下の宗教政策は、足並みが揃わなかったのである。

2　対南方地域の活動

大日本仏教会興亜局による南方方面の主な活動を見よう。同会が作成した資料から、その概要を示す[41]。

①南方関係全般

・行政（興亜院、大東亜省、情報局）、大政翼賛会、宗教界（教派神道連合会、日本基督教連合会）など関係機関と連絡調整を図り、中国、蒙疆、満洲、南方各方面への仏教進出の方策について、調査と研究を行った。現地との連携の緊密化を進めた。
・随時、各宗派の興亜事業代表者会議を開催して、現地状況を聴取し、各種案件等について協議した。
・一九四三（昭和一八）年七月三日、東京丸ノ内の大東亜会館（現、東京会舘[42]）にて「大東亜仏教青年大会」が開催。大日本仏教会は協力。
・「仏蹟顕彰発願発示報国法要」を執行して南方仏教の顕彰を努め、真如親王（第Ⅲ部第一章参照）の遺徳を奉賛した。

②タイ方面

・一九四一（昭和一六）年一二月二七日、「日本国「タイ」国間同盟条約」（条約第二〇号、通称「日泰攻守同盟条約」）の公布に伴い、タイは翌年四月にピヤ・パホン中将らを慶祝使節として日本に派遣。大日本仏教会は、「歓迎報国法要」を行い、日泰両国の仏教親善強化を行った。

・タイからの慶祝使節に対する答礼のため、一九四二（昭和一七）年七月に政府は、特派大使として元内閣総理大臣の広田弘毅らを派遣。広田の斡旋で、タイから日本国民に仏舎利が贈呈されることになり、大日本仏教会は追加予算を可決して恭迎準備事業を行った。

・一九四二年一〇月にバンコク周辺で起きた水害に際して、各道府県仏教会を通じて、全国に水害見舞金勧募運動を展開した。

・一九四二年一二月二八日、「日本国「タイ」国間文化協定」（条約第二号、通称「日泰文化条約」）が公布。大日本仏教会は、タイに祝辞を送る。社団法人日本放送協会の東京中央放送局からタイ向けの海外放送で、副会長の安田力は、「日泰文化協定成立を祝して」と題して講話。

・一九四三（昭和一八）年二月二七日、東京の築地本願寺で「日泰文化協定成立記念　日泰親善仏教大会」が開催。主催は大日本仏教会、後援は文部省、大東亜省、情報局、外務省。大会では、タイ大使に水害見舞金を贈呈した。

・一九四三年七月一日、王宮の敷地内にあるワット・プラケオのエメラルド仏奉安殿で、仏舎利贈呈式が実施。ピブーンソンクラーム首相から、駐タイ大使の坪上貞二《つぼかみていじ》に渡される。大日本仏教会は、真宗木辺派管長の木辺孝慈ほか三人の奉迎仏教使節が派遣された[43]。

図２　「大東亜共栄圏」地図の10銭切手（1942年）（筆者蔵）

・バンコクに建設する日泰文化会館（第Ⅲ部第三章参照）に、五重塔を備えた仏教館が含まれることが計画され、大日本仏教会は全国の寺院から建設寄附金を集めた。

③ビルマ方面

・開戦直後のビルマ戦線において、同方面を担当する日本陸軍第一五軍の作戦の一環として、僧侶からなる司令部附の宗教宣撫班が編成。陸軍参謀本部の命令により、大日本仏教会は各宗派からの推薦で人員を供出した。宗教宣撫班は、ビルマ戦線の各地で僧侶姿にて戦争の目的を宣伝するなどの宣撫工作を行った（第Ⅱ部第二章参照）。

・一九四三（昭和一八）年六月、ビルマ視察団が来日。大日本仏教会は、歓迎会と視察斡旋を行う。バー・モウ行政府長官への記念品を贈呈。同年八月、ビルマは独立を宣言。

・一九四四年五月二九日、東京の日比谷公会堂で「ビルマ国寄遷仏舎利恭迎式」が開催。ビルマ大使テーン・モンから元ビルマ軍政顧問であった桜井兵五郎に仏舎利が贈呈。[44] 大日本仏教会は協賛。

④フランス領インドシナ（仏印）方面

・大日本仏教会では、日本と仏印の知識人の交流を計画。ハノイのフランス極東学院の東洋学者ジョルジュ・セデスらの日本招聘の準備を進めたが実現せず（第Ⅱ部第一章参照）。

・一九四三年、大東亜省と文部省の指導と斡旋により大日本仏教会では、ハノイに留学生団を派遣。極東学院や館使寺などで、ベトナム仏教の調査研究に従事させた（第Ⅱ部第四章参照）。

大日本仏教会の興亜局の事業費は、例えば一九四三年度の予算案を見ると、総額が計二七万六〇〇〇円である。[45]内訳は第一目文化事業費（二五万円）、第二目連絡費（一万五〇〇〇円）、第三目調査費（一万一〇〇〇円）となる。同会の歳入は各宗派の負担金によるが、同年度の事業費のうち、政府からの補助金として大東亜省から二万円、文部省から二万円で、一般有志からの一〇万円の寄附金があった。『本願寺新報』によれば、「大日本仏教会では大東亜省、文部省等関係諸官庁の強力なる要請に応じて興亜局の本年度の事業予算[46]」を決定したと報じている。このように大日本仏教会では、中国方面から南方方面にも活動地域を拡大していったが、特に同盟国であるタイを重視していた。

第四節　財団法人大日本戦時宗教報国会への再編

1　文部省の宗教教化方策委員会の決定

続いて、仏教界を含む宗教界全体の連合組織である、財団法人大日本戦時宗教報国会を述べる。[47]文部省における宗教制度の諮問機関として、「宗教教化方策委員会官制」（昭和一九年一月二七日勅令第五〇号）が公布施行され、同委員会が設置された。会長は、文部大臣の岡部長景が就任して、委員は官僚、軍人、宗教界、学識経験者などとする委員会が組織された。委員による審議を経て、委員会では、次の答申が示された。

宗教教化活動ノ強化促進ニ関スル答申（昭和一九年五月五日宗教教化方策委員会第三回総会決定）〔抄〕

第二　宗教教化活動ノ強化促進ニ関スル実施事項

四、宗教団体ノ連絡提携ノ強化ニ関スル事項

（二）神仏基各連合機関ノ整備強化ヲ図ルコト

（三）神仏基三教間ノ連絡提携ヲ一層緊密ナラシムルコト

七、大東亜建設ニ対スル宗教的協力ニ関スル事項

（一）宗教的立場ヨリ大東亜共同宣言ノ趣旨ノ宣揚ヲ図ルコト

（二）大東亜宗教文化、芸術ニ関スル調査研究ヲ為シ其ノ保存宣揚ヲ図ルコト[48]

右記の答申を基に、全七条からなる要綱が、閣議で諒解された。宗教界全体での統制を強める方針を示したのである。

戦時宗教教化活動強化方策要綱（昭和一九年八月八日閣議諒解事項）〔抄〕

四、宗教団体ノ組織運営ヲ整備強化シ各々其ノ特色ヲ発揮スルト共ニ相互ノ連絡提携ヲ一層緊密ニシ其ノ総力ヲ結集シテ時局ノ進展ニ即応シ清新強力ナル教化活動ヲ展開セシムルコト

七、大東亜ニ於ケル宗教ノ重要性ニ鑑ミ彼我宗教ノ伝統ヲ尊重シツツ其ノ親善提携ヲ促進スルト共ニ大東亜宗

教文化ハ興隆ヲ図リ以テ大東亜建設ニ貢献セシムルコト[49]

要綱にある「宗教団体ノ……連絡提携ヲ一層緊密」との決定により、宗教界の関係団体が再編され、財団法人大日本戦時宗教報国会が、一九四四（昭和一九）年九月二九日に、財団法人として設立許可された。同会は、教派神道連合会、財団法人神道奨学会、財団法人大日本仏教会、日本基督教連合会、宗教団体戦時中央委員会、仏教音楽協会等を再編したものである。九月三〇日に東京丸ノ内の大東亜会館にて、大日本戦時宗教報国会の発会式が挙行された。

2　組織と事業

財団法人大日本戦時宗教報国会の目的と事業については、次のとおりである。特に事業において「教化」の語句が並ぶが、宗教的な布教ではなく、一般の信徒に対して戦争遂行を鼓舞していたのである。

財団法人大日本戦時宗教報国会寄附行為（昭和一九年九月二九日文部大臣許可）〔抄〕

第一章　総則

第一条　本会ハ大日本戦時宗教報国会ト称ス

第二条　本会ハ事務所ヲ東京都麹町区霞ヶ関三丁目四番地ノ十二文部省内ニ置ク

第二章　目的及事業

第三条　本会ハ教派、宗派及教団ノ協力一致ニ依リ我ガ国宗教ノ本義ノ発揚ニ努メ国策ニ即応シテ戦時宗教教

化活動ノ強化促進ヲ図リ皇国護持ノ至誠ヲ致スト共ニ道義ニ基ク大東亜建設ニ貢献スルヲ以テ目的トス

第四条　本会ハ前条ノ目的ヲ達成スル為左ノ事業ヲ行フ

一、宗教報国精神ノ昂揚ニ関スル事項／二、宗教教化ニ関スル国策ノ滲透具現ニ関スル事項／三、政府及関係諸団体トノ連絡ニ関スル事項／四、宗教教化運動ノ企画実施並ニ促進ニ関スル事項／五、宗教団体ノ教化施設運営ノ指導ニ関スル事項／六、宗教教学ノ刷新振興ニ関スル事項／七、宗教教師ノ錬成ニ関スル事項／八、大東亜建設ニ対スル宗教的協力ニ関スル事項／九、宗教教化ニ関スル研究ノ助成ニ関スル事項／十、宗教教化功労者ノ顕彰ニ関スル事項／十一、宗教教化ニ関スル各種ノ調査並ニ資料ノ蒐集頒布ニ関スル事項／十二、機関紙、宗教教化関係図書等ノ編纂刊行ニ関スル事項／十三、其ノ他必要ナル事項[50]

財団法人大日本戦時宗教報国会は、政府が運営に関与していた。同会は、「新タニ政府ト表裏一体ノ下神道、仏教及基督教ヲ打テ一丸トスル[51]」ことを目的として設立されたからである。会長は文部大臣が務め、事務所が文部省内に置かれて同省から補助金が出るなど、文部省と宗教界が一体となった半官半民の組織であった。

寄附行為では、「第四章　役員／第十二条　本会ニ左ノ役員ヲ置ク／一、会長一名／二、副会長三名／三、理事長一名／四、常任理事二十名以内／五、理事六十名以内／六、監事三名」とある。注目すべきは、会長以下の人事が充て職として、寄附行為にて次のように定められた。会長には「文部大臣ヲ推戴」（第一三条）、副会長の三名は「文部次官ノ職ニ在ル者」、「宗教家」、「学識経験アル者」（第一四条）であった。理事は「文部省其ノ他ノ関係官庁官吏」、「教派・宗派及教団ノ事務主任者」、「学識経験アル者」とされ、そのうち常任理事の二名は「文部省教学局長及文部省教学局宗教課長」（第一五条）とした[52]。

その結果、財団法人大日本戦時宗教報国会の設立当時の主な幹部は、以下のとおりとなった。会長は二宮治重（文部大臣）。副会長は藤野恵《めぐむ》（文部次官）、郁芳随円（浄土宗管長）、安藤正純（衆議院議員、真宗大谷派寺院出身）。理事長は近藤寿治（文部省教学局長）。理事は三島通陽（文部参与官）、安東義良（大東亜省総務局長）、近藤寿治（前掲）、吉田孝一（文部省教学局宗教課長）、宗教界からは教派神道、仏教宗派、キリスト教団の要職者が就任した[53]。事務総長は空席で同総長事務取扱として近藤寿治、総務局長は空席で同局長事務取扱として吉田孝一、神道局長は菅野正照（神習教）、仏教局長は倉持秀峰（真言宗）、基督教局長は今泉真幸（日本基督教団）である。

財団法人大日本戦時宗教報国会は、発足が遅れたため、方針の策定後に調整が急がれた。前述したように、一九四四（昭和一九）年八月に、財団法人大日本仏教会の三代会長として浄土宗管長の郁芳随円が就任したが、九月に財団法人大日本戦時宗教報国会が設立されたことを考えると、再編は早急であったといえよう。

敗戦の前年に発足したのは、政府内で宗教政策の方針が錯綜して、実行されるのに時間を要したためである。報国会では、旧来の教派神道連合会、大日本仏教会、日本基督教連合会が実施した事業を継承した。内地では、各府県に支部を結成して、宗教者の動員と戦争遂行の宣伝に終始した。外地の宗教対策は具体化には至らず、一九四五（昭和二〇）年夏に各省庁と報道機関の代表者を委員とする海外宗教情報戦時委員会を設置したが、ほとんど機能せず敗戦となった[54]。日本大学講師を務めた真宗本願寺派僧侶の小松雄道は、「戦時宗教報国会は遅れた。……遺憾に堪へずそれでも無いよりもましである[55]」と評していた。

3　大日本戦時宗教報国会の仏教局

大日本戦時宗教報国会には、総務局、神道局、仏教局、基督教局が設置された。大日本仏教会を前身とする仏教局を見よう。規程によれば、庶務部は総務の役割を果たし、教化部は国内に対して、興亜部は海外に向けた活動を指向したのである。

大日本戦時宗教報国会事務局規程〔抄〕

第一条　事務局ニ左ノ四局ヲ置ク／総務局／神道局／仏教局／基督教局

第九条　仏教局ニ左ノ三部ヲ置ク／庶務部／教化部／興亜部

第十条　仏教局庶務部ニ於テハ左ノ事務ヲ掌ル

一　各宗派ノ教化活動ノ連絡調整ニ関スル事項／二　特別布教師ノ派遣其ノ他宗教教師、僧侶等ノ動員ニ関スル事項／三　仏教音楽ノ振興ニ関スル事項／四　他部ニ属セザル事項

第十一条　仏教局教化部ニ於テハ左ノ事務ヲ掌ル

一　宗教団体戦時報国常会ノ指導ニ関スル事項／二　教学ノ刷新振興ニ関スル事項／三　祈願法要、講演会、協議会等ノ開催ニ関スル事項／四　宗教教師、僧侶等ノ錬成ニ関スル事項／五　其ノ他教化活動ノ促進ニ関スル事項

第十二条　仏教局興亜部ニ於テハ左ノ事務ヲ掌ル

一　宗教教師僧侶等ノ海外派遣ニ関スル事項／二　大東亜諸地域ニ於ケル仏教団体、仏教徒等トノ親善提携ニ関スル事項／三　日本仏教文化ノ海外宣揚及大東亜仏教文化ノ調査研究ニ関スル事項／四　海外留学生ノ派遣及内地留学生ノ指導ニ関スル事項(56)

仏教局の体制は、倉持秀峰（局長）。庶務部は来馬琢道（部長）、原聖道（副部長）、横山競禅（主事）。教化部は上野興仁（部長）、大島晃道（副部長）、平田成正（主事）。興亜部は上野興仁（部長（兼））、斎藤俊道（副部長）、網田義雄（主事）である[57]。

現存する書類「大日本戦時宗教報国会昭和十九年度予算案」を見ると、歳入は三九万四四八一円四四銭である。内訳は文部省交付金（二〇万円）、神道局拠出金（六四〇〇〇円）、仏教局拠出金（一七万二二二六円四四銭）、基督教局拠出金（四九〇〇円）、基本財産果実（二七七五円）、経常財産果実（二一八〇円）、刊行物収入（六〇〇〇円）である。歳入の半額は文部省からの補助金である。次いで仏教局からの拠出金であるが、金額が端数なのは、各宗派の寺院数、檀信徒数を基に負担金が決まっており、その合計額によるからである[58]。

4　敗戦と改組

財団法人大日本戦時宗教報国会は、敗戦後の一九四五（昭和二〇）年一〇月に、財団法人日本宗教会と改称して、翌年二月に寄附行為変更が認可されるが、依然として文部省の官僚が役員に就任して運営に関与した[59]。

その後は一九四六（昭和二一）年六月二日に、財団法人日本宗教連盟と改称され、文部省の影響下から脱して、宗教界による自主自立の組織となった。理事と監事は、宗教界や学識経験者が就任した。ただし常務理事の吉田孝一は元文部省宗教課長（一九四二―一九四六年在任）、理事のうち学識経験者枠の下村寿一は元文部省宗教局長（一九二四―一九二九、一九三二―一九三四年在任）であった。つまり、文部省の現職者に代わり元官僚が、中枢に関わったのである。下村は、宗教法人法に基づき設置された文部省の宗教法人審議会の会長（一九五二―一九六五年在任）を務めた。

おわりに

本章では、任意団体であった仏教各宗派懇話会に始まり、仏教連合会の設立、財団法人の設立許可、大日本仏教連合会の改称を経て、大日本仏教会の概要と南方地域の活動、再編された財団法人大日本戦時宗教報国会の仏教局までの動きをたどってみた。

まとめると、仏教連合会の財団法人設立許可から大日本戦時宗教報国会の再編までの流れは、戦時下における文部省の宗教統制の結果である。同時期、各省庁では所掌する業界や職能集団を動員するために、様々な連合組織を設立した。政府と文部省が仏教宗派への指導を徹底できたのは、仏教界の連合組織の存在が大きい。なぜなら、連合組織が、政府と仏教宗派・各地区仏教会の間において、命令系統の回路としての役割を果たしたためである。

本書には、本章以降においても大日本仏教会の名称が要所に現われる。例えば、第Ⅰ部第二章の国際仏教協会の主催行事では、しばしば後援団体の一つとして名前を連ねる。第Ⅰ部第三章の巴利《パーリ》文化学院で養成された宣撫工作要員は、全て仏教会の傘下にある宗派の出身である。第Ⅱ部第一章のインドシナの調査事業を行った興亜仏教協会は、合併して仏教会に再編される。第Ⅱ部第二章のビルマ進攻作戦での宣撫工作要員は、陸軍省の命令で仏教会から人員供出を行った。第Ⅱ部第四章のインドシナの留学生派遣は、仏教会の事業である。第Ⅲ部第一章の真如親王奉讃会の事業に仏教会は協力した。第Ⅲ部第三章のバンコクに計画された日泰文化会館の建設費の一部は、仏教会の呼び掛けにより仏教各宗派や各府県仏教会から募金を集めた。このように大日本仏教会は、戦時下の南方地域に対する日本仏教からの関与において、日本の仏教界での人材と資金の取りまとめを行っていたのである。

注

（1）公益財団法人日本宗教連盟では、一九四六（昭和二一）年六月二日を連盟の設立日としている。なお日本宗教連盟編『日本宗教連盟小史――創立二十周年記念』（日本宗教連盟、一九六六年）、日本宗教連盟五〇周年実行委員会編『日本宗教連盟五十年のあゆみ』（同、一九九六年）において、財団法人大日本戦時宗教報国会の発足が、一九四四年とすべきところ、一部の記述において一九四三年と間違って記載されている箇所を散見する。さらに、この間違った年次を引用した二次資料があるため、注意を要する。

（2）無署名「宗教翼賛活動の強化促進に宗教報国会輝しく発足／きのふ結成の報国会開く」（『中外日報』第一二五三一号、中外日報社、一九四一年六月一日）、二面。無署名「全国から集ふ宗教戦士／職域奉公の誠を誓ふ／宗教報国全国大会気勢揚る／宗教特別官衙設置当局に陳情」（『中外日報』第一二五四四号、一九四一年六月一七日）、二面。

（3）大政翼賛会第三調査委員会「大東亜共栄圏建設に伴ふ文化的事項に就て」（『政教新論――財団法人大日本仏教会機関誌』第二八巻第一二号、政教新論社、一九四一年）、九頁

（4）懸賞論文集である宗教団体戦時中央委員会編『大東亜建設と宗教』（東京開成館、一九四三年）に、「文部省及ビ諸官庁並ニ神道教派、仏教宗派、基督教教団相互ノ連絡ヲ図ルヲ目的トシ文部省支持ノ下ニ各教宗派教団ノ戦時事務局長ヲ以テ之ヲ組織シタル事業団体ニシテ組織以来宗教団体戦時活動ノ中心的存在トシテ活動中」（奥付）とある。

（5）教育審議会の答申「教育行政及財政ニ関スル件」（昭和一六年一〇月一三日教育審議会総裁から内閣総理大臣宛て）では、「行政ニ関スル事項」の「一、中央教育行政機構」として、「八　宗教ニ関スル行政ノ運営ヲ完カラシムル為諮問機関ヲ設クル等機構ノ整備ヲ図ルコト」とした。『野間教育研究所紀要　第三四集――資料　教育審議会（総説）』（野間教育研究所、一九九一年）、一八七頁。

（6）無署名「決戦時局下の宗教国策を検討／文部省が教界学界の権威者と」（『中外日報』第一二六八七号、一九四一年一二月五日）、二面。

（7）宗教（団体）法の制定過程について、一八九九（明治三二）年帝国議会に提出された第一次宗教法案の否決、一

九二七（昭和二）年に審議未了の第二次宗教法案、一九二九年に審議未了の第一次宗教団体法案、一九三五年の文部大臣の諮問機関である宗教制度調査会で審議されたが議会に提出されなかった宗教団体法案要綱と宗教団体法草案である。

（8）文部省文化局宗務課監修『明治以後宗教関係法令類纂』（第一法規出版、一九六八年）の「附録　Ⅳ仏教宗派成立・分合一覧」（一〇七三―一〇七九頁）に基づき作表。

（9）財団法人大日本仏教会は、宗教団体法に基づき認可された全ての仏教宗派が所属することが原則であった。現在の公益財団法人全日本仏教会は、団体が自主的に加盟することが前提である。そのため臨済宗国泰寺派や日蓮正宗など、大日本仏教会では加入していたが、現在の全日本仏教会に入っていない宗派もある。

（10）公益財団法人全日本仏教会ホームページにおける「全日本仏教会とは」（http://www.jbf.ne.jp/about/about_JBF.html、二〇一四年一〇月三一日確認）

（11）件名「（財団法人大日本仏教会）財団法人設立の件」に含まれる文書「仏教連合会の起原及事業の概況」（独立行政法人国立公文書館蔵、〈請求番号〉本館 -3D-025-00・平7文部01535100、〈件名番号〉005、〈作成部局〉文部省、〈年月日〉昭和一四年二月二一日）。

（12）大日本仏教会編『財団法人大日本仏教会要覧――昭和十八年一月』（大日本仏教会、一九四三年）、一五頁。大日本仏教会資料（増上寺蔵、〈分類番号〉大―二―四五「大日本仏教会関係書類」に含む）。
　本書では、随所において、浄土宗増上寺（東京都港区）が所蔵する財団法人大日本仏教会の旧蔵資料を参照した。かつて境内に、同会の事務所が所在したが、一九四四（昭和一九）年九月に財団法人大日本戦時宗教報国会として再編の際に、解散した大日本仏教会の事務資料を増上寺が引き継ぎ、現在まで保管しているからである。資料の目録は、増上寺史料編纂所編『増上寺史料集　附巻』（大本山増上寺、一九八三年）における「大日本仏教会」（五二二―五三〇頁）を参照。なお目録は、案件ごとに封筒で区分けした資料の標題のみで、内容物の詳細な記載はない。

（13）無署名「各宗連合の敬悼打合」（『中外日報』第三七八九号、一九一二年八月六日）には、「三教会合の際作られし仏教各宗派懇話会にては、今回の御大喪に就き各宗連合にて敬悼の意を表する為め諸般の事項を議すべく第一回の打合準備会を去二日芝区西大久保天徳寺に開会せし」（三面）とある。

（14）仏教界の有志により、第一次宗教法案に反対すべく、仏教徒国民同盟会（後に大日本仏教徒同盟会）、公認教期成同盟会、仏教倶楽部、自由主義仏教徒同盟会等が活動した。なお大正初年、曹洞宗僧侶の久内大賢が代表を務める大日本仏教会が活動していたが、本章で述べた同名組織とは別である。久内により、大日本仏教会編『明治天皇御聖徳』（一喝社、一九一二年）、同会編纂局編『印度宗教実見記』（同、一九一五年）が発行された。

（15）財団法人全日本仏教会内〝全仏二十年の歩み〟記念誌編纂委員会編『全仏二十年の歩み』（同会、一九七三年）には、「「全仏」の前身が発祥した発足当初の資料が乏しいため、必ずしも正確な発展史を握んだものとは言えないのは遺憾であるが、明治三三年頃に仏教懇話会として誕生した古い歴史を持っていることだけは間違いない」（八頁）とある。

大日本仏教会時代の一九四二（昭和一七）年一〇月一一日に、東京芝の浄土宗増上寺境内にあった事務所が火災で焼失した。「財団法人大日本仏教会事務所全焼に付き謹告」（『中外日報』第一二九四六号、一九四二年一〇月一六日、四面）を参照。

（16）一九二二（大正一一）年に、外務省は、翌年度からローマ教皇庁との外交使節の交換を計画した。仏教連合会は、ローマ教皇は国家元首ではなく宗教団体の指導者であるとして、使節交換に反対した。その後、一九二九（昭和四）年にイタリアとローマ教皇庁との間でラテラノ条約が締結され、バチカン市国が独立した主権国家として承認された。日本とバチカン市国は一九四二年に外交関係を樹立したが、敗戦後の途絶を経て、一九五二年に再開した。

（17）「財団法人仏教連合会の事業及び活動概要」（仏教連合会編『国民精神総動員要覧』仏教連合会、一九四〇年）、一〇三頁。引用は、同書を復刻した、長浜功編『国民精神総動員運動――民衆教化動員史料集成　第三巻』（明石書店、一九八八年）を参照した。

（18）前掲、「財団法人仏教連合会の事業及び活動概要」、一〇三頁。

（19）無署名「「全仏」の機構刷新へ――委員会が答申書作成」（『全仏』第一六八号、全日本仏教会、一九七一年）、四―五頁。

（20）前掲、件名「（財団法人大日本仏教会）財団法人設立の件」に含まれる文書「財団法人仏教連合会寄附行為」。

（21）前掲、「財団法人仏教連合会の事業及び活動概要」、一〇三頁。

(22) 前掲、一〇三頁。
(23) 前掲、一〇三頁。
(24) 前掲、『財団法人大日本仏教会要覧――昭和十八年一月』、六〇―六四頁。
(25) 前掲、『財団法人大日本仏教会要覧――昭和十八年一月』、七五頁。
(26) 無署名「大日本仏教会の幕閉づ」(『中外日報』第一三五二一号、一九四四年九月三〇日)、二面。
(27) 前掲、件名「(財団法人大日本仏教会)財団法人設立の件」に含まれる、大日本仏教会編『財団法人大日本仏教会寄附行為　細則　事務規程――昭和十七年九月現在』(大日本仏教会、一九四二年)、一頁。
(28) 無署名「南進よりも先づ充実／文部省宗教事務協議会」(『六大新報』第一九六七号、六大新報社、一九四二年四月五日)、一一頁。
(29) 無署名「南方の宗教問題の重要性強調／但し工作的態度は改めよ／文相官邸の懇談会に建設意見」(『中外日報』第一二九八九号、一九四二年一二月一〇日)、二面。
(30) 大日本仏教会編『南方宗教事情とその諸問題』(東京開成館、一九四二年)に収録されたのは、阿原謙蔵(文部省宗教局長)「開講の挨拶」、伊東延吉(国民精神文化研究所長)「大東亜戦の意義」、板沢武雄(東京帝国大学教授)「南方圏文化問題総論」、山本快竜(東京帝国大学講師)「泰国及び仏印の仏教事情」、長井真琴(文学博士)「ビルマの仏教事情」、木村日紀(立正大学教授)「印度の仏教と印度教との関係及びその現状」、斎藤惣一(日本基督教青年会同盟総主事)「南方地域に於ける基督教事情」、大久保幸次(回教圏研究所長)「南方回教圏の特質」、宇野円空(東京帝国大学教授、文学博士)「南方の民族的宗教」。
(31) 文部省宗教局編『南方宗教事情調査』(文部省宗教局、一九四二年)は、全七冊である。第一輯(比律賓の宗教事情)、第二輯(仏領印度支那の宗教事情)、第三輯(泰国の宗教事情)、第四輯(旧英領馬来の宗教事情)、第五輯(東印度諸島〈旧蘭印〉の宗教事情)、第六輯(緬甸の宗教事情)、第七輯(印度の宗教事情)。一九四二(昭和一七)年五月から一〇月にかけて作成された。
(32) 古野清人著、文部省教学局宗教課編『大東亜の宗教文化』(宗教文化叢書一、印刷局、一九四三年)、高楠順次郎著、同課編『大東亜に於ける仏教文化の全貌』(宗教文化叢書二、印刷局、一九四四年)。

(33)　前掲、「財団法人仏教連合会の事業及び活動概要」、一〇三頁。
(34)　前掲、『財団法人大日本仏教会寄附行為　細則　事務規程――昭和十七年九月現在』、一〇―一三頁。
(35)　無署名「政府が仏教の対支進出を指導統制／大日本仏教会興亜局を主体に」（『高野山時報』第九八〇号、高野山時報社、一九四一年八月二四日）、一三頁。
「仏教各宗派対支進出指導要領」（昭和一六年八月一一日興亜院文化部長・文部省宗教局長決定）について、本章に関係する条項を抄出する。
第一　方策
仏教各宗派ノ対支進出ニ当リテハ有力ナル統制、連絡及指導ノ下ニ国策ニ順応シ各宗派協力一致シ東亜新秩序ノ建設ニ邁進セシムル如ク指導スルモノトス
第二　要領
一、仏教各宗派ノ対支進出ニ関スル統制、連絡及指導ハ左ノ如ク之ヲ行フモノトス／（イ）対支年度計画ハ毎年各宗派ヨリ大日本仏教会興亜局ヲ経由シ提出シタル事業計画等ニ基キ同局ノ意見ヲ徴シ毎年度始興亜院ニ於テ文部省及関係官庁ト協議ノ上之ヲ決定スルモノトス／（ロ）各宗派ニ於テ右対支年度計画ニ基キ新ニ寺院若ハ教会所等ヲ設置シ又ハ文化事業等ヲ実施セントスルトキハ其ノ都度大日本仏教会興亜局ニ協議スルモノトス／（ハ）各宗派ニ於テ右対支年度計画ニ基キ新ニ布教師及文化事業等ノ従事員ヲ渡支セシメントスルトキハ其ノ都度大日本仏教会興亜局ニ協議シ同局ヲ経由シテ文部省及興亜院ニ申請スルモノトス
四、右各項ノ実施ニ付テハ興亜院ハ文部省及関係官庁ト緊密ナル連絡ノ下ニ大日本仏教会興亜局ノ指導体制ニ任スルモノトス
出典は、ＪＡＣＡＲ（アジア歴史資料センター）、Ref.C04123290600、昭和一六年「陸支密大日記第三三号二／二」（防衛省防衛研究所）。なお仏教各宗派が、大日本仏教会を経由して、文部省と大東亜省（興亜院）に提出した書類の控えが、大日本仏教会資料（増上寺蔵、〈分類番号〉大―二―四一「支那渡航承認願控」に含む）に残されている。
(36)　「大東亜省官制」（昭和一七年一一月一日勅令第七〇七号）から、本書に関わる条項を抄出する。

第一条　大東亜大臣ハ大東亜地域（内地、朝鮮、台湾及樺太ヲ除ク以下同ジ）ニ関スル諸般ノ政務ノ施行（純外交ヲ除ク）、同地域内諸外国ニ於ケル帝国商事ノ保護及同地域内諸外国在留帝国臣民ニ関スル事務並ニ同地域ニ係ル移植民、海外拓殖事業及対外文化事業ニ関スル事務ヲ掌ル

第二条　大東亜省ニ左ノ四局ヲ置ク／総務局／満洲事務局／支那事務局／南方事務局

第六条　南方事務局ニ於テハ左ノ事務ヲ掌ル

一　南洋庁ニ関スル事項／二　タイ国及印度支那ニ関スル外政事項／三　南方諸地域ニ於テ事業ヲ為スヲ目的トシテ特別ノ法令ニ依リ設立セラレタル法人ノ業務ノ監督ニ関スル事項／四　南方諸地域ニ係ル文化事業ニ関スル事項／五　其ノ他南方諸地域ニ関スル事項（『官報』号外一、一九四二年一一月一日）、一頁。

なお第一条に「大東亜地域（内地、朝鮮、台湾及樺太ヲ除ク以下同ジ）」とあるが、一九四三（昭和一八）年に樺太が内地に編入されたことにより、同条項から「樺太」が削除された。

(37)　無署名「南方宗教工作事項も「大東亜省」内に移管か／文部省教化指針発表を保留」（『中外日報』第一二九一七号、一九四二年九月一一日）、二面。

(38)　「大東亜省分課規程」（『官報』第四七四四号、一九四二年一一月二日）によれば、同省支那事務局について、「第二十二条　文化課ニ於テハ左ノ事務ヲ掌ル／一　……／二　思想、宗教、学術及厚生ニ関スル事項」（四一頁）とあるが、南方事務局には宗教に関する条項はない。

(39)　無署名「南方の宗教対策具体案／大東亜省中心に各省連絡で決める／文部省成案の実施は中止」（『中外日報』第一二九六九号、一九四二年一一月一五日）、二面。

(40)　無署名「政府の南方宗教対策／明春から具体化されん／大東亜省でも資料蒐集」（『中外日報』第一三〇〇〇号、一九四二年一二月二三日）、二面。

(41)　参照した大日本仏教会資料は、「興亜事務ニ関スル件」（大日本仏教会編『昭和十七年度財団法人大日本仏教会事務報告』大日本仏教会、発行年無記、三―六頁。〈分類番号〉大―三―七一「大日本仏教会書類」に含む）、「昭和十八年度財団法人大日本仏教会興亜局事業報告書」（〈分類番号〉大―四―八三「予算・決算関係書類・実行事業案（第三十九回）」に含む）、「昭和十九年度大日本仏教会仏教会興亜局事業計画書」（〈分類番号〉大―四―八三「予

算・決算関係書類・実行事業案（第三十九回）」に含む）。

（42）大東亜会館は、現在の東京会館（東京都千代田区丸の内）である。一九四〇（昭和一五）年一〇月から一九四二年七月までは大政翼賛会の庁舎として徴用された。一九四二年五月には情報局の指導により「大東亜会館」と改称され、政府や軍部、各統制会の会合などに頻繁に利用された。東京会館編『東京会館いまむかし』（東京会館、一九八七年）を参照。

（43）西野順治郎『日・タイ四百年史』（時事通信社、一九七二年）、一二九―一三〇頁。

（44）桜井兵五郎（一八八〇―一九五一）は、北日本耐火煉瓦、北陸毎日新聞、日本タイプライターの社長などを歴任。衆議院議員、立憲民政党幹事長を経て、一九四二（昭和一七）年三月一七日付で第一五軍司令部附の軍政顧問が発令、四月二三日にビルマ着任。一九四五年四月、鈴木貫太郎内閣で国務大臣となる。桜井は、郷里の石川県にて、石川郡湯桶谷村（現、金沢市）に瑞雲山大東亜寺を建立してビルマからの仏舎利の安置を計画した。無署名「仏舎利を安置／大東亜寺／十一月八日入仏法要」（『中外日報』第一三五二一号、一九四四年九月三〇日、二面）によれば、仏骨を納める厨子は建築家の伊東忠太の考案によるインド式であったという。

（45）「昭和十八年度興亜局事業費予算案」、大日本仏教会資料（増上寺蔵、〈分類番号〉大―二―五〇「大日本仏教会書類」に含む）。

（46）無署名「南方諸地域へ／皇国仏教の進展／大日本仏教会の本年度計画」（『本願寺新報』第九八四号、一九四三年二月一五日、本願寺新報社）、一面。

（47）大日本戦時宗教報国会とキリスト教界については、原誠「戦時下の宗教政策――「戦時報国会」と日本基督教団」（土肥昭夫教授退職記念論文集編集委員会編『キリスト教と歴史――土肥昭夫退職記念論文集』新教出版社、一九九七年）、原誠「戦時下の諸教会――大日本戦時宗教報国会との関わりで」（『基督教研究』第五八巻第二号、同志社大学神学部、一九九七年）を参照。

（48）無署名「宗教教化方策委員会の答申並に「戦時宗教教化活動強化方策要綱」に就いて」（日本諸学振興委員会編『日本諸学』第五号、印刷局、一九四四年）、二四八―二五一頁。

（49）吉田孝一「戦時宗教教化活動強化方策要綱について」（『文部時報』第八二〇号、帝国地方行政学会、一九四四年）、六頁。
(50)　書類「大日本戦時宗教報国会寄附行為」、大日本仏教会資料（増上寺蔵、〈分類番号〉大―二―四五「大日本仏教会関係書類」に含む）。
(51)　「大日本戦時宗教報国会設立ノ件」（昭和一九年一〇月六日発教第一九五号、文部次官発各地方長官宛て）。近代日本教育制度史料編纂会編『近代日本教育制度史料　第八巻――学芸宗教、朝鮮の教育、台湾の教育』（大日本雄弁会講談社、一九五六年）、九九頁。
(52)　前掲、「大日本戦時宗教報国会寄附行為」。
(53)　書類「大日本戦時宗教報国会役員（昭和一九年十月二〇日現在）」、大日本仏教会資料（増上寺蔵、〈分類番号〉大―二―四五「大日本仏教会関係書類」に含む）。
(54)　無署名「大規模に活動を展開する海外宗教情報委員会」（『中外日報』第一三七二七号、一九四五年八月一一日）、二面。
(55)　小松雄道「大日本戦時宗教報国会への要望」（『宗教公論』第一三巻第一一・一二号、宗教問題研究所、一九四四年）、一三頁。
(56)　書類「大日本戦時宗教報国会事務局規程」、大日本仏教会旧蔵資料（〈分類番号〉大―二―四五「大日本仏教会関係書類」）。
(57)　書類「大日本戦時宗教報国会事務局職員」、大日本仏教会旧蔵資料（〈分類番号〉大―二―四五「大日本仏教会関係書類」）。
(58)　書類「大日本戦時宗教報国会昭和十九年度予算案」、大日本仏教会旧蔵資料（〈分類番号〉大―二―四五「大日本仏教会関係書類」）。
(59)　「財団法人日本宗教会寄附行為」（昭和二一年二月九日文部大臣変更認可）の第一五条第一項に「理事ハ文部省其ノ他ノ関係官庁官吏、教派、宗派及教団ノ事務主任者並ニ学識経験アル者ノ中ヨリ会長之ヲ委嘱ス」とある。

第二章　国際仏教協会の調査研究とその変容

はじめに

本章では、仏教学の研究者が組織した学術団体である国際仏教協会を取り上げる。同協会は、発足当初は名称のとおりに、海外に在住する仏教学と東洋学の研究者と国際的な交流を行った。しかしながら日中戦争後は活動方針が変わり、日本の南進政策が本格化すると、南方仏教に関する調査研究を強化した。国際仏教協会の学術活動の転換は、戦争による日本の仏教学の変化と連動していたのである。

仏教学の研究団体としては、既に一九二八（昭和三）年に日本仏教学協会（現、日本仏教学会）が存在していた。これは、全国の大学及び専門学校において仏教研究を行う教職員が参加した学術団体で、各校の交流を図り、仏教研究を興隆させる活動を行っていた。いわば日本仏教学協会は、国内の相互交流を目指すもので、本章で扱う国際仏教協会は、国際交流を行うものである。双方の団体において、所属する研究者が重複するが、役割が分化されていたのである。

第一節　国際仏教協会の組織

1　設立の背景と発足

国際仏教協会は、「仏教ノ国際的普及ヲ以テ目的トス」[1]として一九三三（昭和八）年一二月に設立された。発足は、大正大学教授で浄土宗僧侶の渡辺海旭《かいぎょく》（一八七二―一九三三）の死去が契機となった。浄土宗の学僧である渡辺は、高楠順次郎と共に、膨大な漢訳仏典を集成した『大正新修大蔵経』を監修した人物で、永年に渡り仏教学界に貢献してきた。

渡辺は、一九三三年一月二六日に六一歳で没した。同年一二月一六日、渡辺を偲ぶ会合が開かれ、その顕彰を目的とする国際仏教協会の設立が席上で決定したのである。発足の経緯は、協会の雑誌『海外仏教事情』の創刊号において、次のように詳しい。文中に「一財団」とあり、法人格のない任意団体から財団法人への移行を計画していたが、最後まで実現しなかった。

> 偶々昭和八年末、故渡辺海旭師生前の国際的事業を偲ぶ一集会に於て、堅実なる一財団を創立して仏教の国際的普及事業に永続性を与へ、以て今日までこの種事業に注がれたる既知未知一切の聖労に酬ひんとの議起り、その後、逐次、会をかさね、議をねり、こゝに遂に国際仏教協会設立を見るに至れり、幸にも篤信藤井栄三郎氏〔実業家〕あつて創立費として金壱万円を提供せらるゝあり、内外篤学の士集つてこの国際的事業に参画せらるゝあり、基礎こゝに漸く固きを加へ、事業日と共にその端緒につけり。[2]

一九三四（昭和九）年一月三〇日に協会の創立準備委員会、次いで二月二〇日に発起人総会が行われ、諸準備に入った。発足までに五回の準備会が開かれ、同年六月二五日に東京小石川にある伝通会館にて第一回役員総会が開催された。哲学者の井上哲次郎（一八五五―一九四四）から、会長就任の挨拶があった。

今年は仏誕二千五百年に相当して居る。之に就いては細かい学問上の詮議からして一二異議も存する様であるが、先づ今年を以て仏誕二千五百年を紀念することゝして、……之を関係づけたいと云ふ希望を自分は有つて居る。仏誕二千五百年は今年か、或は数年後であるにしても、最も有力な説として今年を採るものである以上、この機会を失してはならないと思ふ。学者が中心となつてこの目出度き紀念事業を大いに興さなければならない。(3)

当日の総会で決議された協会会則から、協会の活動の概要を見てみよう。会則の目的に「仏教ノ国際的普及」とあり、事業内容を見ると海外との学術交流を志向していることがわかる。

国際仏教協会々則〔抄〕

目的及事業

第一条　本会ハ仏教ノ国際的普及ヲ以テ目的トス

第二条　本会ハ其ノ目的ヲ達成スル為メ左ノ事業ヲ行フ

一、欧文仏教研究書ノ刊行（*Young East; Buddhism in Japan*）

二、海外仏教資料ノ蒐集、紹介（『海外仏教事情』）
三、翻訳事業
四、海外仏教学ニ関スル研究生ノ養成
五、其ノ他理事会ニ於テ適当ト認ムル諸事業
名称及事務所
第三条　本会ハ国際仏教協会ト称ス
第四条　本会ハ事務所ヲ東京市京橋区銀座西五丁目五番地菊地ビル内ニ置ク(4)

第一回役員総会が開催された東京小石川の伝通会館は、浄土宗伝通院の檀家である西野家の寄進によって、一九二九（昭和四）年に建設されたロマネスク様式にゴシック調を加味した建造物である。同館は、檀信徒に限らず一般の人々をも対象にした様々な文化活動を行っており、協会は、同館にてしばしば理事会や講演会を開いていたが、会場に選ばれたのは、高齢である会長の井上哲次郎が、伝通院の裏手という近隣に居住していたからである(5)。

同時期に発足した仏誕二千五百年記念学会とは、合同の動きもあった。同学会会長でもあった井上哲次郎は、次のように述べている。

仏誕記念学会だけは責任もあるので十分に努力して成功を収めたい。幸ひ国際仏教協会を本会の永続的記念事業とすることについては友松〔円諦〕君等と交渉を進めて来たところであるが、これまで一人の反対者もなく皆大いに賛成してくれて最早決定的となつたことは嬉しい(6)。

しかし井上の計画は、友松との協議から決定されたものではなく、井上の誤解であった。「その後図らずも該記念学会発起人、実行委員等の間に於てこれが問題となり、右は井上博士の単なる一存であり希望であるに過ぎず、また未だその組織その他に関する何等具体的な協議もなく[7]」とあり、国際仏教協会と仏誕二千五百年記念学会との合同計画は解消されるに至った。

2　役員の陣容

会長は、東京帝国大学名誉教授の井上哲次郎で、代表常任理事の初代は大正大学教授の友松円諦《えんたい》であった。第二代は駒澤大学教授の立花俊道を経て、一九三七（昭和一二）年九月に立正大学教授の木村日紀《にちき》が、第三代の代表常任理事に就任した。

協会の役員は、当時の著名な多くの仏教学者が学閥や宗派を超えて参加している。発足時の役員は**表1**のとおりである[8]。

国際仏教協会では、若手研究者の育成を行っていた。研究生には、東京帝国大学文学部印度哲学梵文学科の学生であった中村元《はじめ》（一九一二―一九九九）が在籍した。同学科出身の堀一郎（一九一〇―一九七四）も、学業の合間に事務補助のため協会に通っていた[9]。

表1　国際仏教協会の役員（一九三四〈昭和九〉年）

役職	氏名
会長	井上哲次郎
顧問	姉崎正治、荻原雲来、佐伯定胤、鈴木大拙、鈴木琵琶子〔Beatrice Lane Suzuki〕、正木直彦、高楠順次郎、山田三良、三上参次、黒板勝美
会計監督	藤井栄三郎、下村寿一
評議員	石原恵忍、宇野哲人、上野舜頴、大森禅戒、岡部宗城、大森亮順、石塚竜学、大熊真、小野玄妙、オーダン、川合貞一、河口慧海、加藤精神、樺山愛輔、加藤観澄、影山佳雄、グンデルト〔Wilhelm Gundert〕、草繋全宜、栗山泰音、後藤末雄、後藤環爾、椎尾弁匡、柴田一能、新甫寛実、関本竜門、副島八十六、高井観海、坪上貞二、ド・ラ・モランディエール〔Léon Julliot de La Morandière〕、常盤大定、友枝高彦、富田斅純、中村弁康、沼波政憲、野上運外、福田尭頴、ボノー〔Georges Bonneau〕、ラス・ビハリ・ボース〔Rash Behari Bose〕、松原寛、御嶽隆道、望月歓厚、望月信亨、矢吹慶輝、鷲尾順敬、榊亮三郎、宇井伯寿、清水竜山
理事	浅野孝之、池田澄達、宇野円空、馬田行啓、大村桂巌、小野清一郎、神林隆浄、金山竜重、北昤吉、小松雄道、児玉達童、坂戸智海、塩入亮忠、高神覚昇、中桐確太郎、花山信勝、原聖道、林屋友次郎、布施浩岳、藤井草宣、ペツォルト〔Bruno Petzoldt〕、真野正順、守屋貫教、渡辺楳雄
常任理事	（代表）友松円諦、木村日紀、立花俊道、長井真琴、ブリンクリー〔John Ronald Brinkley〕、宮本正尊、山本快竜
地方理事	金倉円照、佐藤泰舜、栂尾祥雲、中野義照、羽渓了諦、干潟竜祥、前田聴瑞、山口益
研究生	加々美南嶺、沢田照徹、白井英之、菅谷英男、高須法竜、中村元、西川佳雄、新堀源司、橋本芳契、福地〔中島〕関爾、松野良宗
主事	吉水十果

第二節　学術活動

1　代表常任理事

国際仏教協会の発足に当たっては、初代の代表常任理事であった友松円諦（一八九五―一九七三）が貢献した。

国際仏教協会の事務局が所在した東京銀座の菊地ビルは、友松の岳父が住職を勤める東京市深川区霊岸町の浄土宗法禅寺の檀家である菊地家が所有していた。法禅寺は、戦争の空襲で焼失し、戦後に友松が設立した神田寺に合併された。同じく菊地ビル内には、友松が代表を務める明治仏教史編纂所（一九三三年発足、一九三六年東京深川へ移転）、仏教法政経済研究所があった。付近には、友松による全日本真理運動本部（一九三四年発足、京橋区銀座西七丁目五番地　銀座北海タイムスビル内）も所在していたなど、銀座には友松による仏教の研究と実践の拠点が集中していたのである。

友松円諦は、大正大学の前身である宗教大学に学び、卒業論文「法然及び門下の経済的研究」を書きあげ、一九一九（大正八）年三月に卒業した。その後は慶應義塾大学文学部史学科で学び、卒業論文「印度古代村落考」を提出して一九二四年に卒えた。友松は、協会発足時には上記の諸事業のほか、慶應義塾大学予科のドイツ語講師や大正大学で教鞭を執っていた。

友松は、『海外仏教事情』創刊号で、次のように述べている。海外における仏教の情報を日本国内に伝えようとするものである。

> 特に海外の仏教事情を内地に伝達し、以て日本仏教徒はいかなる方策をもつて、仏教の国際的普及をなすべきやを、ひろく、国内護法の士女にはからんとする目的をもつて、こゝに月刊「海外仏教事情」を創刊するにいたつたのである。……この「海外仏教事情」はこの仏教の国際的普及事業の一翼として、国内にその関心を昂め、その事業についての物心両面の支持をえんがために、先づ、海外仏教についての材料を国内護法の士に提供しやう《ママ》とするものである(10)。

上記には「仏教の国際的普及」とあるが、主事の吉水十果《よしみずじっか》が友松円諦から聞いたところでは、「実際に〔友松〕先生の目的とされたことは、欧米の東洋学者、仏教学者との学術的な交換であり、特に日本における仏教研究の成果を海外に紹介すること」[11]をねらいとしていたのであった。つまり「仏教」の普及といっても、布教ではなく学術に重点を置いていたのである。また友松は、既存の仏教学団体に対して不満を持っていた。友松は、「大学連盟たる日本仏教学協会は創立六年にして既に雄志を失ひ、……今や根本的再組織をなさゞる以上、布教師高等講習会に堕落するや必せり」[12]との見解を示していた。

かつて友松円諦は、一九二七（昭和二）年からドイツのハイデルベルク大学に留学し、さらに一九二九年暮から一九三一年二月まではフランスのソルボンヌ大学にて、インド学・仏教学者のレヴィ（Sylvain Lévi　一八六三―一九三五）から指導を受けた。友松が帰国後の一九三三年に明治仏教史編纂所を開設したのは、留学中にレヴィから「お前はわざわざインドの古代の勉強をしているけれども、そんなものは充分資料はないんだ。明治時代がいちばん的確な資料は豊富だから、お前帰ったら、明治関係の仏教資料を集めてみたらどうか」[13]との指導を受けて開始した事業であった。

一九三四（昭和九）年七月一七日から二八日まで、東京と京都を主会場にして全日本仏教青年会主催による「第二回汎太平洋仏教青年会大会」が開催された。環太平洋の各国・各地域からの仏教徒が参集したが、準備会役員には友松円諦など国際仏教協会の関係者が名前を連ねている。

友松は、一身上の都合で、一九三六（昭和一一）年六月二〇日に代表常任理事を辞任するまで、協会の事業に尽力した。[14]後任には、駒澤大学教授の立花俊道（一八七七―一九五五）が第二代の代表常任理事となったが、その後に同大学学長の就任に伴い一年余で役職を辞している。

日中戦争が一九三七（昭和一二）年七月七日に勃発して、国際仏教協会の活動は時局の影響を受けることになった。同年九月に協会理事で立正大学教授の木村日紀（一八八二―一九六五）が、第三代の代表常任理事に就任した以降には、協会の活動に政治性が帯びてきた。

木村は、仏教学者であるが、陸軍参謀本部嘱託を務め、インド独立連盟の組織者であるラス・ビハリ・ボース（Rash Behari Bose　一八八五―一九四五）と共に、インド独立に向けて奔走した人物である[15]。インド問題に詳しい木村は、戦時中に行われた一般向けの講演会や啓蒙的な論考などで、インド事情の有識者として度々その名前を見ることができる[16]。木村は「国際仏教協会と日本仏教の世界的進出」と題した文章で、協会の意義を次のように述べている。日本仏教が、世界に対して指導的な役割を担うことを期待したものである。

> 現代日本は仏教国として、質と量との二面に於ても亦学と行との二道に於ても世界に冠たり。従つて日本仏教徒は何れの方面に於ても正しく世界の指導者たるの地位を獲得しつゝある事は啻に吾人が自覚するのみならず各国識者の等しく認識する処である。……日本は世界文化の融合地であるといふ事実に照しても吾が国史の示す世界の指導国であり、世界の平和建設の国である。所謂世界統一の国である。斯る国柄であるから世界人類を救済する唯一の宗教たる仏教が、哲学として宗教として又道徳として完全に発達したのである。これが所謂仏教の世界的進出が日本人によつて実現される唯一の理由である。／日本の仏教はその宗派の如何を問はず世界的進出を実行する処に存在の意義も深くなるものと考へる。この意味に於て五年前に建設された国際仏教協会の存在とその事業は日本仏教の世界的進出の唯一の機関として実に大なるものであると言はねばならぬ[17]。

以上を踏まえれば、国際仏教協会は、学問から国策協力を行った仏教学者による学術団体といえよう。一九三三（昭和八）年に、日本が国際連盟を脱退して、世界から孤立を深めるなか、各種宣伝を通じて日本仏教を世界に広めることは、国際社会における日本の存在を誇示することに繋がっていたのである。

2　海外との学術交流

国際仏教協会は、海外と学術交流を行うなど、各種事業のために多額の資金を要した。協会は、財団法人に移行する計画もあったが実現しなかった[18]。協会の財政基盤は、通常会員、終身会員、名誉会員からの会費、仏教各宗派からの寄附金によって賄われたが、その他の財源として、外務省と文部省が共同所管した財団法人国際文化振興会（現、独立行政法人国際交流基金）から資金援助を受けていた。国際仏教協会の顧問でもあった姉崎正治と高楠順次郎は、国際文化振興会理事に名前を連ねているが、しばしば協会と振興会では諸連絡のため会合が開かれた。

国際文化振興会と国際仏教協会の協働関係は、「日本文化は、特に仏教に負ふ所多く、日本の世界に於ける文化の地位を高めんが為には、仏教の海外的普及に依らなければならない[19]」という認識にたって、仏教学者側から対外向けの文化工作に関与していたことを示すものである。

国際仏教協会では、定期刊行物として、和文雑誌『海外仏教事情』のほか、英文雑誌 *Young East, Studies on Buddhism in Japan* の計三誌を発行した。『海外仏教事情』は、第一巻第一号（一九三四年）から第一〇巻第四号（一九四四年）まで全一〇巻五七号を刊行し、諸外国の仏教に関する動きを国内に伝えた。*Young East* は、高楠順次郎と桜井義肇《ぎちょう》（一八六八―一九二六）らが、ヤングイースト社から一九二五（大正一四）年に創刊した英文雑誌であった。一九三〇（昭和五）年に休刊となったが、協会が発行を継承して、一九三四年の第四巻第一一号から再刊した。同誌は一般向けの記事のほかに、内外の仏教学者による論文も掲載された[20]。前掲の「国際仏教協会々則」第二条にあった *Buddhism in Japan* は、*Studies on Buddhism in Japan* との表題で、第一号（一九三九年）から第四号（一九四二年）まで毎年刊行した研究雑誌で、日本の仏教学の成果を世界に向けて発信した。

国際仏教協会は、世界各地の仏教者や仏教学者と提携して、「連絡支部」と称する連絡網を構築した。各支部とは頻繁に情報交換が行われ、協会に集まった情報は、刊行物の誌面に反映された。一九三七（昭和一二）年時には、世界四〇か国・地域に九二支部の通信支部網を構築した。

国際仏教協会では、財団法人日印協会（現、公益財団法人日印協会）と社団法人ジャパン・ツーリスト・ビューロー（日本旅行協会）の共催、日本郵船株式会社の後援による「印度仏蹟巡拝団」を計画していたが、日中戦争の勃発によって中止となった。戦争の影響は、他にも波及して、一九四〇（昭和一五）年開催予定の「世界仏教大会」が中止となった。「紀元二千六百年」に該当した同年には、東京の晴海で日本万国博覧会の開催が予定されていた。主催者側の社団法人日本万国博覧会協会から、国際仏教協会に対して、博覧会の関連事業として世界仏教大会の同時開催を依頼していた。しかし一九三八年七月一五日の閣議決定で、日本万国博覧会と同年開催の第一二回オリンピック東京大会の開催が返上されたため、世界仏教大会の開催計画も中止となった。

第三節　南方仏教の重点化

1　西洋から南方へ

国際仏教協会は一九四〇（昭和一五）年秋に、東京市麻布区北新門前町一〇番地（現、東京都港区東麻布二丁目三五番地先）へ移転した。これを機に、協会の活動が大きく転換した。

第二次近衛文麿内閣において、「情報局官制」（昭和一五年一二月六日勅令第八四六号）に基づき、情報局が設置されると、国際仏教協会はその指導と監督を受けた。内閣直属の情報局は、内閣情報部や各省の情報関係の部課を再編したもので、言論や思想統制を行った機関である。

一九四〇年代以降、日本の南進と連動して、国際仏教協会は東南アジアの仏教に関する各種事業を行っていくが、アジア諸地域の仏教に対する日本仏教の優位性を主張するようになる。一九四〇年一〇月一三日、協会主催で「座談会　ビルマの仏教に就いて」が開かれた。司会を務めた代表常任理事の木村日紀は、冒頭で協会の目的について次のように述べている。

> 本会の目的として居りますところは、仏教は世界的に各国にございますが、真の仏教精神は日本だけしかありません。その仏教精神を海外に紹介することを使命として居ります。但し最近の国際情勢では本会も重点主義で事業を亜細亜諸国に置いてゐるわけであります[21]。

国際仏教協会は、前期には西洋との学術交流を行っていたが、後期になると東南アジアを意識した活動を行った。その大きな特徴は、南方仏教を宣伝に利用したことであるが、協会はアジアの仏教を次のように位置づけていた。

印度に発祥した仏陀の教説は北に西蔵、蒙古、支那、満洲、朝鮮、日本と伝播して大乗仏教圏を形成し、南に錫蘭《セイロン》、ビルマ、泰、印度支那等に伝播して小乗仏教圏を形成してゐるが、今や東亜共栄圏建設の一翼として南方仏教諸国と吾国とは仏教的連繋を図らねばならない。(22)

一九四一（昭和一六）年に示された事業内容は、この理念を受けたものになっている。要綱の内容は、次のとおりである。「東亜」と「南方」の用語が見えるなど、アジア方面を重視しているのがわかる。

国際仏教協会事業綱要

一、仏教学並に日本仏教の海外普及を目的として、著述、編纂、翻訳及び出版をなす（*The Young East*, *Studies on Buddhism in Japan*　海外仏教事情の定期刊行物併英文仏教辞典等）

二、仏教講座の設置、講師、留学生の派遣及び交換

三、講演会、研究会、映画会、歓送迎会、展覧会、追悼会

四、仏教文化資料の蒐集、寄贈及び交換

五、外人の為め、日本仏教研究所、図書館の設立

六、外人及南方人の為、仏教史蹟、寺院の案内

七、東亜仏教大会の開催計画
八、各地仏教団体、研究所、大学との通信連絡（各国に支部設置）
九、南方仏教諸国の事情調査の為め東亜仏教圏研究会を組織
十、南方仏教諸国へ派遣の学徒養成の為め巴利文化学院の開設(23)

文中にある「巴利文化学院」は、名称を見れば学校に見えるが、実態は宣撫工作要員の教育訓練を行った機関なのである（第Ⅰ部第三章参照）。

国際仏教協会の調査部では、「大東亜」全体の宗教人口をまとめた資料を作成していた。次の**表2**では、南方地域のみを抽出する(24)。本表における各国・地域の順位と各宗教の呼称は、原文のとおりである。本表を見ると、ビルマ、タイ、インドシナに仏教徒が多く存在して、マラヤ（馬来）と東インドでは仏教を信仰する華僑・華人が住むことがわかる。なお資料には、出典が明記されていないが、各地域で実施された人口統計調査の結果を集成したものと思われる。

2　戦時下の諸活動

一九四一（昭和一六）年一二月八日に開戦となり、同年一二月二四日に「日泰攻守同盟条約」が締結されたが、国際仏教協会は会長井上哲次郎の名義で、タイ王国首相のピブーンソンクラーム（Plaek Phibunsongkhram　一八九七—一九六四）(25)に宛てて、一二月二〇日付で「日本仏教徒を代表して今次大戦争に就き激励文」を送付した。対して一九四二年一月一二日付で、同首相より日泰仏教連携に関する感謝文が協会に送られた。一九四三年一二月二一

日には、日泰文化協定締結一周年記念にあたり、タイ国仏教協会会長の司法大臣タムロンナーワーサワット宛てに『南伝大蔵経』を贈呈した。

タイに対する戦略を重視した国際仏教協会は、一九四一（昭和一六）年八月下旬に研究のため同地へ渡る大正大

表2　「大東亜に於ける宗教別信徒数概算」より南方地域（抄）

国・地域名	宗　教	信徒数
ビルマ〔イギリス領。現ミャンマー〕	仏教	13,348,000
	印度教〔ヒンドゥー教〕	570,953
	回教〔イスラーム〕	584,839
	キリスト教	331,106
	原始宗教	763,243
	其他	49,319
	（小計）	15,647,460
タイ	仏教	13,916,752
	回教	498,311
	キリスト教	49,426
	（小計）	14,464,489
馬来半島〔イギリス領。現マレーシア・シンガポール〕	回教	1,993,000
	印度教	520,000
	キリスト教	101,000
	シーク教	19,000
	其他（その内華僑の仏教徒と儒教徒を併せて1,179,000と推算さる）	1,753,000
	（小計）	4,386,000
東印度〔オランダ領。現インドネシア〕	仏教・印度教	1,200,000
	回教	54,000,000
	キリスト教（ヨーロッパ人）	250,000
	（原住民）	1,500,000
	原始宗教	1,000,000
	北方仏教（華僑）	1,190,000
	（小計）	59,140,000
仏印〔フランス領インドシナ。現ベトナム、ラオス、カンボジア〕	仏教（北方系）	16,379,000
	仏教（南方系）	7,100,000
	キリスト教（旧）	1,569,854
	高台教〔カオダイ教〕	300,000
	印度教	30,000
	回教	40,000
	原始宗教	1,200,000
	（小計）	26,618,854
比律賓〔アメリカ領。現フィリピン〕	キリスト教（旧教）	12,600,000
	（新教）	370,000
	アグリパイ教〔フィリピン独立教会〕	1,570,000
	回教	670,000
	原始宗教	620,000
	（小計）	15,830,000
合　計		136,086,803

学講師で天台宗僧侶の上村真肇《かみむらしんじょう》（一九〇七—一九六四）に対して調査を委託した。[26] また智山専門学校教授で真言宗僧侶の高神覚昇《たかかみかくしょう》（一八九四—一九四八）による英文著作 *The Japanese Spirit and Buddhism* (*I.B.S. Publications; Series No.2*) が、協会より一九三九年に刊行されたが、同書は「ビルマ語に訳されてビルマ人の間に好評を得たが、今般バンコックの日泰文化研究所より泰語に訳して出版する旨通信あつた[27]」という。

一九四二（昭和一七）年一一月一日、大東亜省が設置された。一九四三年三月二五日付で情報局次長の奥村喜和男（一九〇〇—一九六九）と大東亜次官の山本熊一《くまいち》（一八八九—一九六三）の名義による文書「大東亜省、情報局間ノ協力並ニ事務分界ニ関スル大東亜次官、情報局次長申合」が作成された。同文書によれば「情報局主管事務中大東亜省所管地域ニ於ケル左記文化事業ヲ大東亜省ニ移管ス[28]」として、国際仏教協会が、情報局から大東亜省南方事務局文化課に所管が移ったとある。この時文化課には、財団法人南洋協会、財団法人日本タイ協会（現、公益財団法人）、財団法人比律賓協会（現、一般財団法人フィリピン協会）、財団法人国際学友会（現、独立行政法人日本学生支援機構）も移管された。また先の「申合」の文書では、一九四二年度における情報局の国際仏教協会への補助費として二万五〇〇〇円の支給が記載されている。一九四三年度には大東亜省から同額の二万五〇〇〇円が出ている。[29] 国際仏教協会は、法人格のない任意団体であるが、「大東亜」地域の文化事業を行う団体として、公益法人と同じように政府からの指導と監督を受けて、さらには資金が補助されていたのである。

一九四三（昭和一八）年九月一一日には、国際仏教協会による第一回仏教公開講座が大正大学で開かれたが、外務省嘱託として日泰文化研究所所長や盤谷《バンコク》日本語学校校長を務めた仏教学者の平等通昭《びょうどう》（一九〇三—一九九三）が「タイ国仏教の現況」と題して講演を行っている。大正大学でも一九四一年四月に東亜学研究室が設置されるなど戦時体制に入り、教授で国際仏教協会常任理事の山本快竜（一八九三—一九四八）が、一九四四年一〇月から一九四五年三月まで、同研究室の主任を務めている。

また、印度独立支援仏教徒懇談会が、大日本仏教会、大日本仏教青年会連盟、東京仏教団、国際仏教協会などの有志三〇人により、一九四三（昭和一八）年九月一〇日に、東京浅草の天台宗浅草寺本坊で開催された。同年一一月六日には、国際仏教協会創立満十年記念会が、東京芝の三縁亭で行われ、「大東亜」各国の大使代理のほか、自由インド仮政府最高顧問ラス・ビハリ・ボース、日仏会館館長ロングレー（Frédéric Joüon des Longrais　一八九二―一九七五）ら、各界から七〇人ほどが参加した。同年一一月一九日、第一回国際事情懇談会が日比谷公園内の松本楼で開催され、講師としてビルマ大使顧問で、臨済宗妙心寺派宗務総長と衆議院議員を歴任した後藤亮一（一八八八―一九四九）が招かれた。

さらに、一九四四（昭和一九）年四月二九日には、大東亜省から通訳を招請して、第一回大東亜仏教圏委員会が開催され、各地域の仏教関係者が参集した。

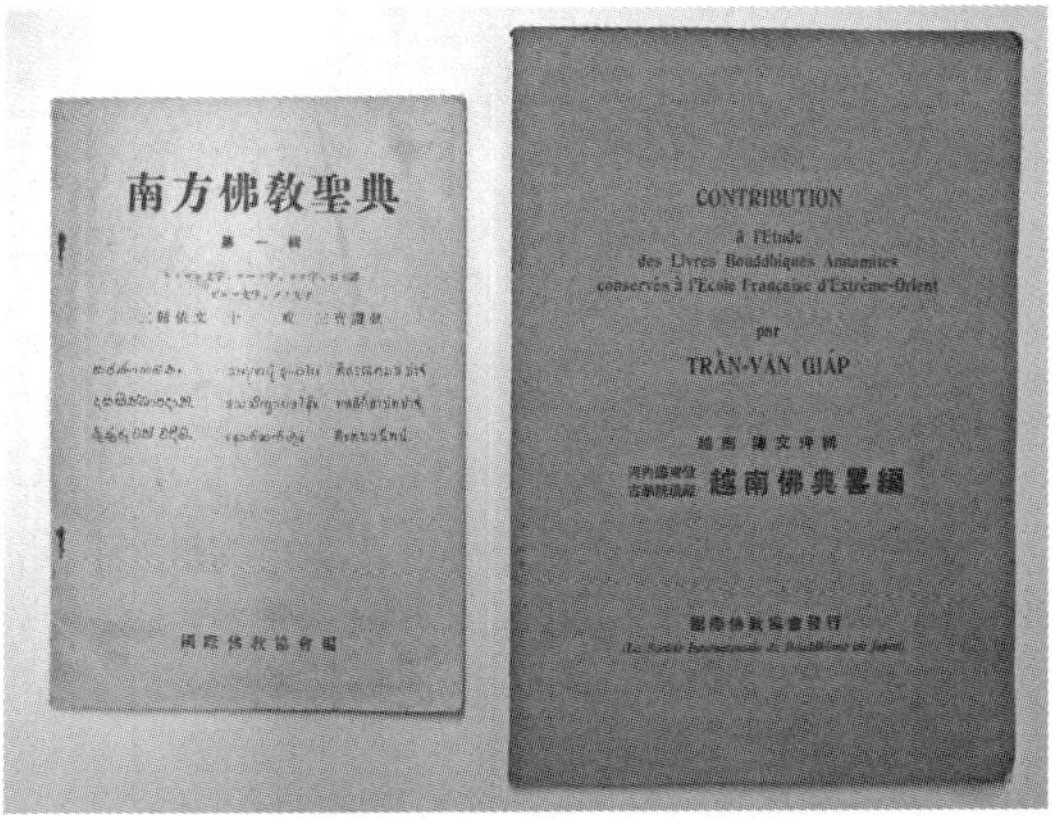

図1　国際仏教協会作成の南方関係資料
（成田山仏教図書館蔵）

アジア各地の仏教団体との連携を強めた協会は、一九四四年時点で次の団体との連絡体制を構築していた。これらの連絡機関群を見ると「大東亜共栄圏」内の各国地域の仏教団体が協会の射程内に入っていたことが窺えるが、朝鮮半島や台湾の仏教団体がないのは、既に日本の植民地にあり、協会として連携を重視しなかったからであった（**表3**参照[30]）。

表3　大東亜における国際仏教協会の連絡機関（一九四四〈昭和一九〉年）

1	東京	国際仏教協会	2	新京	満洲国仏教総会	3	北京	仏教同願会
4	北京	北京仏教会	5	北京	華北居士林	6	北京	菩提学会
7	天津	中日密教会	8	天津	天津津功学院（ママ）	9	上海	中国仏教会
10	上海	中支宗教大同連盟	11	南京	中国仏教会	12	厦門	大乗仏教会
13	汕頭	覚世仏学会	14	広東	国際仏教協会華南支部	15	河内〔ハノイ〕	在仏印日本文化会館
16	河内〔ハノイ〕	越南東京仏教会	17	河内〔ハノイ〕	仏蘭西東洋学院	18	ルアン・プラバン	巴利研究所
19	順化〔ユエ〕	越南仏学会	20	柴棍〔サイゴン〕	仏教協会	21	プノン・ペン	仏教研究所
22	バンコック	タイ国仏教協会	23	バンコック	日泰文化会館	24	バンコック	仏教青年会
25	バンコック	タイ印文化研究所	26	昭南	国際仏教協会昭南支部	27	ラングーン	大菩提会支部
28	ラングーン	仏教青年会	29	マンダレー	全ビルマ仏教徒連盟	30	カルカッタ	大菩提会本部
31	カルカッタ	印度学研究所	32	ボンベイ	仏陀協会	33	コロンボ	大菩提会支部
34	コロンボ	仏教青年会	35	コロンボ	仏教文献協会	36	コロンボ	霊智協会

第四節　学術から実践への応用

1　『海外仏教事情』の特集号

南方地域をめぐって、国際仏教協会では戦略的な重要性の高まりから、当該地域の調査と対策を重視したが、それは雑誌『海外仏教事情』の特集号の内容が、如実に示している。『海外仏教事情』の特集号は、一九四〇（昭和一五）年以降、頻繁に南方の仏教に関する特集を企画した。それまでは、「印度仏教号」（第一巻第三号、一九三四年）、「仏蘭西仏教号」（第一巻第四号、一九三四年）、「特輯　仏教と自然科学」（第六巻第二号、一九三九年）の三点の特集号を発行したに過ぎない。しかし一九四〇年以降、南方地域の特集号が相次いだ。これら『海外仏教事情』の頻繁な特集号の刊行は、この地域が戦略上の重点地域であることを示すものであり、タイとビルマを二回も特集したのは、その現われである。(31)

『海外仏教事情』の特集号には、もっぱら当該号の地域に関する座談会が掲載され、国際仏教協会の役員のほか、各界の有識者を集めて会談が行われた。『海外仏教事情』に掲載された座談会は**表4**のとおりである。

表4を見ると、南方地域の仏教のほか、チベット仏教の座談会も実施されたことがわかる。中国西北の内蒙古や新疆に連なる一帯は、仮想敵国であるソヴィエト連邦への防共壁として位置づけられていた。外務省調査部嘱託で真言宗（豊山派）僧侶の橋本光宝（一九〇三―一九九五）は、『海外仏教事情』の「特輯　西蔵の仏教」において、「蒙古と西蔵との不可分関係」を寄稿し、同稿の結びで、「対蒙政策乃至は対喇嘛教政策樹立運営に当つては、常に蒙古のみが対象ではなく、西蔵その他の全喇嘛教諸国にも関連のあると云ふこと」(32)と述べている。協会では、東南アジアの仏教と共に、チベット仏教の調査研究についても、戦略的に重要な地域として情報収集を行った。

国際仏教協会では、前述の事業綱要にあるとおり、日本の南方地域の進攻に伴って、上座仏教の調査体制を強化した。一九四二（昭和一七）年一月三一日には伝通会館にて、井上哲次郎、姉崎正治、宇井伯寿、立花俊道、法学者の山田三良（一八六九―一九六五）ほか、情報局、外務省、陸軍省、文部省、興亜院など関係官らが参加して、協議が行われた。会議では、上座仏教に関する調査研究と現地仏教徒との提携を目指して「南方仏教学会」の設立を決定した。同学会では、今後に南方仏教に関する研究会と講演会、南方仏教学大会、学者及び留学生の派遣、資料調査室の設置等の事業を行うことになった。(33)しかし、その後は目立った活動はなかった。

このような動きのなか、立正大学教授で日蓮宗僧侶の浜田本悠《ほんゆう》が主宰していた宗教問題研究所では、機関誌『宗

表4　雑誌『海外仏教事情』掲載の座談会参加者

座談会名（所載号）	開催日時、会場	出席者
「座談会　ビルマの仏教に就いて」（第七巻第一号「特輯　ビルマの仏教」、一九四〇年一一月）	一九四〇（昭和一五）年一〇月一三日、福島弘邸	〈出席者〉福島弘（日本水道株式会社専務取締役）、久我成美（領事）、後藤亮一（日本ビルマ協会常任理事）、山田秀蔵（マンダレー雑貨商）、大崎嘉一（日本ビルマ協会書記長）、〈協会側〉木村日紀、吉水十果、中島関爾
「座談会　タイ国の仏教」、（第七巻第二号「特輯　タイ国の仏教」、一九四一年二月）	一九四〇（昭和一五）年一二月一三日、丸之内会館（東京市麹町区丸ノ内）	〈出席者〉プラ・サラサス〔プラ・サーラサート・バーラカン〕（タイ国前経済大臣）、磯部美知（医学博士）、山口武（駐日タイ国公使館員）、矢田部保吉（元タイ国公使）、御簾納正三（タイ室東京事務局）、〈協会側〉木村日紀、吉水十果、中島関爾
「仏印の仏教座談会」（第七巻第三号「特輯　仏印の仏教」、一九四一年八月）	一九四一（昭和一六）年五月二四日、丸之内会館	〈出席者〉大岩誠（満鉄東亜経済調査局）、古野清人（満鉄東亜経済調査局）、金永鍵（日本印度支那協会）、〈協会側〉立花俊道、長井真琴、〈司会〉木村日紀
「蘭印の宗教座談会」（第七巻第四号「特輯　蘭印の仏教」、一九四一年一〇月）	一九四一（昭和一六）年八月九日、丸之内会館	〈出席者〉宇野円空（東京帝国大学助教授）、岡本暠（南洋協会主事）、立花俊道（駒澤大学学長）、山本快竜（慶應義塾大学教授）、〈司会〉木村日紀
「座談会　南洋華僑とその信仰」（第七巻第五号「南洋の信仰号」、一九四一年一二月）	一九四一（昭和一六）年一〇月二七日、丸之内会館	〈出席者〉桜井徳太郎（陸軍大佐）、永田安吉（前ハノイ総領事）、滝照道（情報局課長広瀬節男代理）、古野清人（満鉄東亜経済調査局）、宮原義登（満鉄東亜経済調査局）、高桑昇三（民族研究会）、福島弘（日本水道専務）、山田秀蔵（ビルマ研究家）、井出諦一郎（蘭印研究家）、〈協会側〉木村日紀、長井真琴、山本快竜、吉水十果、中島莞爾
「西蔵の仏教座談会」（第八巻第一号「特輯　西蔵の仏教」、一九四二年二月）	一九四一（昭和一六）年一二月八日、丸之内会館	〈出席者〉河口慧海（大正大学教授）、青木文教（外務省調査部）、橋本光宝（外務省調査部）、笠松単伝（東洋文庫）、壬生台舜（東洋文庫）、〈協会側〉木村日紀、立花俊道、山本快竜、吉水十果、中島莞爾、松田玄一
「セイロン事情座談会」（第八巻第二号「特輯　セイロンの仏教」、一九四二年八月）	一九四二（昭和一七）年六月一五日、丸之内会館	〈出席者〉茂垣長作（外務省南洋局第二課領事）、巻口和民（東郷商事コロンボ支店長）、沼野英一（セイロン日本人会会長）、〈協会側〉木村日紀、立花俊道、山名義鶴、宮本正尊、山本快竜、吉水十果、中島莞爾、東元多郎、松田玄一、久保田悟城

図２　『海外仏教事情』の南方関係特集号（成田山仏教図書館蔵）

教公論』において、次のように批評する。

大東亜戦の急展開と共に、立上つた仏教運動の内、取立てゝ世人の歯牙に登るものは、……「南方仏教学会」ではなからう。……例に依つて陸海軍だの、外務文部などへ渡をつけて大風呂敷を拡げ金ピカを着けやうと云ふ、現代仏教運動の常道を往つて居る、ことは決して悪いことでなく、方法の善悪などを云つて居られない、戦略の一種なのだ。……／唯その門出に警告して置きたいことは、仏教の意味である。日本あたりでは仏教は確かに「教」であり学解であるのだが、彼地南方に於いては仏教とは、より強き意味に於いて「仏行」だ。……真に日本仏教が己れを滅しても日本国策に殉じやう《ママ》とするものならば百の学会を持つよりも一つの戒律道場を建てる方に分があるのだ[34]。

つまり『宗教公論』では、時局の影響を受けた、安易な学術活動を批判し、南方仏教学会を名指しにした上で、学術に偏り、実践を軽視していることに疑問を投げかけたのである。

2　南方民族と仏教

学術機関としての国際仏教協会は、東南アジアの仏教徒に関する民族学的な調査研究を、戦略目的から実施した。戦時下に発行された『海外仏教事情』を見ると、仏教の文献学的研究よりは、民族や文化に関する論考が目立つようになってきた。

国際仏教協会は一九四三（昭和一八）年一月一五日、大東亜仏教研究所を設立して、研究活動と各種講座を開講した。一九四四年三月二四日には公開講座「南太平洋の宗教医学」が行われ、講師は医学者で人類学者の清野謙次であった。

この頃における協会の主な役員は、**表5**のとおりである。[35]

表5　国際仏教協会の役員（一九四四〈昭和一九〉年）

国際仏教協会会長、大東亜仏教研究所所長	井上哲次郎
国際仏教協会顧問	姉崎正治、黒板勝美、佐伯定胤、鈴木大拙、高楠順次郎、常盤井尭猷、松本文三郎、山田三良
国際仏教協会理事長、大東亜仏教研究所副所長	木村日紀
国際仏教協会理事	宇井伯寿、宇野円空、立花俊道、友松円諦、長井真琴、宮本正尊、山本快竜
大東亜仏教研究所講師	釈仁度（巴利経典読誦法）、山本快竜（梵語）、石川海浄（巴利語）、山口武（タイ語）

金永鍵（Kim Yung-kun　一九一〇―?）は、「人類学的な背景を持った韓国初のベトナム（またはベトナム語）の研究者であると評価[36]」される人物だが、『海外仏教事情』や雑誌 *Young East* に論文や翻訳を寄稿している。金永

鍵は、フランス領インドシナのハノイにあったフランス極東学院にて一九四〇（昭和一五）年まで図書館司書であったが、その後、東京に拠点を移した。日本印度支那協会では調査部第二課に勤務して、インドシナ半島の文化に関する調査研究に従事した。一九四四年以降に、国際仏教協会の職員として *Young East* の編集作業に携わっている。

国際仏教協会のなかから、民族学へ接近する者が現れた。中島関爾《かんじ》（一九〇七―一九八〇）も、その一人である。中島は、駒澤大学文学部人文学科で英文学を学び、曹洞宗研究生を経て、国際仏教協会に就職し、東亜研究所嘱託も勤めた。戦後に中島は駒澤大学教授として英文学を講じるが、中島から指導を受けた宗教人類学者の佐々木宏幹は、次のように述べている。

〔中島〕先生は昭和十二年三月〔駒澤大学〕研究科を出られると、四月一日付で国際仏教協会研究員になられた。当時アジアへの進出を狙っていた日本政府は、アジア研究のための諸施設を作り、優秀な研究者を抜擢して研究に従事させていた。先生もまたその実力を評価されて抜擢された一人であった。／……先生は南方仏教圏の社会、歴史、文化について資料蒐集と翻訳・紹介に没頭されるとともに、東亜研究所や民族研究所の研究者たちと密に交流し、民族学的領域への学殖を深められてゆかれた。／当時先生が交際された人びとの中には、宇野円空、古野清人、棚瀬襄爾、馬淵東一、西村朝日太郎等錚々たる第一級の学者がいた。／先生は……この間に南方仏教、南方民俗宗教に関して著書二冊（一冊は英文）、訳書二冊、論文五十篇をものにされている。(37)

国際仏教協会に限らず、官民の諸機関では、占領地の統治政策の基礎資料として、「大東亜共栄圏」の広範囲で民族調査を行っていた。これは、同時期の民族学が、政策科学の学問として重用されていたためである。
国際仏教協会は、仏教政策の試案を構想していたが、その内容を見ると民族対策と不可分であったことがわかる。一九四四（昭和一九）年には『海外仏教事情』に協会主事の吉水十果による「大東亜仏教政策論」が掲載された[38]。協会付属の大東亜仏教研究所での報告原稿が元となったが、同稿から協会のねらいを窺い知ることができるので、その構成を示したい。

大東亜仏教政策論（目次）
序／一、仏教政策の本質／二、緊急対策と恒久政策／三、広域対策と地域別対策／四、文化的宗教民族と民族的宗教民族に対する政策／五、知識層対策と無教育者層対策／六、仏教圏、準仏教圏と非仏教圏対策／七、国内と対外政策／八、具体的対策（一　学的連携、二　仏教芸術の振興、三　開拓事業、四　連絡事業、五　仏教行事、六　親善事業、七　仏蹟巡拝団の組織、八　社会事業）／結語

同稿は、結びとして「対外政策を遂行するに当り日本が東亜の盟主だと言つて日本仏教が中心だとは言へないのであつて、各々異色を持つものである以上互に短所を補ひ長所をとり刻々に接近して、その永き伝統を生かしつゝも現実に即応し且つ永遠に興隆すべき使命をもつ正に大東亜共栄圏の大宗教としての面目を発揮しうる強力な新仏教の出現を期待してやまぬものである[39]」と結論づけている。同稿は試論の域を出ないが、同時期における国際仏教協会のねらいが見て取れよう。

3　南方仏陀祭

国際仏教協会では、南方地域の仏教徒との連携を図るため、南方仏陀祭を開催した。本来はウェーサク（Vesak）と呼ばれ、南方仏教の年中行事の一つでウェーサーカ月（四―五月頃）の満月の日を中心に数日間行われるものである。この日には歴史的意味があるとされ、南方仏教では釈迦が生まれ悟りを開き入滅した日で、ビルマでは釈迦が初めて仏教の教えを説いた初転法輪もこの日であるという。

南方仏陀祭は、国際仏教協会の主催行事としては、複数回にわたり開催された。一九四一（昭和一六）年七月五日、東京の日比谷公会堂にて国際仏教協会の主催で、「第一回南方仏陀祭」が行われた。後援は、情報局、外務省、文部省、東京市、財団法人国際文化振興会、財団法人国際学友会、財団法人日印協会、日本ビルマ協会、財団法人日本タイ協会、日本印度支那協会、日仏協会、財団法人南洋協会、東亜文化協会、青年教養連盟、財団法人大日本仏教会、大日本仏教青年会連盟、東京仏教団、朝日新聞社東京本社であった。

南方仏陀祭は、三部で構成され、国際仏教協会の代表常任理事の木村日紀が司会を務めた。第一部は、駒澤高等女学校による讃仏歌（花祭の歌）の合唱があり、雅楽の奏上、ラーストラパーラによるパーリ語経典の読誦があった。第二部は、国際仏教協会会長の井上哲次郎と情報局総裁の伊藤述史からの挨拶があった。第三部は、舞踊として「タイ国舞踊――祈りとラーマーヤナ」（作曲古関裕而）、「仏陀と孫悟空」（作曲町田嘉章）、そして映画「南進二千哩」が上映された。南方仏陀祭に際して、海外からの祝電も送られた。インド大菩提会会長のサー・M・N・ムカルヂ、ビルマ上院議員でビルマ大菩提会会長ウ・ツウイン、タイのスダスナディバワーラム寺法主のソオムデエチ・プラ、国際仏教協会の華南支部長の鉄禅大師と副支部長の謝為何、バンコクの泰印文化研究所のサチャナンダ長老、ハノイの北圻《バッキ》仏教会、ユエの安南仏学会会長からであった。

南方仏陀祭は、元々は日本人で初めて上座部の比丘戒をセイロン（現、スリランカ）で受けた釈興然（一八四九―一九二四）が、帰国後の一八九三（明治二六）年より「吠舎佉月満月会」として続けてきた行事であった。「釈尊正風会」を設立した釈興然は、弟子をセイロンへ派遣するなど、日本での南伝仏教の定着を目指した僧侶であった(40)。その南方仏陀祭は、釈興然の弟子ではなく、立正大学で学んだラーストラパーラ・サンディリヤーヤナ（Rastrapala Sandilyayana）が導師を勤めた。協会職員であった東元慶喜《ひがしもと》（一九一二―一九九三、勤務時は東元多郎）は、次のように、外国人登用の意図を明らかにしている。

国際仏教協会としては、インド人、くわしくいえばベンガル人のラーストラパーラ師に導師をつとめてもらいたいという下心があった。時局のなりゆきもあり、外国人をありがたがる心理からかも知れない。／法臘すなわち宗教者としての経歴からいえば当然釈仁度師〔釈興然の弟子である鳥家仁度《とやにんど》〕を導師とすべきであったのに、世間的配慮と、南方仏教に対する理解の不足から、このときはラーストラパーラ師が導師をつとめた(41)。

南方仏陀祭の模様は、全国へラジオ中継され、また海外に向けても放送された。さらには社団法人日本映画社により、東南アジア諸国向けにニュース映画として紹介されるなど、政治宣伝色の強い祭典であった。

南方仏陀祭はその後、第二回は一九四二（昭和一七）年七月二四日に日比谷公会堂、第三回は一九四三年五月一八日浄土宗増上寺と一九日に日比谷公会堂、第四回は一九四四年六月五日に釈仁度が住職を勤める三会寺《さんね》（後述）で、六日に日比谷公会堂で行われた。第四回南方仏陀祭では、大川周明（一八八六―一九五七）が「印度独立の意義」を講演している。なお大川は、六月六日（火曜日）付の日記にて、「六時日比谷公会堂の南方仏陀祭に出席。久振にて宇井〔伯寿〕・長井〔真琴〕・宮本〔正尊〕の諸君及び水野梅暁翁に会ふ。印度独立の意義と題して講演。八時半帰宅(42)」と記している。

この間の一九四四（昭和一九）年三月一五日に、国際仏教協会は、「興然和上二十一回忌法要」を実施した。後援は釈尊正風会で、生前に釈興然が住職を勤めていた神奈川県横浜市港北区の真言宗三会寺で行われた。その直前の同年二月一五日には、釈興然の弟子で三会寺住職の釈仁度によって、戦勝祈願法要として巴利経典読誦涅槃会が執行された。前掲の南方仏陀祭の本尊は、釈興然が三会寺に請来した仏像が用いられた。国際仏教協会は、それまで釈興然を顕彰した形跡がなく、突如として協会の事業に登場したのである。つまり協会は、上座仏教と日本仏教を結ぶ象徴として、南方仏陀祭と釈興然を宣伝に利用したといえよう。

国際仏教協会は、一九四五（昭和二〇）年五月二五日に横浜の三会寺で第五回南方仏陀祭を実施した。同日は東京原宿から小石川の伝通会館に移転していた協会事務所が、米軍機の空襲により焼失した(43)。その後に協会事務所は、東京青山の浄土宗梅窓院、真宗本願寺派の本願寺築地別院を転々とした。協会は同年七月に、『中外日報』紙上にて、「本会先般罹災仕候処大東亜省を始め各界の御援助に依り目下整備なり従前の事業は勿論新段階に即応せる新事業の遂行に邁進仕候間尚一層の御協力を願上候(44)」との罹災広告を掲載したが、東京高円寺の木村日紀邸が協会の東京連絡所、横浜の三会寺が協会疎開事務所になったことを告知した。

その後、敗戦を経て、大東亜省が廃止となり、補助金も途絶え、アジアの仏教徒への調査研究と文化工作の必要性は消滅した。一九四六（昭和二一）年六月一日、鶴見の曹洞宗総持寺で第六回南方仏陀祭が行われた(45)。一九四六年度の事業計画を発表して組織の継続を図り、一九四七年に「ブディスト・ソサイエティ(46)」と改組されたが、その後の目立った活動は確認できない。一九四九（昭和二四）年には、「第九回ウェーサーカ祭」が三会寺で開かれたが、国際仏教協会は主催団体ではなく、釈仁度らの有志により行われた(47)。

おわりに

本章では、国際仏教協会の活動を検証してきたが、まとめるならば協会の活動は、昭和前期の仏教学者による海外への認識の変化を反映していたと指摘できる。同時期における仏教学界の「協調」と「国際性」が、国際仏教協会の設立の原動力となり、その活動は、外国では特に東洋学や仏教学が盛んなヨーロッパとの学術交流を意識した学術活動を実施していた。しかし戦時下の協会では、国策に協力して、学術面から東南アジアの仏教に関する諸事業を展開したのである。

真言宗関係の定期刊行物である『六大新報』は、次のごとく論評記事を掲載していた。仏教学者による政治的な参画を期待する内容であった。

現代の仏教学者はとかく内攻的な立場をとること多く、豊富なる学殖を有しながら今迄は米英学者に先進される始末、南方仏教に関しても学問上でも後塵を拝し、政治的折衝に到つては、米英学者中には政治家を兼ねる者多く、従つて南方仏教国の政治的開拓は遙かに進んで居た。然しながら、今や南方仏教国より米英の政治的勢力を駆逐すると共に、学の立場に於ても断然日本が欧米を制圧してしまはねばならぬ。こゝに感奮する所あり、巴利語や梵語や西蔵語を専攻する学者が国際仏教協会を中心に「南方仏教学会」を創設し、タイ、ビルマ、印度、仏印、蘭印等へ学的提携の手を伸ばさんとしてゐる[48]。
　研究者は、社会のなかに生きている以上、その影響は免れず、自分の立場や研究成果に作用することがある。国際仏教協会が、南方地域の仏教に関する調査研究を行ったその背景に、日本の南進政策があったことは明らかである。このために学問的成果や南方との関係がある仏教者が、政治目的から利用されたのである。

注

(1)「国際仏教協会々則」(『海外仏教事情』第一巻第一号、国際仏教協会、一九三四年)、四〇頁。
(2)無署名「国際仏教協会設立趣旨」(『海外仏教事情』第一巻第一号、一九三四年)、三九頁。
(3)井上哲次郎「国際仏教協会の設立に際して」(『海外仏教事情』第一巻第一号、一九三四年)、四頁。
(4)前掲、「国際仏教協会々則」、四〇頁。
(5)三井知明編著『伝通院略誌』(伝通院、一九八二年)、一二頁。伝通院裏手には井上哲次郎の旧宅跡が、文京区立井上児童遊園(文京区小石川三丁目二〇番一一号)として整備されており、敷地に当時の土蔵二棟が現存する。
(6)無署名「新興二大学会／目出度き握手成る！／国際仏教協会と仏誕記念学会が／前者が改めて後者の永久記念事業となる」(『中外日報』第一〇四六五号、一九三四年七月一一日、中外日報社)、二面。
(7)無署名「契りはかなく一応離別！／仏誕記念学界《ママ》と国際仏教協会／握手の手をふりほどく」(『中外日報』第一〇五〇一号、一九三四年八月二二日)、二面。
(8)「国際仏教協会役員」(『海外仏教事情』第一巻第四号、一九三四年)、三六—三七頁。
(9)堀一郎(一九一〇—一九七四)は、「たしか昭和十年前後のことではなかったかと思う。友松円諦師がＮＨＫの「法句経講義」で一躍ブームをまきおこしたあと、籾山半三郎氏らの後援で、国際仏教協会をつくり、わたくしも週に二回ほどアルバイトをさせてもらった。慶応大学の後藤教授がド・ラ・ヴァレ・プサンの『仏教概論』をここの事業の一つとして翻訳しておられた」（堀一郎「神を創作する日本人」堀一郎著・楠正弘編『堀一郎著作集　第八巻』未来社、一九八二年、二〇〇頁）と述べる。

(10) 友松円諦「発刊の辞」（『海外仏教事情』第一巻第一号、一九三四年）、一―二頁。

(11) 吉水十果「国際仏教協会」（友松諦道・山本幸世編『人の生をうくるは難く――友松円諦小伝』真理運動本部、一九七五年）、八二頁。同書編者の友松諦道（一九一九―二〇〇二）は、円諦の子息で、国際仏教協会が設立した大東亜仏教研究所の第二次研究員として採用され、一九四四（昭和一九）年一月に入所した。研究題目は、「印度の社会制度と諸宗教との関係」であった（無署名「大東亜仏教研究所第二次入所式」『海外仏教事情』第一〇巻第一号、一九四四年、三九頁）。

(12) 友松円諦「展望　昭和九年の仏教学界」（『中外日報』第一〇三〇八号、一九三四年一月一日）、一七面。

(13) 前掲、友松諦道・山本幸世編『人の生をうくるは難く――友松円諦小伝』、七七頁。

(14) 友松円諦による国際仏教協会の代表常任理事の辞任は、記事「友松円諦氏著書は卒業論文の剽窃／形容詞まで原文その儘《ママ》……と／少壮学徒から抗議／啞然とした／剽窃された大島氏」（『東京朝日新聞』第一八〇一九号、朝日新聞社、一九三六年六月一四日）の報道に始まる一連の騒動による。「大島」とは大島長三郎、後の劇作家青江舜二郎（一九〇四―一九八三）のこと。友松は、一九四二（昭和一七）年に常任理事へ復帰した。

(15) 木村日紀とボースとの親交は、木村日紀「過去を回顧して親友ボース氏を偲ぶ」（相馬黒光・相馬安共著『アジアのめざめ――印度志士ビハリ・ボースと日本』東西文明社、一九五三年）を参照。

(16) 木村日紀（一八八二―一九六五）は、福井県武生の出身。京都の日蓮宗第三中学林、東洋大学予科を経て、一九〇八（明治四一）年日蓮宗留学生としてインドへ留学した。チタゴン市梵語学院、カルカッタ梵語大学東洋学科卒業。一九一八（大正七）年からカルカッタ大学教授として仏教講座を担当した。一九二九（昭和四）年に帰国後、立正大学教授に就任し、東京新宿の日蓮宗常圓寺住職である及川真能の弟子となった。一九四三年には旧中村檀林で知られる千葉県香取郡多古町の日蓮宗日本寺第三三四世住職となった。木村の生涯は、木村日紀『法華経講話――日蓮上人と法華経』（木村まさを、一九六六年）所載の「木村日紀略記」（九七―九九頁）を参照。戦時中に木村は、インド関係の講演会や啓蒙的な著作などで活動した。

（17）木村日紀「国際仏教協会と日本仏教の世界的進出」（『海外仏教事情』第四巻第九号、一九三七年）、一一―一二頁。

（18）〔富樫長英編〕『東亜調査関係団体要覧――昭和十六年』（東亜研究所、一九四一年）では、国際仏教協会について「組織　財団法人（手続中）」（五〇頁）とあるが、以降に発行された協会の刊行物に「財団法人」の表記が見られず、法人設立は確認できない。

（19）無署名「国際仏教協会々員募集」（『海外仏教事情』第一巻第四号、一九三四年）、三九頁。

（20）『海外仏教事情』は、京都にあった海外宣教会が、英文雑誌『亜細亜之宝珠』と共に、一八八九（明治二二）年から一八九三年まで発行していた同名の雑誌に由来する。戦後に英文雑誌 *Young East* は、再興したヤングイースト社から、一九八五（昭和六〇）年まで発行した。

（21）「座談会　ビルマの仏教に就いて」（『海外仏教事情』第七巻第一号、一九四〇年）における木村日紀の発言（一七頁）。

（22）無署名「南方仏教事情――国際仏教協会巴利文化学院夏季講習会」（『海外仏教事情』第七巻第四号、一九四一年）、五八頁。

（23）「国際仏教協会事業綱要」（『海外仏教事情』第七巻第三号、一九四一年）、〔表紙裏〕頁。

（24）国際仏教協会調査部編「大東亜に於ける宗教別信徒数概算」（『海外仏教事情』第八巻第三号、一九四二年）、四六―四八頁。引用に際して、図表とした。なお原資料の数値を合算すると、大東亜全体として九億五三六三万七一六〇人と報告するが、南方地域以外は省略した。

（25）ピブーンソンクラーム（一八九七―一九六四）は、戦前から戦後にかけてタイの首相として、一時期を除き長らく務めた。一九五七（昭和三二）年のクーデターでタイ国外に亡命して、同年一二月から支持者が多い日本に住んだ。某財界人から提供された東京都新宿区払方町の邸宅を経て、一九六三年から神奈川県相模原市上鶴間に住むが、一九六四年六月一一日に死去。一二日に自宅で通夜が行われ、一四日には東京都品川区荏原の浄土宗霊源寺で葬儀が行われた。当時のタイのタノム首相は、東京で遺体を火葬して、遺骨だけタイに帰国するように指示した（無署名「遺骨は故国へ」『読売新聞』第三一四九一号、読売新聞社、一九六四年六月一三日、一四面）。霊源寺の無縁仏供養塔の過去帳には、「ピブーン・ソンクラーム（元タイ国首相）」の記載があるという（『れいげん　大光山霊源

寺寺報』第一号、霊源寺、二〇一三年、四頁)。

(26)　無署名「泰国に対する仏教事業――上村真肇氏の報告」(『海外仏教事情』第七巻第五号、一九四一年)、五五頁。上村真肇(一九〇七―一九六四)は、一九四一(昭和一六)年八月から一一月まで、フランス領インドシナとタイを調査した。バンコク滞在時には、タイの文部省の許可を得て、国立図書館所蔵の仏書の調査を行い、同省より賞辞を受けた(上村真肇『法華経を中心とする仏教教理の諸問題』春秋社、一九八〇年、「略歴」三四五頁)。この時の調査成果の一部が、上村真肇「泰国盤谷国立図書館所蔵現存和漢文献一覧目録」(『大正大学々報』第三三号、大正大学、一九四二年)。子息はサンスクリット文学者の上村勝彦(一九四四―二〇〇三)。

(27)　無署名「泰語『日本精神と仏教』出版」(『海外仏教事情』第七巻第二号、一九四一年)、五五頁。高神覚昇による同様の著作として、『日本精神と仏教』(第一書房、一九四一年)がある。

(28)　「大東亜省、情報局間ノ協力並ニ事務分界ニ関スル大東亜次官、情報局次長申合」(『戦前の情報機構要覧――情報委員会から情報局まで』(出版者不明))、二七五頁。同書の復刻版、奥平康弘監修『戦前の情報機構要覧』(言論統制文献資料集成第二〇巻、日本図書センター、一九九二年)を参照した。

(29)　大東亜省編『昭和十八年度大東亜省所管――第八十一回帝国議会』(大東亜省、一九四三年)、一七頁。

(30)　松田玄一「大東亜に於ける国際仏教協会の連絡機関」(『海外仏教事情』第一〇巻第一号、一九四四年)、(表紙裏)頁。

(31)　『海外仏教事情』の特集号について、一九四〇(昭和一五)年から一九四四年の休刊まで、次のように発行された。第七巻第一号「特輯　ビルマの仏教」(一九四〇年一一月)、第七巻第二号「特輯　タイ国の仏教」(一九四一年二月)、第七巻第三号「特輯　仏印の仏教」(一九四一年八月)、第七巻第四号「特輯　蘭印の仏教」(一九四一年一〇月)、第七巻第五号「華僑の信仰号」(一九四一年一二月)、第八巻第一号「特輯　西蔵の仏教」(一九四二年二月)、第八巻第二号「特輯　セイロンの仏教」(一九四二年八月)、第九巻第四号「安南特輯号」(一九四三年八月)、第一〇巻第一号「タイ国仏教特輯」(一九四四年二月)、第一〇巻第二号「カムボヂア特輯号」(一九四四年四月)、第一〇巻第三号「釈興然追悼号」(一九四四年六月)、第一〇巻第四号「ビルマ特輯号」(一九四四年一〇月)。

(32)　橋本光宝「蒙古と西蔵との不可分関係」(『海外仏教事情』第八巻第一号、一九四二年)、一二頁。

（33）無署名「巴利仏教民族の民心把握に／文化行動の炬火点る／南方仏教学会創設さる」（『中外日報』第一二七三四号、一九四二年二月四日）、三面。
（34）谷童「巻頭言　南方仏教への関心――但し、その艤装は好いか?」（『宗教公論』第一一巻第二号、宗教問題研究所、一九四二年）、一頁。
（35）「〔国際仏教協会名簿〕」（『海外仏教事情』第一〇巻第二号、一九四四年）、〔表紙裏〕頁。
（36）全京秀著、岡田浩樹・陳大哲訳『韓国人類学の百年』（風響社、二〇〇四年）、一一四頁。
金永鍵（一九一〇―?）には、『印度支那に於ける邦人発展の研究――古地図に印されたる日本河について』（杉本直治郎と共著、冨山房、一九四二年）、『印度支那と日本との関係』（冨山房、一九四三年）などの邦文著作がある。金は、国際仏教協会の職員として、一九四一（昭和一六）年から同会が発行した雑誌『海外仏教事情』と*Young East*に、複数の論文を寄稿して、編集にも携わっていた。同会が設置した大東亜仏教研究所では、「安南、カンボヂヤ及ジヤワ、スマトラの仏教」の研究課題に従事した（無署名「大東亜仏教研究所第二次入所式」『海外仏教事情』第一〇巻第一号、一九四四年、四〇頁）。金は、一九五〇年の朝鮮戦争勃発後、北朝鮮に渡り、その後は消息不明。
（37）佐々木宏幹「中島関爾先生を偲んで」（中島関爾教授追悼論文集編集委員会編『中島関爾教授追悼論文集――文学と人間』金星堂、一九八一年）、二六一―二六二頁。著者の佐々木（駒澤大学文学部英米文学科、一九五五年三月卒）は、中島から指導を受けた。
中島関爾（一九〇七―一九八〇、旧姓福地）は、国際仏教協会の勤務について、「〔中島〕先生の思い出話によると、当時の待遇はまことに良く、部屋が七つ八つもある家に住み、女中さんを使っておられたという。もしも当時の研究が後々まで続行されていたら、先生は南方仏教に詳しい高名な民族学者に成られていたかもしれない。第二次大戦の敗戦という国運は、先生の運命をも大きく変えたのである」（前掲、二六二頁）という。

中島は、筆名「中島莞爾」の名義で、『南方共栄圏の仏教事情』（甲子社書房、一九四二年）などの研究成果を発表している。筆名の由来は定かではないが、中島関爾と同じ佐賀県出身の人物で、二・二六事件では蹶起部隊を指揮したことで刑死となった陸軍工兵少尉中島莞爾（一九一二―一九三六）がいる。

（38）「学界彙報／大東亜仏教研究所近情」（『民族学研究』第一〇巻〈新二巻〉第四・五号、財団法人民族学協会調査部、一九四四年、七四―七五頁）によれば、一九四四（昭和一九）年三月三一日の研究発表会は吉水十果による「対南仏教政策論」であった。
（39）吉水十果「大東亜仏教政策論」（『海外仏教事情』第一〇巻第三号、一九四四年）、二四頁。
（40）日本人で始めて上座仏教の比丘戒をセイロン（現、スリランカ）で受けた古義真言宗僧侶の釈興然（一八四九―一九二四）が、住職を務めた横浜の三会寺では、建築家の伊東忠太の設計により、シャム式の仏堂が建立予定であったが未着工に終わった。
（41）東元慶喜「わが国における上座部仏教研究の過去と将来」（水野弘元博士米寿記念会編『パーリ文化学の世界――水野弘元博士米寿記念論集』春秋社、一九九〇年）、四六四頁。
（42）大川周明顕彰会編『大川周明日記』（岩崎学術出版社、一九八六年）、三一九頁。
（43）国際仏教協会は、一九四四年五月に、東京都渋谷区原宿一―一八六番地（現、東京都渋谷区神宮前二丁目先）へ移った。東元多郎「ウーエーサカ祭の思出　五」（『中外日報』第一四四二〇号、一九四九年八月八日、一面）によれば、一九四五（昭和二〇）年五月二五日の空襲の際、東京小石川の伝通院境内に移っていた協会事務局が空襲で焼失し、千駄ヶ谷の寺院に預けてあった協会の蔵書も空襲で失われたという。
（44）国際仏教協会「国際仏教協会々員各位に告ぐ」（『中外日報』第一三七〇九号、一九四五年七月一一日）、二面。
（45）無署名「第六回ウエーサーカ祭／国際仏教協会が開催」（『中外日報』第一三八八四号、一九四六年五月二五日）、二面。
（46）無署名「ブデイスト・ソサイアテイ発足」（『中外日報』第一四〇九四号、一九四七年七月一日）、二面。
（47）無署名「ウエーサーカ祭／五月十二日横浜・三会寺にて」（『中外日報』第一四三七七号、一九四九年四月二八日）、二面。
（48）無署名「仏教学者の南方進出」（『六大新報』第一九五七号、六大新報社、一九四二年一月二五日）、一五―一六頁。

第三章　財団法人仏教圏協会の工作要員養成

はじめに

本章は、第Ⅰ部第二章で述べた国際仏教協会の附属機関として、一九四一（昭和一六）年四月に設立された巴利《パーリ》文化学院について述べる。学院の出身者は、第Ⅱ部第二章で後述するビルマでの宗教宣撫工作に参加していた。その後に学院は、一九四二年九月に設立された財団法人仏教圏協会に経営が移管され、一九四三年七月には、南方地域に加えて、内蒙古などアジア各地に派遣する人材を養成するため、所在地に因み「萩山道場《はぎやまどうじょう》」と改称した。

巴利文化学院は、パーリ語経典を用いる上座仏教が伝播した南方地域にて、宗教宣撫工作に従事する要員を教育した機関であるが、同学院の実態は、これまで明らかではなかった。その人材は、主に仏教系の大学や専門学校などを卒業した若い僧侶らであった。機密活動であったため、残された資料が限られており、組織の実態を把握することを困難にさせてきた。

また巴利文化学院の活動が、特定の仏教宗派を背景としていないことも、資料に記述されなかった一因にある。外地の活動記録は、教団や地域を単位に記録され、また研究されてきた。したがって特定の宗派との結びつきがなく、各地に展開した巴利文化学院の活動は、考察対象の枠から見落とされてきた。巴利文化学院の運営には仏教者も関わったが、その他に、政治運動家や元軍人なども幹部に名前を連ねた特殊な組織であった。同学院発足前の日中戦争では、仏教各派が個別で進出していたため、統一された宗教工作がなされなかった。その弱点に注目した同学院の幹部らが、超宗派の立場から巴利文化学院を運営して、宗教宣撫工作に僧侶を派遣していたのであった。

第一節　組織と沿革

1　国際仏教協会による巴利文化学院の設立

国際仏教協会は、一九四一（昭和一六）年四月に巴利文化学院長を設立した。院長には会長の井上哲次郎（一八五五―一九四四）、副院長には協会代表常任理事の立正大学教授の木村日紀（一八八二―一九六五）、学院主事・学監は大正大学宗教学科出身で浄土宗僧侶の吉水十果であった。書記に、中島関爾（一九〇七―一九八〇）と松田玄一（一九一八―一九九二）が就任したが、両者は駒澤大学人文学科出身で曹洞宗僧侶であった。他に、学院賛助員として、情報局の石井康、広瀬節男、箕輪三郎、滝照道、角田保が参加した。[1]

国際仏教協会の事業綱要によれば、「南方仏教諸国へ派遣の学徒養成の為め巴利文化学院の開設」[2]をしたものであった。「学徒養成」とあるが、実のところ仏教系大学・専門学校などを卒業した僧侶に教育と訓練を施して、南方地域での宣撫工作に従事する要員を養成した機関であった。

国際仏教協会に附属した時期の巴利文化学院について見てみよう。現存する文書「国際仏教協会　巴利文化学院規則（概要）」によれば次のとおりである。南方方面の諸言語の教育を行い、「特殊講義」として軍事的な知識も教えたのである。

国際仏教協会　巴利文化学院規則（概要）〔抄〕

一、本学院ヲ国際仏教協会巴利文化学院ト称ス
一、本学院ノ事務所ヲ東京市麻布区北新門前町拾番地、宿寮ヲ東京市麻布区広尾町七拾九番地ニ置ク
一、本学院ハ南方仏教諸国（仏印〔フランス領インドシナ〕、泰〔タイ〕、緬甸〔イギリス領ビルマ〕、印度錫蘭〔イギリス領インド、セイロン〕、蘭印〔オランダ領東インド〕等）ニ派遣スベキ青年僧ノ準備教育養成ヲナスヲ以テ目的トス
一、本学院ハ右ノ目的達成ノ為メ巴利語、梵語、南方地方語（安南語、泰語、緬甸語、印度語、マレー語等）、仏教概説、特殊講義等ニツキ講座ヲ開キ且ツ道場式訓練ヲ行フ為メ宿舎ニ収容スルモノトス
一、本学院ノ入学資格ハ専門学校程度以上トシ体格強健、意志堅固ナルヲ要シ、入学考査ヲ行フ
一、本学院ニ入学希望ノモノハ履歴書、学校成績表、戸籍謄本ヲ提出スルコト
一、本学院学生ニ対シ授業料、食費、宿舎費、手当等ヲ支給ス
一、本学院学生南方渡航ニ対シテハ特別ノ便宜ヲ計フ
一、本学院ノ方針、清規ヲ厳守セザルモノハ直チニ退学ヲ命ズ
一、本学院ノ経営ハ国際仏教協会役員及本学院賛助員コレニ当ル
一、本学院ノ経費ハ国際仏教協会ニ於テコレヲ賄フ(3)

一九四二（昭和一七）年二月から、巴利文化学院では第二期の教育課程が実施され、院長は井上哲次郎から山名義鶴に交代した。政官界と人脈のある山名の参加により、巴利文化学院の体制が強化された。仏教界以外の人脈が

加わることになり、その後の仏教圏協会設立につながるのである。

巴利文化学院では、一九四一（昭和一六）年八月五日から三〇日までの毎週火、木曜日、「南方への関心の高まりつゝある今日南方仏教事情を認識し、将来の発展に資せん」(4)として、夏季講習会「南方仏教事情」を開催した。講習会の講座は、「印度の仏教」（木村日紀）、「ビルマの仏教」（福島弘、モン・キーン）、「仏印の仏教」（金永鍵）、「泰国の仏教」（山本快竜）、「蘭印の宗教」（宇野円空）、「ボルブドオル仏蹟」（ファン・ディンスト）、「西蔵への巡礼」（ラーストパーラ）、「印度の壁画について」（野生司《のうす》香雪）、「南方仏教圏概観」（中島莞爾《ママ》）、「泰語」（佐藤致孝）、「印度語」（ラーストパーラ）、「巴利語」（東元多郎）、「印度仏蹟映写会」（幻灯上映、解説木村日紀）、「南方の音楽と仏教」（レコード鑑賞）であった。

2　財団法人仏教圏協会の分離独立

仏教圏協会は、一九四二（昭和一七）年九月一一日に拓務大臣より、財団法人の設立が許可された。同会の設立目的は、巴利文化学院の経営基盤を強化することにあり、学院は国際仏教協会から仏教圏協会に移管された。同年一一月の大東亜省の設置に伴い、協会は大東亜大臣所管の民法法人となった。

仏教圏協会の設立は、以前から構想されていたが、経緯は次のとおりである。一九四〇（昭和一五）年の北部仏印進駐を端緒として、日本軍による南方攻略が本格化した時期と重なるのである。

本協会……の実体ははやく昭和十五年夏以来、漸次形成せられたものである。それは大東亜戦争の勃発に先だつこと一年有余、すでに所謂ＡＢＣＤ〔米、英、中、蘭〕包囲陣の突破が避くべからず、朝野の識者は南方の経略に私かに肝胆を砕いて居たときであつたが、当時、かねてわが対外文化戦線の不統一にして弱体なるに憂慮し居たる有志は、将に来らんとする南方経略に於ては、先づ宗教による南方諸民族の結合を端緒とし、中核として、強靭にして統一ある文化戦線を布陣すべきことの急務なるを信じ、各自本務の傍ら日夜相集つて研鑽を重ねたのであつた。(5)

附属機関である巴利文化学院は、国際仏教協会時代には同会事務所があった東京市麻布区北新門前町に所在したが、仏教圏協会への移管後は、小石川区金富町一八番地の曹洞宗金剛寺（戦後は東京都中野区上高田に移転）を経て、一九四二（昭和一七）年九月より協会事務所と学院は豊島区駒込三丁目三九七番地の民家に所在した。一九四三年五月に協会事務所が東京市小石川区春日町一丁目一番地一〇号にある財団法人日本拓殖協会内に移転した。同所には、反英独立闘争に関与したビルマ人の僧侶に因むオッタマ比丘顕彰会も置かれていた。この間の一九四三年七月に、巴利文化学院から萩山道場に改称したが、この点は後述する。

次に、巴利文化学院の経営母体として新たに設立された財団法人仏教圏協会の目的と事業を確認しよう。

財団法人仏教圏協会寄附行為〔抄〕

第一章　名称

第一条　本会ハ財団法人仏教圏協会ト称ス

第二章　目的

第二条　本会ハ仏教圏原住諸民族ノ信仰生活ニ対シ大東亜共栄圏ノ根本理念ヲ透徹セシメ進出邦人トノ間ニ理

解融和ヲ図リ以テ邦人ノ海外発展ニ資スルト共ニ皇道ニヨル大東亜ノ結合ニ鞏化スルヲ目的トス

第三章　事業

第三条　本会ハ前条ノ目的ヲ達スル為メ左ノ事業ヲ行フ

一、身ヲ以テ諸民族ノ信仰生活ノ中ニ入リテ前条ノ目的遂行ニ当ルベキ人材ノ錬成派遣／一、派遣員ノ援護／一、派遣員ノ組織指導／一、右事業遂行ニ必要ナル調査研究／一、其他必要ト認ムル事業

第四章　事務所

第四条　本会ハ事務所ヲ東京市ニ置ク／但シ必要ニ依リ仏教圏各地ニ支部ヲ置クコトヲ得[6]

つまり現地の仏教徒に対して「大東亜共栄圏」の理念を宣伝することが主たる目的であったのである。「派遣員」の資格については書かれていないが、これは各宗派の僧籍を持つ僧侶であった。

仏教圏協会理事長で、巴利文化学院長の山名義鶴は、以前に勤務していた財団法人満洲移住協会の同僚に対して、「南方仏教圏ビルマ、安南……に若い坊さんを派遣し、仏教を通して親善を図る計画を進めている。いま駒込の家にいくたりかの青年僧侶が語学など勉強しているから一度遊びに来ないか[7]」と話していたという。

3　萩山道場への改称

仏教圏協会は、東京都北多摩郡東村山町字萩山に敷地四千二百坪を確保した後に、地名に因んで、一九四三（昭和一八）年七月一日に巴利文化学院から萩山道場に改称した。一九四四年四月二九日には敷地内に二階建てが三棟、平屋建て一棟の四施設が落成したが、一部の建物は岐阜の高山にあった寺院の庫裡が移築されたという[8]。この移転

は、「大東亜省等とも連繫の下に……従来の宗教工作とか、外地布教といふことでなく、広く宗教を通じての民族指導[9]」に関わる「国士的青年宗教者」を錬成することが目的であった。協会事務所は、同年には、東京都赤坂区青山北町五丁目四一番地に所在した。

萩山道場に改めた理由として、「本道場の名称は、創立当初主として南方亜細亜に対照《ママ》を置きたる関係上、前記の如く巴利文化学院と称して来つたが、爾来漸次北方、中・西亜細亜へと全亜細亜諸地域を指向するに到りたる関係上、……所在地に因み萩山道場と改称することにした[10]」からであった。その背景には、「大東亜要員錬成要綱」（昭和一八年二月五日閣議決定）があり、大東亜のアジア諸地域に進出する各種要員が、官民の錬成機関で訓練を受けることが定められたからである。

萩山道場と改称された以降の学則は、次のとおりである。

萩山道場学則（昭和一八年七月一日改正）〔抄〕

第一章　総則

第一条　本道場ハ財団法人仏教圏協会萩山道場規程ニ基キ亜細亜諸地域ノ民族ヲシテソノ現有ノ宗教ヲ通ジ八紘為宇ノ大御心ニマツロハシムル国士ヲ錬育スルヲ以テ本旨トス

第二条　本道場ノ学生ヲ本科、研究科及特別科ニ別ツ

第三条　本道場ノ修業年限ハ本科、研究科共一年トス、但シ特別ノ事情アルトキハコレヲ延長若クハ短縮スルコトアルヘシ／特別科ハ事情ニ応ジテソノ期間ヲ定ム

第四条　学生ノ定員ハ毎年コレヲ定ム

第二章　入学及退学

第五条　本道場学生ハ僧俗ヲ問ハズ大学専門学校卒業者若クハコレト同等ノ実力アリト認メタル者ニシテ身体強健志操堅確、特ニ宗教的情熱ヲ有スル者ヨリ銓衡採用ス[11]

道場の活動範囲が、南方地域からアジアにまで拡大しているのがわかる。さらに道場に入る学生が「僧俗ヲ問ハズ」とあるように、僧侶以外の人材も受け入れていたのである。

その一人が、作家の和田芳恵（一九〇六―一九七七）である。一九四四（昭和一九）年に和田は、「〔社団法人日本〕文学報国会の斡旋で、映配〔社団法人映画配給社〕が生活費を支給、南方の宣撫工作にあたることになった。萩山道場に合宿、訓練を受けた。セレベスに行くことになっていた[12]」という。翌年に大東亜省から渡航許可が下りたが、既に戦局悪化により、現地へ向かう航空機がなく、和田の派遣は中止となった。

南満洲鉄道（満鉄）の東亜経済調査局附属研究所では、一時期、萩山道場の建物を借用していた。所長は大川周明（一八八六―一九五七）で、「大川塾」や「瑞光寮」とも呼ばれ、南方で活動する人材を養成した機関であった。一九四五（昭和二〇）年四月一一日付の大川の日記にて「瑞光寮の宿舎として南方《マ》仏《マ》教協会の萩山の建物を借りたしと山名君に依頼せしに、その快諾を得たるを以て礼状[13]」とある。東京上大崎に所在した瑞光寮は同年五月二五日の空襲で焼失し、その後に萩山道場へ移転した。

仏教圏協会は東南アジアにおける活動で、現地側との連携を深めた。その結果、タイからは仏舎利が贈られた。一九四三（昭和一八）年五月に協会は、タイの首都バンコクにあるワット・サケート（Wat Saket）のタンマ・チェリヤーより、釈迦の真骨とされる「仏舎利」が贈られたが、その由来は次のとおりである。

バンコク在住の医師横田恭一は、タンマ・チェリヤーの主治医で親しい間柄であった。巴利文化学院卒業生の活動を視察した協会幹事の佐々木喆山《てつざん》は、横田を帯同してチェリヤーに面会し、学院の趣旨を説明したところ、賛同を得たため仏舎利が贈られたという(14)。仏舎利は、一八九八（明治三一）年に英人駐在官ウィリアム・ペッペによりネパール南境のピプラーワーで発見されたものとされる。贈られたインド政庁は、タイ王室に贈呈し、ワット・サケートに奉安された仏舎利の一部が、仏教圏協会に贈呈されたのであった。

仏教圏協会は敗戦直後、大東亜省の廃止により所管が移っていた外務省に対して、一九四五（昭和二〇）年九月に財団法人の解散を申請した。協会では、清算委員会が組織され、山名義鶴が委員長となり、佐島敬愛と田北英彦が清算委員となった。同年一二月一二日に行われた理事会では、仏教圏協会理事の藤村又彦が代表を務めて新たに「財団法人科学農業研究所」を設立して、萩山道場の土地と建物を譲渡する計画であったが実現しなかった。その後、一九四六年九月一日に東京都は、旧萩山道場の敷地と建物を取得して、戦災孤児を収容する東京都立萩山学園（後に隣接の都立萩山実務学校に合併）を設立した(15)。仏教圏協会は、同年一一月一七日付で主務官庁である外務省より外務大臣吉田茂の名義で解散許可が下り、財団法人の残余財産処分の清算が行われた。

第二節　関係者

1　会長、理事、評議員

仏教圏協会の役員には、仏教関係者も名前が見られるが、政界や軍部とつながりのある人物や国家主義者が組織の中枢にいた。仏教圏協会の役員は次のとおりである。

会長は山名義鶴。理事は蒲池篤誠、木村日紀、小林義道、佐々木喆山、佐島敬愛《よしなり》、志村陸城、田北英彦、藤村又彦、森重千夫。評議員は大岩誠、狩野敏、鈴木善一、山口徹澄らであった。ただし理事らは、敗戦直後の書類に基づいた陣容であり、戦時中の役員名簿は記録が残っていない[16]。このうち仏教界出身の主な理事として、木村日紀は前述のとおりに国際仏教協会の代表常任理事であった。

一九四四（昭和一九）年七月の萩山道場の学生募集広告を見ると、仏教圏協会名義で、山名義鶴、志村陸城、藤村又彦の名前がある[17]。中枢にいた幹部はこの三人であった。萩山道場としての職員は、場長が山名、幹事兼学監が志村、幹事が蒲池篤誠、佐々木喆山、藤村、寮監は曹洞宗僧侶の渋谷鵞舟であった[18]。

（1）会長の山名義鶴

山名義鶴（一八九一―一九六七）は、宮城県仙台市で生まれた。応仁の乱で知られる山名宗全の子孫で、父は貴族院議員の男爵であった。山名は、第三高等学校、東京帝国大学法学部独法科を経て、一九二〇（大正九）年に大原社会問題研究所嘱託、翌年同所研究員となった。一九二六（大正一五）年に日本労農党の結党に参加し、同党の中央執行委員などを務めた。一九三一（昭和六）年の満洲事変以降、国家社会主義に傾倒していった。一九三二年に時局研究会を結成し、同年には全国労農大衆党を脱党して、赤松克麿（一八九四―一九五五、宗教学者赤松智城の実弟）らと日本国家社会主義学盟を結成した。一九三三年には、やまと新聞主幹兼論説委員として参加し、一九三四年に日本国家社会党が愛国政治同盟と改組されると、総務委員に就任した。一九三五年には大蔵公望（一八八二―一九六八）らと財団法人満洲移住協会を設立して総務局企画調査委員会会長兼広報部長を務め、一九四〇年には協会常任幹事、総務部長に就任した。同年には男爵を襲爵して、一九四五年から一九四七年までは貴族院議員を務めた。[19]

(2) 理事の藤村又彦

理事の藤村又彦（一九〇九―？）は、青年将校らと連携して直接行動による国家革新を目指していた右翼の活動家である。藤村は、明治大学専門部在学中に明治大学興国同志会で活動し、後には満川亀太郎（一八八八―一九三六）の興亜学塾で学んだ。一九三四（昭和九）年一月、大同倶楽部に参加していた神武会の鈴木款と共に東京本郷で統天塾を開き、藤村が塾頭となった。内閣総理大臣の斎藤実と閣僚や警視庁を襲撃すべく、同年には資金調達のため東京青山の高樹町郵便局へ侵入したが、現金強奪は未遂事件に終わり、統天塾関係者が検挙され、藤村は懲役三年の判決が下された。一九三八年、「青年維新運動」を目指す青年倶楽部（後に全日本青年倶楽部と改称）の結成に参加した。一九三九年四月には大東塾の結成に参加した。塾頭は、神道修成派の教師を父に持つ國學院大學哲学科中退の影山正治（一九一〇―一九七九）であった。塾監は藤村のほか、徳田惣一郎、摺建一甫《すりたていっぽ》、白井為雄であった。その後に藤村は、大東塾の活動から次第に離れていき、仏教圏協会発足時には財団法人青年文化協会文化部長であった。協会の出版部門である東亜文化圏社から雑誌『東亜文化圏』が発行され、藤村が発行人を務めた。同協会は「内外学徒ノ指導啓発ニ拠リ東洋文化圏ノ拡充ヲ図ルヲ以テ目的」（「財団法人青年文化協会寄附行為」第四条）とする団体で、後述の佐島敬愛も理事の一人であった。

(3) 理事の佐島敬愛

理事の佐島敬愛（一九〇四―一九九〇）は、陸軍関係の商社である昭和通商の幹部職員であった。[20]後述のとおり仏教圏協会と昭和通商には、接点があった。昭和通商に入社するまでの佐島の経歴は次のとおりである。大阪に出生した佐島は、京都の第三高等学校で学び、人類学者の今西錦司（一九〇二―一九九二）やフランス文学者の桑原武夫（一九〇四―一九八八）、化学者の西堀栄三郎（一九〇三―一九八九）とは同期生であった。山名義鶴は、三高の先輩に当たる。佐島は米国のウィスコンシン州立大学経済学科を卒業後、三井物産勤務を経て、一九三〇（昭和五）年に退職した。関東軍参謀長の小磯国昭（一八八〇―一九五〇）の紹介で、満洲に渡り、満洲航空に勤務した。一九三九年四月、陸軍省軍務局軍事課長の岩畔豪雄《いわくろひでお》（一八九七―一九七〇）の命により昭和通商が発足すると、佐島敬愛が取締役兼調査部長となった。岩畔は、陸軍中野学校や陸軍登戸研究所など謀略機関を組織した人物である。

（4）評議員の鈴木善一

評議員の一人として鈴木善一（一九〇三―一九九八）が、名を連ねている。[21] 茨城県に生まれた鈴木は、国士舘高等部（現、国士舘大学）と逓信省逓信養成所を修了後、東京府内の郵便局に勤務した。その後、建国会や明徳会に参加して、機関紙の編集に従事した。一九二九（昭和四）年に日本国民党の結成に参加し、一九三一年に内田良平（一八七四―一九三七）を総裁とする大日本生産党に参加し、常任委員や関東本部理事、書記長や青年部長を務めた。鈴木は一九三三年五月に「日本主義建設案」[22]を発表した。斎藤実内閣の打倒とクーデターを目論んだ一九三三年七月の神兵隊事件では、天野辰夫（一八九二―一九七四）と共に、鈴木は主謀格であった。鈴木は、一九三七年に東亜協会主幹となり、一九三八年に影山正治らと全日本青年倶楽部を結成して、一九三九年には大東塾顧問、大日本一新会総裁を務めた。他に鈴木は、満洲新京の満洲移民社、上海等にあった大陸新報社、帝都翼賛壮年団本部長、東亜文化圏社主宰、新日本協議会常任理事、真如（高丘）親王奉讃会（第Ⅲ部第一章参照）などに関与した。なお戦後に鈴木は、浄土宗関係校である淑徳大学の初代事務局長となり、創設者で学長の長谷川良信（一八九〇―一九六六）を補佐した。鈴木は、長谷川が理事長を務める社会福祉法人マハヤナ学園の理事でもあった。

2　仏教界

(1) 理事の小林義道

理事で浄土宗僧侶の小林義道（一八九〇―一九七〇）は、アジアの独立運動家を支援した人物である。[23] 小林は、浄土宗第五教区宗学教校（現、東山中学校・高等学校）を経て、第三高等学校第一部乙類に学んだが、三高では山名義鶴の学友であった。[24] 一九一一（明治四四）年に東京帝国大学哲学科へ入学した。在学中に、玄洋社の頭山満（一八五五―一九四四）を訪ね、アジア民族の独立運動の支援を志した。卒業後は兵役を経て、知恩院子院の浩徳院住職、華頂女学校（現、華頂女子中学高等学校）教頭、佛教専門学校（現、佛教大学）教授を務めた。師僧の死去のため教職を辞して、一九二一（大正一〇）年に兵庫県神戸市の東極楽寺住職となった。

アジアへの支援活動は、広範囲にわたっている。小林は、一九二〇（大正九）年にインド人独立運動家のサハイ（Anand Mohan Sahay　一八九八―一九九一）と出会い、一九二三年には、日本に亡命したインド人のプラタップ（Raja Mahendra Pratap Singh　一八八六―一九七九）を約半年間、東極楽寺に匿った。一九二八（昭和三）年にビルマ独立運動の指導僧ウ・オッタマ（U Ottama　一八七九―一九三九）が来日したが、小林が住職を務めた東極楽寺に数か月滞在した。京都にある浄土宗総本山知恩院の執事にあった一九三八年、内蒙古からのラマ僧を留学生として知恩院に招致する事業担当者となり、同年に駐蒙軍参謀の計らいで内蒙古を視察した。[25] 一九四〇年からタイからの留学生招聘にも携わり、一九四一年一月に小林は泰印文化協会の斡旋で、バンコクに赴きタイの政界と仏教界の要人と交歓した[26]。帰国直後の同年二月、小林は国際仏教協会の関係者に対して現地の模様を報告している[27]。

なお義道の長男である小林憲雄は、佛教専門学校から学徒出陣でマレーに出征した人物である。敗戦後は戦犯容疑者となった第一八方面軍参謀の辻政信に随行すべく、小林憲雄など僧籍を持つ七人の兵士が選抜され、辻と共にタイ僧侶に変装して潜伏したのであった[28]。一九四六（昭和二一）年に日本へ帰還した。その後は東極楽寺の住職や浄土宗宗議会議員などを務めた。

(2) 講師の佐藤致孝

東京外国語学校（現、東京外国語大学）の泰語部講師である佐藤致孝（一八九一―一九四五）は、巴利文化学院でタイ語を教えた。仏教圏協会理事長の山名義鶴は、佐藤の著作に次の序文を寄せている。

> 亜細亜十億の仏教圏諸民族が、その信仰によつて互ひに強く結ばれたとき、亜細亜はまさに渾然一体たるべき核心を生み出すであらう。この亜細亜の信仰が、か丶る自覚に到達し、その伝統によみがえる《ママ》為めには、日本仏徒の捨身の努力嚮導がなければならぬ。……佐藤君は一見温厚な、学究的な印象の好紳士であるが、その肚裏には救世済民の情熱をたぎらせて居られる国士だと自分は尊敬して居る[29]。

山名の記述に「国士」の語句が見られるように、佐藤は、学究的な人物であるが、自らが専門とするタイ語の教育を行うことで、国家に貢献しようとしたのである。

佐藤は、新潟県糸魚川市の真宗大谷派大蓮寺の出身で、少年期に東京三田の真宗本願寺派常教寺の養子となり、後に住職となった。

京都の仏教大学（現、龍谷大学）に入るが、仏教の聖地を探るためタイ経由でインドに入ることを志して中退した。一九一三（大正二）年東京外国語学校暹羅《シャム》語科に入学して、一九一六年に卒業した。佐藤は第二回生に当たるが、その頃はシャムに関係する職種に就職がなく、入学者も少ないため、一九一四年から学生募集を中断した。卒業後に佐藤は、止むを得ず横浜郵便局外国課、社団法人生命保険協会に勤務した。

ようやく一九二〇（大正九）年に、貿易を行う堀越商会のシャム支店長として赴任した。木材の買い付けを兼ねてタイ奥地を探検した後、インドで仏骨を探したという。一九三七（昭和一二）年四月に東京外国語学校で暹羅語速成科が設置されると、佐藤は一九三八年一二月から速成科講師となる。一九四一年に泰語部が置かれると講師となり、一九四五年までその任にあった（一九四四年に東京外事専門学校と改称）。一九四〇年から財団法人日本タイ協会に勤務している。タイ語のほか、英語、フランス語、ヒンディー語、マレー語ができたため、軍の命令で、謀略放送の原稿作成や情報収集に従事したが、敗戦前に肺炎で死去した。(30)

3　昭和通商株式会社の人脈

仏教圏協会は、昭和通商との接点が複数あり、前述の佐島敬愛もその一人である。昭和通商とは、「占領地傀儡政権への兵器納入や日本陸軍への物資納入のために活躍した特殊な商社」(31)であり、秘匿任務を行ったため、いまなお実態が詳らかではない陸軍関係の商社である。そもそもは陸軍から払い下げ兵器の海外売却を担う商社が加入した泰平組合を解散して、一九三九（昭和一四）年四月、新たに設立されたのが昭和通商株式会社である。三井物産、大倉組、三菱商事から出資され、陸軍退役将校の堀三也（一八九〇―一九五九）が専務取締役となった。本店を東京に、支店をニューヨーク、北京、リマ（ペルー）、ローマなどに置いた。南方地域での支店は、一九四一年一月にバンコクを端緒に、一九四三年六月にハノイに置かれた。さらに同年一二月の株主総会で、マニラ、サイゴン、昭南、クアラ・ルンプール、ラングーン、パダン、ジャカルタ、クチンに支店設置決議が行われた[32]。昭和通商は、陸軍の意向を受けて、海外への余剰武器の売却を行った。しかし実態は、タングステンなどの稀少金属に関する軍需物資調達、さらにはアヘンの取り引きにも関与して、謀略活動も行った陸軍の別働の機関である。

協会理事で、曹洞宗僧侶の佐々木喆山《てつざん》（一九〇〇―一九九〇）は、前述した昭和通商の専務取締役（後に代表取締役社長）の堀三也とは同郷であった[33]。佐々木は、山形県飽海《あくみ》郡松山町（現、酒田市）の曹洞宗宝蔵寺の出身で、同寺境内には山寺尋常小学校があった。堀は、陸軍士官学校進学前に同校で代用教員を務めていたが、その時の生徒に佐々木がいた。また佐々木の義弟は、堀の実兄である哲学者阿部次郎の二女の夫であるなど、佐々木と堀は親戚でもあった[34]。佐々木は、宮城県仙台市の曹洞宗第二中学林（現、東北福祉大学）を経て、一九二五（大正一四）年に駒澤大学文学部東洋学科を卒業した。その後、駒澤大学嘱託講師や牛込高等女学校（現、豊島岡女子学園）の教諭を務め、一九三三（昭和八）年五月には和光社の創業に参加した。佐々木は同社で、僧俗向けの仏教雑誌『三宝』の編集と発行に携わった。佐々木は、その後は昭和通商調査部に勤務して、一九四二年の仏教圏協会の設立に際して理事となり、同会調査部長となった[35]。堀三也は、一九五九年に没したが、その最期を看取ったのは佐々木であった[36]。

4　元陸軍歩兵中尉の志村陸城

巴利文化学院と後継の萩山道場の活動方針は、仏教圏協会理事である志村陸城（一九一一―一九八二）によるところが大きい。志村は、一時期に「参謀本部の機密費で作られた貿易商社[37]」に勤務したとされるが、志村と関係があった元軍人の大岸頼好（一九〇二―一九五二）は、昭和通商調査部調査第二課長で、後に同社広東支店長となっている。仏教圏協会の人脈を見れば、志村が勤務していた「貿易商社」とは、昭和通商と見られる。

志村は、宮城県登米郡米山村（現、登米市）に生まれた[38]。宮城県立佐沼中学校、陸軍士官学校（第四四期）を経て、陸軍歩兵少尉として満洲事変に従軍した。熱河作戦と河北作戦に参加し、一九三四（昭和九）年には内地へ戻り、中尉に昇進した。一九三六年の二・二六事件の際に、青森の第八師団歩兵第五連隊にいた志村は、直接の行動に加わっていないが、上官で陸軍大尉の末松太平（一九〇五―一九九三）らと共に、各地の連隊の同志に向けて蹶起を促す電報を送信した。その結果、東京陸軍軍法会議は一九三七年一月一八日、志村に対して軍籍剝奪処分と禁固三年の判決を下した[39]。志村が在隊をしていたのは、青森の連隊であったため、兵士には貧しい農家の出身者が多く、志村は彼らの窮状を知っていたため、社会の革新を目指しての行動であった。

出所後に志村は、陸軍中佐相沢三郎（一八八九―一九三六）の長女宣子と結婚した。いわゆる皇道派の相沢は、一九三五（昭和一〇）年八月に対立関係にあった統制派で陸軍軍務局長の少将永田鉄山（一八八四―一九三五）を陸軍省内で斬殺した、相沢事件を起こした人物である。相沢の行動は青年将校らの国家革新運動に影響を与え、二・二六事件へと発展した。相沢は刑死となったが、相沢の未亡人は娘の結婚を心配して、皇道派の元青年将校で二・二六事件では不起訴となった大岸頼好に縁談を相談した。大岸は、相沢を尊敬していた志村との結婚を推薦したのであった。

二・二六事件で禁固刑の判決を受けた志村陸城は、獄中で読書と思索を重ね、後に巴利文化学院の活動の基礎となる、文化工作についての独自の理念を構築することになった。志村は出所後、積極的に執筆活動を行うようになり、論稿は後に単行本となったが、二冊は下中弥三郎（一八七八―一九六一）が創業した平凡社から刊行された(40)。下中は、大亜細亜協会（会長、陸軍大将松井石根《いわね》）の理事長を務めたアジア主義者としても知られる。

その頃の志村は、一九三九（昭和一四）年に、茨城県東茨城郡内原町（現、水戸市）の満蒙開拓青少年義勇軍内原訓練所の職員として勤めた。翌一九四〇年には内原訓練所の経営母体である財団法人満洲移住協会へ転じ、拓南塾嘱託も兼ねた。また一九三七年一二月、大岸頼好、中村義明、菅沼三郎、末松太平らと「あけぼの社」の結成に参加した。中村が発行した雑誌『皇魂』を継承して、月刊誌『あけぼの』が創刊され、志村は論説委員として毎号執筆した(41)。

一九四一（昭和一六）年に志村は、巴利文化学院の理事に就任した。一九四二年に満洲移住協会を辞して、企画院嘱託となっている。同年一一月に発足した興南錬成院にも参加し、日本拓殖協会の嘱託も兼ねた。一九四二年九月、仏教圏協会を設立して、協会理事となったほか、文部省による南方派遣日本語教育要員養成所の講師や月刊『東亜文化圏』（財団法人青年文化協会東亜文化圏社）の編集委員に就任した。一九四三年には、大東亜省嘱託となり、「大東亜」建設の要員錬成に携わったほか、大日本言論報国会の評議員となった。志村は、仏教圏協会に参加するまでは、宗教団体への関与は確認できず、アジア関係の諸団体に勤めていたのである。志村による仏教への関心の契機は詳らかではないが、家族によれば生前の口癖は「人間愛と志操(42)」であったという。

第三節　宗教宣撫工作の理念

本節では、巴利文化学院の活動に影響を与えた志村陸城の思想を見てみよう。志村は、超宗派的な立場からのみ、アジアの宗教工作が可能になると主張していた。

日中戦争までの宗教工作の失敗は、有識者からも度々指摘されていた。南進が本格化した一九四〇年代以降に宗教学者から、「大東亜共栄圏」の宗教政策に関する私論が提起されるようになった。各論で共通したのは、かつて中国大陸においての仏教各宗派は協調せず、独自で布教した点を戒めたものであった。

例えば宇野円空は、南方の宗教政策について提言した論考で、「大東亜の宗教対策を、今は暫く満洲国や支那に於けるそれを問題外としてを《ママ》かう。この両国に対しては既に相当多様な宗教工作が試みられ、今後に向つてこれを如何に進めるかの問題はないではないけれども、是は現在既に実行に移されてゐる(43)」と述べて、中国での教団進出に問題があったことを指摘している。小口偉一は、「近い過去において、本邦仏教家が支那仏教家との融和にすら充分成功し得なかつたのは、その狭量なるセクト主義のためであつた。同じ轍を再びふまぬためには宗教対策のために強力な一元的な機関が設置されねばならぬであらう。この機関を通じてこそ、各地域別或は各民族に適応する種々なる処置方法が講ぜられねばならぬのである(44)」と論じている。

前述の志村陸城の著書には、仏教を通した宗教工作を意図する記述が見られる。志村は、宗教に注目する理由として、「大東亜の結合は、政治、経済、軍事、文化等のあらゆる面から行はれる結びによつて実現されなければならないのであるが、……彼等の内面生活を支配するものは……宗教である。彼等諸民族殊に南方及辺疆支那諸民族、西亜諸民族等の間に於ては、宗教が、一切の文化の母胎であると言はなければならない(45)」と主張する。

そこで志村は、仏教に着目する。「ここに、重要性を帯びて来るのは彼らに親近した日本の中にある要素である。例へば仏教である。……仏教と言つても決して一律一様ではない。ただ如何に仏教としてその種類的差があるにしろ、何といつても密接なる共通性がそこには深く流れてゐるのである。それは狭い意味で云ふ仏教に限らない。ラマ〔教〕もヒンヅー〔教〕もすべてを含めてである。アジアの共通の水脈としてこれ以上大なるものはない[46]」と述べる。

志村は、従来の仏教宗派を主体とした文化工作を批判していた。志村は、「日本仏教の諸派対立抗争を残したまゝ、その各々の対立抗争を外地に迄演出させせようとする事の愚なることは言はずしてあきらかである。今日迄の仏教進出の失敗の原因はこれであつた。……かくしてわが仏教工作は、先づ第一に、諸宗諸派を超脱せねばならぬ。第二には、日本仏教をも超脱せねばならぬ[47]」と断言する。また「日本の宗教工作は失敗の歴史だと言ふが、事実日本には今迄宗教工作をやつた事があるかと言ふ事である。……多くは彼等の海外進出とは所謂開教であり、……移住してゐる日本人相手の僧侶業は宗教工作でない[48]」として、宗教工作に際しては、「教権獲張的進出は百害無益、断乎として止むべきである[49]」と強く戒めている。

つまり志村陸城は、自らは特定の仏教宗派に属さない立場ゆえに、超宗派の立場から宗教工作が可能であると確信していた。志村による以上の理念のもと、巴利文化学院と萩山道場では、宗教宣撫工作に従事する要員を教育していたのである。

第四節　教育内容

1　第一期生と第二期生の入学

巴利文化学院生は、日課と一週間の授業時間割が設定されていたが、一九四一（昭和一六）年四月八日に入学した第一期生の日課表と講義の時間割は、**表1**・**表2**のとおりである。[50] なお同日に入学させたのは、釈尊降誕会の日だからである。

巴利文化学院の第二期生は、同年九月に入学したが、早くも同年秋には第一期生の数人と共に、南方へ宣撫工作要員として派遣された。巴利文化学院の学則は確認できないが、同学則を改正した前述の「萩山道場学則」には、「修業年限ハ本科、研究科共一年」とある。

なお学院の第一期本科生は、「特に徹底せる少数精鋭主義をとり、厳選の末五名を採用し、……〔一九四一年〕十一月十五日を以て閉講した。卒業生三名は十一月二十二日某要員として応徴……現地の某特別任務に服し、二名は

表1　巴利文化学院第一期生　日課表

起床	五時三〇分（冬季六時〇〇分）
掃除	六時〇〇分（冬季七時〇〇分）
朝勤行	七時〇〇分
朝食	七時一五分
休息、運動	七時三〇分
自習	九時〇〇分
講義	一〇時〇〇分―一二時〇〇分
講義	一二時三〇分―一四時三〇分
自習、運動、入浴	一四時三〇分―一七時三〇分
夕勤行	一七時三〇分
夕食	一八時〇〇分
夜講義（或いは自習）	一九時〇〇分―二〇時三〇分
夜勤行	二一時三〇分
就床	二二時〇〇分

表2　第一期生講義時間割

	一〇時〇〇分―一二時〇〇分	一二時三〇分―一四時三〇分	一九時〇〇分―二〇時三〇分
日曜日	（郊外実習）		
月曜日	巴利語	泰語	宗教民族学
火曜日	仏教史	安南語	仏教概説
水曜日	梵語	特別講義	自習
木曜日	巴利語	体育	自習
金曜日	泰語	安南語	仏教概説
土曜日	衛生学	特別講義	

入営待期中泰語の研究を続行せしめた[51]」のであった。

第二期本科生は、「国際情勢の緊迫化に伴ひ、第一期生の卒業をまたず急速なる拡充を要請せらるゝに至つた結果、急遽第二期生十四名を採用、九月一日より速成的訓育を行ひ十二月二十日を以て閉講したが、この間全課程を終らざる中に、六名は第一期生の三名と同時に応徴、直ちに現地の某任務に服した[52]」のである。つまり巴利文化学院からビルマ進攻作戦に派遣されたのは、計九人と推察できる。この「某任務」とは、機密を有する任務であった。このように、学院生の派遣を急ぎ、速成に養成されていたので、前記の時間割のとおりに講義が実施されていたかどうかは定かではない。

2　講座

一九四三（昭和一八）年八月に仏教圏協会が発行した小冊子『萩山道場要覧』には、第一期から第四期までの学生に教育した科目と担当講師が掲載されているが、授業時間数は未記載である。巴利文化学院の教育体制を示す重要な資料であるため、長くなるが記載する。なお資料には講師の所属が掲載されているが省略し、陸軍将校について、名はなく姓のみ表記されているため、所属と階級を含め原文どおりとする。また第一期生の場合は、前掲資料の科目名と異なるが原文のまま掲載する。第五期生の入学記録はあるが、科目や講師は不明である[53]。

第一期（一九四一〈昭和一六〉年四月―一二月）

巴利語（古川慈良、東元多郎）、泰語（佐藤致孝、会話・横田勇海）、亜細亜思潮（浅野晃）、国体学（大川周明）、民族学（古野清人）、支那仏教史（野村瑞峯）、国体と仏教（米野海照）、禅学提唱（中根環堂）、南方医学（磯

部美知）

第二期（一九四一〈昭和一六〉年九月—一二月）
巴利語（木村日紀、東元多郎）、泰語（山口武、マーノップ）、安南語（呉文孟、ハーラ）、印度語（ラーストラパーラ）、仏蘭西語（岡本貫瑩）、英文仏書購読及会話（中島関爾）、印度仏教史（木村日紀）、仏教概論（山田智旭）、南方仏教事情（中島関爾）、特殊講義（ニューギニアの宗教—井上義勇、仏印事情—参謀本部横山少佐、青年仏徒の使命—憲兵学校教官桜井大佐、印度の家族—ラーストラパーラ、仏印仏教事情—宇津木二秀、思想戦概略—参謀本部桑原少佐、南方経済と世界経済—田中道爾）

第三期・前期（一九四二〈昭和一七〉年二月—五月）
巴利語（東元多郎）、ビルマ語（原田義春）、国学（藤田徳太郎）、国体と宗教文化（竹内芳衛）、南方仏教史（中島関爾）、印度仏教史（木村日紀）、民族学（岡正雄・本田弥太郎）、南方華僑事情（野村瑞峯）、武道（毎日警視庁に於て特別指導を受く）

第三期・後期（一九四二〈昭和一七〉年六月—一〇月）
巴利語（東元多郎）、ビルマ語（原田義春）、国体学（志村陸城）、国体と仏教（中島政策）、南方仏教史（中島関爾）、印度仏教史（木村日紀）、南方医学（幕田一郎）、印度事情（山本智教）、ソビエート事情（森正蔵）、植民地経済事情（千田太郎）、南方地政学（武見芳二）、思想戦概要（参謀本部桑原少佐）、共産思想に就て（中村義

図１　東京駒込の巴利文化学院にて。1943年２月撮影（安渓遊地氏提供）

明）、日本語教育法（石黒魯平）

第四期・前期（一九四二〈昭和一七〉年一一月―一九四三〈昭和一八〉年八月以降）

訓話（山名義鶴）、国体学（神典・国史通論―志村陸城、国学―藤田徳太郎、国体と仏教―渋谷鷲舟、現代思潮―蒲池篤誠）、亜細亜思潮史（亜細亜を中心とせる世界思潮史―浅野晃、印度文化史―山本智教、南方文化史―久野芳隆、歴史の諸問題―田中忠雄）、欧米東亜政策史（一般侵略史―大岩誠、基督教伝道会社の伝道方法―本間道寿）、東亜民族問題（民族経済―千田太郎、支那革命史―池田孝道、華僑事情―野村瑞峯、海外開教史―中島政策）、語学（巴利語―佐藤良智、西蔵語―橋本光宝）、医学（基礎医学―山岸精実、伝染病処理法―幕田一郎）、天文気象学（北田宏蔵）、特殊講義（地形図読解及測量概要―志村陸城、作成要務令概要―志村陸城、思想戦概要―参謀本部恒石少佐、回教事情―後藤信厳、ビルマ事情―大場忠、南方宗教事情―小林

義道、南方工作の体験—武田信近、中国共産党の特質—梶原勝三郎、敷島の道—房内幸成）、課題研究（アジヤに於ける原始宗教、アジヤ宗教分布図、東亜に於ける各宗教指導者調査、西蔵の宗教・政治・経済、ソ連の外蒙古民族政策）、特別科生課題研究（ビルマの宗教事情、ビルマの教育事情、英国のビルマ統治政策）、研究生研究課題（キリスト教の伝道）、武道（古武術—国井道之、唐手—稲永稔）、院外訓練（四泊五日愛鷹山拓南訓練所委託農事訓練、秩父連山縦断行軍行程八十キロメートル）

第四期・後期　※前期科目のほか、左記を追加

語学（西蔵語—橋本光宝、蒙古語—橋本光宝）、医学（基礎医学及保健医学—山岸精実、治療医学—幕田一郎）、教育学（一般教育学及教授法、日本語教育法—高沼順二）、武道（馬術—日本馬事協会）、地形・地質学（北田宏蔵）、特殊講義、課題研究、院外訓練（参禅、農事勤労訓練、見学、其の他）(54)

3　学院生の出身学校と宗派

巴利文化学院の入学者の半数以上は、仏教系の大学や専門学校の出身者であったが、それ以外の出身者でも、全員が僧籍を持っていた。前掲の『萩山道場要覧』には「附　学生名簿」も所載されており、発行された一九四三（昭和一八）年八月時点での巴利文化学院の卒業生と在校生について、出身学校と所属宗派が記されている。同名簿を手掛かりに、学院生の属性を分析してみよう。

次の**表3**は、巴利文化学院の在籍者について、出身学校別に分類したものである。名簿には、本科生（第一—四期）、研究生（第一—三期）と特別科生（第一—二期）が掲載されている。龍谷大学出身の九人が最大数だが、日本

大学も同数である。同大学は仏教系大学ではないが、学部と専門部に宗教科が設置されていた。もう一つの**表4**は、前掲の名簿に基づき、当時の呼称により所属宗派別に分類したものである。真宗本願寺派出身の一七人が、各派のなかで最も多い。同名簿によれば、発行された一九四三（昭和一八）年八月現在で、中退も含めて卒業生と在校生の総数は、四七人を数えるが、このうち研究生の三人は、本科から進級した者である。

なお仏教圏協会が敗戦後の解散直前に作成した書類には、第四期特別科生（三人）、第五期生（七人）、第五期特別科生（三人）、農学生（四人）の計一七人が記載されているが、出身学校や所属宗派が記載されていないため、表からは除外した[55]。「附　学生名簿」と協会作成資料を合計すると、巴利文化学院と萩山道場の在籍者は、延べ六四人であるが、本科から研究科及び特別科に進んだ者も存在したため、実数は下回る。

4　学院出身者の外地派遣

巴利文化学院及び萩山道場の卒業生は、アジア各地に派遣された。理事の志村陸城によれば、在籍者は合計五八人を数え、そのうちビルマ（現、ミャンマー）やタイ、中国、内蒙古など、外地に派遣された学院生は三七人であったという[56]。卒業生たちの活動の様子について、山名義鶴は次のように述べている。

私は大東亜省〔所管〕の財団法人仏教圏協会というのに関係して、各仏教大学の卒業生をビルマ、タイ、蒙古に出した。それはキリスト教のインランド・ミッションにならった〝平和部隊〟であった。したがって戦争とともに消滅せざるをえなかったから、派遣した仏僧はわずか五、六〇名に過ぎなかった。／私〔たち〕はそれら青年僧侶に、語学のほか、天文学、地質学など一通りの自然科学の知識と、漢法医学を教え込み、向うに

表3　巴利文化学院の在籍者（第1―4期）出身学校

出身学校（五十音順）	設立宗派	本科生	研究生	特別科生	**合計**
大谷大学	真宗大谷派	3	1	1	5
慶應義塾大学	――	―	1	―	1
興亜学院	真宗本願寺派	3	―	―	3
駒澤大学	曹洞宗	4	―	―	4
真宗専門学校（現、同朋大学）	真宗大谷派	1	―	―	1
専修大学	――	1	―	―	1
大正大学	天台宗、真言宗、浄土宗	5	1	―	6
東京帝国大学	――	1	―	―	1
同志社大学	――	1	―	―	1
日本大学	――	6	2	1	9
広島仏教学院	真宗本願寺派	1	―	―	1
布教研究所	真宗本願寺派	1	―	―	1
佛教専門学校（現、佛教大学）	浄土宗	1	―	―	1
立正大学	日蓮宗	1	―	―	1
立命館大学	――	1	―	―	1
龍谷大学	真宗本願寺派	8	1	―	9
臨済学院専門学校(現、花園大学)	臨済宗	―	1	―	1
合　計		38	7	2	47

表4　巴利文化学院の在籍者（第1―4期）所属宗派

	真言宗	浄土宗	真宗本願寺派	真宗大谷派	曹洞宗	臨済宗	日蓮宗	**合計**
第1期本科生	―	1	―	1	3	―	―	5
第2期本科生	―	2	10	―	―	1	1	14
第3期本科生	―	2	2	3	3	―	1	11
第4期本科生	2	―	4	1	―	1	―	8
第1期研究生	―	―	―	―	1	―	―	1
第2期研究生	―	―	1	1	1	―	―	3
第3期研究生	1	―	―	―	―	2	―	3
第1期特別科生	―	―	―	1	―	―	―	1
第2期特別科生	―	―	―	―	1	―	―	1
合　計	3	5	17	7	9	4	2	47

行ったら、現地人の生活にとけこみ、日本人とは話をするなと云って、南北の仏教圏に送りこんだことがある。[57]

当事者たちは、「平和の部隊」と認識していたが、彼らがアジア各地で活動する背景に、日本の勢力拡張があったことは、言うまでもない。ビルマでは「ニッポンミンチャイン・アボイ（日本平和使節）[58]」として宣撫工作を行っていたのであった。

巴利文化学院の出身者は、ビルマの第一五軍下の宗教宣撫班に参加した。同班の動向については、第Ⅱ部第二章で詳述するが、本章に関わる事項を取り上げよう。学院でパーリ語を教えた東元慶喜（一九一二―一九九三、勤務時は東元多郎）は、次のように回想する。学生たちは、パーリ語の基礎が終わらぬうちに派遣されたのであった。

わたくしはその巴利文化学院にまねかれてパーリ語をおしえた。それと同時にそこで講義されていたタイ語・ビルマ語をまなんだ。巴利文化学院では渡南の夢を抱く二〇人あまりの青年たちがわたくしの講義をきいた。

しかし昭和一六年秋になると、まだ文法もおわらぬのに、青年たちはみな宣撫班となって、ビルマにタイに出陣した。[59]

雑誌『海外仏教事情』には、巴利文化学院卒業生のビルマ方面での活動が報じられている。

昨年〔一九四一年〕十一月重大任務をおびて大東亜戦争勃発と同時に南方に渡つた巴利文化学院第二期生、

有馬〔曄雄〕、真鍋〔静心〕、宮園〔教逸〕、松信〔定水〕、川崎〔尊雄〕の五君は南方〇〇《ママ》方面で仏教を通じ民衆の宣撫或ひは教化に酷熱の下挺身活躍してゐる。戦前バンコックに渡つた高野山大学の上田天瑞師は同方面で日本語学校の校長として日本語普及のため努力してゐる。(60)

「南方〇〇方面」とあるように、任務遂行中は特定の地名を秘匿して、巴利文化学院卒業生の活動が内地に伝えられたのである。

第五節　他の教育訓練機関との関連

仏教圏協会が運営した南方で活動する人材を育成した巴利文化学院とその後継である萩山道場は、外部の教育訓練機関との類似と接点が認められる。具体的には、拓南塾とその後継組織の興南錬成院及び大東亜錬成院である。

拓南塾は、拓務大臣所管の民法法人である財団法人日本拓殖協会によって、一九四一（昭和一六）年四月二一日に設立された。目的について、「拓南塾ハ南方ニ於テ活動スベキ国家有為ノ人材ヲ育成スル乃必要ナル訓練ヲ施ス所トス」（「拓南塾規定」昭和一六年四月二一日官文第六二一号拓務大臣認可）とした。(61) 拓南塾は、同年四月に東京府北多摩郡小平村青年学校内の仮塾舎で活動が開始され、同年一一月には小石川の日本拓殖協会内の第二仮塾舎へ移動した。前述したが、理事の志村陸城は、仏教圏協会発足前の一九四〇年に同塾嘱託を務めた。その仏教圏協会は、一時期に、東京市小石川区春日町の日本拓殖協会内に事務所を設置していたのである。

興南錬成院は、一九四二（昭和一七）年一一月一日、大東亜省発足と同時に附属の施設として発足した。興南錬成院院長は、台北帝国大学元総長の幣原坦《しではらたいら》（一八七〇―一九五三）が就任した。興南錬成院は、「大東亜大臣ノ管理ニ属シ南方諸地域ニ於ケル政治、経済又ハ文化ニ関スル業務ニ従事スル者ノ錬成及之ニ関シ必要ナル調査研究ヲ掌ル」（「興南錬成院官制」昭和一七年一一月二日勅令第七八四号）ことを目的とした。拓南塾は一九四三年一月一四日に、興南錬成院第三部へ移管された。興南錬成院第三部は、大正大学と合併した旧智山専門学校（東京都板橋区上石神井《かみしやくじい》一丁目）の校舎へ同年四月に移転した。前述の志村陸城は、興南錬成院にも関与している。同年一一月一日に、興南錬成院は大東亜錬成院に改称された。同院の目的は、「大東亜大臣ノ管理ニ属シ大東亜地域（内地、朝鮮及台湾ヲ除ク）ニ於ケル政治、経済又ハ文化ニ関スル業務ニ従事スル者ノ錬成及之ニ関シ必要ナル調査研究ヲ掌ル」（「大東亜錬成院官制」昭和一八年一一月一日勅令第八二〇号）ことであった。

萩山道場と大東亜錬成院第三部、それに文部省による国民錬成所という三つの錬成機関が、西武鉄道村山線（現、新宿線）沿線に所在したことが指摘できる。[62]大東亜錬成院第三部は一九四四（昭和一九）年一一月まで上石神井駅付近に位置し、国民錬成所は花小金井駅付近、一九四三年七月から活動を開始した萩山道場は小平駅付近に位置した。

西武鉄道村山線の沿線に三機関が集中したのは、偶然ではない。同線は、一九二七（昭和二）年四月に高田馬場駅と東村山駅間が開通した。戦前は宅地開発が進んでいないため、訓練に必要な広大な土地の確保が容易であり、なおかつ村山線は開通当初から電化されていたため、都心から短時間で移動ができたからである。萩山道場と国民錬成所は、両者の間は直線距離にして約三・五キロメートルの位置関係にあり、さらに付言すれば、一九四一年に財団法人興亜協会が、国民錬成所に近い東京府北多摩郡武蔵野町にて、「興亜」で活躍する人材育成を目的とした興亜専門学校（現、亜細亜大学）を設置した。

巴利文化学院の教育課程については、民族派団体である大東塾との類似も認められる。仏教圏協会理事の藤村又彦は、大東塾塾監であったが、「大東塾大綱」（昭和一四年四月制定）によれば、塾生には訓育として「禊、神拝、静座、作歌、作文、詩吟、書道、武道、行軍、野営、勤労」のほか、学課として、国体学原論、国防学概論、歴史、地理、神典講義、思想社会研究などのほか、「宗教研究（神道、仏教、クリスト教、回教等）[63]」が教育された。

志村陸城と藤村又彦は、仏教圏協会の活動と同時期に財団法人青年文化協会に関与したことは先述したが、同協会の雑誌『東亜文化圏』第一巻第九号には「大東亜要員錬成機関一覧表（昭和一七・九・二〇調）[64]」が掲載されている。同一覧は、巴利文化学院のほかに、合計三四になる錬成を行った官民による教育訓練機関の概要が掲載され、所載号には、志村陸城の論文「錬成に関する一考察」が掲載されるなど、仏教圏協会と青年文化協会の人脈は重なっており、密接な関係は明らかであった。仏教圏協会幹部らの錬成事業に対する関心が、青年文化協会による前記の調査に結実したのである。

おわりに

本章では、国際仏教協会の事業を引き継いだ財団法人仏教圏協会が運営した巴利文化学院と、その後に改組した萩山道場について述べてきた。巴利文化学院の教育課程には、語学、医学、日本語教育法など、宣撫工作に必要な知識が教育された。その結果、卒業生は、医療行為や報道、通訳などの任務に従事したのである。巴利文化学院の活動は、仏教関係者が関わりつつも、むしろ山名義鶴や元軍人の志村陸城らのように、教団の制約を受けることがなかった人物が組織の中枢にいたために可能にした事業であったことが指摘できる。すなわち巴利文化学院及び萩

図２　神奈川県足柄下郡箱根町の財団法人箱根芦の湖国際聖道場の跡地（志村孚城氏提供）

山道場は、日中戦争まで仏教各宗派によって個別に実施されてきた宗教工作への反省から、超宗派の立場から宗教宣撫工作に従事する要員を養成した機関なのであった。山名と志村は、複数の錬成機関に関わり、そこで吸収した専門的知識を巴利文化学院と萩山道場に援用していたのである。

仏教圏協会の解散後、タイから奉戴した仏舎利は、どうなったのであろうか。仏舎利は元協会理事の佐々木喆山が住職を務める山形県鶴岡市の曹洞宗宝台院へ一時的に安置された。その後に志村は、仏舎利を奉讃する施設を運営するため一九五三（昭和二八）年三月に「財団法人箱根芦の湖国際聖道場」を設立した。同道場の目的は「釈尊その他のアジアの普遍的精神の復興振作による、社会教化と国際間の親善提携により世界永久平和達成と社会文運の進歩発展に寄与貢献すること」[65]であった。神奈川県の芦ノ湖湖畔には、釈尊聖霊殿、聖道場会館などが立ち並び、釈尊御遺形奉賛会を組織して、仏教界や財界、企業から賛助会員を募り、活動を行った。

社会変革を目指して二・二六事件に連座した志村は、敗戦による仏教圏協会の解散で、いわば二度も挫折を味わった。しかし戦後に志村は、財団法人箱根芦の湖国際聖道場を設立して再起を目指した。一九五五（昭和三〇）年八月には内外の宗教者約二〇〇人が東京の国際文化会館に集まって開かれた宗教世界会議で、準備委員長の下中弥三郎のもとで事務長を務めるなど、在家信徒の立場から宗教活動を続けた[66]。志村陸城は、一九八二（昭和五七）年一一月二日に七一歳で没した。

その財団法人箱根芦の湖国際聖道場は、公益法人制度改革を機に二〇一三（平成二五）年三月に解散して、土地などの残余財産は、一般財団法人日本出版クラブに帰属した。生前の志村は、平凡社の下中弥三郎を通じて出版界と関係があったからである。

注

（1）滝照道（一九一二―一九八四）は、一九三五（昭和一〇）年三月に大正大学仏教学科を卒業した新義真言宗豊山派僧侶。一九三六年から一九三九年まで豊山派よりインドのラホール大学に留学生として派遣され、同大学で学位を取得した（無署名「蛍雪の功成る／豊山派の印度留学生／滝氏に学位授与」（『中外日報』第一一八二五号、中外日報社、一九三九年一月二二日、四面）。

（2）「国際仏教協会事業綱要」（『海外仏教事情』第七巻第三号、国際仏教協会、一九四一年）、〔表紙裏〕頁。

（3）文書「国際仏教協会　巴利文化学院規則（概要）」、一―二頁。大正大学附属図書館蔵「大正大学年史資料」〈分類番号〉会二―二五、標題「評議員会・主任会議案」に含む）。

（4）無署名「南方仏教事情――国際仏教協会巴利文化学院夏季講習会」（『海外仏教事情』第七巻第四号、一九四一年）、五八頁。

（5）財団法人仏教圏協会編『萩山道場要覧――旧称巴利文化学院』（財団法人仏教圏協会、一九四三年）、三頁。

（6）財団法人仏教圏協会編『財団法人仏教圏協会寄附行為』（財団法仏教圏協会、一九四二年）、一―二頁。

（7）山口省三「山名先生の思い出」（山名義鶴の記録刊行会編『山名義鶴の記録』山名義鶴の記録刊行会、一九六八年）、九三頁。

（8）無署名「宗教戦士の魂の家竣工／萩山道場落成式」（『中外日報』第一三四〇四号、一九四四年五月二日）、二面。

萩山実務学校創立百周年記念事業実行委員会記念誌編集委員会事務局編『萩山――東京都立萩山実務学校創立百周年記念誌』（東京都立萩山実務学校、二〇〇〇年）、二四頁。

（9）無署名「宗教を通じて民族指導／国士的青年宗教者を錬成／仏教圏研究《ママ》会が道場新設」（『中外日報』第一三一七八号、一九四三年七月二八日）、二面。

（10）前掲、『萩山道場要覧――旧称巴利文化学院』、二頁。

（11）前掲、六頁。

（12）「和田芳恵年譜」（和田芳恵『和田芳恵全集　第五巻　随筆』河出書房新社、一九七九年）、三七一頁。

（13）大川周明顕彰会編『大川周明日記』（岩崎学術出版社、一九八六年）、三七四頁。

（14）志村陸城「恭迎由来説明書」（『財団法人箱根芦の湖国際聖道場来歴』財団法人箱根芦の湖国際聖道場、一九八三年）を参照。

（15）前掲、『萩山――東京都立萩山実務学校創立百周年記念誌』、二四頁。

（16）書類綴「（財）仏教圏協会資料」所載の「仏教圏協会理事会議事録」。同資料は、かつて解散前に、財団法人箱根芦の湖国際聖道場の事務局で確認した。

（17）財団法人仏教圏協会「道場生募集」（『東亜文化圏』第三巻第七号、一九四四年）、八一頁。

（18）前掲、『萩山道場要覧――旧称巴利文化学院』、二一―二二頁。

（19）戦後の山名義鶴（一八九一―一九六七）は、法務省の公安審査委員会委員を務めたほか、社民党系労働運動に関わり、一九五六（昭和三一）年労働者教育協会の理事長に就任した。世界民主研究所を設立して、反共の立場から労働者の教育活動を行った。また一九五九年から一九六一年まで中東調査会（一九六〇年財団法人化）の理事長を務めた。

（20）佐島敬愛（一九〇四―一九九〇）については、河野勲『ロマンを追って八十年――佐島敬愛の人生』（佐島敬愛、一九八三年）を参照。佐島は戦後、信越ポリマー株式会社や信越化学工業株式会社の取締役を務めた。

（21）鈴木善一（一九〇三―一九九八）については、鈴木善一『これからの日本――風雪五十年』（講談社出版サービスセンター、一九七三年）を参照。鈴木善一の主な著作に、『興亜運動と頭山満翁』（照文閣、一九四二年）、「内田良平の東亜経営論」（編著、『東亜文化圏』第一巻第八号、一九四二年）など。
（22）鈴木善一「日本主義建設案」は、官警側の押収資料として『国家改造論策集』（内務省警保局保安課、一九三五年）に所載。
（23）小林義道著、小林憲雄編『頼夢遺文集』（東極楽寺、一九七二年）を参照。
（24）川口重蔵「東南アジア紀行――方丈とともに」（前掲、小林義道著、小林憲雄編『頼夢遺文集』）、二五二頁。
（25）小林義道『入蒙行脚記』（華頂文社、一九三九年）を参照。
（26）無署名「訪泰中の小林義道師」（『海外仏教事情』第七巻第二号、一九四一年）によれば、「タイ・ルマニズ・バニラ氏の紹介にて最高教庁ソムデテ・フラ・ワナラト氏と会見し、さらに文部大臣兼海軍大臣ルアレル・クラディスト・アレデユアレ氏と面接」（五五頁）したという。
（27）無署名「小林〔義道〕師の帰朝談」（『海外仏教事情』第七巻第二号、一九四一年）、三三頁。
（28）陸軍参謀の辻政信（一九〇二―?。一九六一年ラオスで失踪）については、辻政信『潜行三千里』（毎日新聞社、一九五〇年）、橋本哲男『辻政信と七人の僧――奇才参謀と部下たちの潜行三千里』（光人社、一九八七年）を参照。
（29）山名義鶴「序文」（佐藤致孝『泰国の仏教事情』会通社、一九四二年）、序一―二頁。
（30）佐藤致孝の主な著書に、前掲『泰国の仏教事情』のほか、南洋経済研究所の報告書の執筆を担当している。筆名「扶南堂三友」の名義で、「タイ国仏教行事」（『海外仏教事情』第七巻第二号、一九四一年）、「仏印アンコール大遺蹟を訪ふ」（同第七巻第三号、同年）がある。佐藤については、「時代にほんろうされた一学究」（読売新聞新潟・松本支局編『信越百年の秘話』野島出版、一九六九年）を参照。
（31）柴田善雅「陸軍軍命商社の活動――昭和通商株式会社覚書」（『中国研究月報』第五八巻第五号、中国研究所、二〇〇四年）、一頁。
（32）前掲、六頁。
（33）佐々木の略歴は、祥雲洪嗣編『昭和二十七年度　曹洞宗現勢要覧――高祖大師七百回大遠忌奉讃記念』（曹洞宗現勢要覧刊行会、一九五二年）の「佐々木喆山」（二二九頁）を参照。
（34）山本常雄『阿片と大砲――陸軍昭和通商の七年』（PMC出版、一九八五年、二五七―二五八頁）。

(35) 仏教圏協会では調査委員会を組織していたが、公刊された唯一の成果として、仏教圏協会編『印度民族誌』(大東亜出版、一九四四年)がある。同書の執筆担当者は、委員の宮川義逸であった。
宮川義逸は、京都帝国大学文学部哲学科の出身で、卒業論文ではキリスト教神学者エックハルトを研究。卒業後は東奥日報社に就職した。作家の太宰治を中心とする文芸雑誌『青い花』(一九三四年一二月発行の第一号で休刊)の創刊時の同人である。他の同人は、檀一雄、中原中也、山岸外史、森敦らの計一八人。宮川は、昭和通商株式会社調査部附などを経て、『印度民族誌』の発行時には、南方軍嘱託として昭南島に駐在していた。

(36) 前掲、山本常雄『阿片と大砲――陸軍昭和通商の七年』、二五八頁。元昭和通商社員である著者の山本に、佐々木喆山が寄せた私信による。

(37) 無署名「墓碑銘　二・二六事件に連座／志村中尉の戦中戦後」(『週刊新潮』第二七巻第四六号、新潮社、一九八二年)、一五七頁。

(38) 志村陸城(一九一一―一九八二)の経歴は、志村陸城『皇国生成史論』(同文館、一九四三年)所載の「筆者年譜」(二六七―二六八頁)、前掲「墓碑銘　二・二六事件に連座／志村中尉の戦中戦後」を参照。

(39) 二・二六事件と志村陸城については、末松太平『私の昭和史』(みすず書房、一九六三年)を参照。

(40) 志村陸城『楠公のこころ』(平凡社、一九四一年)、同『記紀の歌』(平凡社、一九四二年)。その他に、同『純忠論』(第一公論社、一九四二年)、同『皇国生成史論』(同文館、一九四三年)の著作がある

(41) 大岸頼好(一九〇二―一九五二)は、陸軍士官学校卒(第三五期)で、皇道派の青年将校のリーダーの一人。西田税(一九〇三―一九三七)の秘密結社天剣党にも所属。青森の第五歩兵連隊勤務を経て、仙台教導学校に在勤中の一九三〇(昭和五)年四月に、青年将校に蹶起を促したパンフレット「兵火」を配布したため、憲兵隊に押収される。和歌山の歩兵第六一連隊に在隊していた一九三一年秋には、北一輝『日本改造法案大綱』を批判して、「皇国維新法案大綱」を執筆。一九三六年の二・二六事件に連座したが、不起訴。一九四〇年に皇道翼賛青年連盟の委員となり、昭和通商には調査課長として在職した。一九四五年五月に、東京溜池の事務所が戦災を受け同誌は消滅。戦後に大岸は、萩原真(一九一一―一九八一)を教祖とする、宗教法人千鳥会(現、真の道)に入信して熱心に信仰したが、過度の布教から体を壊して死去した。

(42) 前掲、無署名「墓碑銘　二・二六事件に連座／志村〔陸城〕中尉の戦中戦後」、一五七頁。
(43) 宇野円空「大東亜の宗教対策」（『外交評論』第二二巻第四号、国際連合研究会、一九四二年）、二六頁。
(44) 小口偉一「南方仏教の現状とその対策」（『世界知識』第一五巻第八号、誠文堂新光社、一九四二年）、二一頁。
(45) 志村陸城「宗教工作論」（志村陸城『思想戦論』赤坂書房、一九四四年）、一四二頁。
(46) 前掲、一五一頁。
(47) 前掲、一五二―一五三頁。
(48) 志村陸城「宗教政策の鍵点」（前掲、『思想戦論』所載）、一五八頁。
(49) 前掲、「宗教政策の鍵点」、一六四頁。
(50) 前掲、「国際仏教協会　巴利文化学院規則（概要）」、六―八頁。
(51) 前掲、『萩山道場要覧――旧称巴利文化学院』、一一頁。
(52) 前掲、一二頁。
(53) 前掲、「（財）仏教圏協会資料」所載の「卒業生給与表」。
(54) 前掲、『萩山道場要覧――旧称巴利文化学院』、一四―一二頁。第四期前期課程の終了時期が無記載のため、同書が発行された「一九四三年八月以降」としておく。
(55) 前掲、「（財）仏教圏協会資料」所載の「卒業生給与表」。
(56) 前掲、「恭迎由来説明書」、一一二頁。内蒙古方面で活動した出身者は、一九四四（昭和一九）年四月時点で六人であった（前掲、無署名「宗教戦士の魂の家竣工／萩山道場落成式」、二面）。
(57) 山名義鶴「中東への理解」（『中東通報』第八九号、中東調査会、一九六三年）。引用は前掲、『山名義鶴の記録』、八七―八八頁。
(58) 無署名「高橋〔照空〕、池田〔孝晴〕、川崎〔尊雄〕三氏の歓送迎会」（『海外仏教事情』第八巻第三号、一九四二年）、五四頁。
(59) 東元慶喜「わが国における上座部仏教研究の過去と将来」（水野弘元博士米寿記念会編『パーリ文化学の世界――水野弘元博士米寿記念論集』春秋社、一九九〇年）、四六三頁。

(60)　無署名「南方だより」（『海外仏教事情』第八巻第二号、一九四二年）、四〇頁。
(61)　拓南塾史刊行委員会編『拓南塾史――拓南塾大東亜錬成院の記録』（拓南塾史刊行委員会、一九七八年）、五一五頁。
(62)　大東亜錬成院第三部は、一九四四（昭和一九）年一一月に、神奈川県横浜市保土ヶ谷区権太坂二〇〇番地へ施設（現、横浜国立大学敷地）を移転した。敗戦により一九四五年八月二九日に廃止。
　国民錬成所は、東京府北多摩郡小金井町新田において一九四二年一月二四日に設置された。目的は「第一条　国民錬成所ハ文部大臣ノ管理ニ属シ国体ノ本義ニ基キ実践躬行以テ先達タルベキ国民ヲシテ其ノ錬成ヲ為サシムル所トス」（「国民錬成所官制」昭和一七年一月二四日勅令第二八号）として、中等高等学校教諭、専門学校生徒主事、青年学校校長、教員などを学寮制で精神訓練を実施した機関であった。一九四三年一一月一日に国民錬成所は、国民精神文化研究所と合併して、教学錬成所と改称された。一九四五年に廃止されたが、国民錬成所の跡地には、公益財団法人東京都歴史文化財団が運営する江戸東京たてもの園（東京都小金井市）が所在。
(63)　堀幸雄『最新　右翼辞典』（三峯書房、二〇〇六年）、項目「大東塾」三六五頁。同項は、『特高月報』昭和一四年四月号（内務省警保局、一九三九年）を典拠。
(64)　無署名「大東亜要員錬成機関一覧表（昭和一七・九・二〇調）」（『東亜文化圏』第一巻第九号、一九四二年）、一〇八―一一九頁。
(65)　「財団法人箱根芦の湖国際聖道場寄附行為」。
(66)　志村陸城「宗教世界会議に関する反省」（『宗教公論』第二五巻第八号、宗教問題研究所、一九五五年）。宗教世界会議は、下中弥三郎が準備委員長を務めたが、世界連邦主義者でもある下中が早くから開催を提唱して、各教団に参加を呼びかけて実現した会議であった。

第Ⅱ部　南方進攻と仏教学者の関与

第一章　興亜仏教協会のインドシナ調査

はじめに

本章の目的は、一九四〇年代初頭のフランス領インドシナ（略称「仏印」、現、ベトナム、ラオス、カンボジア）に対する工作活動について、日本の仏教界による関与の実態を明らかにするものである。

事例として、興亜仏教協会が一九四一（昭和一六）年三月から七月まで同地に人員を派遣した調査事業を取り上げる。この調査では、龍谷大学教授で真宗本願寺派僧侶の宇津木二秀《うつきにしゅう》（一八九三―一九五一）、大正大学教授で新義真言宗豊山派僧侶の久野芳隆《くのほうりゅう》（一八九八―一九四四）の二人が派遣された。両者の派遣期間中に、同協会は大日本仏教会として再編される。学術的な視察の形態をとったが、この視察には、第二次世界大戦との大きな関わりがあった。フランスが主権を有したインドシナは、仏教が伝播する地域であるが、日本の南進政策が展開されていくなかで、同地の戦略的意義が高まった。官民でその関与が見られたが、仏教界でも国策協力として日本と同じ仏教徒がいる仏印に人員を派遣して、現地の宗教事情を調査したのである。旅費は陸軍参謀本部からも提供され、また同部に提出した調査報告書には仏印における工作活動の方針を提言していることから、いわば協会と参謀本部が一体となって、宗教を通じた工作を実施したのである。

先行研究については、大戦期のフランス領インドシナに関する領域の特徴として、国際関係論の立川京一は、第一に仏印進駐と対仏印施策など太平洋戦争との関連からの研究、第二にベトミン（ベトナム独立同盟会）の活動を中心としたベトナム独立運動に関する研究、第三に連合国（主として米英）の仏印戦後構想に関する研究があると指摘する。[1] さらに、日本の仏印への文化工作に関する研究も見られるが、[2] 宗教工作を対象とした研究は少ない。

仏印の民族と宗教事情については、おおまかに述べれば、現在のベトナムに重なる地域として、北部のトンキン（東京）、中部のアンナン（安南）、南部のコーチシナ（交趾支那）には、多数派民族であるキン族によって中国伝来の大乗仏教が信奉されており、さらに南部には上座仏教を信仰するクメール人も少なくない。またラオスではラオ人、カンボジアではクメール人によって上座仏教が信仰されている。このように、同地域で仏教が多数派の宗教であったことから、興亜仏教協会から文化工作のため人員が派遣されたのである。

なお本章では、宇津木二秀が住職を務めた大阪府高槻市の浄土真宗本願寺派正徳寺に残された資料をもとに、分析を進める。[3]

第一節　問題の背景

1　インドシナ情勢

本章でフランス領インドシナを取り上げる理由は、次のとおりである。すなわち日本による初期の南方攻略作戦において、仏印は地政学上の重要な役割を果したためである。同地は豊富な資源を産出し、その立地から南方進出の拠点としての役割を担ったのであった。

そもそもフランス領インドシナは、直轄領と保護領からなる連邦で、一八八七年に成立した。地域は、現在のベトナム、ラオス、カンボジアにほぼ該当する。フランスは一八五八年にベトナム南部に進攻した後、ベトナム北部を保護領とし、カンボジアと保護条約を結び、一八八七年にフランス領インドシナ連邦を形成した。その後、ラオスとシャムの一部を編入して、一九〇七年に連邦を完成させた。

一九四〇（昭和一五）年八月三〇日、外務大臣松岡洋右《ようすけ》と駐日フランス大使アンリーの間で、「松岡・アンリー協定」が、東京で調印された。北部仏印進駐、極東における日本の優越的権利の承認、仏印でのフランス主権承認と日本軍への便宜供与を認めるもので、これによりフランス領インドシナの北部に日本軍は部隊を進駐させた（北部仏印進駐）。長期化する日中戦争の局面を打開するため、欧米から仏印経由で中国重慶の蔣介石政権に送られた支援物資の経路すなわち援蔣ルートの遮断、石油やゴムの戦略物資の獲得を目的としたためである。一九四一年九月二二日に、仏印監視団長の陸軍少将西原一策と仏印軍最高司令官マルタンの間で、「北部仏印進駐細目協定」がハノイで調印された。その結果、翌九月二三日に日本軍がインドシナの南部に部隊を進駐させて、南方攻略の拠点を確保した（南部仏印進駐）。その背景には、一九四〇年六月にフランスがドイツとの間で休戦協定を結び、七月には親ドイツのヴィシー政権が発足し、同年九月の日独伊三国同盟の締結があった。フランスが弱体化したため、統治領であったインドシナに、日本が介入して、南方進出の拠点を確保したのである。この仏印進駐によりアメリカは対日制裁措置として、在米日本資産凍結と対日石油全面禁輸を行った。その結果、一九四一年一二月八日の対米英への宣戦布告に至る一因となったのである。

開戦の直前、日本陸軍の部隊編成単位で総軍の一つであった南方軍は、南方攻略作戦を担当したが、開戦直前の一九四一（昭和一六）年一一月に編成された。初期に総司令部は仏印南部のサイゴンにあった。つまりインドシナは、南方進攻の拠点として位置づけられたのである。

日本軍が武力を進駐させたとはいえ、インドシナの主権はフランスにあった。一九四五（昭和二〇）年三月九日、現地の仏印軍の武装解除を目的とした「明号作戦」を開始した。阮《グエン》朝第一三代皇帝のバオダイ帝（Bảo Đại Đế〔保大帝〕、一九一三―一九九七）は、三月一一日にベトナム帝国の独立を宣言して、四月一七日にはチャン・チョン・キム（Trần Trọng Kim〔陳仲金〕、一八八二―一九五三）を首相に指名して親日政府を樹立したが、日本の敗戦により状況は大きく変化した。

一九四五年九月二日に、ホー・チ・ミン（Hồ Chí Minh〔胡志明〕、一八九〇―一九六九）は、ベトナム民主共和国の独立を宣言した。それに異議を唱えた旧宗主国であるフランスによって第一次インドシナ戦争が勃発するも、一九五四年五月にディエンビエンフーでフランス軍は降伏した。同年七月にはジュネーブ協定が調印され休戦となった。これによりベトナム、ラオス、カンボジアのインドシナ三国の休戦が決まり、ベトナムでは北緯一七度線付近に暫定的軍事境界線が設定され、南北に分断することになった。韓国・北朝鮮、中国・台湾と並んで、東西冷戦下の分断国家となったのである。

第二節　興亜仏教協会の組織と活動

1　沿革と概要

戦時下における仏教学者の南方への派遣については、興亜仏教協会による事業が端緒となった。日本の仏教各宗派の連合組織として、名称にある「興亜」が示すように、アジアでの活動を目的に設立された団体であった。

興亜仏教協会は、一九四〇（昭和一五）年七月二日、東京の真宗本願寺派の本願寺築地別院で創立総会が行われたことに始まる。[4] 総会では各宗派から五〇余人が参加して、浄土宗執綱の里見達雄の司会により、天台宗宗務総長で大正大学元学長の大森亮順が座長に推挙され審議が進められた。真宗本願寺派東京出張所長の朝倉暁瑞《ぎょうずい》から経過報告と前身団体の明和会解散が承認された。日蓮宗宗務総監の馬田行啓から設立趣意書と会則の説明がなされて、こちらも承認された。座長に託されることになり、仏教界から三〇人、外部から二〇人の評議員を選び、そのなかから理事と主事などの役員が選出されることになった。

創立総会には、文部省宗教局長の阿原謙蔵ほか、興亜院、陸軍省、海軍省、拓務省、中華民国新民会、満洲国協和会の幹部など総勢六〇余人も列席し、同協会が極めて政治色の強い団体であったことが窺える。総会に出席した立正大学教授で日蓮宗僧侶の木村日紀（一八八二―一九六五）は、国際仏教協会理事の立場から「従来の実績挙らざる仏教団体の行動振を難じ本協会に対して統一ある実動力……を希望する」[5] と発言し、同会の主導による仏教界のアジア対策に期待したのである。

協会の会則は次のとおりである。条項を見ると、仏教界と国家が協働で事業を行うことが見て取れよう。

興亜仏教協会会則〔抄〕

第一条　本会ハ興亜仏教協会ト称ス

第二条　本会ハ事務所ヲ東京及京都ノ両市ニ置ク

第三条　本会ハ日本仏教ノ本義ニ基キ官民僧俗一体トナリテ天業ヲ翼賛シ奉リ内外現勢ニ対応スル国策遂行ノ実ヲ挙グルコトヲ以テ目的トス

第四条　本会ハ前条ノ目的ヲ達成スル為政府諸機関ト協力シ及本会ト目的ヲ同フスル各団体ト連絡シテ左ノ事業ヲ行フ
一、興亜国策ノ研究及実施
二、東亜民族ノ親善並生活向上
三、大陸ニ於ケル布教線ノ伸張
四、大陸ニ於ケル文化機関ノ設立
五、学者ノ相互派遣及留学生ノ交換教育
六、興亜行道者ノ養成
七、前各号ノ外評議員会ニ於テ必要ト認メタル事業
第五条　本会ノ目的ヲ賛成シ入会スル者ヲ以テ会員トス／前項会員ノ中仏教各宗派ノ宗務職員、仏教連合会ノ理事及主事並関係官庁ノ職員ハ特別会員ト称ス
第六条　本会ニ左ノ役員ヲ置ク／会長　一人／副会長　二人／理事　十五人以内／主事　二人／顧問　若干名(6)

一九四〇（昭和一五）年七月一一日に、東京愛宕の新義真言宗智山派宗務所を会場として興亜仏教協会の世話人会、評議員会、理事会が行われた。評議員では理事が互選により選出され、総務部の大森亮順、久保埜《くぼの》太運、高階《たかしな》瓏仙《ろうせん》、事業部の里見達雄、常盤《ときわ》大定《だいじょう》、馬田行啓、その他に倉持秀峰、朝倉暁瑞が選ばれた(7)。

その後、内閣直属の機関で対中国施策を実施する興亜院の指導で、興亜仏教協会は財団法人大日本仏教連合会（旧、仏教連合会）に吸収されることが決まり、一九四一年三月に財団法人大日本仏教会として再編された。

2　派遣の準備

興亜仏教協会では、発足直後よりアジア各地域への僧侶派遣を計画していた。一九四〇（昭和一五）年夏頃から、東南アジアの仏教諸国に対して仏教を通した宗教工作の準備に着手して、関係官庁との調整の結果、同年一一月下旬にはタイに二人派遣、一二月末にはオランダ領東インド（蘭印）に一人派遣、一九四一年初頭には、フランス領インドシナに二人を派遣することが決定された。同協会が一九四〇年に作成した書類「南方仏教親善使節派遣方御許可御願」の写しが、残されているので確認できる。同協会の国策に協力する姿勢がわかるので、長くなるが全文を掲載する。

昭和十五年八月廿六日／東京市京橋区築地本願寺内／興亜仏教協会

外務大臣　松岡洋右閣下

南方仏教親善使節派遣方御許可御願

謹啓仕候

陳者世界大動乱の渦中にあつて世界新秩序建設の指導的史的使命を果遂すべき皇国日本は、この世界政策遂行大東亜共栄圏の確立と其の無限展開即ち支那事変処理と密接不可分関係にある南方政策推進の為めには、東亜民族共通の宗教として其の魂を救ひ、その文化を発達せしめたる仏教を通じて、南方諸国諸民族に対する広義思想工作に依つて、日本仏教徒の天業翼賛の誠を期する次第に有之候

就ては　皇紀二千六百年奉祝、南方に対する仏教親善文化発展等の名目の下に、進むで国策即応の高等政策

遂行の為めに国策遂行団体たる本興亜仏教協会より、その基本宗派より一流の学者、有力者、又は留学青年僧侶等を選定して仏教親善使節班を組織し、急速に御当局の必要とせらるゝ各地域に向つて派遣せしめ、以つて仏教を通ずる国民外交思想戦遂行の実を挙げ度存候。何卒この衷情を御諒承の上特別の御詮議を以て速に派遣方御許可被成下深厚なる御高配を賜り度資料相添へ此段謹而得貴意申候　　敬具[8]

この構想に従い、一九四一（昭和一六）年一月一〇日に本願寺築地別院で理事会が開かれ派遣計画が公表された。タイには山本快竜（智山専門学校教授、東京帝国大学講師、新義真言宗智山派僧侶）と藤波大円（真宗大谷派僧侶）、蘭印には杉岡規道（駒澤大学教授、曹洞宗僧侶）、仏印には宇野円空（東京帝国大学助教授、真宗本願寺派寺院出身）と久野芳隆（大正大学講師、新義真言宗豊山派僧侶）が派遣されることになった[9]。既にタイ当局から前年一一月下旬に二人派遣、蘭印当局から一二月三〇日に一人派遣の許可が下りていた[10]。

3　インドシナ派遣要員の変更

当初の計画では、インドシナは宗教民族学者の宇野円空（一八八五―一九四九）と久野芳隆の派遣を予定していた。しかし諸事情によって宇野に代わり宇津木二秀が派遣されることとなった。派遣要員の変更直後に、宇津木は次のように語っている。

仏印の外に泰国へも行きます。実は僕も急な話でビックリして居る程です。今夜（〔一九四一年二月〕二十二日）東京へ行つて打ち合せるつもりです。仏印にも泰国にも僕は相当知人をもつて居る。仏教の外国語翻訳やその他で自然と友人が出来たのであつて、今回この使節の一人に加へていただいたのを喜んで居ます。タイの文部大臣ですネ。あの人なんか日本へ来られたときは僕は大変にヂツコン〔昵懇〕にして頂いて居るなどたのしみにして居ます。[11]

宇野が、派遣を辞したのは、身辺が多忙であったからではなかろうか。東京帝国大学では、一九三九（昭和一四）年頃から東洋文化研究所の設立が構想されたが、一時は見送られたものの、一九四一年二月一四日に開催された評議会にて「東洋文化研究所及第二工学部設立ニ関スル件」が提案され学内での賛同を得た。[12]「東洋文化研究所官制」（昭和一六年一一月二七日勅令第一〇一二号）に基づき、東京帝国大学に同研究所が設置されると、宇野は、同大学の文学部宗教学宗教史講座の助教授から研究所の教授として異動した。つまり宇野は研究所の開設準備のため、長期間の不在を避けるべく、調査要員を辞退したのであろう。代わりに宇野が東大着任以前に仏教大学（現、龍谷大学）で指導した学生で、人脈が広く語学に精通して、かつ同じ本願寺派の関係者であった宇津木を代理として推薦したと考えられる。

なお宇野は、東京帝国大学東洋文化研究所の初代所長の心理学者桑田芳蔵（一八八二―一九六七）の後を受けて、一九四三（昭和一八）年四月一日から第二代所長となり、一九四六年一〇月六日に第三代所長となった社会学者の戸田貞三（一八八七―一九五五）に引き継ぐまで、所長の任にあった。

続いて次節では、インドシナに派遣された宇津木二秀と久野芳隆の略歴を述べる。

第三節　宇津木二秀と久野芳隆

1　宇津木二秀の略歴

宇津木二秀は、一八九三（明治二六）年一〇月一日に生まれた。生家は大阪府三島郡三箇牧《さんがまき》村（現、高槻市）の真宗本願寺派正徳寺である。府立茨木中学校を卒業後、京都の仏教大学（現、龍谷大学）に学んだ。一九一七（大正六）年から本願寺海外研究生としてアメリカに留学したが、往路は同大学学長の薗田宗恵（一八六二—一九二二）による同国視察の随行も兼ねての渡航であった。薗田は、本願寺派によるアメリカ布教の最初期に活躍した人物である。ハリウッドで語学研修を受けている間、同地のクロトナ神智学学院に参加して、神智学の影響を受けた。一九一八年にはロサンゼルスにある南カリフォルニア大学に編入した。一九二〇年にはイギリスに渡り、ロンドン大学で講義を聴講したほか、同大学の東洋研究科において日本語講師を務めた。その後は欧州を経由して、一九二三年三月に帰国した。

一九二三（大正一二）年より、龍谷大学予科と専門部にて英語や英文学を教え、本願寺派翻訳課主任として英語による布教資料の作成に当たった。この頃、京都で鈴木大拙（一八七〇—一九六六）とビアトリス（一八七八—一九三九）の夫妻が中心となって活動していた神智学大乗ロッジに参加していた。一九二九（昭和四）年には龍谷大学の人事をめぐる内紛により教員を辞職している。その後、本願寺派関係校である相愛女子専門学校教授、本願寺執行所出仕、琵琶湖ホテル外事課主任、本願寺翻訳課主事を務めた。一九三七年にはハワイを訪れ、日本人移民の慰問と本願寺派寺院の布教実態を視察した。

図１　宇津木二秀（右から２人）、久野芳隆（右から１人）、中国厦門の南普陀寺にて。1941年３月撮影。（正徳寺蔵）

一九四一（昭和一六）年二月二五日には龍谷大学専門部教授に復帰した。同年三月から七月まで、興亜仏教協会の派遣でインドシナに向かうが、日本の仏教徒を代表して現地に赴き知識人と交流するため、大学教授の肩書きが必要であったからである。

仏印から帰国した翌年の一九四二（昭和一七）年一月には本願寺興亜部に異動して、敗戦は香港で迎えた。一九四七年四月には地元の三箇牧村の村長となり、英語の語学力があったため、大阪に駐留したGHQ担当者との折衝や通訳を務めていたという。また一九四九年までには、龍谷大学に復帰していたようである。一九五一年一月には村長職を辞して、七月一七日に没した。専門的な研究業績は少ないが、英訳『阿弥陀経』や英語による親鸞伝記と真宗教義に関する著述を残した。つまり宇津木は、英語による真宗思想の海外普及に功績があった人物なのである。

2　久野芳隆の略歴

久野芳隆は、一八九八（明治三一）年一〇月一五日に東京の芝で生まれた。豊山大学（現、大正大学の前身の一つ）に入学し、宗教大学（同じく大正大学の前身の一つ）から出講していた荻原雲来からサンスクリット語を学んだ後、さらに東京帝国大学文学部印度哲学科と同大学院に進んだ。この間の一九二四（大正一三）年一一月には、東京市本所区にある真言宗豊山派龍光院の二〇世住職となっている。[13]　一九二八（昭和三）年から一九三一年まで、財団法人日仏会館にてフランス語仏教辞典である『法宝義林』の編纂員を務めている。

久野は、新義真言宗豊山派教育財団から海外研究員として、一九三五（昭和一〇）年一〇月に欧州へ派遣された。フランスのソルボンヌ大学、イギリスのロンドン大学、ベルギーのゲント大学などを訪れて、研究や視察、資料の収集を行った。その後は中国に向かい、北京の京師図書館所蔵の敦煌《とんこう》文書を調査して、欧州で閲覧した敦煌文書との比較研究を行った。帰国後に久野は、一九三八年四月から、大正大学講師に就任し、パーリ語の講義を担当した。一九四一年三月からは、本章で述べるフランス領インドシナを視察し、南方地域への関心を強く抱いた。この頃、久野は真言宗僧侶でもあるため、真言宗開祖空海の十大弟子の一人で、マレー半島で没したとされる平城《へいぜい》天皇第三皇子の高丘親王こと真如《しんによ》親王の奉讃会運動に関与する（第Ⅲ部第一章参照）。

仏教の文献研究を専門としたが、インドシナ調査を契機として仏教学から民族学に入っていった。[14]「南方人文研究所官制」（昭和一八年三月一五日勅令第一二四号）に基づき、台北帝国大学に設置された同研究所の教授として異動し、南方宗教文化の研究に従事することになる。所長は人類学者の移川子之蔵《うつしかわねのぞう》（一八八四―一九四七）で、同僚には馬淵《まぶち》東一（一九〇九―一九八八）らがおり、久野は第二部の部長として、南方の民族と文化を研究した。

南方人文研究所の関係者は、海軍省嘱託としてセレベス島に設置された第二南遣艦隊の南西方面海軍民政府附置の調査研究機関であるマカッサル研究所慣行調査部に着任することになった。[15] 同地へ向けて出発した一九四四（昭和一九）年一月五日、台北を離陸した海軍徴用機の大日本航空DC―3型櫟《くぬぎ》号は、天候不良により台湾高雄北西の万寿山中に墜落して、久野は死去した。

第四節　調査旅程の概要

興亜仏教協会によるフランス領インドシナを中心とした南方調査の概要を述べる。主に参照する資料は、正徳寺に所蔵される『仏印泰旅行報告書』である。[16] 表紙には「翻訳課主事　宇津木二秀」とあり、タイプ印刷による五丁一〇頁の冊子である。

報告書の構成は〈一、旅程〉、〈二、旅行目的〉、〈三、親善使節トシテノ工作〉、〈四、視察調査事項〉、〈五、軍部トノ連絡〉、〈六、仏印ニ対スル宗教文化工作ニ関スル私見〉となる。宇津木は、本山である本願寺の翻訳課に属していたので、同寺に提出した報告書の写しと思われるが、軍部との関係も記述しているので、軍関係者にも提出するためにまとめたものである。

〈一、旅程〉については、一九四一（昭和一六）年三月一二日に神戸を出発して、七月二六日に帰国するまでの計一三七日間の旅程が記されている。同報告書及び正徳寺所蔵の各種資料を参照すると詳細な旅程は**表1**のようになる。[17]

特記すべきこととして、宇津木は三月一二日朝に、急行列車で神戸駅まで移動したが、同日付の日記には「車中

表1　インドシナ及びタイの調査旅程（一九四一〈昭和一六〉年）

三月一二日	神戸発（大阪商船、蓬萊丸）
三月一五日	基隆着
三月二六日	基隆発（東亜海運、広東丸）
三月二七日	厦門寄港
三月二八日	汕頭寄港（上陸せず）
三月二九日	広東着
四月一日	広東発ハノイ着（陸軍飛行機便乗）
五月一九日	ハノイ発、バンコク着（大日本航空機）
六月五日	バンコク発、サイゴン〔現、ホーチミン〕着（大日本航空機）
六月七日	サイゴン発、プノンペン着（自動車）
六月八日	プノンペン発、アンコール・ワット着（自動車）
六月一〇日	アンコール・ワット発、コンポンチャム着（自動車）
六月一一日	コンポンチャム発、タイニン経由、サイゴン着（自動車）
六月一九日	サイゴン発（鉄道）
六月二〇日	ツーラン〔現、ダナン〕着
六月二一日	ツーラン発（鉄道）
六月二二日	ユエ〔現、フエ〕着（鉄道）
六月二三日	ユエ発（鉄道）
六月二四日	ハノイ着
七月一二日	ハノイ発、広東着（大日本航空機）
七月一四日	広東発、海口着（中華航空機）
七月一七日	海口発（大阪商船、ばたびや丸）
七月二六日	神戸着

偶々寺内大将と同車なるを得、副官を通じて〔名〕刺を通し紹介を得て閣下に話す[18]」とある。宇津木は、今回の調査任務を陸軍大将の寺内寿一（一八七九―一九四六）に伝えたのであろう。寺内は、この年の一一月に南方軍総司令官となり、開戦以降の南方攻略作戦で指揮を執るのである。

〈二、旅行目的〉について、報告書によれば「イ、仏印、泰国ノ仏教徒トノ親善」、「ロ、仏印ニ於ケル宗教、民情ノ視察」、「ハ、華僑ニ関スル調査」とある。この「親善」は何を意味するのか。

それは、続く〈三、親善使節トシテノ工作〉にて明らかである。

イ、仏印ニ於ケルフランス人トノ親善
　工作
　ハノイノ極東学院ヘノ贈品ト学院

ヲ中心トセル学界人トノ交歓、西貢地方ニ於ケル実業家トノ交歓

ロ、仏印ニ於ケルアンナン人トノ親善工作

学界人、仏教僧、仏教学者、有力信者、文士、学校教員、実業家等トノ交歓（フランス官憲ノ監視厳重ニシテ一般アンナン人ハ日本人ニ近寄ルコトヲ懼ル）

ハ、泰国ニ於ケル親善工作

摂政殿下ヘノ贈品／官吏、高僧（管長級）一般僧侶トノ交歓／在泰印度人トノ交歓／其筋ヨリノ注意ニヨリ仏印ニ於ケル親善工作ハ、フランス人側以外ハ内密的、泰国ニ於ケル親善工作ニハ其筋ノ積極的援助ヲ得タリ。(19)

注目すべきは、その後にある〈四、視察調査事項〉よりも、この〈三、親善使節トシテノ工作〉が先行する点である。これはつまり、親善工作が最優先にされていたことを意味する。それは先に示した〈二、旅行目的〉にて、「イ、仏印、泰国ノ仏教徒トノ親善」、「ロ、仏印ニ於ケル宗教、民情ノ視察」の順序になっていることからも明らかであろう。

正徳寺資料には、多数の名刺が残されており、往路で寄港した台湾や広東の各地でも、要人と接触し、工作として人脈構築を行っていたことがわかる。インドシナで接触した人物の一人が、チャン・チョン・キムである。名刺の肩書きはハノイ男子初等学校校長であった。後にキムは、一九四五（昭和二〇）年三月の日本軍による「明号作戦」（フランスの植民地権力の解体を図るクーデター）の後に、独立を宣言したバオダイ帝の指名により、親日政権の首相を務めた。宇津木と久野は、知識人であるキムと接触を図ったのである。

第五節　インドシナでの調査と工作

1　調査

宇津木二秀と久野芳隆は、調査期間中にハノイ、サイゴンなどインドシナ各地を訪問している。特にハノイには、調査旅行の最初と最後の二回に分けて訪れている。先述した『仏印泰旅行報告書』における〈四、視察調査事項〉には、「イ、台湾」、「ロ、広東」、「ハ、ハノイ」、「ニ、盤谷〔バンコク〕」、「ホ、西貢〔サイゴン〕」、「ヘ、ツーロン〔ツーラン〕」、「ト、ユエ」の項目がある。このうち、ハノイとサイゴンについては、他の訪問地と比べて具体的な調査内容が記載されているので重点が置かれていたことがわかる。インドシナ北部のハノイでの視察調査事項は、原文で次のとおりである。

ハ、ハノイ

一　極東学院ニ於ケル漢文、仏文ノ典籍ニヨルアンナン仏教ノ研究ト資料調査、学院図書館ノ優秀ナルヲ知ルト共ニ将来ノ利用価値アルヲ認識ス

二　支那系仏教ノ史的考察
　九世紀無言通〔百丈系ノ禅僧〕来リ伝道ス／十世紀草堂禅師〔達磨禅雷竇派〕来ル／陳朝仁宗皇帝ノ帰依ニヨリアンナン仏教確立

三　アンナン仏教現状ノ調査

ハノイ市ヲ中心ニ珠江デルタ地方ノ有名ナル寺院歴訪シ又参詣者多キ寺院ヲ視察シ、アンナン仏教ガ臨済系ナルニ拘ラズ浄土教的色彩極メテ濃厚ナルヲ認ム又道教、儒教ノ思想ノ混入セルト迷信的呪トノ混入セルヲ視ル

四　道観、廟、亭等ノ調査

道教ノ観モ存在スレドモ一般ニハ仏教寺院ト同一視セラル、儒教ノ廟ハ、ハノイノ文廟ヲ初メ各地ニ存スレドモ荒廃シテ顧ルモノ少ナシ／亭ナル特殊機能ヲ有スル信仰ノ中心アリ、市街地ニ於ケルモノハ仏教寺院ト混同視サル、モ農村ニ於テハ祭政一致ノ自治体ノ中心ヲナス強力ナル宗教的存在ナルヲ知ル、多ク英雄ヲ祀ル、／其他殿、靖、廚ナド諸種ノ寺院、社祠アリ

五　北部仏印ノ基督教ニ関スル調査

珠江デルタ地方ハ仏印中最モ盛ナル地ナリ、巨額ノ資金ヲ有ス、全村キリスト教ナリト言フ地方モアリ、概シテ上流、智識階級ニ信者ヲ有スルガ故ニ信徒数ハ人口ニ比シテ少ナケレドモ有力ナリ

六　祖先崇拝

儒教ヨリ来レル祖先崇拝ハ、アンナン家族制度ノ中心ヲナス強力ナル信念ニシテ一夫多妻等ノ非文化的風習アレドモ看過スベカラザル宗教的要素ナリト認ム

七　其他ノ俗信

巫呪、占卜、風水信仰等ノ盛ナルヲ視ル

八　文学

従来ノ文学ハ支那文学ノ襲用ニ過ギザルモ近年詩歌、小説等ニアンナン独特ノ作家ヲ出ス、仏印全般ニ

図2　宇津木二秀が収集したカオダイ教の祭壇に祀る聖なる図像（正徳寺蔵）

通ジ有力ナル思想的リーダートナリ
文学協会ヲ組織ス、フランス官憲ニ
注視セラル[20]

ハノイでは、学術調査としてフランス極東学院を訪問し、現地の宗教事情については仏教寺院に限らずキリスト教にも注視していた。

続いてインドシナ南部のサイゴンでの調査成果は次のとおりである。カオダイ教は、宗教集団ではあるが民族運動とも結び付いた政治的な勢力でもあるため、調査対象となった。

ホ、西貢

一　南仏印ノ仏教及俗信仰ノ調査

二　高台教《カオダイ》ノ歴史、現状一九二六年ニ創立ナルモ十ケ年ニシテ約二百万ノ信徒ヲ得タリ、其他金銭問題、婦女問題、殊ニ昨〔一九四〇〕年十一月ノ、フランス官憲ノ弾圧ニヨリ勢力失墜今ハ三十万乃至五十万程度

またサイゴン付近のチョロンに多数が居住する華人の動向も調べていたが、東南アジアで多大な経済力と連絡網を持つ華人については、日本が南方進出をするために、その対策を重視していたのである。

ノ信徒アリト想定セラル

教義ハ仏教ヲ中心トシ、儒教、道教、基督教、霊智学〔神智学〕等ノ内容ヲ取入レタル総合的態度ヲ有スルモノニシテ日本ノ大本教ノ如キモノナリ

三　華僑ノ経済的宗教的勢力

南仏印ノ経済界通商ヲ全面的ニ支配セル華僑ノ中心ショロン〔チョロン（華人地区）〕ノ実状ヲ視察又其宗教的機構ヲ調査ス(21)

サイゴンでは、同地の北西に位置するタイニンに本部を置くカオダイ教の調査を行っていた。宇津木は往路で台湾を訪問した際に、三月一九日には台湾南方協会の土屋米吉からインドシナ事情について意見聴取を行っているが、同日の日記には、「Kaodaism《マ》 高《マ》台教　八〇年前開創、安南ヲ救フニアリ、信者二〇〇万ト称ス(22)」と記しており、この時にカオダイ教の基礎情報を得たようである。

2　知識人の親善工作

『仏印泰旅行報告書』に記載された〈三、親善使節トシテノ工作〉において、具体的に何がなされたのだろうか。主な目的は、先述した「イ、仏印ニ於ケルフランス人トノ親善工作」である。ハノイでは、フランス極東学院を訪問して、研究者と接触したのであるが、後に宇津木二秀は、「主目的は仏教親善にありましたが民情視察もしてきました。大体仏国の政策でせう、民衆を日本人に接近せしに《ママ》ないので困難でしたがハノイの極東学院長のセデス氏、副院長のゴルベール〔ゴルベフ〕氏等の仏国人や其等の人を介して安南人と交渉しました(23)」と語っている。

フランス極東学院（École Française d'Extrême-Orient）とは、フランスの国立研究機関である。前身は一八九八年にサイゴンで設立されて、一九〇〇年にハノイへ移転した。戦後はフランスのインドシナ支配終了により、一九五四年にはパリへ移転し、現在も活動を継続している。極東学院と日本の学界との関係は古く、一九〇二（明治三五）年に同学院で開かれた第一回万国東洋学会では、日本から真宗大谷派学僧の南条文雄《なんじようぶんゆう》（一八四九―一九二七）、真宗本願寺派学僧の藤島了穏（一八五二―一九一八）、東京帝国大学教授で仏教学者の高楠順次郎（一八六六―一九四五）が参加した。大正期に曹洞宗学僧の立花俊道（一八七七―一九五五）が同学院に留学したが、『中外日報』に、「エコール即ち学校と呼ぶが、これは学生を集めて学術を教授する学校ではなくて印度支那半島及び他の東亜諸国即ち印度、支那、日本並に東印度諸島等各地の歴史地理、考古学言語学を研究する研究所」[24]と紹介している。

さて宇津木と久野が交渉したのは、フランス極東学院長で東洋学者ジョルジュ・セデス（George Cœdès　一八八六―一九六九）、副院長で考古学者のヴィクトル・ゴルベフ（Victor Goloubew　一八七八―一九四五）であった。久野らがフランス極東学院に訪問した直後の一九四一（昭和一六）年九月、大正大学講師で天台宗僧侶の上村真肇（一九〇七―一九六四）が、タイ調査の途上に学院を訪問している。ゴルベフと面会し、「体軀偉大、温顔謙虚のまことに好ましい風格の人であつた」[25]と記し、大学の同僚である久野が先に訪問して研究した旨が伝えられた。

極東学院での交渉の結果、興亜仏教協会の後身である財団法人大日本仏教会は、一九四二（昭和一七）年秋にフランス極東学院院長のセデス、及び同学院助手のチャン・ヴァン・ザップ（Trần Văn Giáp〔陳文理〕一九〇二―一九七三）の招聘を計画した。参謀本部に提出した報告書『対仏印宗教思想工作ニ関スル現地基礎調査報告』（後述）において、久野が担当した「印度支那ニ於ケル仏教ノ二大区分」における「安南仏教徒招致ノ件」では、次のように報告している。

澄田機関西村部隊河内及ヒ西貢総領事館ト緊密ナル打合セヲ行ヒタル後最初各仏教会幹部若干名ヲ日本へ視察或ハ留学セシムベク奔走シタルモ仏蘭西官憲ハ現在ノ状勢ニ於イテハ安南人ガ直接日本ニ赴キ日本人ト接触スル事ヲ好マズ旅券発行等ヲ拒否スル態度ニ出デタルヲ以テ第二ノ策トシテ仏蘭西人一名、安南人一名ヲ招致スル案ヲ建テタ。

具体的ニハ第一ノ試トシテ極東学院院長仏印文化委員会委員長「セデス」氏ノ招聘ヲ行ヒ明年四月来朝シテ東京及ビ京都ノ仏教関係ノ諸大学ニ講演ヲ行フ内諾ヲ得タ。而シテコレガ随員トシテ「北圻仏教会」書記長安南人「ジヤツプ」〔ザップ〕氏ノ短期留学ノ内諾ヲ得タ(26)。

文中の「澄田機関」は、南部仏印進駐の準備を進めた陸軍少将澄田《すみた》睞四郎《らいしろう》（一八九〇―一九七九）を機関長とする特務機関であった。西村部隊については、後述する。セデスとザップの日本招聘の事業計画は徐々に具体化して、一九四二（昭和一七）年九月には『中外日報』で次のように報道された。各大学での講演のほか、社寺や政府機関への訪問を予定していた。

仏印ハノイの遠東学院長セデス氏及び陳文玾氏が大日本仏教会の招聘で来る〔一九四二年〕十月中旬一ヶ月半の予定で来朝する事は既報の如く、これが滞在日程及び歓迎その他に就いては這般教会〔大日本仏教会〕興亜局の森〔大器〕連絡、宮崎〔乗雄〕調査の両部長及び久野芳隆、加藤清一郎氏らが会合協議の結果／滞在中は既報のごとく一週二回計四回日仏会館及び帝大〔東京帝大〕に於て左の如く

南方梵文巴利文碑文に就いて／セデス

安南の仏教に就いて／陳文玾

特別講義を行ひ、別に東大〔東洋大〕、正大〔大正大〕、駒大〔駒澤大〕、立正大、京大〔京都帝大〕、龍大〔龍谷大〕、谷大〔大谷大〕の七大学に於て学術講演を行ふが、この他ＡＫ〔コールサインＪＯＡＫ（社団法人日本放送協会の東京放送局）〕より対外対内に向け二回に亘つて放送講演を為し一方、東京、京都に於て南方仏教に関する大講演会を開き、これには高楠順次郎、姉崎正治、宇野円空、長井真琴博士と言つた仏教学者が参加し別に座談会をも持つ事となつた。

尚セデス氏らは東京日光に於て二十日、京都比叡山奈良高野山、法隆寺に十日間滞在の予定で東京に於ては着京と同時に宮城を遥拝して明治神宮、靖国神社、各寺院に参拝する他、閑院宮〔載仁親王〕家に伺候し文部省、外務省、情報局、大東亜省、仏国大使館その他を歴訪来朝の挨拶を述べる他、帝室博物館、明治聖徳絵画館、遊就館、各大学図書各蒐集館、歌舞伎、能を見学し東京、京都に於ける各講演会にも臨む事になつてゐる。[27]

ここから久野が、陸軍参謀本部に提出した報告書での提言から、大日本仏教会での事前準備まで関与していたことがわかる。しかしセデスらの来日は実現しなかった。「最近公務の為め来朝至難となり明年に延期して欲しいといふ申入れが〔大日本〕仏教会宛入電があつた[28]」という。延期の理由は不明だが、フランス本国のヴィシー政権側にある現地のインドシナ総督府が許可しなかったのであろう。大日本仏教会興亜局の一九四三（昭和一八）年度予算にて、「予而招聘シアル仏印仏教学者セデス博士及安南仏教会主事陳文玾両氏ノ滞在一ケ月ニ要スル経費（本会負担分）（五千円[29]）」が計上されていたが、結局は仏印の知識人への工作は具体化しなかった。

宇津木が著した日記には、交渉の具体的な過程は、記録されていない。すなわち第一回目にハノイを訪問した一九四一（昭和一六）年五月二日に「午後三時 Goloubew〔ゴルベフ〕氏ノ茶会ニ出席ス」、五月三日に「午後三時 Dr. Coedes〔セデス〕ノ茶会ニ出席　仏印カンボチヤ方面ノ仏像ノ蒐集ヲ見ル」(30)と記してある。宇津木はこの旅行中に毎日のごとく日記を記しているが、第二回目にハノイを訪問した七月一日及び五日から七日は無記入である。七月八日には、「午後四時澄田キカン〔機関〕小川総領事ヲ訪ネセデス博士ジヤプ〔ザップ〕来訪ノ件打合ス」(31)とある。宇津木と久野の調査の主目的が「仏印ニ於ケルフランス人トノ親善工作」なる秘匿を要する任務ゆえ、宇津木は日記で、詳細な経過を記録しなかったのであろう。

3　関連する動向

外務省と文部省が共同所管した、財団法人国際文化振興会では、日本と仏印の間で研究者の相互派遣を実施していた。一九四一年には第一回教授交換が行われ、詩人の「木下杢太郎」こと東京帝国大学医学部教授の太田正雄（一八八五―一九四五）と先述のヴィクトル・ゴルベフが任命された。一九四二（昭和一七）年以降の第二次派遣は、京都帝国大学教授で考古学者の梅原末治（一八九三―一九八三）とハノイ医科大学アンリ・ガイヤールであった(32)。

国際仏教協会では、学術を通して内外で文化工作活動を行っていた。ゴルベフが来日した際には、同会主催による歓迎会が、一九四一年六月一三日に東京芝の増上寺において行われた(33)。セデスは、国際仏教協会の名誉会員となり、同会の学術雑誌に論文を寄稿している(34)。

セデスと共に来日を予定していたフランス極東学院助手のチャン・ヴァン・ザップは、安南の仏教連合組織である北圻《バッキ》仏教会の主事でもあった。国際仏教協会は、フランス極東学院の協力を得て、ベトナムで使用されている仏教経典を集成した『越南大蔵経』の刊行を計画した。まず一九四三（昭和一八）年一月に、ザップの編集によって、フランス極東学院所蔵の仏典目録が刊行された[35]。同目録は、漢文経典名にベトナム語を併記し、フランス語で解説したものである。その『越南大蔵経』は、「一巻五百頁全三十巻に上る尨大なものであり、従来の大正新修大蔵経、国訳大蔵経、南伝大蔵経に加へてこの未出版の越南仏典が刊行されればここに世界の仏典大系が完備するに至り、大東亜文化の建設に多大の貢献をもたらすものとして期待[36]」されたが、実現しなかった。

第六節　陸軍参謀本部に提出した報告書

1　嘱託としての身分

宇津木二秀と久野芳隆の調査は、陸軍参謀本部により嘱託としての身分が付与されていた。先述した『仏印泰旅行報告書』には〈五、軍部トノ連絡〉の項目があり、次のように日本軍と連携を行っていた。

> 参謀本部ノ委嘱ニヨリ仏印ノ宗教、民情調査ヲナス為メ仏印派遣澄田機関及同西村部隊司令部ニ紹介アリ／ハノイ着後コレ等ノ最高幹部ト密接ナル連絡ヲ保ツコトニ司令部ノ特別調査ノ依頼アリタル為メ経済的援助及交通上ノ便宜ヲ得終ニ軍嘱託（佐官待遇）トシテ調査ヲナス／ソノ関係ハ帰朝ト共ニ消滅スルモノナレドモ○○《ママ》参謀長ハ将来ニ於ケル連絡ヲ欲シ情勢ニヨリテハ小生等ノ進出ヲ必要トスル事アルガ如シ[37]

正徳寺資料には、出発前にまとめた「仏印視察」なる書類がある。これによれば旅費が「金参千壱百円也」とあり、その内訳は、「一　金七百円也　参謀本部補助／一　金九百円也　本会〔興亜仏教協会〕補助／一　壱千五百円

也　宗派〔真宗本願寺派〕補助」であった。[38] つまり仏教界のほか、陸軍からも調査旅費が提供されていたのである。ただし実際に費やした旅費の総額は、書類「最近の仏印事情」によれば、計五五〇〇円であった。[39]

宇津木と久野が「参謀本部ノ委嘱」として調査したことについて、その証左を提示しよう。久野は、台北帝国大学着任前の一九四三（昭和一八）年二月五日付で、同大学に履歴書を提出している。履歴書によれば一九四一年に大日本仏教会の代表使節としてインドシナとタイに赴いたことが記入されているが、機密事項として同年三月より八月まで陸軍参謀本部第二部第八課の嘱託（佐官待遇）、同年四月より七月まで仏印派遣の西村部隊と山県部隊の陸軍嘱託（佐官待遇）であったことを申告している。「西村部隊」と「山県部隊」は通称で、印度支那派遣軍とその後身の独立混成第二一旅団を指す。[40] なお正徳寺資料からは、宇津木が陸軍嘱託となった辞令書類は確認できない。ただし宇津木の日記には、ハノイ到着直後の四月三日の日記に「二十時ヨリ西村司令官ノ招宴ニ列ス」[41] とあるように、印度支那派遣軍司令官の西村琢磨（一八八九―一九五一）から厚遇されていたことは確かである。正徳寺資料には、日本海軍の第二遣支艦隊司令部の関係者、ハノイ総領事の小川昇、印度支那産業株式会社（国策会社の台湾拓殖株式会社の系列として日・仏印合弁で設立）の内川大海などの名刺が残されている。

2　報告書の構成と工作の提言

帰国後に宇津木二秀と久野芳隆は、報告書を作成した。一九四一（昭和一六）年八月一日付で取りまとめた、『対仏印宗教思想工作ニ関スル現地基礎調査報告』である。[42] 編集は、陸軍参謀本部で謀略を担当した第二部第八課による。冒頭には「本報告ハ「標題ノ件」研究ノ為現地ニ派遣セシ宇津木、久野両僧侶ノ報告ナリ／御参考迄ニ現文ノ儘印刷配布ス」とある。

報告書の構成は左記のとおりである。ただし原資料にある見出しの番号表記について、漢数字と算用数字、ローマ字が混合しており不統一が見られる。宇津木と久野は同年七月二六日に帰国しているので、帰路の船舶のなかで各人が原稿を執筆し、到着後に謄写版で印刷して、参謀本部関係者に配布したためであろう。内容把握の便宜のため、筆者により数字表記を補正した。

『対仏印宗教思想工作ニ関スル現地基礎調査報告』構成

第一編（宇津木二秀担当）

高台教 Caodaisme

一　創立／二「高台」Cao-dai ノ意義／三「大道三期普度」／四　教義ノ要旨／五　祭壇／六　儀礼／七　教団組織／八　信者／九　高台教ノ現状／一〇　高台教ニ対スル私見

仏印ニ於ケル基督教ニ就テ

一　仏印ト基督教トノ歴史的関係／二　基督教ノ現状

宗教的見地カラ評シタ仏印ノ民情

一　安南人ノ民族性ト宗教／二　安南人ノ祖先崇拝／三　墳墓ノ転埋／四　地竜ノ迷信ト灌漑／五　安南人道徳ノ基調／六　英雄崇拝／七　文学ニ顕ハレ来タ安南人ノ民族意識

第二編「仏教ヲ通ズル対仏印宗教思想工作ノ基礎調査」（久野芳隆担当）

仏教ヲ中心トスル印度支那宗教統計

印度支那ニ於ケル仏教ノ二大区分

一　越南仏教（歴史、安南仏教ノ現状、読誦経典、仏像ノ配置、将来仏教ヲ通ジテ利用シ得ル安南人主要団体及ビ人物、将来地方支部トナシ得ル寺院）／二　南伝仏教／三　鎮守神ノ信仰／四　仏教ヲ通ジテ行フ宗教文化工作ノ具体案（武力進駐後ノ工作、平和進駐ニ於ケル工作）／五　安南仏教徒招致ノ件／六　仏教ヲ通ズル華僑工作ノ研究

注目すべきは久野が執筆した箇所である。今後の宗教工作の方針を提言した「仏教ヲ通ジテ行フ宗教文化工作ノ具体案」では、「武力進駐後ノ工作」と「平和進駐ニ於ケル工作」の二つの場合を想定して、具体的な工作方法を提示している。武力進駐後の大乗仏教対策については、日本仏教の各宗派が統一的に関わることを提案した。

（1）越南仏教（大乗仏教）対策（東京、安南、交趾支那ヲ含ム）

a　越南仏教ハ衰微シテ現状ノ儘デハ之ヲ活用出来ナイカラ、僧侶及ビ居士ヲ再教育シソノ隠遁的、消極性ヲ除去シテ積極的活動力ヲ持タシメ社会事業学校等ノ経営ニ参加セシメテ彼等ノ社会的地位ヲ増大シ、ソノ増大セル指導能力ヲ利シテ日本ノ東亜ニ於ケル地位ヲ民衆ニ理解セシメ、且協力セシムルコト。

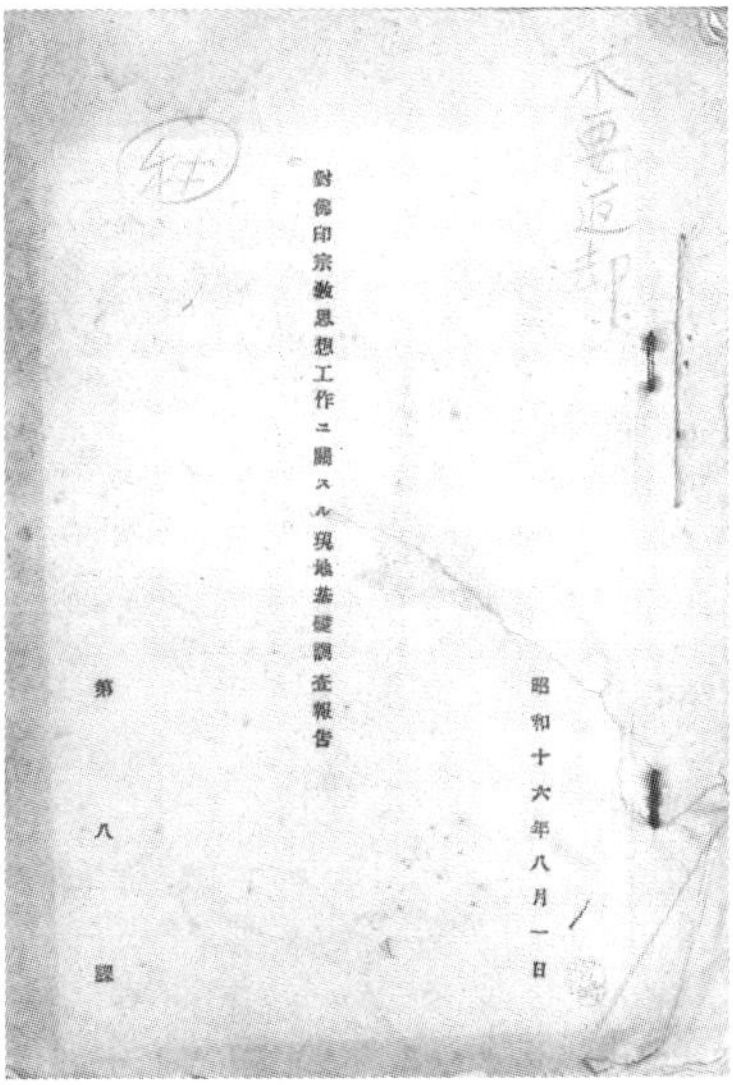

図3　『対仏印宗教思想工作ニ関スル現地基礎調査報告』（東京都港区、浄土宗増上寺蔵）

b　日本仏教徒ハ越南仏教徒ニ対シ常ニ指導権ヲ有スルコト。
c　日本仏教徒ノ各宗個々ノ別々ノ進出即チ群雄割拠的進出ヲ廃シ、統一的全体的立場ニ立ツテ進出スルコト。
d　越南仏教ノ欠点ハ各地方ノ連絡統一ノナイコトニ存スル。従ツテ僧侶仏教並ニ居士仏教ヲ通ジテソノ大同団結ヲ計リ縦カラモ横カラモ統一連絡ヲ容易ナラシメルコト。(43)

久野は、武力進駐後の上座仏教対策について、次のように提言している。ここから上座仏教を劣ったものと捉えていることがわかる。

南伝仏教僧侶ハ生活、行儀等有ユル点ニ於イテ型ニハマリ、形式以外仏教精神ヲ失ヒ世間的事業ニ携ル場合ハ還俗セネバナラヌカラ、現在ノ南伝仏教徒即チ小乗仏教徒ハソノ儘デハ之ヲ利用スルコトガ出来ナイ。一度僧団ニ入ツタ後還俗シタル者、或ハ現ニ僧団ニ入リタル者ヲ還俗セシメテ活用スル外ハナイ。寧ロ直接日本仏教徒ガ社会事業、学校等ヲ創設経営シ、而モ表面日本仏教ノ名ヲ公示セズ、事業ソノモノノ中ニ大乗仏教ノ精神ヲ織リ込ンデ、ソノ宗教文化工作ヲ有効適切ニ行フコト。(44)

これら大乗仏教と上座仏教への対策の前提として、久野は、日本仏教が優位で、インドシナ仏教は衰退したものであり、現地の仏教徒は利用すべきものとして捉えていることが理解できよう。一方の「平和進駐ニ於ケル工作」では、どのような提言であったのか。

> 仏蘭西ガ印度支那ニ主権ヲ掌握シテヲル限リ布教権設置、寺院建設、文化会館、日本語学校等一々仏蘭西総督府ノ承認ヲ得ナケレバ具体的ノ仕事ハ出来ナイ。／「フランス」政権ノ下ニ於テ可能ナ日本仏教ヲ通ジテノ文化事業ハ先ヅ河内、西貢或ハ順化ニ「仏教文化研究所」ヲ創設シ日本ヨリ主任一人、所員若干名ヲ派遣シ、将来ヘノ準備トシテ仏蘭西東洋学者、安南仏教学者トノ連絡ヲ計リツツ調査ヲ行ヒ傍ラ安南語「カンボチヤ」語等ヲ学習セシム。平和進駐ノ場合ハ謀略ノ仕事ハ総テ禁ゼラレルト聞クカラ、コノ方面ノ仕事ハ宗教ヲ通ジテ行フコトガ最モ有効適切ト思惟スル。従ツテ「仏教文化研究所」ニ有スル部門即チ学術研究施設ハ勿論病院、学校、社会事業ヲ包摂シテ事業ヲ行フベキデアル(45)。

つまり平和進駐とは、武力衝突を伴わず、あくまで仏印政府が存続している状態であるため、強い関与ができない。そのため宗教を通して、インドシナに対する文化工作を行うことを主張したのである。

報告書の表紙にある日付は一九四一（昭和一六）年八月一日とある。つまり直前の七月二八日に南部仏印進駐が実施され、交戦を経ずして日本軍の部隊が駐屯したのであった。宇津木と久野による報告書が、どのように日本の南方作戦に反映されたかは定かではなく不明であるが、何らかの形で軍事行動に応用されたと考えられる。

なお日本の仏印進駐以前に、陸軍参謀本部ではフランス領インドシナの宗教事情を調査していた。南満洲鉄道東亜経済調査局の須山卓（一九一〇―一九八二）に委嘱して、外国語文献からまとめた報告書が確認できる(46)。同じく参謀本部では、仏印の宗教事情調査に、陸軍教授として浄土宗僧侶の米野海照を派遣していた。米野は「仏教事情調査並各種宗教工作ニ関スル業務ノ為仏領印度支那及泰国ニ出張(47)」を終えた後、帰路の一九四二（昭和一七）年三月二四日、搭乗していた南方軍の徴用機が伊勢湾上空で墜落して殉職した。米野の着任経緯は不明だが、米野が卒業した大正大学の教員である久野芳隆が、人事に関与した可能性がある。

3　久野芳隆の主張

久野芳隆は、調査後の一九四一（昭和一六）年一二月に、雑誌『密教文化』において論文「大東亜仏教圏の文化工作」を寄稿している。仏印調査の経験を踏まえて、「大東亜」地域内に伝播する仏教への対策を提言したものである。久野によれば、アジアへの文化工作は、文化の根底にある仏教を中核に据えることを主張した。久野は、「東亜に於ける各民族が心から日本を指導者と仰ぎ、文化的にも日本を心から尊敬する様になり、提携強調の手を差し延べさせねばならぬ。……今文化の中でも亜細亜に於いて最も各民族の心と心の連携をはかるものとしては仏教を除いては考へられない。北は蒙疆より南は泰に至る迄、亜細亜の大部分は悉く仏教の圏内に入る[48]」と述べる。

ただし久野は、単純な日本仏教の海外進出を主張しているのではなかった。「日本の今迄の文化工作は、余りに日本的なものを、亜細亜に於ける諸民族の性質、性向を無視して与へんとした傾向が強すぎた。……従つて急激に日本仏教そのまゝを、大東亜共栄圏の中に布教し、伝道する如き事は失敗に終ると考へられる。どうしてもその民族々々が持つてをる特殊の宗教的性格に応じて相互の交流を計らねばならぬ[49]」と分析する。

そこで久野は、日本の大乗仏教と東南アジアの小乗（上座部）仏教という両者を折衷した、「中乗仏教」を提唱した。ただしこれは戒律生活を守る上座仏教徒を、日本仏教徒の性格に近づけることを意図していたものである。戦時下には仏教による文化工作によって、「大東亜仏教」ともいえる新しい仏教文化の建設を志向していたといえよう。

久野は、インドシナへの工作活動について、フランス人やベトナム人の知識階級への工作と共に、仏教徒が多い一般民衆への工作も必要であると主張した。すなわち「仏印に於いては現在の段階に於いては勿論、〔日本・フランス〕共同防衛の建前から、少数ではあるが、主権を有つフランス人と文化的交流を計り提携協調して行かなければならぬ。……然しながら、これは少数知識階級との協調に終り、仏教の持つ性格としては、単にこれのみを以て満足するわけには行かぬ。大多数の安南人華僑が殆ど九割迄仏教信者である故に、これ等の民衆と徹頭徹尾魂の結束を計らねば仏教徒の任務は終結しない(50)」と分析している。

おわりに

本章では、一九四一（昭和一六）年に興亜仏教協会が派遣した宇津木二秀と久野芳隆によるフランス領インドシナを中心とする現地調査の実態を明らかにした。

宇津木と久野は、一九四一年七月二六日に帰国したが、直後の二八日に日本軍は南部仏印進駐を行っている。帰国後の歓迎会を伝える新聞報道では、「仏印に渡り歴史的重大任務を果して帰朝(51)」したとある。謀略目的の機密任務を裏付ける資料は確認できなかったが、進駐に先駆けてなんらかの予備調査を実施したと思われる。日本軍は南部仏印進駐に際して、ニャチャンとサンジャック〔現、ブンタウ〕から上陸した。前述したように、宇津木らは六月中旬にインドシナの南部を調査しているが、まさに進駐の一か月前であったのである。

調査から帰国後、宇津木と久野は、随所にインドシナの宗教事情を執筆している(52)。宇津木は、帰国後に複数の新聞や雑誌に実情を報告しているが、多くはカオダイ教や現地の宗教事情の実態について述べたものである。久野は、文献中心の仏教学者ではあるが、時局の動向を機敏に把握し、さらに一歩進んで施策提言を論じる研究者でもあった。

本格化した「大東亜共栄圏」の確立に際して、興亜仏教協会では、南方地域に同じ仏教が伝播することに着目して、当該地域の仏教事情を調査し、知識人と接触する工作を行うことで、日本が進出する際の足がかりを得ようとしていた。この後、一九四三（昭和一八）年には、久野らの提言に基づき、財団法人大日本仏教会により印度支那派遣仏教団が派遣され、インドシナの知識人や僧侶への関与を行うのである（第Ⅱ部第四章参照）。

注

（1）立川京一『第二次世界大戦とフランス領インドシナ――「日仏協力」の研究』（彩流社、二〇〇〇年）、一三一―二〇頁。

（2）難波ちづる「第二次大戦下の仏領インドシナへの社会史的アプローチ――日仏の文化的攻防をめぐって」（『三田学会雑誌』第九九巻第三号、慶應義塾経済学会、二〇〇六年）、桑原規子「国際文化振興会主催「仏印巡回現代日本画展覧会」にみる戦時期文化工作――藤田嗣治を「美術使節」として」（『聖徳大学言語文化研究所論叢』第一五号、聖徳大学言語文化研究所、二〇〇七年）、藤原貞朗「第二次世界大戦期の日本と仏領インドシナの「文化協力」――アンコール遺跡の考古学をめぐって　前編」（『茨城大学人文学部紀要　社会科学論集』第四五号、茨城大学人文学部、二〇〇八年）。

（3）宇津木二秀が残した大量の資料（書類、書簡、ノート、日誌、蔵書等）について、二〇〇九（平成二一）年六月に、住職を務めた浄土真宗本願寺派正徳寺（大阪府高槻市）から発見された。その後、吉永進一氏（舞鶴工業高等専門学校）、石原深予氏（神戸学院大学）、中川未来氏（愛媛大学）ほかと共に、資料の整理と分析を進めた。関係各位には御礼を申し上げる。宇津木の経歴と正徳寺資料については、吉永進一・中川未来・大澤広嗣「国際派仏教者、宇津木二秀とその時代」（『舞鶴工業高等専門学校紀要』第四六号、舞鶴工業高等専門学校、二〇一一年）、吉永進一「正徳寺資料から見える戦前の仏教国際化」（『宗教研究』第三七五号、日本宗教学会、二〇一三年）を参照。

当該の資料群は、本書刊行現在において整理途中であるため、原則として外部への公開は行っていない。なお、石原深予『尾崎翠の詩と病理』（ビイング・ネット・プレス、二〇一五年）には、正徳寺で発見された資料をもとに、作家尾崎翠の実兄である尾崎哲郎（山名哲朗）と宇津木の交流が紹介されている。

（4）無署名「世界のテンポに先じ民心をキヤッチせよ／興亜仏教協会創立さる」（『中外日報』第一二二六一号、中外日報社、一九四〇年七月四日）、二面。

（5）前掲、二面。

（6）書類「南方仏教親善使節派遣方御許可御願」（興亜仏教協会、一九四〇年）に添付された「興亜仏教協会会則」。宇津木二秀資料（正徳寺蔵、〈整理番号〉一一〇七七）。

（7）無署名「興亜仏教協会新陣容成る／軍・官の要路招き十七日懇談会開く」（『中外日報』第一二二六九号、一九四〇年七月一三日）、二面。

（8）前掲、「南方仏教親善使節派遣方御許可御願」。

（9）無署名「興亜仏教協会から南方諸国に視察員派遣」（『高野山時報』第九四九号、高野山時報社、一九四一年一月一九日）、一九頁。

興亜仏教協会によるタイ派遣については、山本快竜「泰国の仏教」（東京帝国大学仏教青年会編『大東亜の民族と宗教』日本青年教育会出版部、一九四三年）、藤波大円『泰国の華僑を見て』（京都工場懇話会、一九四一年）など、派遣者による記録がある。なお藤波は、京都市下京区の常葉幼稚園三代園長の傍ら、真宗大谷派宗議会議長を務め、一時期には朝日新聞の政治記者をしていたという。大日本仏教会による視察から帰還後、中国語に長けていたことから、大谷派の南方南支方面開教監督部長となる。しかし一九四五（昭和二〇）年に中国で反日勢力により襲撃され客死した（橋川昌治編『常葉幼稚園　創立一〇〇周年記念誌　二〇〇一』常葉幼稚園、二〇〇一年、一〇頁）。

（10）無署名「南方諸国へ仏教使節派遣／泰国・蘭印・仏印等へ五名／本宗関係では智専山本快竜教授／大正大学講師（豊山）久野芳隆師」（『六大新報』第一九〇六号、六大新報社、一九四一年一月二六日）、一一頁。ただし引用文中にある蘭印への杉岡規道の派遣は確認できなかった。

(11) 無署名「仏印方面へ仏教使節／宇津木氏語る」(『中外日報』第一二四五一号、一九四一年二月二三日)、二面。
(12) 東京大学東洋文化研究所編『東洋文化研究所の五〇年』(東京大学東洋文化研究所、一九九一年)、三頁。
(13) 久野芳隆が住職を務めた東京都墨田区立川の龍光院は、合同前は新義真言宗豊山派に属した。一九五一(昭和二六)年に和歌山県岩出の根来寺の独立に伴い、現在の所属宗派は真言宗豊山派ではなく、根来寺を総本山とする新義真言宗である。
(14) 久野芳隆『南方民族と宗教文化』(第一出版協会、一九四三年)。同書は概説書であり、序文では、読者の対象として「法科或いは理工科系統の司政官」、「国民学校の教師」、「若き宗教々師」に向けたとある。
(15) マカッサル研究所については、Nakao Katsumi〔中生勝美〕, "MABUCHI Tōichi in Makassar", *Senri Ethnological Studies* No.65, 2003. を参照。
(16) 宇津木二秀『仏印泰旅行報告書』。宇津木二秀資料(正徳寺蔵、〈整理番号〉一一二八八)。同資料の引用に際して、各章の見出しは山括弧、本文は鉤括弧で区別した。
(17) 前掲、一―二頁。他に正徳寺が所蔵する書類等の各種資料を参照した。
(18) 宇津木二秀『仏印・泰旅行日誌〔巻一〕』における三月一二日条。宇津木二秀資料(正徳寺蔵、〈整理番号〉一一四二七)。
(19) 前掲、宇津木二秀『仏印泰旅行報告書』二―三頁。
(20) 前掲、四―六頁。
(21) 前掲、七―八頁。
(22) 前掲、宇津木二秀『仏印・泰旅行日誌〔巻一〕』における三月一九日条。
(23) 宇津木二秀「仏印の仏教」(『政教新論――財団法人大日本仏教会機関誌』第二八巻第九号、政教新論社、一九四一年)、三頁。
(24) 立花俊道「遠東学院を紹介す」(『中外日報』第一三二八二号、一九四三年一一月三〇日)、一面。
(25) 上村真肇「仏印に於ける七日間　二」(『教学新聞』第二三三五号、教学新聞社、一九四一年一一月二一日)、一面。

(26)〔陸軍参謀本部第二部〕第八課編『対仏印宗教思想工作ニ関スル現地基礎調査報告』（第八課、一九四一年）、第二編二四頁。大日本仏教会資料（増上寺蔵、〈分類番号〉大―二―二七「対仏印宗教思想工作ニ関スル現地基礎調査報告」に含む）。

(27) 無署名「日仏文化の交換と南方仏教の紹介／セデス遠東学院長の日程」（『中外日報』第一二九一五号、一九四二年九月九日）、三面。極東学院の現地での漢字表記は、「遠東博古学院」又は「遠東学院」と記していた。

(28) 無署名「セデス氏等来朝延ぶ」（『中外日報』第一二九二四号、一九四二年九月一九日）、二面。

(29) 書類「昭和十八年度興亜局事業費予算案」、年次未詳、〔三〕頁。大日本仏教会資料（増上寺蔵、〈分類番号〉大―二―五〇「大日本仏教会書類」に含む）。

(30) 宇津木二秀『〔仏印・泰旅行〕日誌〔巻二〕』における五月二一―三日条。宇津木二秀資料（正徳寺蔵、〈整理番号〉一一四二八）。

(31) 宇津木二秀『〔仏印・泰旅行〕日誌〔巻三〕』における七月八日条。宇津木二秀資料（正徳寺蔵、〈整理番号〉一一四二九）。

(32) 藤原貞朗『オリエンタリストの憂鬱――植民地主義時代のフランス東洋学者とアンコール遺跡の考古学』（めこん、二〇〇八年）の「第八章　アンコール遺跡の考古学史と日本」を参照。

(33) 無署名「日・仏印交換教授ゴルーベフ博士歓迎会」（『海外仏教事情』第七巻第三号、国際仏教協会、一九四一年）、一八頁。

(34) George Cœdès,《Un Document Capital sur le Bouddhisme en Indochine : La Stèle de Vằt Sitor》, *Studies on Buddhism in Japan vol.4*, The International Buddhist Society（国際仏教協会）, 1942.

(35) 陳文玾編『越南仏典略編――河内遠東玫古学院現蔵』（国際仏教協会、一九四三年）。なお宇津木二秀資料（正徳寺蔵）には、フランス極東学院から刊行されたザップの自著 *Le Bouddhisme en Annam : des origines au XIIIe siècle*, (Imprimerie d'Extrême-Orient, 1932) が、宇津木への献辞を記して残されている。

(36) 無署名「世界仏典大系近く完備／未刊の「越南大蔵経」出版／国際仏教協会の五ケ年計画開始」（『中外日報』第一三〇四六号、一九四三年二月二〇日）、二面。

(37) 前掲、宇津木二秀『仏印泰旅行報告書』八―九頁。
(38) 書類、〔宇津木二秀〕「仏印視察」。宇津木二秀資料（正徳寺蔵、〈整理番号〉一一〇八七）。興亜仏教協会の用箋に記入。
(39) 書類、宇津木二秀「最近の仏印事情」。宇津木二秀資料（正徳寺蔵、〈整理番号〉一一〇六一）。同資料は、帰国後の一九四一（昭和一六）年九月一一日に、真宗本願寺派の関係校である京都高等女学校（現、京都女子大学）で、宇津木が講演した際の手稿である。
(40) 国立台湾大学図書館特蔵組が所蔵する久野芳隆の履歴書は、桜美林大学リベラルアーツ学群の中生《なかお》勝美教授からの情報提供による。
(41) 前掲、宇津木二秀「仏印・泰旅行日誌〔巻一〕」における四月三日条。同日の印度支那派遣軍司令官の西村琢磨による歓迎会には、宇津木と久野のほか、参謀長の長勇、高級副官の楠美某、大南公司社長の松下光広、三井物産ハノイ出張所長の増田年尚、画家の和田三造、映画人の立花良介、実業之世界社長で真宗信者の野依秀市らが出席した。宇津木二秀資料（正徳寺蔵）には仏印調査旅行のアルバムが残されているが、この会合の集合写真には計一九人が確認できる。
(42) 前掲、第八課編『対仏印宗教思想工作ニ関スル現地基礎調査報告』。
(43) 前掲、第二編二一―二二頁。
(44) 前掲、第二編二二頁。
(45) 前掲、第二編二三頁。
(46) 参謀本部編『雲南及ビ安南ノ種族ト其ノ宗教並ニ習慣』（参謀本部、一九三八年）。
(47) 文書「陸軍教授米野海照外三名官等陞叙並任官ノ件」（独立行政法人国立公文書館蔵、〈請求番号〉本館-2A-021-00・任 B03162100、〈件名番号〉007、〈作成部局〉内閣、〈年月日〉昭和一七年五月八日）。米野は一九三七（昭和一二）年三月に大正大学仏教学科を卒業後、同大学仏教学第一研究室副手を経て、一九四一年九月二四日に陸軍教授の高等官七等に任命された。
(48) 久野芳隆「大東亜仏教圏の文化工作」（『密教文化』第七九号、高野山大学内密教研究会、一九四一年）、一〇五頁。

(49) 前掲、一〇六頁。

(50) 前掲、一〇六—一〇七頁。

(51) 無署名「南方仏教使節歓迎会盛ん」(『中外日報』第一二五九一号、一九四一年八月一〇日)、二面。

(52) インドシナ調査による学術成果として、宇津木二秀には、「高台教」(『顕真学報』第三七号、顕真学苑出版部、一九四一年)など。
久野芳隆には、「安南の仏教——史的概観」(『新亜細亜』第三巻第一二号、南満洲鉄道東亜経済調査局、一九四一年)、「印度支那の宗教」(飯本信之・佐藤弘編『南洋地理大系——第三巻　タイ・仏印』ダイヤモンド社、一九四二年)、「安南の仏教」(仏教研究会編『南方圏の宗教』大東出版社、一九四二年)、「安南竹林派の仏教」(『宗教研究』季刊第四年第四輯、「第七回大会紀要」、日本宗教学会、一九四三年)など。

第二章　ビルマ進攻作戦と仏教宣撫工作

はじめに

本章では、日本陸軍による開戦初期のビルマ進攻作戦に派遣された、日本人僧侶からなる宗教宣撫班を中心に取り上げる。この宣撫班の選抜には、財団法人大日本仏教会（第Ⅰ部第一章参照）が関与した。

開戦後、陸軍はタイ領内を通過して、ビルマに兵力を進めた。宗教宣撫班は、タイにて留学中であった高野山大学教授で真言宗僧侶の上田天瑞《てんずい》（一八九九―一九七四）を徴用したのである。

なぜ、宗教宣撫班が編成されたのであろうか。ビルマ方面を担当した陸軍第一五軍が編纂した『緬甸軍政史』は、ビルマの宗教事情を報告する。一九四一（昭和一六）年に、イギリスが実施した国勢調査に基づいた人口統計が引用され、総人口は一六八二万三七九八人とある。そのうち仏教徒は一二三四万八〇〇〇人と記載され、「緬甸ハ寺院ト「パゴダ」ノ国ト称セラレ、仏教誠ニ盛ニシテ、其ノ教徒ハ実ニ全人口ノ八割四分ヲ占ムル状況ナリ。……緬甸人ハ僧侶ニ対スル尊敬ノ念厚ク来世ノ幸福ヲ祈リ僧侶ト寺院ニ奉仕スルヲ常トス。……民衆ノ僧侶ニ対スル尊敬ハ絶対的ニシテ従ヒテ僧侶ノ勢力極メテ大ナルモノアリ(1)」という。つまりビルマは、仏教徒が多数を占めていたのであった。

またビルマ仏教の専門家として活動した、大東亜省南方事務局文化課嘱託で真言宗僧侶の五十嵐智昭は、ビルマでの仏教と民族運動の関係を分析している。すなわちビルマ仏教の政治的性格の特徴として「一、僧侶を教師として成人したビルマ人が僧侶を絶対的に信頼してゐること／二、ビルマの知識階級は僧侶と学生とであるが、政治的自覚は知識人にして初めてこれを持ち得るものであること／三、イギリス治下のビルマに於ても寺院が一種のアジールとして治外法権的存在であること／四、異教徒の圧制下に於ては被統治者の民族意識は必然その宗教と結びつくものであること[2]」と四点にまとめている。

ビルマは、人々の間に上座仏教が深く浸透している地域である。「僧侶ノ勢力極メテ大ナル」ため陸軍の参謀本部は、日本から仏教者を徴用して、宗教宣撫工作を実施したのであった。大乗仏教の日本と上座仏教のビルマとでは著しくその特徴が異なるが、同じ仏教国であるために日本人僧侶を動員したのである。

第一節　問題の背景

1　ビルマ情勢

本節では、ビルマでの宗教宣撫工作の背景となるビルマ方面の戦局を概観したい[3]。

日中戦争による戦火の拡大で、蔣介石（一八八七―一九七五）が率いる中国国民党政府は、南京を脱出して、重慶に臨時首都を置いていた。英領ビルマには、領内を通過して中国重慶へ援助物資を送る輸送路である「援蔣ルート」があった。ビルマ・ルートの場合、ラングーン（現、ヤンゴン）を基点としてマンダレー経由ラシオまで鉄道が使用され、ラシオからは自動車で、龍陵や昆明を経て、重慶まで物資が輸送された。重慶は「大東亜共栄圏」の西側に位置し、イギリス領インドと接するため地政学上の重要な地域であった。そのため、この経路の遮断を目的として、ビルマ進攻作戦が行われることになった。

一九四一（昭和一六）年一二月八日の開戦後、日本陸軍はマレー北部のコタバルに上陸するマレー作戦を開始した後、各地に部隊を展開していった。一二月八日には日本の圧力によって「日本国軍隊ノ「タイ」国領域通過ニ関スル日本国「タイ」国間協定」が締結されて、翌九日に第一五軍の第三三師団と第五五師団がバンコクに進駐した。一二月二一日には、「日本国「タイ」国間同盟条約」（昭和一六年一二月二七日条約第二〇号、通称「日泰攻守同盟条約」）が調印された。「大日本帝国政府及「タイ」王国政府ハ東亜ニ於ケル新秩序ノ建設ガ東亜興隆ノ唯一ノ方途ニシテ且世界平和ノ恢復及増進ノ絶対要件タルコトヲ確信[4]」すべく、日本とタイは同盟関係を結んだのである。以後、タイは日本軍の作戦において重要な役割を果たした。

ビルマへの攻略は、南方軍（総司令官、陸軍大将寺内寿一）隷下の第一五軍（司令官、陸軍中将飯田祥二郎）が実行した。一九四二（昭和一七）年一月一四日に、進攻が始まった。以後、連合国側と交戦を行い、タボイ（一月一九日）、モールメン（一月三〇日）、ラングーン（三月八日）、エナンジョン（四月一七日）、ラシオ（四月二九日）、仏都のマンダレー（五月一日）など、ビルマ各地を占領した。その間に第一五軍隷下の第五六師団が三月二五日に、第一八師団が四月八日にそれぞれラングーンより上陸し、作戦に参加した。ビルマ全土を掌握した第一五軍司令官は五月一八日に作戦の終了を報告した。六月にはビルマをほぼ平定した。同年一一月一四日にはシャン州の軍政を行うシャン州政庁が設置され、一九四三年一二月二三日に政庁が廃止されるまで、軍政が続いた。

一九四三年五月三一日の御前会議で決定された「大東亜政略指導大綱」によって、ビルマとフィリピンの独立が決定し、ビルマは同年八月一日に独立した。同日に「日本国「ビルマ」国間同盟条約」（昭和一八年八月二日条約第九号）が調印され、ビルマは英米に対して宣戦布告を行った。

大本営と南方軍は、イギリス領インド内のアッサム地方と港湾都市チッタゴンへ進攻する作戦の準備を始めた。一九四三年三月二七日にはビルマ方面軍（司令官、陸軍中将河辺正三）が新設され、隷下に第一五軍（司令官、陸軍中将牟田口廉也）が入り、逐次兵力を増強していった。しかし連合国側の反攻が始まり、一九四三年二月には英印軍が北ビルマに進攻した。

ビルマ方面軍は一九四四（昭和一九）年三月八日より、インパール作戦を開始した。スバス・チャンドラ・ボース率いるインド国民軍も参加したが、七月八日には退却が始まった。作戦の失敗後、ビルマ方面軍は北ビルマにおけるインドと中国の連絡路の遮断に重点が置かれ、同年七月より第五六師団などによる断作戦が行われた(5)。連合国の攻勢に対して持久戦を続けたが、一九四五年一月末に第五六師団は撤退した。日本の敗退は続き、アキャブ（一九四五年一月二日）、メイクテーラ（二月二六日）、メイミョウ（三月一二日）、マンダレー（三月二〇日）、トングー（四月二二日）、ラングーン（五月二日）が陥落していった。この間、一九四五年三月二七日にはビルマ国軍の一斉蜂起があった。日本軍は後退して敗戦を迎えた。

図１　内閣の情報局編『写真週報』第214号（1942年）。表紙はラングーンのスレー・パゴダ（筆者蔵）

2　軍政の実施

ビルマでは、日本軍の占領後、軍政が実施された。

ここでは、南方地域の軍政を概観しよう。

まず開戦に先立ち「占領地軍政実施ニ関スル陸海軍中央協定」（昭和一六年一一月二六日決定）において、占領した地域において、軍政（海軍では「民政」と呼称）を実施する区域が定められた。同協定による、軍政の主担当について、「陸軍ノ主担任区域（海軍ハ副担当トス）／香港／比島／英領馬来／スマトラ／ジャワ〔ジャワ〕／英領ボルネオ／ビルマ／（二）海軍ノ主担任区域（陸軍ハ副担当トス）／蘭領ボルネオ／セレベス／モルッカ島／小スンダ列島／ニューギニア／ビスマルク諸島／ガム〔グアム〕島」とした。[6] ただし後には、フィリピンとビルマの「独立」による区域の縮小、占領地の拡大に伴う区域の追補が行われた。

陸軍では、南方での初期の攻略作戦が終了した後に、作戦を担当した地域に準じて、陸軍の編成単位である「総軍」隷下の「軍」ごとに軍政担当地域を割り振り、各軍には軍政監部を設置して、軍政を開始した。なお海軍では南方方面艦隊民生部を設け、各島嶼に海軍民生部を設置した。一九四二（昭和一七）年八月現在での編成を示すと、南方軍の司令部があった昭南には、南方全域を管理する南方軍軍政監部（通称、南方軍政総監部。以下同）が置かれ、フィリピン諸島担当はマニラに第一四軍軍政監部（比島軍政監部）、ビルマ担当はラングーンに第一五軍軍政監部（緬甸軍政監部）、ジャワ担当はジャカルタに第一六軍軍政監部（爪哇軍政監部）、マレー半島南部とスマトラ島担当は昭南に第二五軍軍政監部（昭南軍政監部）、北ボルネオ担当のクチンにボルネオ守備軍軍政部が置かれた。なお海軍では「南方方面艦隊民生部」を設け、各島嶼に「海軍民生部」を設置した。[7] その後に、フィリピンとビルマの独立、軍の新設により適宜に機構の改編や司令部の移転が行われた。なお南方軍は、開戦前と開戦初期に総司令部をサイゴンに置いたが、途中で昭南に移駐して、一九四四年にはマニラに移っていた。しかし戦局の悪化で同年末には、再びサイゴンに設置された。

3　南方軍政と宗教対策

次に、南方占領地での宗教制度について見てみよう。「大東亜建設審議会官制」（昭和一七年二月二一日勅令第九五号）により、同会が設置された。官制によれば、「第一条　大東亜建設審議会ハ内閣総理大臣ノ監督ニ属シ其ノ諮問ニ応ジテ大東亜建設ニ関スル重要事項（軍事及外交ニ関スルモノヲ除ク）ヲ調査審議」することを目的とした。審議会は内閣総理大臣を総裁として、第一部会（総合、内閣総理大臣東条英機）、第二部会（文教、文部大臣橋田邦彦）など全八部会が設けられた。第二部会は、思想や文化、教育、宗教などの文教全般に関する問題が審議の対象となった。各委員が名前を連ねたが、宗教の専門家は不在であった。真宗本願寺派（西本願寺）のかつての管長、本願寺法主であった大谷光瑞（一八七六―一九四八）は委員であったが、第一部会（総合）、第三部会（人口及民族）、第六部会（農林水畜産）に属した。

諮問に従って、審議が進められた。総理官邸で開かれた第三回総会で、文教政策の答申が決定して、そのなかで宗教に関する取り扱いが記載された。

大東亜建設ニ処スル文教政策答申（昭和一七年五月二一日大東亜建設審議会決定）〔抄〕

（二）大東亜諸民族ノ化育方策

第二　方策

三、宗教ニ関スル方策

固有ノ宗教ハ之ヲ尊重シ将来宗教ヲ通ジ大東亜諸民族ガ文化的共同意識ヲ感ズル如ク漸次之ガ誘導育成ヲ図

ルト共ニ宗教ニ関与スル者ニシテ敵性ヲ帯ブルモノハ之ヲ排除ス[8]

つまり南方地域を含む、「大東亜」の建設に際して、現地の宗教は「尊重」という扱いであり、それは、不干渉という懐柔策でもあったのである。現地軍政当局における宗教への対応を見てみよう。開戦前に、大本営陸軍部は次のように決定を行った。

南方作戦ニ伴フ占領地統治要綱（昭和一六年一一月二五日大本営陸軍部決定）

其七　宗教

二十七　既存宗教ハ之ヲ保護シ信仰ニ基ク風習ハ努メテ尊重シ民心ノ安定ヲ図リ我施策教化ニ協力セシム[9]

なお、開戦初期における一連の南方作戦のため、この要綱が決定したが、内容を追加したのが「南方占領地各地域別統治要綱」（昭和一七年一〇月一二日大本営陸軍部決定）である。占領した地域ごとの統治の基本を定めたものだが、宗教関係について、ビルマとフィリピンに事項はなく、マライ及びスマトラ、北ボルネオ、ジャワの各地域について、イスラームの記載があった。すなわちスルタン（ムスリムである在地の王国君主の尊称）への対策である。スルタンは当時、「土侯」と呼ばれ、マライ及びスマトラは、「土侯ノ取扱ハ概ネ宗教上ノ地位ト名誉ト俸禄トヲ与へ我軍政ニ協力セシム」とし、北ボルネオ、ジャワは「土侯ハ差向キ従来ノ地位ト其ノ能力ニ応シ軍政施行ノ機関トシテ利用ヲ図ル[10]」と定めた。

大本営陸軍部の要綱を踏まえて、開戦後に各地を占領して軍政の実施後に、現地軍政当局がそれぞれの地域内での諸命令を出したのである。

本章は、ビルマを対象とするが、続いて同地を担当した陸軍第一五軍について見てみよう。一九四二（昭和一七）年三月一五日に軍政部を組織して、総務部、産業部、財務部、交通部と共に、宗務部が設置された。同日は、第一五軍（秘匿名、林集団）の司令官により、占領地の統治に関する要綱が決定したが、宗教に関する条文を抜粋する。

林集団占領地統治要綱（昭和一七年三月一五日林集団長）〔抄〕

其ノ六　教育宗教

第四十一条　教育ハ当分現制度ヲ踏襲シ急激ナル改変ヲ行ハザルモノトス。／排日教育並ニ拝英米教育ヲ絶滅シ逐次日本語ノ普及ヲ図リ努メテ英語ノ使用ヲ避クル如ク施策ス。

第四十二条　既存ノ宗教ハ之ヲ保護シ信仰ニ基ク風習ハ努メテ之ヲ尊重ス。緬甸仏僧ノ有スル政治的地位ヲ利用シ仏教徒ノ宣撫ニ協力セシムルコトニ努ムルモノトス。(11)

同時に、「軍政部分課規程」（昭和一七年三月一五日林集団軍政部）も公布され、第一三条は「宗務部ハ主トシテ宗教ヲ利用スル人心ノ宣撫ニ関スル事項ヲ掌ルモノトス(12)」とした。

第一五軍は、ビルマ攻略の所期の目標を達成したため、六月三日にはビルマに軍政を施行した。七月二五日に第一五軍軍政部は、第一五軍軍政監部（通称、緬甸軍政監部）に改編され、宣撫班は解散した。軍政監部には、総務部、政務部、産業部、財務部、交通部、そして文教部は教育課と文化課に改組された。分課規程によれば、文化課では

図２　日本軍政下ビルマの５ルピー軍票（1942年）。図柄はパガンの仏塔（筆者蔵）

宗教に関する行政事務を所掌していた。

林集団軍政監部分課規程（昭和一七年七月二五日軍政命第二号）〔抄〕
第三十一条　文化課ハ左ノ業務ヲ掌ル
一、宗教行政ノ指導監督ニ関スル事項
二、文化政策ニ関スル事項
三、文化団体ノ指導ニ関スル事項[13]

第一五軍軍政監部の文教部には、僧籍のある職員が在職していた。一九四三（昭和一八）年七月二一日現在の名簿に、筆者が確認したものだけで、次の人物が勤務していた。[14] 文教部の部附で嘱託の仲野良俊（真宗大谷派、後に同派教学研究所所長）と中島玄良（日蓮宗、後に神奈川県大磯町長）。文教部文化課の陸軍司政官には後述する高橋照空（真言宗、旧新義真言宗智山派）、軍属で元文部省宗教局雇の植木豪順（天台宗）、嘱託の永井行慈（日本山妙法寺）。文教部の日本語学校には、上田天瑞（真言宗、旧古義真言宗）、大野普観（曹洞宗）、真鍋静心（真宗本願寺派）である。参照した名簿は、判任官級以上の職員しか掲載されていないため、僧籍のあった軍政機構の職員は、実際にはこれより多くいたものと推察される。

なお永井行慈は、開戦前からビルマに滞在して、一九四二（昭和一七）年三月に陸軍嘱託の発令を受け、大本営直轄の南機関（機関長、陸軍大佐鈴木敬司）に属した。[15]南機関は、ビルマ独立義勇軍（ＢＩＡ）の設立に関与した。

第二節　陸軍第一五軍の宗教宣撫班の編成

1　編成の経過

第一五軍（司令官、陸軍中将飯田祥二郎）の司令部附として、宗教宣撫班（班長、陸軍大佐小林長次）が編成されたが、その経過をたどってみよう。[16]ある班員は「宗教宣撫班が軍作戦の一部として取入れられたことは、我国に於ては、今回が初め[17]」てと述べている。

作戦において民間人が徴用された経緯について、秦郁彦によれば次のとおりである。

語学専門家、宗教家、南方在住経験者など一六年一一月七日付陸亜密三四三三号により特殊要員の名義で徴用されたが、その主力は通訳要員にふり向けられた。いずれも宣伝・宣撫要員として軍嘱託（奏任官、判任官）の資格を与えられ、徴用期間は一年を予定した。第二次要員（一七年一月）は五三人とされるが、第三次以下を含め明確を欠く。彼らの大多数は軍人、放送、新聞、宗教要員とともに作戦軍の宣伝班（部）に配属された。[18]

一九四二（昭和一七）年初頭に始まるビルマ進攻作戦の開始に先駆けて、陸軍参謀本部では、具体的な時期は不

表1　陸軍第15軍宗教宣撫班員の構成

出身宗派等	人数
真言宗	1
浄土宗	3
真宗本願寺派	6
真宗大谷派	2
真宗誠照寺派	1
時宗	4
黄檗宗	5
曹洞宗	11
日蓮宗	18
法相宗	2
通訳	9
計	62

明だが、財団法人大日本仏教会に宣撫班の人選を命じた。同会の記録には、「本会ヨリ推薦シテ、仏教宣撫班員トシテ、ビルマ戦線ニ約一ヶ年活躍[19]」、「参謀本部より徴用にて南方方面に宗教宣撫員として応召[20]」と記されている。

各宗派から推薦された僧侶は、一九四一（昭和一六）年秋、陸軍中部軍司令部に集合した。同司令部は、大阪府大阪市東区（現、中央区）の大阪城敷地内に駐屯していた。班員の大野普観（曹洞宗）の証言によれば、「一一月二日」という[21]。宣撫班は、僧侶出身の将校（尉官）六人が隊長として小隊を率い、その下に陸軍軍属として徴用された僧侶がいた。上田天瑞は、次のように述べている。

> シャムやビルマは所謂南方仏教の地域であり、これ等の国民が仏教と僧侶とを信奉することは我々の想像以上のものがある。／そこで、これ等の地域の作戦統治の為には、仏教による宣撫が最も有効であろうというので、当時の参謀本部で宗教宣撫班なるものを考えた。先ず試みにやって見ることになり、約四十名の青年僧侶を選んで、一隊を編成し先遣隊として送ることになった。／……班長小林長次大佐は岡山医大の配属教官をしていた人、外に将校六名は全部僧侶で宣撫班のために召集された人々であった……。[22]

残されている名簿によれば、宗教宣撫班の班員は合計六二人で、五三人の僧侶と九人の通訳で編成されたことが確認できる。通訳はビルマ在住経験のある民間人が徴用されたのである[23]。

日蓮宗から一八人が参加したが、班員の出身宗派のなかで最多を数える（**表1**参照）。当時は宗教団体法に基づいて、日蓮宗、顕本法華宗、本門宗が合同して「日蓮宗」として文部大臣より認可されていた。ちなみに宣撫班員を推薦した大日本仏教会にて対外事業を担当した興亜局の局長が、日蓮宗僧侶で仏教学者の馬田行啓（一八八五―一九四五）であった。そのため日蓮宗から多数の人材が、馬田によって送り込まれたと推察できる。また同班には、第Ⅰ部第三章で述べた巴利《パーリ》文化学院の出身者も加わっている。

宗教宣撫班の編成後、班員の訓練を実施した。班員の能勢正信（日蓮宗、旧顕本法華宗）によれば、「訓練に明け訓練に暮れて、夜は語学の猛勉強[24]」をして、「私達の仲間には、私同様初めて軍隊生活を知つた者が可成り多い[25]」実状であったという。

2　南方への派遣

宗教宣撫班の一団は、内地から南方へ向けて出航した。派遣の目的は、班員の加藤円住（後に時宗法主の他阿《たあ》真円）によれば、「任務はタイ、ビルマ……に平和使節団として出向き、宣撫工作を行うことでした。……簡単にいえば、現地民に日本軍の侵攻の目的説明を行うことと、現地民との友好親善を図るための宣伝活動[26]」と述べている。班員の能勢正信の記録は、具体的な日付、場所、船舶名は記していないが、航行中の出来事として注目すべき記述がある。宗教宣撫班員は、宣伝や報道の軍に動員された南方徴用作家たちと同船していたのである。

　船内には元気な山本和夫氏、禅僧然としたイガ栗頭の海音寺潮五郎氏、厚い唇を盛んに活動されてゐる井伏鱒二氏、赤銅色の光頭を輝かしてゐる岩崎栄氏、乙にすました北林透馬氏、おとなしい小田嶽夫氏等がゐる、

吾々と同じやうに、宣撫、宣伝の任務を持つてゐるのだ。(27)

作家の井伏鱒二（一八九八―一九九三）が乗船した艦船は、記録によれば一二月二日に大阪の天保山港から出港した、あふりか丸（大阪商船所属）であり、宗教宣撫班の一行もこれに乗船していたのである。(28)船での様子について、井伏は、「徴用者のうちで船よひしてゐるのはたいてい陸軍に関係のあつた人たち(29)」と記している。

宣撫班員らは、任地を知らずに徴用されてきた。班員の大野普観によれば、「船上ではじめて行先がタイであると知らされました。タイの事情を説明するパンフレットが配布され、勉強させられた。むこうは小乗仏教だからお経も違う。毎日、小乗仏教のお経を教わった(30)」と述べる。

あふりか丸は、台湾沖で開戦の日を迎えた。中国南部の海南島三亜に一〇日から一三日まで寄港後、一八日にはフランス領インドシナのサイゴンに入港した。その後は、班員によれば「西貢（サイゴン）に宿営数日間、その間、訓練と語学の勉強、或は市内を視察し、親善工作を実施、この国の宗教事情を調査(31)」したのである。宣撫班は一二月二二日にトラックに分乗して、カンボジアのプノンペン経由でタイのバンコクに向かった。宗教宣撫班は、一九四二（昭和一七）年一月三日、バンコクに到着した。

第三節　仏教学者の上田天瑞

1　バンコク留学まで

この頃、バンコクに留学していた上田天瑞は、同地で第一五軍の宗教宣撫班から参加の交渉を受けて、同班に加わった。まずは上田の略歴をたどってみよう。

上田天瑞は、一八九九（明治三二）年七月一日に、岡山県に生まれた。一九二四（大正一三）年に真言宗高野山大学（現、高野山大学）を卒業後、古義真言宗の内地留学生として東京帝国大学文学部印度哲学科に学んだ。一九二七（昭和二）年に卒業後は同大学大学院に進んだが、その間の一九二六（大正一五）年には、長男で後に宗教哲学者となる上田閑照が生まれている。この頃には、神奈川県横浜市の本牧にある古義真言宗真福寺の住職であり、大学院修了後は、横浜の保土ヶ谷にある真言宗関係校の明倫高等女学校（現、横浜清風高等学校）で教鞭をとった。一九三三（昭和八）年に高野山大学助教授となり、一九三七年には教授となった。

一九四一（昭和一六）年に上田は、高野山大学から在外研究員として、戒律の研究のため二年間の予定でタイとフランス領インドシナに滞在することとなった。同年の一一月六日に、ばたびや丸（大阪商船所属）にて、神戸より出航した。上田の出発に際して『高野山時報』は、「東亜共栄圏内にあるこれ等両国仏教を具さに研究し彼の地の仏教徒と文化の交流を計る事は現下にあつては極めて意義深いものある事とて同師の研究には非常な期待がかけられてゐる[32]」と評した。

上田が乗船したばたびや丸は、台湾の基隆とフランス領インドシナのサイゴンに寄航して、同年一一月二三日にタイのバンコクに到着した。同地では、バンコクのワット・ラーチャブラナ（通称、ワット・リヤップ）寺院の境内にある日本人納骨堂の管理僧であった古義真言宗僧侶の藤井真水（一九〇七―一九九一）の出迎えを受けた[33]。

2　開戦後の動き

上田天瑞は、バンコクで一二月八日の開戦を迎えた。上田は内地に手紙を送り「真に有史以来未曾有の大業に突入致候。故国日本国内の状態如何にやと遥かに想像致し血を湧し居り候。当に徹底的大覚悟を実践すべきの時と決意致し居り候[34]」と書いた。

一二月二五日には、泰国日本人会（会長、江尻賢美）主催による「南泰在留日本人青年殉難者慰霊祭」が日本人納骨堂で実施された。一二月八日の開戦に際して、タイ政府は日本軍の領内通過に合意したが、政府命令が地方に行き届かなかったため、同日にはタイ南部ナコーン・シー・タマラート在住の日本人青年六人が殺害された。泰国日本人会によって慰霊祭が執行され、特命全権大使の坪上貞二や第一五軍司令官の陸軍中将飯田祥二郎ほか、日泰の要人や在留邦人などが多数参列した。法要では、藤井真水と上田のほか、真宗本願寺派僧の平等通昭《びょうどうつうしょう》（一九〇三—一九九三）の三人が読経した。平等は、バンコク日本大使館の外郭団体である日泰文化研究所所長と盤谷日本語学校校長として同地に滞在中であった[35]（第Ⅲ部第三章参照）。

宗教宣撫班は、バンコクに「滞在約五〇日、その間、王宮寺院であるワット・プラケオをはじめ市内十数の巨刹に分駐、各小隊長以下全班員はタイ国僧侶と寝食を倶にしつゝ、大東亜戦争の意義を僧侶及国民大衆に徹底せしむべく、或は托鉢行に、或は街頭宣伝に、親善工作に従った[36]」のである。このようにバンコクでは、市内の有力寺院への参拝や高僧の招待、また宣撫班員が数班に分かれて一週間ずつ各寺院に滞在していた。

宗教宣撫班に、平等は顧問格で参加したが、ビルマには行っていない。ただし前述のバンコクの寺院への参詣は、平等が進言したものであった。

私〔平等〕の仏教を中心とする対泰文化工作は坪上〔貞二〕大使等に高く評価されて居り、初め馬来進駐軍山下部隊〔第二五軍、司令官山下奉文〕が盤谷に入ると、私の献言により泰の大寺に参詣し、高僧を招待して供養し、十五軍（林〔部隊〕）がビルマ進駐に定ってから、タイとビルマは全くの仏教国であったので、私のやり方を仏教宣撫班はビルマ進駐后当初は同じように踏襲し、拡大したらしい。(37)

平等自身が僧侶であり、既にタイで文化事業の実務経験があったゆえの助言であったと言えよう。

3　宣撫班への参加

一九四二（昭和一七）年一月初頭、上田は宗教宣撫班の参加要請を受けた。この時の様子について、上田は次のように記している。ここから上田が、研究の優先を条件に、参加を承諾したことがわかる。

私〔上田〕にもかねて此の宣撫班に加わらないかとの交渉を受けて居たので一月五日班長小林〔長次〕大佐を訪問し自分の希望する所を卒直に述べて、研究を主とするという条件で参加させて貰い度いと特に依頼して一月七日私も奏任待遇嘱託として宣撫班の一員となつたのである。但し常時部隊と行動を共にするというのではなくて自由に研究をし必要に応じて参加勤務をすればよいという事であつた、手当は七十円である。(38)

一九四二年一月二一日には、滞在していたヨーロッパ・ホテルからワット・ラーチャブラナ寺院に移った。上田はホテルに宿泊していたが、「私〔上田〕は泰の寺院内に寄宿して研究を進め度い希望であつたので藤井真水君の尽力でワットリーヤップ〔ワット・ラーチャブラナの通称〕に寄宿することになつた。此の寺には日本人納骨堂があり藤井君は此の建設に尽力しその中に住んで居つたのである」(39)という。また上田は「今日は正しく正月二十一日初大師の日に寺院に移ったのも意義深い事に思える。……藤井君と一緒にチョクン（大僧正）に挨拶に行き五十バーツを献上する。……此処で私は寺内の青年講師に就いて泰語と泰仏教の研究を始めた[40]」のであった。前述の藤井真水は、上田がビルマに移動するまでの短い期間、バンコクでの研究の手助けをしているが、ビルマには同行していない。

第四節　ラングーン周辺の宣撫工作

1　上田天瑞の従軍

ビルマへの進軍を前に、バンコクに駐留していた第一五軍の宗教宣撫班の班長である陸軍大佐小林長次の要請で、宣撫班に入った上田天瑞は、いよいよビルマに向かうこととなる。

〔一九四二年〕一月の始め本部を訪れ小林班長に面会すると、／「泰緬国境道路も近く開通するので宣撫班も遠からずビルマに進行する筈です。それであなたはどうしますか、一緒に行ってもらえれば結構、又こちらに残ってもよろしいから考えておいてくれ給え」／との話。／私はここで進むか留まるかの決意をすべき時となった。／色々と考えたが「この機を逸してはビルマに行く機会はなかろう。せめて二三ヵ月でも行きその上タイに帰って研究を続けよう」。漸くこう決心して二月八日小林隊長を訪ねてビルマ行の依頼をした[41]。

一九四二（昭和一七）年二月二二日付で、上田が書いた書簡には次のようにある。バンコクでの研究生活について、報告した内容である。

二ケ月間ホテル生活をして泰語の習得や準備をなし見学等に費しましたが、先月廿一日初大師日を期して日本人納骨堂のあるワツトリーヤツプ寺の宿舎を借りて移りました、納骨堂には同宗の藤井真水師が居りますが小生の居るのは寺の宿舎で新築の仲々立派なもので現在の所では一棟を小生独占の状態です。……小生は現在は寺中にあつても全く自由の生活をしてゐますが朝の御勤には参列、泰僧と共に巴利語の御経を読んでゐます。毎日巴利語学校の先生をしてゐる青年僧が来てくれてこれを助手に研究してゐます、小生には非常に有意義です、寺内では日本のアーチヤン（教授）として尊敬もしてくれ非常に親切にしてくれます。……尚小生は最近軍に従つてビルマに行きます、今の予定は二三ケ月滞在、又こちらに引返し泰で研究を続ける積りです。(42)

ここからわかるように、上田は、戦時下という特殊な状況においても、留学のため南方に渡った所期の目的に従って、真摯に研究を続けていたのである。

2　ラングーンへの移動

第一五軍の宗教宣撫班は、ビルマへ向けて出発した。班員は徒歩と自動車での移動に別れ、徒歩組の三二人が一九四二（昭和一七）年二月二六日に出発した。二七日には隊長が飛行機でモールメンに向かった。上田は、二八日に自動車での移動となり、三月一三日にラングーンへ到着した。陥落から五日後のことであった。つまり前線の作戦軍に後続して、移動したのである。

その頃、第三三師団と第五五師団は、三月八日にラングーンを陥落させたが、宗教宣撫班はタイ領のメーソートで待機していた。同班は九日に出発して、ビルマ領内に入りサルウィン河を渡った後、前述したように、一三日にラングーンへ入った。一六日には宗教宣撫班の本部が、接収した市内の華人実業家の邸宅に置かれ、班員の宿舎は本部付近のイギリス人が住んでいた住宅を使用した。

三月一八日から宣撫班の活動が開始されたが、同日に宣撫班本部の前にはビルマ語で次のような内容の布告文が掲示された。

軍宣撫班布告文

一、戦禍ヲ蒙リタル民衆ニ対シ深ク同情スル。

二、従来ラングーン市居住ノ支那人及ビ印度人ニシテ良民証ノ得度キモノハ来レ。

三、良民証ヲ有スルモノ及ビ緬甸人中生活ニ窮スルモノニハ米塩若干ヲ与フ。

三月二十五日ヨリ向フ十日間午前八時ヨリ十一時マデ開庁ス。

四、失業者ニ対シテハ職業ヲ斡旋ス。

プローム路角一〇〇番ハルピン路／軍宣撫班(43)

宗教宣撫班は、いかなる任務に従事していたのであろうか。ラングーンでは三月一七日より軍政が開始された。宣撫班は第一五軍司令部から白米五〇〇トンと食塩七〇〇トンが支給され、翌日一八日により戦火を避けて避難していた住民に対して配給を実施した。同時に、良民証・通行証の発行と職業斡旋を行った。そのため多数の市民が参集した。このうち宗教宣撫班において、上田が関わった活動は、次のとおりである。

> 私〔上田〕は用事が無いということで施米用の米運搬係長になった。三十人のクーリー〔苦力〕を使い荷車とホロ形乗用車で四哩はなれた東倉庫から壱千俵の米と五俵の塩を運ぶのである。言葉は全く通じない。……／構内のテニスコートを施米場とし続々と集って来る難民を一列に並ばせ大人には飯盒に三杯、子供には一杯を与えるのであるが、来るものは大部分印度人である。本部では十日間で八千五百人に四百俵の米を施した。／施米は本部のほかミルロード、中央市場付近、キメンダインで行った。(44)

また宗教宣撫班は、ラングーン近郊の避難民に帰還勧告のビラを撒布したが、その際、数種類のビラを作成した。表面には奈良大仏、法隆寺、宇治平等院、阿弥陀三尊、悲母観音、築地本願寺などの日本仏教に関する写真が印刷され、裏面にはビルマ語で写真の図柄を解説するとともに、ビルマ人の信仰する仏教が日本においても信仰され、日本とビルマは共通の仏教を信仰するアジアの同胞であることを説いたものであった。

宣撫活動中に上田は、ビルマの知識人であるウ・チョーグイと知り合うことになる。四月九日に中央市場付近で施米をしていた際に、ラングーン大学付属中学校校長であったウ・チョーグイが家族と共に上田のもとに来た。大学構内の教員住宅に家族で住んでいたところ、日本軍が進攻してきたため、郊外に避難した。平定後に自宅へ戻ると、日本軍に接収されていたという。相談を受けた上田は、ウ・チョーグイに対して憲兵隊宛ての紹介の名刺を渡した。上田は、次のように述べる。

> 二、三日してこの夫婦が私〔上田〕の家に訪ねて来て／「御陰様で憲兵隊に頼んで別の家をもらいました。」と大変に喜んで礼を言った。／この人は後に私のビルマに於ける最良の友となったウ・チョーグイ氏である。彼は私の日本語学校創設から在任中最も忠実な顧問、助手となり私と共に仕事をした珍らしい人格者で、真に心を許しあい信じあった友となった。[45]

宣撫班では四月一五日、軍司令官代理として宣撫班長の小林大佐が、法衣を着た日本僧一〇人を従えて、ラングーン市内のシュエダゴン・パゴダにて寄附金一万円の伝達式と僧侶大会を実施した。式では、寄附金の伝達、司令官の挨拶、パゴダ管理者代表で前上院議員ウ・パトーの謝辞、アレートヤ大僧正の謝辞と説法、大会決議文の朗読が行われた。

この決議について上田によれば、「決議は日本軍に感謝し協力することを誓ったものであるが、これは特に在俗者が読んだ。それは僧侶が直接戦争に協力することを避けようとしたもので、アシン・アディッサの挨拶でも、特に「仏の教誡に違背せざる範囲に於いて出来得る限りの協力を致します」と述べた。彼等はどこまでも宗教第一の立場を堅持していた[46]」という。また大会では、上田を導師に日本僧が般若心経を読誦し、大会にはビルマ僧約一八〇人が参列した。

四月一五日の式典後、各地区では協力委員を任命して、委員であるビルマ僧達を中心に各所で民衆会を開いた。民衆会は毎日午後に二、三か所で行われた。会の所要時間は一回につき約一時間半で、小さな集会から五、六百人も集まる大集会まで、様々な規模であったが、民衆会では宗教宣撫班長や法衣姿の日本僧の班員が講演をした。ビルマ僧で最も協力し、各地で講演をしたのはアシン・アディッサ僧正であったという。上田も「時々話したがこの講演会というものは通訳が一寸変ったやり方である。日本語を予め英語に訳して書いたものを通訳に渡し、これを見つつ日本語の講演をビルマ語にするという間接通訳をしたり、日本語の話を一度英語で通訳し更にビルマ語に通訳するという二重通訳をしたりした[47]」のであった。

宗教宣撫班での活動の傍ら、上田は研究を続けていた。宣撫班の宿舎に隣接してペグー・クラブというイギリス人の社交場があり、そこには約一万冊の書籍が収蔵され、特にビルマに関連する書籍は網羅的に集められていた。上田は、このクラブのほか、ラングーン大学の図書館に行き、「ビルマや仏教についての書物を調べて時の経つのを忘れることが屢々であった[48]」という。イギリス人が収集した資料群を見て、上田は次のように感想を抱いた。「英国がビルマに侵入して……ビルマに関する貴重な研究書を是の如く多数に著わしていることは、我々の大いに範とすべき点である。英国の官吏や軍人、牧師等は印度でも、セイロン、ビルマでもその任地の語学から研究してその国の文化について根本的な研究をしているのは羨ましいことである[49]」として、植民地主義に由来する研究姿勢に感心したのであった。

第五節　マンダレー周辺の宣撫工作

1　マンダレーへの派遣

第一五軍隷下の第一八師団と第五五師団による、北部の仏都マンダレーへの攻略開始に伴い、宗教宣撫班に次の命令が出された。それはマンダレーに進攻する主力部隊に協力するもので、一九四二（昭和一七）年四月一日早朝に出発することになった。この任務のために新たに小隊が編成され、小隊長は京都帝国大学出身の陸軍中尉中村英俊（日蓮宗、旧顕本法華宗）であった。班員は五人の僧侶によって編成され、山形英応（日蓮宗、旧顕本法華宗）が在隊をしていた。後に山形は、隊長よりビルマ仏教連盟の組織主任を命ぜられ、連盟の結成に関与した人物である。[50]小隊に参加した能勢によれば「今回の挺身行には、思ひがけなくも、ラングーンの高僧、ウパルマ師（五三歳）及青年僧ウピニヤ、テタ師以下七人のビルマ僧が吾々に加はつて、従軍することになつた[51]」という。

マンダレーへの移動の途中で小隊長の中村が病気により離脱した。上田によれば「四月一日、中村中尉は班員十一人、ビルマ僧……以下七名を伴って出発した。途中トングーで中村中尉は発熱入院したので桜井〔兼道〕少尉がこれに代った[52]」という。桜井は、曹洞宗の僧籍を持つ軍人であった。上田と「桜井少尉とはシャムに於ける宣撫班時代よりの交友で幾度か生死を共にした間柄[53]」であったという。

各地における民衆の反応について、能勢は次のように述べる。

我等の来たことを知つた民衆は、ぐるりと円陣をゑがいて待つてゐてくれる、約一千名に近い人だ。／「日本ポンジー（僧侶）来る、ウパルマ来る」と我等の姿を見ると盛んに歓迎をしてくれる。／……独立義勇軍の幹部が起つて、／「宣撫班《ニンジャンエ・アポエ》への感謝と、健康を祝して」と合同の発声をしたと思ふと「オー〳〵〳〵」と全会衆は、合掌する手を額にあてて、大地に三度、敬虔な礼拝を繰返す。[54]

宗教宣撫班は、ビルマの僧侶と似た色の法衣を身にまとって活動した。そのため仏僧を心から尊敬するビルマ民衆に受け入られたのである。

桜井と山形らは、重要な役割を果たすことになった。元首相ウ・プーの救出である。ラングーンとマンダレーの中間地点であるピンマナに滞在していた四月二八日の出来事であった。

夕方、工作に出かけてゐた山形君、矢後〔竹次郎〕通訳が「暑い〳〵」と云ひながら帰つて来た。／「大変な収穫だよ今日は」／「どうしたんだよ」／「元首相のウ・プー氏の隠れ家が見付かつたんだッ」／「ほう、それや大したもんだね」／〔桜井〕隊長は入城早々の快報に膝を乗り出す。／当市〔ピンマナ〕東方二哩のカンタナー村の陋屋に、戦火を避け、英軍の執拗な探索の眼をかすめて、元ビルマ総理大臣ウ・プー氏一家が潜伏してゐることを、同方面工作に出かけた山形君等の耳に入つたのである。どうして、それが吾々の耳に入つて来たかと云ふと、黄衣の日本僧と、〔宣撫班同行の〕ビルマ僧がピンマナ再建の為め、有力者の所在を探してゐるといふことを伝へ知つた部落民達は、お坊さんなら、総て教へても大丈夫だと相談した結果、御注進に及んでくれた次第だ。(55)

つまり宣撫班が僧衣で活動したからこその成果であった。翌日の四月二九日に宗教宣撫班の桜井小隊の一行は、ウ・プーが隠棲していた住居を訪ね面談をした。ビルマは一九三七〔昭和一二〕年四月にイギリス領インドから分離して英国の直轄植民地となり、初代首相にはバー・モウが就任した。ウ・プーは二代首相として、一九三九年二月から一九四〇年九月までその任にあった。日本の進駐後、イギリス側の命令を待たず監視の目を避けて避難生活を続けていた。イギリスのビルマ撤退を望んでいたウ・プーであったが、日本軍の処遇に不安があったのでこの日まで姿を隠していたのである。四月三〇日に僧侶と市民によるピンマナの再建大会が開催され治安維持会が結成された。大会では宣撫班に従軍していた僧侶ウ・パルマや元首相ウ・プー、そして小隊長の桜井が演説をした。その後にウ・プーは、高齢ではあったがマンダレーへ向かう宗教宣撫班と行動を共にすることになった。

2　マンダレーの占領

一九四二（昭和一七）年五月一日に、日本軍はマンダレーを占領した。陥落後の五月四日に宗教宣撫班は市内に進み、ラングーンで実施したように市民に対して良民証や通行証を発行して、避難していた市民の帰順を呼びかけた。またマンダレーの有力な僧侶を組織して、日緬仏教親善懇談会の準備を進めた。同会の模様は次のように新聞で報道された。

【ビルマ前線〇〇《ママ》にて寺倉特派員十六日発】　同じ仏教を奉ずる日緬が仏教を通じて固く握手しようと〔一九四二年五月〕十五日正午軍宣伝班主催の下にマンダレー市内セクータイで盛大な日緬仏教親善懇談会がわきあがる復興の喜びに燃えて開かれた／主催者側からは桜井兼道少尉（横須賀市山王町曹洞宗良長院住職）ほか宣伝班員の僧侶十数名が、いづれもビルマ僧侶の服装で出席、ビルマ側からは最高位のニヨンガンセヤドー師（マンダレー市フロムタビホンのニヨンガン寺住職）セクータイ寺住職シヤデンダイセヤドー師らで、いづれもビルマにおける高僧五十九名、これに元総理大臣ウープー氏（六二）フン氏の親子、ミンドン皇帝の玄孫でテイボー王の叔父に当る上院議員テイテンビユー氏ら、名士約三十名列席／まづ桜井少尉が今次征戦の意義を説明、現下ビルマ人の自覚を促すとゝもにビルマ民衆の向ふべき方向について要望、一方ビルマ側からもニヨンガンセヤドー住職起つて日本軍の指導援助のもとにビルマ再建に全力を尽くす旨の力強い宣誓があり、終つて懇談に移り日本側に対するビルマの協力についてあるひは日本側のビルマ指導に関する問題について、各要望懇談

をとげ第一回の親善懇談会は和気藹々たる空気のうちに午後二時終了散会した[56]

五月二一日には、マンダレーで、宗教宣撫班により市民大会が開催され、バー・モウ（Ba Maw　一八九三―一九七七）が参加した。市民大会への参加起用は、宗教宣撫班の発案により軍政部と憲兵隊に提案して実現させたものであった。バー・モウをめぐっては、次の逸話がある。

かねてマンダレーから十数キロ、イラワジ河の対岸、サガイン及ミンゴン地区に開戦直前のビルマ政府要人や政党主脳《ママ》者達が潜行してゐるといふ情報が入つてゐたけれども、仏教懇談会開催工作に手一杯活動してゐた吾々は、今日〔五月一四日〕まで飛び出すことが出来なかつた。やつと今日、山形〔英応〕君等がその地区へ出かけて探索して帰つて来たのである。／「今日私〔山形〕は、前内務大臣や森林大臣に会ひましたところ、バーモ博士が一昨日、憲兵隊に救出されメイミヨに行つたことを知らせてくれました。あの情報が入つたとき、直ぐに飛び出して行けばきつと吾々の手で、バーモ博士を救出できたと残念でたまりません」と、山形君は何度も何度も云ふ[57]。

バー・モウは、ビルマ独立運動の指導者であった。英領ビルマ初代首相を経た後、反英闘争を理由に一九四〇（昭和一五）年八月に逮捕されたが、一九四二年四月に脱獄して潜伏していた。後にバー・モウは、一九四二年八月に日本軍政下のビルマで中央行政府の長官となり、一九四三年八月のビルマ「独立」に際しては、国家元首に就任した[58]。

3　ビルマ仏教連盟の設立

ビルマ占領後、第一五軍では宗教対策として、ビルマ仏教の各宗派間の対立解消を図った。ビルマ軍政監部文教部長であった田上辰雄によれば、「ビルマ仏教派閥の統一という仕事も大事業であった。ビルマにおける僧侶の地位が政治上においても極めて有力であり、しかも派閥抗争が根強いので、日本軍の軍政上この際宗教派閥の統一を必要とし、この……大事業に軍司令官、参謀長も深い関心を寄せて[59]」いたという。ビルマ仏教の宗派は、ツーダンマ（Thudhamma）派、シュエジン（Shwegyin）派、ドワーヤ（dvāra）派などがあり、複雑に対立していた。マンダレーで宗教宣撫班は、一九四二（昭和一七）年六月一七日、ニャンヤン僧正を会長とするビルマ仏教連盟を結成させた。準備に際して山形は「隊長〔桜井〕から緬甸仏教連盟組織主任を命じられた[60]」という。連盟の綱領〔訳文〕は次のとおりである。

〔緬甸仏教連盟〕綱領（訳文）

一、本連盟ハ仏教精神ヲ基底トシ、ビルマヨリ個人主義自由主義唯物主義思想ヲ芟除《サンジョ》シ中道思想ノ昂揚ヲ期ス

一、本連盟ハ東亜ノ盟主日本ノ指導下ニ東亜共栄圏ノ一環トシテビルマ建設ノ推進力タランコトヲ期ス

一、本連盟ハ常ニ世界ノ進運ニ着目シ仏教精神ノ具現ヲ期ス[61]

連盟結成の目的は、効果的に統制するため、各宗派に分かれているビルマ仏教の各宗派を連合させることであった。宗教宣撫班の認識として「我皇道的仏教に誘引せしめ、ビルマ再建と大東亜建設に協力せしむること[62]」であっ

たが、小隊長の桜井兼道はビルマ仏教連盟の設立に際して、次のような見解を示していた。

隊長の根本的な意見として／「たゞ軍が、かうせよといふからやると云つた連盟では何もならん。飽迄、彼等高僧達の内なる心から、世界情勢とビルマの運命とを考へて、自身の中から盛り上がつた声として、誕生する連盟でなくてはならぬ」／といふ信情を山形君も私〔能勢〕も、高僧達と語る間に、いつもこの軍服をまとつた仏教者、桜井師の高遠なる理想と良心に心しつゝ、啓蒙と誘導的な役割を果すことに努力して来た。[63]

そもそも南機関でも、一九四二（昭和一七）年四月にラングーンでビルマ興国仏教連盟（会長、ガダージ僧正）を結成していた。軍政監部の指導によって、宗教宣撫班によるビルマ仏教連盟と南機関によるビルマ興国仏教連盟は、合同されることになった。一九四三年六月にラングーンでビルマ仏教徒全国大会が開かれて両連盟が統合され、仏教弘道連盟なるものが設立されることになった。しかしビルマ行政府側でも、ビルマ独立を前にして大僧正連盟の設立を計画していたため、両連盟とビルマ行政府とで協議がなされた。意見の相違があったが、南機関の嘱託であった日本山妙法寺僧侶の永井行慈らの斡旋によって、一九四三年八月のビルマ独立後、両者を統合したビルマ僧侶連盟が発足して、ビルマ政府厚生宣伝省宗教局の指導により、仏教振興と民衆教化を目的とする活動を始めた。[64]

山形は、宗教宣撫班の解散命令の以前より、本隊とは別行動であった。ビルマ仏教連盟の結成後に、ビルマ仏教研究を命じられたからである。山形は「〔一九四二年〕七月末ラングーンに派遣され、命令によつて両安居中の一寺院にたゞ一人止住してゐた」[65]という。同年秋には日本に帰還したが、研究の成果は学術雑誌に掲載された。[66]山形の論文は、寺院に滞在して複数の僧侶から聞き取り調査を行い、ビルマ仏教の各宗派の歴史と現況を報告したものである。その研究の背景には、日本軍のビルマ仏教対策があったことは否定できない。ただ戦前戦中の日本で紹介されていたビルマ仏教に関する成果が、英語図書からの抜萃翻訳であったなかで、山形の論文は実際に寺院に滞在した調査報告に基づく実証的な成果であったといえよう。なお山形は、宗教宣撫班に従軍していた高僧ウ・パルマより、「ウ・イサラー」の僧名が授与された(67)。かつて反英闘争に関わったビルマ僧侶に因むという。

第六節　日本語教育と上田天瑞

1　蘭貢日本語学校の設置

第一五軍では、ラングーンの占領後、日本語教育を行うことになった。上田天瑞によれば、「私は宣撫班の事業として、日本語学校を創らねばならないと班長に進言していたが容易に実現せぬ。それがようやく五月八日に至ってその開設を決定し、具体案を出せということになったので、翌九日、かねてから考えていた構想により「蘭貢《ラングーン》日本語学校開設案」を起草提出した(68)」という。一九四二（昭和一七）年五月一〇日に軍政部へ提出した開設案は、次のとおりである。日本語教育を通して、民衆に日本の意図を伝えるためである。

蘭貢日本語学校開設案〔抄〕

一、名称　蘭貢日本語学校

一、目的　緬甸ニ日本語ヲ普及セシメ新緬甸ニ於ケル日緬両人ノ生活活動ニ便シ、且ツ言葉ヲ通ジテ日本精神、日本文化ヲ理解セシメ以テ大東亜共栄圏ノ確立ニ資セントス。／……

一、経営　軍政部ノ事業トシテ経営ス。但シ当分軍政部ノ委嘱ニヨリ、ソノ指導監督ノ下ニ宣撫班ニ於イテ経営ス。／尚市治安維持会ノ協力後援ヲ得ルモノトス。
一、職員　校長一名、主事一名、教師（専任）五名、事務員若干名、通訳兼事務員一名（緬甸人）
一、生徒　第一期生トシテ約二百名ヲ募集シ左ノ部ニ分ツ／青年部約百名、女子部約五十名、少年部約五十名（男女共学）／青年部ヲ学歴年令ニヨリ二組ニ分チ全生徒ヲ四組トス。尚必要アル場合ハ特定志望者ノタメニ特別クラスヲ設置ス。
一、入学資格　緬甸人ニシテ、相当程度ノ学歴ヲ有シ思操堅実ナルモノニ入学ヲ許ス。但シ欠員アル場合ニハ印度人ニモ詮衡ノ上入学ヲ許可スルコトアルベシ。
一、修業期間　初級上級ニ分チ初級ヲ終了セルモノヲ上級ニ進級セシメ、修学期間ヲ各一ヵ年トス。一ヵ年ヲ更ニ前期後期ニ分チ各々六ヵ月ヲ一期トス。／尚、別ニ短期講習会ヲ開クコトモアルベシ。
一、教授方針　日本語ノ教授ニ於イテハ実用ヲ主眼トスルモ組織的語学力ノ養成ニモ留意スベシ。特ニ日本精神日本文化ヲ理解セシムルコトニ注意スベシ。(69)

蘭貢日本語学校は、上田を主任として、五月一九日より開設準備が始まった。上田は、兵站司令部と交渉して、アメリカ系のミッションスクールであったセントガブリエル高等学校に校舎を設定した。

六月一日に蘭貢日本語学校が開校した。開校式には、軍政部総務部長の陸軍大佐中田佐一郎ら、日本とビルマの有力者が列席して実施された。同校の陣容は、校長に宣撫班長の陸軍大佐小林長次、主事に陸軍嘱託の上田天瑞、教師に陸軍徴員の吉田悦三、大島一晁、西出某、奥田某であった(70)。

図3　シュエダゴン・パゴダにて僧侶に日本語を教える上田天瑞（『南方仏教修学記』より）

　同校の学生について見てみよう。第一回の入学者は、志願者は一〇六七人のうち選抜の上で、五四三人が入学した。一九四二（昭和一七）年九月の第二回の入学者は、一八三八人中の一〇四四人が入学した。上田によれば「爾来一年四ケ月日本語教育の事業に当りその間約三千名のビルマ青年男女を教育した。その中僧侶学生約五百名が入学した」[71]という。

　一九四二年八月一日にビルマ行政府が発足するが、直前の七月二五日には、第一五軍軍政部が軍政監部に改組されたことにより宗教宣撫班は解散され、班長の小林大佐は帰国した。八月七日付で、宗教宣撫班員四〇人の中から、日本語教師として吉田悦三、大島一晃、真鍋静心、大野普観、関野恵遵、白鳥義堂の残留が命じられ[72]、上田が校長となった。

　同年九月には前線部隊より教員経験者六人が日本語学校に勤務することになった。その一人である草薙正典《くさなぎまさふみ》は、次のように述べている。

ラングーン大学に入居した軍司令部に出頭、ラングーン日本語学校勤務を命じられました。そして、市内のパゴダ通りの東側の、赤レンガ三階建ての立派な建物にいる日本語学校を訪ねました。出て来て、「やあ、いらっしゃい。私が校長の上田天瑞です」と名乗ったのは小柄で優しそうな中年の人でした[73]。

校長の上田のもと、教師たちは、日本語教育を行ったのである。一九四三（昭和一八）年八月一日にビルマが独立すると、蘭貢日本語学校は蘭貢第一日本語学校となった。日本語学校は、ビルマ政府の所管となり、教員はビルマ方面軍の監督部文教班の所属となった。同年八月頃にはビルマ全土で数十校の日本語学校が開校され、日本から多数の教師が派遣されてきた。ビルマでの日本語教育が軌道に乗った頃、上田は内地への帰還を命じられることになった。

しかし上田は、「ビルマに於ける最大の念願としてせめて最後の数カ月を今度の南方行の素志であった仏教研究に専心し度いと希った。当時文教部長で日本語学校の初期から非常にお世話になった田上辰雄氏……の尽力で、私〔上田〕は特に許されてマンダレーに行き仏教研究に専念することになった[74]」という。九月二九日にラングーンを出発し、鈴木司政官の自動車に便乗して、ラングーンの北にある古都マンダレーへ向かった。

2　マンダレー日本語学校への転属と僧院修行

蘭貢日本語学校校長であった上田天瑞は、緬甸軍政監部の文教部長であった田上辰雄の配慮によって、マンダレー日本語学校の配属となったが、実際には教育に従事せず研究に専念した。

同校の校長は、真言宗（旧、新義真言宗智山派）僧侶の高橋照空《しょうくう》（一九〇三―一九六三）であった[75]。高橋は、かつて財団法人仏教連合会と合同真言宗にて主事を務めるなど、宗教団体の事務処理の経験があった人物である。そのため一九四二（昭和一七）年九月に陸軍司政官として任命され、ビルマ軍政における宗教行政事務を担当した。その後に、一九四三年九月から一九四五年一月までマンダレー日本語学校校長の任にあり、上田とは合同前は古義と新義で宗派が異なるが、同じ真言宗僧侶であることから親交を深めた。

ラングーンを出発した上田は、一九四三年一〇月一日にマンダレーへ着き、翌日にマンダレー日本語学校を訪れた。上田は「事務所に行くと高橋校長も頑張ってやっている、仲々元気そうである。……日本語学校附であるが専ら専門研究をやることにし、一切の俗事を放棄精進すべく高橋師よりも勧められる[76]」との配慮を受けた。マンダレー滞在の目的は、ビルマ僧として出家して、研究と実践を行うことであった。上田は一九四三年一二月一七日から一九四四年三月一九日まで九〇日間の修行をしたが、その間にマンダレー西南のサガイン山に草庵を結び、シュエジン派[77]の僧名「ウ・ワヂラブディー」（金剛智）として修行した。修行に際しては、戦禍を避けてマンダレーからサガイン山に移っていた「ビルマ第一の学匠」と称されたアバヤーラーマ大僧正に師事したが、修行中に大僧正は没したため、その後はシシン僧正から教えを受けた。

上田の修行生活と戒律観は興味深いが、ここでは本章の考察対象である宣撫活動に関する事項のみ記述したい。ビルマ方面軍隷下の第一五軍では、ビルマ僧を動員すべく衛生勤務員養成所を設置した。同軍司令官の牟田口廉也《むたぐちれんや》が、仏教対策を重要視していたからである。マンダレー到着直後の一九四三（昭和一八）年一〇月六日、牟田口から の希望により、上田はメイミョーの司令部を訪れた。参謀部で参謀の橋本洋に会い僧侶隊の編成について話を聞き、上田はビルマ僧について説明をした。その後に上田は、牟田口の司令官室を訪れる。

僧侶隊とはなにか。牟田口は、上田に対して「ビルマが独立国となり、今後よい国家となる為には、仏教もこれと歩調を合せて国家の発展に寄与しなければならない。／……こういう気概のある青年僧侶を集めてビルマのために働いてもらい度いと思い、僧侶隊の編成を計画しているわけです[78]」と説明した。上田は、牟田口について「たくましい風貌であるが極めて鄭重である。〔牟田口〕将軍は占領地の宗教については常に重大な関心を持ち、シャンでもマンダレーでも既に度々高僧と面会して意見の交換をしていた[79]」という。

その後、上田の修行が終わり、サガインからマンダレーに戻り、友人の僧侶ウ・イトーダの寺院に滞在していたが、一九四四（昭和一九）年三月二三日には再びメイミョーの司令部に行った。同日の会議に参加して、衛生勤務員養成所の規定や人事が決定されたことを聞いた。四月一日にメイミョーで衛生勤務員養成所が開所されることになり、三月二五日に志願者を選考したが、募集定員六〇人のところ応募者九八人で、入所許可者七五人であった。大部分はマンダレーの青年僧侶であったという。上田は「三月卅一日午後六時、新設第十五軍衛生勤務員養成所の新入生七十五名の青年僧侶は四台の軍トラックに分乗して、新しい希望をもってマンダレー日本語学校を発ってメイミョウに向った。私〔上田〕も彼等を見送りビルマ仏教史に於ける一時期を画するものとして、ひそかに彼等の前途を祈った[80]」と記している。

僧院で修行を終え、当初の目的である留学を果たした上田は、帰国することになった。上田は、一九四四年四月二日に鉄道でマンダレーを出発して、六日朝にラングーンへ帰着した。四月二三日にラングーンのミンガラドン飛行場からバンコクのドンムアイ飛行場まで空路で向かい、藤井真水と再会した。五月二日には昭南まで鉄道で移動して四日に到着した。六月六日には帝亜丸（日本郵船所属）で出航し、目的地の福岡県の門司港まで帰国の途についた[81]。帰国後、高野山大学の教授に復帰した。

帰国の際に、ビルマの仏教界から仏像とビルマ版一切経が上田に託された。[82] 仏像は、高野山金剛峯寺の金堂に安置される運びとなり、一切経は高野山大学図書館に寄託された。

上田天瑞が帰国した後、ビルマでは日本軍の敗色が濃厚となった。各校の日本語教師たちは一九四五（昭和二〇）年四月以降、泰緬鉄道沿線の宣撫活動に従事した。ビルマ方面軍の参謀三課において日本語教育挺身隊が組織され、陸軍司政官の平松竜英が隊長となった。平松は、東京帝国大学で宗教学を学び、真宗大谷派の僧籍があった人物である。[83]

おわりに

本章では、戦時下のビルマにおける宣撫活動について、上田天瑞を中心に述べてきた。まとめるならば、当初はタイとフランス領インドシナで留学予定であった上田は、開戦とともにビルマ進攻作戦を担当する第一五軍の宗教宣撫班に加わった。仏教徒の多いイギリス領ビルマへの攻略には、仏教学者である上田の専門的知識が必要であったのである。専門家の立場から、上田はビルマ仏教に対して冷静な観察を行っていた。戦時中には占領地域の仏教者への指導と改良が喧伝されていたが、帰国後に上田は「ビルマ仏教が日本仏教と余りにも対蹠的なのに驚くのである。ビルマ仏教を日本大乗仏教によつて改革するとか、指導するとか言ふことは、教理論を闘はせることによつては現在の所絶対不可能である」[84] と断言している。ビルマでは、ほかにも多数の仏教者が宣撫活動に関わっており、本章はその一部を記したに過ぎない。

最後に、戦後の上田について触れておこう。上田は一九四七（昭和二二）年から一九五一年まで高野山大学学長

図４　高野山成福院のビルマ仏像（筆者撮影）

として教育と研究に携わったが、戦時中のビルマでの体験から、海外との交流や慰霊活動に力を注いだ。一九五四年にビルマのラングーンで、第三回世界仏教徒連盟大会が開催され、上田は日本代表として出席した。一九五六年には日本政府によって第一回ビルマ遺骨収集派遣団が編成され、上田は宗教者代表としてビルマ戦跡の巡礼供養と遺骨収集に参加した。また住職を務める高野山成福院では、ビルマ戦没者の慰霊を行った。同院によって、高野山奥之院の近くに「ビルマ納骨堂パゴタ」が建立され、ビルマで収集した遺骨を厚生省からの分骨を受けて安置した。上田の没後も、成福院はビルマ方面での戦没者の供養を続けている。

注

（1）森第七九〇〇部隊〔ビルマ方面軍〕編『緬甸軍政史』（〔陸軍省〕、一九四三年）、二、四―六頁。同書によれば、ビルマの総人口は一六八二万三七九八人。内訳は概数で表記され、ビルマ族（約一〇〇〇万人）、アラカン族（約五五万人）、カレン族（約一五〇万人）、チン族・カチン族（約五〇万人）、シャン族（約一三〇万人）、インド人（約一二〇万人）、華人（約二〇万人）。同書は、JACAR（アジア歴史資料センター）Ref.C14060712400、緬甸軍政史（抜粋）其一（防衛省防衛研究所）を参照。

（2）五十嵐智昭「ビルマの民族運動と仏教」（仏教研究会編『南方圏の宗教』大東出版社、一九四二年）、一一七―一一八頁。

五十嵐智昭は、高野山大学を卒業後、高野山の内地留学生として、九州大学と東京大学大学院で印度哲学を学んだ後、高野山大学助教授や外務省調査部嘱託、大東亜省総務局輔導課を務めた。ビルマ関係の著作に、五十嵐智昭「ビルマの仏教と仏教文化」（大阪毎日新聞社編『南方アジヤ』大阪毎日新聞社、一九四二年）、同『ビルマ語文法』（旺文社、一九四三年）、同「ビルマ仏教文化のあと」（『新亜細亜』第五巻第五号、南満洲鉄道東亜経済調査局、一九四三年）、訳書にG・E・ハーヴィ『ビルマ史』（北海出版社、一九四三年）など。

（3）防衛庁防衛研修所戦史室編『ビルマ攻略作戦』（朝雲新聞社、一九六七年）、特に「第一章　開戦前における日本とビルマとの関係」参照。同編『インパール作戦――ビルマの防衛』（同、一九六八年）、同編『イラワジ会戦――ビルマ防衛の破綻』（同、一九六九年）、同編『シッタン・明号作戦――ビルマ戦線の崩壊と泰・仏印の防衛』（同、一九六九年）を参照。

（4）「日本国「タイ」国間同盟条約」（昭和一六年一二月二七日条約第二〇号）（『官報』第四四九三号、内閣印刷局、一九四一年一二月二九日）、一〇三三頁。

（5）日本陸軍による断作戦では、井原徹山（一九一二―一九四四）が、従軍して戦死した。曹洞宗の僧籍を持つ井原は、松江高等学校文科甲類、東京帝国大学文学部印度哲学梵文学科、同大学院の出身。一九三七年（昭和一二）八月に応召となり、日中戦争の徐州作戦に参戦後、罹病のため一九三八年一一月に召集解除。一九四〇年九月に駒澤大学講師となったが、一九四三年九月に再度の応召となり、ビルマへ派遣された。断作戦において翌年一一月二〇日にビルマのシャン州ナンカンにて戦死。著書に、井原徹山『支那文字解説』（大東出版社、一九四〇年）、同『印度教』（大東出版社、一九四三年）。
(6)「占領地軍政実施ニ関スル陸海軍中央協定（大陸指九九三号別冊第二）」（防衛庁防衛研究所戦史部編『史料集　南方の軍政』朝雲新聞社、一九八五年）、九六頁。
(7)岩武照彦『南方軍政論集』（巌南堂書店、一九八九年）、八〇頁。各軍司令部の下部組織として、軍政監部が設置。軍政監部の呼称・略称については、「軍政監部通称号規定ノ件」（昭和一七年九月八日陸亜密第四二号）等で決定。
(8)〔企画院編〕『大東亜建設基本方策——大東亜建設審議会答申』（企画院、一九四二年）、一〇—一一頁。引用は、復刻版の『大東亜建設審議会関係史料——総会・部会・速記録』第一巻（南方軍政関係史料二三、龍溪書舎、一九九五年）。
(9)「南方作戦ニ伴フ占領地統治要綱（大陸指第九九三号別冊第一）」（前掲、『史料集　南方の軍政』、九五頁。
(10)「南方占領地各地域別統治要綱」（前掲、『史料集　南方の軍政』）、一一〇—一一一頁。
(11)文書「林集団占領地統治要綱」を復刻した、太田常蔵『ビルマにおける日本軍政史の研究』（吉川弘文館、一九六七年）、四九〇—四九一頁。
(12)文書「軍政部分課規程」を復刻した、前掲『ビルマにおける日本軍政史の研究』、四九四頁。
(13)文書「軍政命第二号　林集団軍政監部分課規程」を復刻した、前掲『ビルマにおける日本軍政史の研究』、五〇八頁。
(14)前掲、森第七九〇〇部隊編『緬甸軍政史』所載の「附表　第九十二　緬甸軍政監部職員表　昭和十六年七月三十一日現在」二五八—二八一頁。ＪＡＣＡＲ（アジア歴史資料センター）Ref. C14060716600、緬甸軍政史　附表抜粋　其四（防衛省防衛研究所）。
(15)今井行順『アラカンに轟く太鼓——戦場の日本山』（日印サルボダヤ交友会、一九八六年）、一頁。日本山妙法寺僧の永井については、永井行慈『ビルマ獄中記——西天開教』（青梧堂、一九四二年）を参照。なお妙法寺僧の丸山行遼は、岩畔機関（機関長、陸軍大佐岩畔豪雄。後、光機関）に属して、アキャブ作戦に関わった。
(16)中村英俊「ビルマ宣撫行　一」（『宗教公論』第一二巻第九号、宗教問題研究所、一九四三年）の著者紹介によれば、昭和「十六年十一月―十八年二月　大東亜戦応召　ビルマ派遣軍司令部附、宣撫班要員として北部ビルマ作戦に参加」（一八頁）とある。

（17）能勢正信『火線と共に――ビルマ作戦宣撫手記』（東洋堂、一九四三年）、自序九頁。巻末の「筆者紹介」によれば、能勢は「日本大学宗教科卒業、大東亜戦争勃発と共に仏印、泰を経てビルマ作戦に従軍。昭和十七年〇《ママ》月帰還、現在日蓮宗僧侶、千葉県に住職してゐる」（三四二頁）とある。

（18）秦郁彦編『南方軍政の機構・幹部軍政官一覧』（南方軍政史研究フォーラム、一九九八年）、二〇―二一頁。

（19）大日本仏教会編『昭和十七年度財団法人大日本仏教会事務報告』（大日本仏教会、発行年無記）、五頁。大日本仏教会資料（増上寺蔵、〈分類番号〉大―三―七一「大日本仏教会書類」に含む）。

（20）書類「南方方面宗教宣撫班員帰還者懇談会ノ件」（興第三一号、一九四二年一一月三日受付）、大日本仏教会資料（増上寺蔵、〈分類番号〉大―二―四二「南方宣撫班員綴」に含む）。

（21）「〝宣撫班〟で敗戦まで従軍した大野普観さんの話」（森山康平・栗崎ゆたか『証言記録　大東亜共栄圏――ビルマ・インドへの道』新人物往来社、一九七六年）、七七頁。

（22）上田天瑞『ビルマ戦跡巡礼記――自由と平和への道』（ビルマ親善協会、一九五八年）、一〇五頁。

（23）『南仏会会員名簿』、大日本仏教会資料（増上寺蔵、〈分類番号〉大―二―四二「南方宣撫班員綴」に含む）。表題の「南仏会」とは、宗教宣撫班の出身者によって帰還後に結成された連絡会。名簿には、所属宗派、寺院名、氏名、住所が記載。

（24）前掲、能勢正信『火線と共に――ビルマ作戦宣撫手記』、三頁。

（25）前掲、四頁。

（26）他阿真円『捨ててこそ人生は開ける――「苦」を「快」に変える力』（東洋経済新報社、二〇一三年）、三四頁。

（27）前掲、能勢正信『火線と共に――ビルマ作戦宣撫手記』、四頁。

（28）前田貞昭「解題」（井伏鱒二『井伏鱒二全集　第一〇巻』筑摩書房、一九九七年）、六五七頁。

（29）井伏鱒二「南航大概記」（前掲、井伏鱒二『井伏鱒二全集　第一〇巻』）、四六二頁。同稿の底本は、『花の町』（文藝春秋社、一九四三年）。

(30) 前掲、「〝宣撫班〟で敗戦まで従軍した大野普観さんの話」、七七頁。
(31) 前掲、能勢正信『火線と共に――ビルマ作戦宣撫手記』、一九頁。
(32) 無署名「南方仏教の研究に／上田天瑞師月末タイ国へ向ふ」(『高野山時報』第九八七号、高野山時報社、一九四一年一〇月一二日)、一五頁。
(33) 藤井真水(一九〇七―一九九一)は、愛知県今治の出身で、小学校の時に大洲の古義真言宗円満寺に預けられ得度。県立大洲中学校、高野山中学校、東洋大学予科を経て、東洋大学学部二年時には、高野山より南伝仏教研究と在留邦人布教のため、留学生としてタイに派遣。バンコク近隣のトンブリーにあるワット・アノンガランで修行。一九三五(昭和一〇)年には泰国日本人会によってバンコクのワット・ラーチャブラナ寺院境内に金閣寺を模した日本人納骨堂が建立され、藤井が初代管理僧となった。日本人納骨堂は創建当時の姿で現存し、現在も高野山から派遣された僧侶が、堂守として駐在している。藤井真水「日本人納骨堂建立への概要――日泰仏教親善交流を含めて」(高野山真言宗タイ国開教留学僧の会編『泰国日本人納骨堂建立五十周年記念誌』高野山真言宗タイ国開教留学僧の会、一九八七年)を参照。
(34) 上田天瑞「泰国一歩を印して」(『高野山時報』第九九九号、一九四二年一月一八日)、六頁。
(35) 平等通昭(一九〇三―一九九三)は、神奈川県横浜市の出身。一九二六(大正一五)年に東京帝国大学文学部梵語学梵文学科を卒業後、一九三一(昭和六)年に同大学院を修了して、同大学文学部副手や真宗本願寺関係の国府台高等女学校(現、国府台女子学院中学部・高等部)教諭を務めた。一九三三年から三四年までインドのヴィシュヴァ・バーラティ大学客員教授。一九三八年参謀本部嘱託として中国に滞在。一九四〇年に外務省嘱託としてバンコクの日本大使館の外郭団体である日泰文化研究所所長と盤谷日本語学校校長となり、文化工作に従事した。戦後は、「平等通照」と名乗り、龍谷大学研究部員、東京仏教学院講師などを務めた。
(36) 前掲、能勢正信『火線と共に――ビルマ作戦宣撫手記』、二一〇頁。
(37) 平等通昭「盤谷日本寺のこと」(前掲、『泰国日本人納骨堂建立五十周年記念誌』)、三〇頁。
(38) 上田天瑞『南方仏教修学記――戒律と教団生活の実際』(高野山出版社、一九五〇年)、四頁。
(39) 前掲、五頁。

(40) 前掲、六頁。
(41) 前掲、上田天瑞『ビルマ戦跡巡礼記――自由と平和への道』、一〇六―一〇七頁。
(42) 上田天瑞「泰国にて戦捷に感激しつゝ」(『高野山時報』第一〇〇七号、一九四二年三月一五日)、一二―一四頁。
(43) 前掲、上田天瑞『ビルマ戦跡巡礼記――自由と平和への道』、一一五頁。同書での「軍宣撫班布告文」の原文は平仮名交じり。
(44) 前掲、一一五頁。
(45) 前掲、一一六頁。
(46) 前掲、一一八頁。
(47) 前掲、一一九頁。
(48) 前掲、一一九―一二〇頁。
(49) 前掲、一一九頁。
(50) 山形英応は、一九二七(昭和二)年に東洋大学を卒業後、千葉県茂原の顕本法華宗法照寺住職を務めた。一九四一(昭和一六)年に三省中学校在職中、宗教宣撫班の参加を命じられた。山形は、中学教諭の傍ら研究を行っていた学究の人物であったが、宣撫活動の合間に研究を続けた。ビルマ滞在時の成果は、山形英応「ビルマ仏教分派の歴史と現勢」(『海外仏教事情』第九巻第一号、国際仏教協会、一九四三年)、同「ウオッタマ伝」(『海外仏教事情』第九巻第五号、一九四三年)。
(51) 前掲、能勢正信『火線と共に――ビルマ作戦宣撫手記』、一一三頁。
(52) 前掲、上田天瑞『ビルマ戦跡巡礼記――自由と平和への道』、一二二頁。
桜井(岡田)兼道(一九〇一―一九八三)は、東洋大学出身の曹洞宗僧侶。戦時中は陸軍少尉としてビルマで宗教宣撫工作に従事した。復員後は神奈川県横須賀市の曹洞宗良長院の住職となり岡田姓を名乗った。岡田兼道は、ビルマでの悲惨な体験ゆえに、同地のことは周囲の者に全く語らなかったという(二〇〇七年一二月二三日、良長院住職の岡田哲道師より聞き取り)。
(53) 前掲、上田天瑞『南方仏教修学記――戒律と教団生活の実際』、二〇頁。

(54) 前掲、能勢正信『火線と共に――ビルマ作戦宣撫手記』、二二四―二二五頁。
(55) 前掲、一七一―一七二頁。
(56) 寺倉「奮い起つビルマ高僧／日緬仏教親善／協力と再建の誓ひ」(『大阪朝日新聞』一九四二年五月一六日)。神戸大学附属図書館デジタルアーカイブ「新聞記事文庫」に収録される当該記事を参照した。
(57) 前掲、能勢正信『火線と共に――ビルマ作戦宣撫手記』、二二九―二三〇頁。
(58) バー・モウ（Ba Maw　一八九三―一九七七）は、日本の敗戦直後に亡命して、一時期は、新潟県南魚沼郡塩沢町（現、南魚沼市）の真言宗智山派薬照寺にて、満洲の法学者「東《あずま》先生」として身を潜めていた。その後、連合軍に出頭して、一九四六（昭和二一）年には特赦でビルマに戻り、政界に復帰した。バー・モウ著、横堀洋一訳『ビルマの夜明け――バー・モウ（元国家元首）独立運動回想録』（太陽出版、新版一九九五年）を参照。
(59) 田上辰雄「ビルマ進駐直後の軍政と日本語学校」（セクパン会編『せくぱん――ビルマ日本語学校の記録』修道社出版、一九七〇年）、六頁。
(60) 前掲、山形英応「ウオツタマ伝」、一頁。
(61) 前掲、能勢正信『火線と共に――ビルマ作戦宣撫手記』、二七九頁。
(62) 前掲、二七〇頁。
(63) 前掲、二七〇―二七一頁。
(64) 前掲、太田常蔵『ビルマにおける日本軍政史の研究』、一九四―一九六頁。
(65) 前掲、山形英応「ウオツタマ伝」、一頁。
(66) 前掲、山形英応「ビルマ仏教分派の歴史と現勢」。
(67) 前掲、能勢正信『火線と共に――ビルマ作戦宣撫手記』、二六一頁。
(68) 上田天瑞「日本語学校の創設と初期の蘭貢日本語学校」（前掲、セクパン会編『せくぱん――ビルマ日本語学校の記録』）、九頁。
(69) 前掲、九―一〇頁。同書での「蘭貢日本語学校開設案」の原文は平仮名交じり。
(70) 前掲、上田天瑞「日本語学校の創設と初期の蘭貢日本語学校」、一一頁。

(71) 上田天瑞「ビルマ仏教の特色――大東亜仏教研究所講演概要」（『海外仏教事情』第一〇巻第四号、一九四四年）、一頁。

(72) JACAR（アジア歴史資料センター）Ref. C01000691900、昭和一七年「陸亜密大日記　第四五号　一／三」（防衛省防衛研究所）。

(73) 『しけんきゅう』第一三〇号（「じっこくおさむ追悼特集」、しけんきゅう社、一九九八年）の別冊付録『ビルマ戦争と日本語など――じっこくおさむ講演原稿』、一〇頁。草薙正典（一九一五―一九九七）は、詩人「じっこくおさむ（十国修）」として活動。著書『ミャンマー物語――人はなぜ戦争をするのか』（三省堂、一九九五年）に、ビルマでの日本語教育の様子が記述。

(74) 前掲、上田天瑞『ビルマ戦跡巡礼記――自由と平和への道』、一三四頁。

(75) 高橋照空（一九〇三―一九六三）は、秋田県平鹿郡沼館町（現、横手市）の出身。出生名は三浦喜四郎。一九一五（大正四）年に新義真言宗智山派の成田山新勝寺で得度。智山勧学院（大正大学の前身の一つ）、東洋大学に学ぶ。卒業後、東京大森にある智山派円能寺へ養子に入り、高橋と改姓。智山中学校修身課、智山専門学校図書館司書、新義真言宗智山派教化部主任、財団法人仏教連合会主事、真言宗主事を歴任。陸軍司政官に任命され、一九四二（昭和一七）年第一五軍軍政監部付の文教科に配属。後にマンダレー日本語学校校長。一九四六年にビルマから復員後、円能寺住職、真言宗智山派教務部長、大正大学PTA会長などを務めた。

(76) 上田天瑞「高橋照空師を偲ぶ――ビルマ時代の回顧」（『法談』第一一号、法談会、一九六五年）、一一頁。

(77) 生野善應によれば、シュエジン（Shwegyin）派とは、「十九世紀後葉にミンドン王の王師シュエジン僧正……を祖師として組織された改革派僧団である。この派は、戒律厳守を標榜し、十戒の実践は厳しく、……僧院は、上ビルマとくにマンダレー周辺に集中して多い。この派は、元来、戒律厳守を好む僧たちが、シュエジン僧正を核として糾合した僧団だから宗派意識が強い。また僧団としての結束力もある」（生野善應『ビルマ仏教――その実態と修行　新装版』大蔵出版、一九九五年、二〇三―二〇五頁）。

(78) 前掲、上田天瑞『ビルマ戦跡巡礼記――自由と平和への道』、一五九頁。

(79) 前掲、一五八頁。

（80）前掲、一六一頁。
（81）子息の上田閑照氏（京都大学名誉教授）は、上田天瑞が、当該地域から内地に無事についた最後の船で、帰国したことを聞かされたという（二〇一二年一二月二六日インタビュー）。貴重なお話をいただいた上田閑照氏に、記して御礼を申し上げる。
（82）無署名「ビルマ仏教から／仏像と一切経／上田教授通じ高野山へ」（『中外日報』第一三五一四号、中外日報社、一九四四年九月一九日）、二面。
（83）平松竜英（一九一二—？）は、真宗大谷派の僧籍があった。大阪府立北野中学校、高知高等学校文科甲類を経て、東京帝国大学文学部宗教学宗教史学科で学び、卒業論文は「台湾高砂族に於ける他界観念の研究」。一九三六年三月に卒業後、同大学大学院に入学したが、一九三七年一月に兵役のため休学。現役兵として近衛師団鉄道第二連隊に入隊後、甲種幹部候補生に採用され、一九四一年三月に陸軍工兵中尉で召集解除。その後は嘱託として、興亜院文化部第二課、興亜錬成所、大東亜省支那事務局文化課に勤務。一九四三年五月に陸軍司政官（七等）が発令され、ビルマ方面軍の文教班に所属。戦後は財団法人日本宗教連盟の主事、総理府世論調査部員、文化放送の調査部長や庶務部長などを務めた。
（84）上田天瑞「ビルマ仏教と日本仏教」（『大願』第二一二号、真如親王奉讃会、一九四四年）、四頁。

第三章　マラヤの占領と宗教調査

はじめに

本章は、仏教学者で曹洞宗僧侶の渡辺楳雄《ばいゆう》（一八九三―一九七八）が従事した、日本軍政下のマラヤ（現、マレーシア、シンガポール）における宗教行政及び宗教調査について論じたい。

一九四一（昭和一六）年一二月八日の開戦以降、日本は南方地域での占領地を拡大していった。マラヤでは日本陸軍隷下の南方軍によって軍政が施行され、一般住民に対して行政を行った。軍政機構に属した調査部門では、軍政の政策立案の基礎資料となる現地調査が実施され、民心の把握を目的とした宗教調査も行われた。

渡辺楳雄は、一九四二（昭和一七）年二月に駒澤大学教授を辞職後、同年一一月から陸軍司政官としてシンガポールに赴任して、現地の宗教や民族の調査に従事した。まず昭南《しょうなん》軍政監部内政部文教科に配属され、続いて馬来《マライ》軍政監部調査部に異動した。本章では、渡辺が陸軍司政官に赴任するまでの過程及び現地で渡辺が実施した調査活動について整理するとともに、日本軍政下のマラヤにおける宗教調査の意味について考察したい。

本章で渡辺楳雄を取り上げる理由は、次の二点である。第一に、東南アジアにおける日本軍政史に関する研究は一九七〇年代後半から盛んとなり、研究者による組織的研究が開始された。一次資料の発掘や関係者のインタビュー記録は、龍溪書舎から「南方軍政関係史料」シリーズに収録された。これには渡辺が所属していた馬来軍政監部調査部が発行した報告書や同部の公文書などが復刻・収録されている。[1] マレーシア研究の立場から日本軍政史に取り組んできた明石陽至は次のように述べる。

太平洋戦争中、日本軍は三年八ケ月間マラヤ・シンガポールを占領、軍政統治した。占領の衝撃による両国の民族、政治、経済、社会へ変化を齎らした軍政統治施策について、日本、欧米、東南アジア諸国の研究者達は研究書、論文を発表してきた。／しかしながら、軍政研究でこれまで研究者達に依って見過された課題の一つとして挙げられるのは、軍政策案に資料を提供するために設立された調査部の研究である。／調査部は占領地区の政治、経済、産業、農業、社会、文化と多岐にわたり数多くの報告書を作成したが、敗戦後軍命令に依り焼却したり戦後の混乱中に逸散した。[2]

明石が指摘するように、軍政が実施した調査に関する研究が少なく、深見純生による論文が重要な先行研究にあたる。[3]

第二に、渡辺楳雄については、諸宗教の調査活動という極めて重要な役割を果たしながら、従来まで検討されていなかった。マレー半島南部には、イスラームを信奉するマレー系住民、ヒンドゥー教のインド系住民、そして儒教・仏教・道教の華人などが居住するなど、宗教事情が複雑な地域である。渡辺という仏教学者によって同地の宗教調査が実施されていたが、マラヤの宗教調査の先駆者というべき渡辺の存在は、軍政の施策立案を目的とした調査であるとはいえ、見逃すことができないものであるといえよう。

第一節　問題の背景

1　マラヤ情勢

マレー進攻作戦とその後における軍政は、次のとおりである。一九四一（昭和一六）年一二月八日、日本陸軍第二五軍（司令官、陸軍中将山下奉文《ともゆき》）隷下の第一八師団の侘美《たくみ》支隊（支隊長、陸軍少将侘美浩）が、英領マラヤの北東部コタバルに奇襲上陸して、作戦を開始した。(4) 一九四二年二月一五日にシンガポールを占領し、同月一七日には日本軍によってシンガポール島から「昭南島」へ改称された。二月一六日、第二五軍は参謀副長を軍政部長とする第二五軍軍政部が設置され、三月一七日に昭南特別市（市長大達茂雄）が開庁となり、マラヤ一〇州の長官も任命された。七月には、マレーとスマトラ両地区の軍政を担当する第二五軍軍政監部（通称、昭南軍政監部）が編成された。

本章で用いる地名について確認しておく。日本軍は一九四二年二月一五日にシンガポールを攻略後、同地を「昭南島」と改称した。マレー半島は、漢字では「馬来」と表記するが、イギリス植民地時代に「マラヤ」と呼称した。日本占領後の同年一二月九日には、閣議決定で「マライ」と片仮名書きで記すことが決定した。

なお戦時中、現地部隊には、日蓮宗僧侶の及川真学（一九〇四―一九九二）が、マレー語の通訳担当者として駐在していた。及川は、台湾原住民を研究対象とした宗教心理学、民族心理学の研究者であった。(5)

2　陸軍司政官の制度創出

渡辺楳雄は、陸軍司政官として昭南軍政監部内政部文教科に配属されるが、司政官の制度について見てみよう。

南方地域での占領地において軍政が実施されると、日本本土の官公庁に勤務する官吏が軍政要員として続々と異動してきた。宗教行政の場合、一九四二（昭和一七）年七月三日付で、派遣する最初の要員が発令された。『中外日報』によれば、「南方に於ける宗教問題は頗る重要件を持つてゐるのに鑑み、政府、現地機関当局は鋭意これが対策を進めつゝあり、今後宗教関係担当の専門係官を置いて宗教行政の確立を図る」(6)ため、村上俊雄（文部省宗教局宗務官）、荻野勉（同局宗務課属）、宮下孝男（同局保存課雇）、野口正義、横山亨、大谷演慧《えんねい》の六人が、第一陣として派遣されることになった。大谷演慧（一九一四—二〇〇八）は、真宗大谷派の管長で本願寺第二四代法主（後、門首）の大谷光暢《こうちょう》の従兄弟であった。演慧は、着任まで本願寺宗務所企画室出仕という民間人であった。(7)

しかし占領地は広く、人材も限られていることから、民間人を登用することになった。各省からの推薦により高等試験委員の詮衡（選考）を経て、武官ではなく文官である司政官に特別任用された。

その結果、「陸軍司政官及海軍司政官特別任用令」（昭和一七年三月七日勅令第一三四号）が公布され、一九四二年九月三〇日に施行された。同日付で、複数の司政官が任命されたが、文部省が推薦した南方地域の軍政機構に勤務する宗教行政の要員として、高等官三等の渡辺楳雄（曹洞宗）、高等官六等の井上憲司（真宗本願寺派）、高等官七等の高橋照空（真言宗）と稲田海誠（日蓮宗）の計四人が発令された。(8)配属先は、昭南の第二五軍司令部附で渡辺、井上、稲田、ラングーンの第一五軍司令部附は、高橋であった。渡辺らは、仏教界から徴用された第一陣で、以後は増派された。(9)

敗戦後に、「官吏任用叙級令施行等ニ伴フ高等官官等俸給令ノ廃止等ニ関スル件」（昭和二一年四月一日勅令第一九三号）が公布施行され、従前の「陸軍司政官及海軍司政官特別任用令」は廃止された。各省から司政官として派遣された官吏は、従前に所属した官公庁に復帰した。

第二節　仏教学者の渡辺楳雄

1　陸軍司政官の就任まで

渡辺楳雄は、一八九三（明治二六）年二月九日、渡辺弁竜とフジの長男として生まれた[10]。父の弁竜は島根県邑智《おおち》郡川戸村（現、江津《ごうつ》市）の曹洞宗薬王院住職にあった。母フジは、弁竜との結婚前には旧明石藩の儒者であった橋本海関と婚姻関係にあり、その長男は後に日本画家となる橋本関雪（一八八三―一九四五）であった。橋本と渡辺は異父兄弟だが、生涯にわたり親交をしていた。

一八九七（明治三〇）年六月に弁竜は、邑智郡市山村（現、江津市）の曹洞宗福応寺に転住し、第二二世住職となった。渡辺楳雄は一九〇五年四月八日、弁竜に就いて得度を受けた。一九〇六年に市山村尋常高等小学校を卒業後、島根県立浜田中学校（現、県立浜田高等学校）に入学した。中学四、五年生では野球部員として活躍し、一九〇九年の第四回山陰連合野球大会に出場した。一九一一年の浜田中学校卒業の際には、「皇太子殿下恩賜記念賞」として銀時計が授与された。中学校卒業直前までは母方の池田姓を名乗っていたという。同年七月には推薦により、第一高等学校一部乙（文科）へ進学した。一九一四（大正三）年に卒業したが、同期生には宗教学者の佐野勝也や仏教学者の干《ひ》潟《かた》竜祥らがいた。東京帝国大学文科大学哲学科印度哲学専攻に進み、卒業論文「倶舎論之自然哲学及知識哲学」を提出して、一九一七年七月に卒業した。その後は、東京帝国大学大学院に学び、一九二二年七月に修了した。

渡辺は、一九二三（大正一二）年四月に曹洞宗大学の講師に就任した。ただし実際に講義を始めたのは翌年四月からであった。一九二三年一〇月には東洋大学教授にも就任して、「倶舎論哲学」や「印度哲学」の講義を一九二六年まで担当した。一九二五年一〇月、専門学校であった曹洞宗大学から、「大学令」（大正七年一二月六日勅令第三八八号）による大学として駒澤大学に昇格すると同時に、渡辺は教授へ昇任した。一九二六年四月からは、曹洞宗海外研究生としてイギリスとドイツで学び、一九二八（昭和三）年三月に帰国した。一九三一年七月二四日には、父弁竜の後を受けて福応寺の第二三世住職に就任した。

駒澤大学では一九四一（昭和一六）年九月、東京帝国大学教授であった宇井伯寿《ういはくじゅ》が学長に就任した。宇井は曹洞宗出身の仏教学者で、東京帝大教授と兼務した。宇井新体制は、実業界出身の仏教学者である林屋友次郎が学長参与となり、学部長に逸見《へんみ》梅栄、国漢科長に大久保道舟《どうしゅう》、仏教科長に増永霊鳳《ますながれいほう》、歴史地理科長に圭室諦成《たまむろたいじょう》、国文科長に塩田良平、そして渡辺楳雄は予科長に就任した。同時期に駒澤大学教授であった飯田利行《りぎょう》は、次のように回想する。

〔宇井伯寿学長は〕新陣容で旧体制の根本的改善に着手した。学部の単位制を廃め学年制に改める。人文学科生の募集を停止。さらに東西の仏教大学、専門学校を統合して国際的な視野に立つ仏教総合大学を設立したいと表明した。戦争突入の寸前であったが、学生たちは、この新方針に信頼と期待をよせ高く評価していた。なおこの方針遂行の裏づけに三菱系財閥にかかわりある林屋教授の存在が〔資金調達で〕重きをなしていた。(11)

この荘大な計画に、生え抜きの教員たちは反対した。飯田によれば、「宇井新体制は、曹洞宗大学林、駒沢大学出身教職員の猛反発にあり、先ず林屋教授の解任、ついで宇井学長、逸見学部長、渡辺予科長辞任。大久保国漢科長、圭室歴史地理科長、塩田国文科長辞職勧告により辞任で完[12]」となったのである。

駒澤大学教授を辞任した渡辺は、一九四二（昭和一七）年四月に日蓮宗関係の大学である立正大学の予科講師に就任し、「哲学概説」を担当した。講師在任中、陸軍司政官の就任が内定した。渡辺は、同年九月二〇日に立正大学を退職し、九月三〇日には文部大臣である橋田邦彦の推薦により、内閣から陸軍司政官高等官三等（陸軍大佐に相当）が発令された。一〇月一二日に娘婿の渡辺諦俊に福応寺住職を譲り、出発準備を進めた。渡辺の送別会が開催され、後に渡辺は「すぐる戦争中、南方軍所属の軍属として将に出征せんとするや、〔高楠順次郎〕先生は軽井沢かどこかの避暑先からわざわざ上京して私の送別会に臨まれ、私の行を盛んにしてくださった[13]」と回顧している。

そして一九四二年一〇月二八日、渡辺が搭乗した航空機は、南方へ向けて福岡雁ノ巣の福岡第一飛行場より離陸した。渡航を前にして、京都帝国大学に学位論文『有部阿毘達磨論の研究』を提出し、羽渓了諦《はたにりようたい》を主査に審査が進められた。一九四四年六月一四日付で文学博士号が授与されたが、当時の渡辺はマラヤに駐在していた。

2　昭南特別市長の大達茂雄

渡辺楳雄の陸軍司政官への就任は、内務官僚から昭南特別市長に着任した大達茂雄《おおだち》（一八九二―一九五五）の要望によるものであった。

島根県浜田市出身の大達は、渡辺と同じ浜田中学校で学び、渡辺の二学年上級にあたり、一九〇九（明治四二）年の中学卒業に際しては「皇太子殿下恩賜記念賞」が授与された。その後は、第一高等学校英法科を経て、東京帝国大学法科大学政治学科に学んだ。大達の伝記によれば、「彼〔大達茂雄〕が大学を卒業するまで、浜田中学出身で東大に席を置いた者は、二年あとに渡辺楳雄といふ者一人であつた。だから渡辺はよく大達先輩を訪ねては、郷里の話などに打ち興じたといふ[14]」のであった。

大学卒業後に大達は、内務省に就職して要職を歴任した。一九四二（昭和一七）年二月一九日に第二五軍軍政部付の陸軍嘱託となって東京を出発し、三月七日に到着した。三月一一日に昭南特別市長へ就任し、市長として行政の中枢に携わることになった。

渡辺楳雄が所属することになる昭南軍政監部総務部文教科は、教育や宗務に関する事務を担当したが、宗教の専門家が在任していなかった。そのため大達が、旧知の間柄であった渡辺を招請したという[15]。昭南特別市長時代の大達について、渡辺は次のように記している。

> 哲人的、東洋的風格をもつ政治家としての大達さんの面目は、いたるところに現れていた。まず、大達さんの敬神思想である。……日本軍がマレーに進駐して、シンガポールを昭南と呼び、その昭南に南方の総鎮護として「昭南神宮」〔昭南神社のこと〕を経営するや、初めは大達さん〔昭南特別市〕の手でこれを造営せられた。そしてその造営が殆んど出来上がつてから、私の方〔昭南軍政監部内政部文教科〕の所営に移されたのであるが、大達さんは、そこの宮司につ

図１　昭南島の渡辺楳雄（右端）。気象学者の堀口由己（中央）ほか。1942年11月17日撮影。（遺族提供）

いて、とくに私に希望をのべられた。「宮司というものは、われわれに神聖観念を伝える芸術家たるべきものだから、まず、人品が少くとも悪くないこと、声がよくて唱えものが上手なこと、こういう条件を本国へ注文してくれたまえ」(16)と。

その後に大達は、昭南特別市長から、一九四三（昭和一八）年七月一日に発足した東京都の初代長官に異動した。一九四四年七月二二日には、小磯国昭内閣の成立とともに内務大臣へ任命された。

第三節　昭南軍政監部内政部文教科の宗教行政

渡辺楳雄は一九四二（昭和一七）年一一月に昭南へ到着後、第二五軍参謀長で同軍軍政監であった陸軍少将西大《にしおお》条胖《えだゆたか》より補職命令があり、渡辺は第二五軍軍政監部の総務部文教科に配属された。

一九四三（昭和一八）年に発行された『文教科宗務報告書』には、同科が担当した宗教関係の事務が記載されており、昭南神社の予算編成、昭南忠霊塔の管理、同社と同塔の建設寄附金管理、各宗教代表者で編成する馬来宗教委員会の計画などが記載されている。また同書には宗教調査に関する記述もあり、次のように報告されている。

諸宗教ノ調査

諸宗教ニ関スル調査ヲ左ノ如ク三別ス。

（一）従来継続実施中ノ各宗教ノ特種相調査ハ弥々之ヲ盛ニシ、現地諸宗教ニ関スル実体把握ニ資ス。

（二）総軍報道部依嘱（南総報第一三七号、昭和十八年二《マ》十《マ》三日付通牒）ノ調査ハコト余リニ広大ニシテ主旨茫漠タレバ之ヲ一応南方科学委員会ニ諮訊アリ度旨附言シ、廻送返附シタルモ、事実的ニハ各専門ニ従ヒ、ソノ調査ヲ継続中。

（三）華僑協会ヲ煩ハシテ報告ヲ得タル昭南特別市所在ノ支那仏教寺院尼庵及居士林調査ハ之ヲ一通リ清原嘱託整理シタルモ、之ヲ更に再修続行シテ完成スル筈。紅卍字会ニ関スル報告モ華僑協会ニ依嘱シアリ。(17)

昭南軍政監部文教科発行の『「マライ」ノ宗教』を参考に、同地の宗教事情について確認しよう。マラヤにある宗教は、同書の表記に従うと、「回教」、「仏教」（支那仏教、錫蘭《セイロン》仏教、印度仏教、泰仏教、緬甸《ビルマ》仏教）、「儒教及道教」、「印度教」（印度教、シーク教）、「基督教」（旧教、新教）、「猶太教」、「民間信仰」とある。

各宗教の宗教人口については、「旧英政府時代ニモ最近ノ統計ナク、ヤムナク一九四一年六月ノ人口統計ニ一九三一年ノ宗教統計ノ歩合ヲ乗ジテ作レルモノデアル」として、一九四一（昭和一六）年六月当時の全人口（五五〇万九〇〇〇人）をもとに、「回教徒」（二三五万〇〇〇〇人）、「仏教徒」（二三六万二五〇〇人）、「印度教徒」（六二万五〇〇〇人）、「シーク教徒」（二万一五〇〇人）、「基督教徒」（一五万〇〇〇〇人）と算出している。(18)

渡辺は文教科で、宗教調査に従事したが、確認できる成果として後述する二冊の報告書を担当した。後に馬来軍政監部調査部が発行した資料によれば、昭南軍政監部を改組した馬来軍政監部総務部文教科では、「宗教及習俗ニ関スル諸調査次ノ如シ」として、次の資料を作成した（**表1**）。(19)

これら報告資料の執筆担当者は無記名であり、渡辺が担当したかどうかは確認を得られない。また同資料は散逸して現在では確認できず、「未刊行」とあるものは作成されたかどうかは不明である。

表1　「宗教及習俗ニ関スル諸調査」一覧

1	馬来回教徒ノ結婚及離婚	ガリ版刷〔謄写版〕一〇頁
2	馬来人間ニ於ケル精霊信仰ト呪詛	ガリ版刷一〇頁
3	回教徒ノ葬式儀礼	ガリ版刷三頁
4	印度教徒ノ結婚及離婚	ガリ版刷一〇頁
5	印度教ニ於ケル祖先崇拝	ガリ版刷五頁
6	印度教ニ於ケル精霊崇拝	ガリ版刷四頁
7	馬来諸宗教及諸民族ノ祝祭日	ガリ版刷七頁
8	昭南特別市内ニ於ケル支那仏教寺院	寺院、尼庵、居士林ノ系統、宗旨、儀礼、誦持経典等ヲ書キ出サシメタルモノナルモ未刊行
9	世界紅卍字教	未刊行
10	回教々導師養成機関タル「アラビックスクール」調査	馬来全州ニ亘リ、ソノ機構、教員生徒数、経費、科目其他ヲ調査セルモノナルモ未刊行

一九四三（昭和一八）年四月五日と六日には昭南軍政監部文教科の主催により、昭南特別市公会堂で「マライ・スマトラ回教徒代表者会議」が開催されたが、渡辺は実行委員の一人として同会議に参加した。

第二五軍軍政監部（昭南軍政監部）の事業として、一九四二（昭和一七）年五月一五日に、昭南興亜訓練所（所長は軍政部宗教教育課長の陸軍少尉小川徳治で、戦後は立教大学教授）が設置された。渡辺と同時に陸軍司政官としてシンガポールに着任した井上憲司は、真宗本願寺派僧侶の金谷哲麿と共に運営に関わった[20]。

第四節　馬来軍政監部調査部の宗教調査

一九四三（昭和一八）年四月、マラヤとスマトラ両地区の軍政を担当した第二五軍司令部が、昭南からスマトラ島のブキティンギへ移駐したことにより、同軍軍政監部も移動となった。新たに南方軍直属として、マラヤ地区担当の馬来軍政監部が新設された。渡辺楳雄は、第二五軍の移駐に伴いスマトラ島に渡ったかどうかは定かではなく、この時点で昭南軍政監部内政部文教科から南方軍政総監部に配置替えとなった可能性がある。

渡辺の人事について、一九四四（昭和一九）年四月一五日の日付で、渡辺が第二九軍軍政監部調査部（通称、馬来軍政監部調査部）の民族班長に着任したことが確認できる。[21] 同年一月に、マラヤ担当の第二九軍が新設されると、南方軍直属であった馬来軍政監部は第二九軍に附置された。同年四月に南方軍総司令部は昭南からマニラへの移駐に伴い、東京商科大学東亜経済研究所（現、一橋大学経済研究所）が担当していた南方軍軍政監部調査部は、第二九軍軍政監部調査部へ配置替えとなったのである。

南方地域における陸軍の軍政機構における調査研究部門を見てみよう。陸軍省は一九四二（昭和一七）年六月に南方政務部を設置し、陸軍省人事課を中心として派遣機関と地域分担の調整を開始した。同年一一月二四日付で既存の調査研究機関に対して派遣命令を下した。[22] 各軍政監部の調査部門の担当について、当初の配置を示すと次のとおりである。南方軍政総監部調査部（昭南）は東京商科大学東亜経済研究所、比島軍政監部調査部（マニラ）は財団法人三菱経済研究所、緬甸軍政監部調査部（ラングーン）は南満洲鉄道株式会社調査部、爪哇軍政監部総務部調査室（ジャカルタ）は財団法人東亜研究所、昭南軍政監部総務部調査室は南満洲鉄道株式会社調査部、ボルネオ守備軍軍政部調査部の財団法人太平洋協会であった。[23] 後に、若干の機構改編があった。

東京商科大学の教官たちは、南方軍政における調査活動の施策決定に大きく関与した。同研究所の所員は、開戦日の一九四一（昭和一六）年一二月八日に会合を持ち、戦時体制下でも研究活動を続けていくために、「軍学協同」の方針を選択したのであった。所員の板垣與一《よいち》は、後に「自主的なものを自分たちの研究に結びつくというような方向で占領地で勉強しよう[24]」と述べている。同じく所員の山田勇は、その経緯を次のように述べている。

今後我々が研究生活を続けるのにね、どういう方向でやっていったらいいだろうと、こういう話が出たわけです。その時に、……軍のいろんな仕事を手伝いながらね、そこに重点を置かないで我々の研究に重点を置いていこうじゃないかと、いう申し合せが一二月八日にできたんです。……軍政に我々が参加するけれども、あくまで南方諸地域における学問的な研究をしようというのが目的だった。従って身分〔東京商大教官〕もそのまま。[25]

東京商科大学学長で同大学東亜経済研究所所長でもあった高瀬荘太郎は、実弟が大本営の占領地行政の担当部署である第一部第一四課勤務の陸軍中佐高瀬啓治であった。右記の申し合わせに従って、高瀬荘太郎は高瀬啓治を介して陸軍への説得に当たらせ、調査団の派遣が決定したという。[26] そのため南方軍政の調査活動の中心となる南方軍軍政総監部調査部には、東京商科大学東亜経済研究所の担当で調整されたのであった。

南方軍軍政総監部調査部から配置替えとなった馬来軍政監部調査部について見てみよう。「馬来軍政監部調査部諸規定」（昭和一九年四月一五日馬来軍政監定監達甲第七号）によれば、調査部の目的は「第一条　調査部ハ「マライ」軍政施行上必要ナル事項ノ調査ヲ掌ル[27]」とある。同規定には「調査部部内規定」も含まれ、「一、調査方針」として、「馬来ノ実情ヲ把握シ、軍政施行ニ必要ナル基本的調査ヲナシ、戦争目的ノ完遂ニ資ス。／調査ノ企画並ニ遂行ニ当リテハ本部及市州ノ施策当局ト緊密ナル連繋ヲ計ルモノトス[28]」とされた。同調査部の構成については、一九四四（昭和一九）年四月一五日付で**表2**のとおりである。[29] **表2**において、教授と助教授とある人物は全て東京商科大学の教官である。

馬来軍政監部調査部は、社会科学の専門家が多く、宗教問題に対応できる研究者がいなかったため、渡辺楳雄が加わった。渡辺は、同部の民族班班長を務めたが、同班に所属した板垣與一は、次のように回顧している。

> 渡辺楳雄先生が……総監部の方の総務部か何かに、宗教科みたいなものがあって、そこに先生が所属されていたようです。先生はインド、とくに仏教のことにたいへん詳しい方でした。我々が現地に着いてから調査部に参加されたんです。渡辺楳雄先生ははじめから私どもが編成した部員のひとりじゃないんです。そして、イスラームの鈴木朝英君は、……回教圏研究所から……こっちにはいってもらったんです。私はマラヤにいくわけですが、東南アジア全体としては、やはりイスラームが大事だと思っていたから、鈴木朝英君に呼びかけて参加してもらったんです。[30]

鈴木朝英は、一九四四（昭和一九）年三月一五日、陸軍司政官に就任して、馬来軍政監部調査部に配属された人物である。一九三三年三月に東京帝国大学文学部東洋史学科を卒業後、東京府立豊島師範学校教諭を経て、一九四〇年五月に財団法人善隣協会の回教圏研究所研究員となった人物である。回教圏研究所は、駒澤大学教授の大久保

表2　馬来軍政監部調査部（一九四四〈昭和一九〉年）

調査部長	赤松要教授
統務班	〈班長〉石田竜次郎教授 〈班附〉千葉多夫司政官、向井梅次教授、小田橋貞寿教授、板垣與一助教授 一、資料室　内田直作助教授（主任）、阿曾福円書記 二、統計室　山田勇助教授（主任）、川合幹夫属、田中光雄属 三、庶務室　冠木啓蔵嘱託（主任）、土屋貞之属、尾崎賢治属、須藤嘉市属、星信子、佐伯佐多子、（打字係）斉藤のぶ子、鳥居キン、毛利沢子
民族班	〈班長〉渡辺楳雄司政官 〈副班長〉板垣與一助教授 一、宗教及教育　渡辺楳雄司政官、長屋有二属 二、統治　板垣與一助教授、古賀実属 三、生活慣習民心　向井梅次教授、鈴木朝英司政官、星野晋属 四、華僑　内田直作助教授、松浦茂治属
経済班	〈班長〉赤松要教授（調査部長兼） 〈副班長〉山下覚太郎司政官、桐田尚作司政官 一、労務　小田橋貞寿教授、井沢幸三司政官、大村淳三郎属、小川隆男嘱託 二、農林　谷山整三司政官、山田秀雄助手、大野精三郎助手 三、鉱工　東亮夫嘱託、佐地康治属、久保村隆柘属、宇津木正属 四、商業　桐田尚作司政官、永森正治属 五、交通　今西五郎嘱託 六、通貨金融　樋口午郎司政官、山形智朗属 七、財政　山下覚太郎司政官

幸次が所長を務め、イスラームに関する調査研究を行った。駒澤大学の内紛によって、大久保は渡辺楳雄と同時期に同大学を辞職していた。また同研究所研究員の鏡島寛之は、駒澤大学仏教学科の出身だが、卒業論文「真如思想

の研究――特に起信論に於ける真如心・真如に就いて」の主査は、渡辺であった。

馬来軍政監部は一九四四（昭和一九）年二月にペラ州クアラ・カンサーに移駐し、同年一〇月には同州タイピンへ再移駐した。同年後半より馬来軍政監部調査部は、馬来軍政監部総務部長（陸軍大佐浜田弘）の直属となり、調査部員たちは調査活動よりは、工作活動に従事した。「浜田は民族班員板垣與一、渡辺楳雄、鈴木朝英、内田直作、向井梅次、経済班員桐田尚作、山形智朗等の進言を受け入れ、彼等の民族対策活動、民心把握工作を積極的に支援した[31]」とされる。

渡辺は、馬来軍政監部調査部で、報告書の作成を担当したが、この点は後述する。同部では多数の報告書が作成されたが、軍政の施策に反映されなかった。前述の山田勇は、次のように述べている。

〔調査の成果が軍政の施策に〕正直言って全然現われてないです。それが我々の調査だった。学術的な調査になってしまった。特にその当時ね、南方総軍の中で非常に変な参謀がいましてね、我々の思想というのはマルクス経済学だと全然見当はずれなことを言う連中がいましたよ。非常に有力な参謀です。そんなようなこともあって、南方総軍の中では調査部の地位というのは浮き上った地位にありました。従って我々が調査やってもね、それが具体的にどれくらい軍政に現われたかということはわかりません。おそらくほとんど無かったんじゃないか。まあ、私の民族調査について言えば全然関係ない[32]。

一九四五（昭和二〇）年八月一五日に敗戦を迎え、渡辺らは、シンガポール沖のビンタン島内の収容所に入った。収容所ではインド人の警備兵が警護を担当していたが、ある時、渡辺が警備兵たちに古代インドのことを語るようになったところ、次第に「プロフェッサー・ワタナベ」として尊敬されるようになった。そのため日本人収容者の間からは「渡辺に話を通せばうまくいく」として、渡辺は収容所側との渉外担当になったという[33]。

馬来軍政監部調査部長で東京商科大学教授の赤松要は、取り調べのため一九四六（昭和二一）年八月まで残留した。赤松の回想によれば、「昭和二一年の春から帰還がはじまったが、わたくしは〔シンガポール沖のレンパン島の収容所から〕シンガポールによびかえされ、一応の取調べを受けた。戦前、商大の教師であったブリンクレー氏がビールとサンドイッチをご馳走してくれたとき、地獄で仏に会った思い[34]」であったという。赤松は、趣味の短歌でこの時の心境を詠んだ。「これやこの施餓鬼なるべし餓鬼われは／山盛るパンをはみはみ止まず／（元東京商大講師ブリンクレー氏の歓待[35]）」とある。

ブリンクリー（John Ronald Brinkley　一八八七―一九六四）とは、イギリス人ジャーナリストのフランシス・ブリンクリーを父に、日本人の安子を母に持つ、仏教学者である。戦前は東京商科大学講師などを務め、戦時中はイギリス陸軍少佐にあった。ブリンクリーの回想によれば、「私は、大東亜戦争の時、印度のデリーにあった、英軍総司令部で、満二ヶ年の間、軍務についておりました。／最初、印度行きの命令を受諾した理由は、釈尊の生れた国を、一度は是非とも、訪れたいと考へていたからでした[36]」とある。終戦後は、イギリス検事団の翻訳課長としてシンガポールに駐在していたため、かつての同僚であった赤松と邂逅したのである。なお一九三三（昭和八）年に発足した国際仏教協会（第Ⅰ部第二章参照）では、ブリンクリーは常任理事で、渡辺は理事であった。

渡辺は一九四六年三月二日、外地からの引揚港に指定されていた広島県の大竹港より復員した[37]。戦後に渡辺は、大学には戻らず、同年五月に文部省の嘱託調査員に就任した。渡辺は、「現在の東京家政学院大学長関口勲氏の紹介なり推薦なりにより、文部省の宗務課に勤めることになつた。当時の課長は吉田孝一氏というご仁であつた[38]」と述べている。渡辺は、一九四九（昭和二四）年六月に事務官となった。後に、「帰国して直ちに文部省に入れていただきましたのは、実を申せば、全くの腰掛けの一時しのぎのつもりにすぎませんでした。しかもそのうちに、当時一大ブームを展開したいわゆる新興宗教の、それからそれへの発展に私はすっかり魅せられてしまい、いつの間にか自分の本職探しの方はお留守になってしまいました[39]」と回顧している。専門職員として主に教団調査に従事した。

渡辺は、文部省の退官後、日本大学文理学部教授や曹洞宗関係校である鶴見大学学長などを務めた。一九七八（昭和五三）年四月一八日、渡辺は急性肺炎のため八五歳で死去した。

第五節　担当した報告書

1　宗教事情の調査

(1)『マライ及スマトラニ於ケル宗教』

渡辺楳雄が、昭南軍政監部内政部文教科と馬来軍政監部調査部で担当した報告書は、現在まで四冊が確認できるが、本節では各書の概要を見てみよう。

渡辺楳雄『マライ及スマトラニ於ケル宗教』（昭南軍政監部内政部文教科、一九四三年四月、全一八五頁。以下、報告書1と略）は、〈第一章　「マライ」「スマトラ」ニ於ケル宗教ノ意義ノ重大性ト其ノ種類〉、〈第二章　回教〉、〈第三章　仏教「附」儒教及道教〉、〈第四章　印度教「附」「シーク教」〉、〈第五章　基督教〉、〈第六章　猶太教〉、〈第七章　「マライ」及ビ「スマトラ」ノ民族信仰或ハ原始宗教ニツイテ〉、〈第八章　「マライ」及ビ「スマトラニ於ケル宗教分布ノ統計的考察」〉、〈第九章　「マライ」及ビ「スマトラ」ニ於ケル諸宗教ノ政治機構、文化及ビ風俗習慣ニ及ボシタル影響〉、〈第十章　「マライ」及ビ「スマトラ」ニ於ケル英蘭ノ対宗教政策ニツイテ〉で構成される。

同書の目的について渡辺は、「南方現地ニ於テ政治・経済・文化ソノ他凡ユル生活行為ハ宗教的根柢ノ上ニ営マレツツアリ。而モコレガ宗教的実態ノ探索ニハ、広ク且ツ深キ努力ヲ要スルモノニシテ、短日月ノ中ニカヽル宗教ノ重大ナル意義ヲ解明シ尽スベキニ非ザレド、現在迄ノ研究調査ノ大綱ヲ、取纏メ宗教施策ニ対スル相応ノ一助トモナルベキヲ期シタリ」[40]とした。

同書末尾の参考文献一覧には、邦文（二一冊）のほか、英語文献としてマラヤ全般（二四冊）、仏教（三冊）、イスラーム（七〇冊）、キリスト教（八冊）、ヒンドゥー教とシーク教（九冊）の書誌を提示している。これらはイギリスから接収した文献と見られる。

(2)『附録　昭南特別市ニ於ケル印度教諸寺院』

〔渡辺楳雄〕『附録　昭南特別市ニ於ケル印度教諸寺院』（昭南軍政監部内政部文教科、一九四三年四月、全三六頁。以下、報告書2と略）は、前掲の報告書の附録として作成された。同書は、昭南特別市内のヒンドゥー教寺院（一三か寺）を調査したもので、構成は〈一、諸寺院ノ名称〉、〈二、寺院ノ宗派別ニツイテ〉、〈三、「チヱテイヤー」寺院トソノ沿革〉、〈四、「チヱテイヤー」寺院ノ結構〉、〈五「チヱテイヤー」寺院ニ祭祀セル諸神格ニツイテ〉、〈六、「チヱテイヤー」寺院ノ日々ノ行事〉、〈七、「チヱテイヤー」寺院ニ於ケル特殊行事或ハ礼拝〉、〈八、「チヱテイヤー」寺院ノ四大祭〉、〈九、行列ニツイテ〉、〈一〇、「チヱテイヤー」寺院ノ事業〉、〈一一、「チヱテイヤー」寺院以外ノ十二ヶ寺ニツキテ〉、〈一二、ラーマクリシユナ寺院〉、〈一三、昭南特別市ニ於ケル印度教諸寺院調査後記〉である。序文で渡辺は、「附録ニ関シテハ昭南特別市庁ノ篠崎〔護〕厚生課長、タンク街所在「チェティヤー」寺院ノ昨年度秘書「アイエンガー」（Iyengar）両氏ニ負フ所ノ極メテ多シ。謹ミテコレニ謝意ヲ表ス[41]」と記している。

報告書1と2は、防衛省防衛研究所の所蔵であるが、当該の資料は、第二五軍軍政監部の顧問であった徳川義親《よしちか》が、戦後に同所へ寄贈した資料群に含まれる。報告書1の表紙には、「御叱正　渡辺楳雄」とインクで記入されている。

2　宗教対策の資料

(1)『軍政下ニ於ケル宗教政策ノ経過』

渡辺楳雄『軍政下ニ於ケル宗教政策ノ経過』（馬来調資第四〇号、馬来軍政監部調査部、一九四四年七月、全三九頁。以下、報告書3と略）は、マラヤ及びスマトラの軍政を担当した第二五軍（通称、富集団）の宗教政策について、軍政施行後の一九四二（昭和一七）年から一九四四年までの経過を報告したものである。目次は、「昭南神社ト忠霊塔」と「宗教習俗政策ノ経過」に分かれる。後者に紙幅を割き、〈第一　要旨〉、〈第二　本文（一　序、二　富集団下初期模索時期、三　消極政策（其一）——富集団軍政下　後半期、四　消極政策（其二）——馬来軍政下　前期、五　積極政策ヘノ転換期、六　結語）〉、〈第三　附録、基督教新教諸教会取締準則〉で構成される。渡辺は、「帝国ノ南方圏全域ニ亘ル宗教及習俗対策ニツキテハ、最初ヨリ確乎不動ノ方針アリ、即チ宗教及習俗ヲ通ジテ民心ヲ把握スル目的ノ下ニ、統治上妨ゲナキ限リ之ヲ保護尊重シ、宗教自体ニ手ヲ加ヘ、或ハ他ノ宗教ヲ強要スルガ如キハ堅ク之ヲ誡ムルヲ主意トセリ[42]」と記している。

図2　日本軍政下マライの15、70セント切手（1943年）。図柄は昭南神社、モスク（筆者蔵）

（2）『軍政下ニ於ケル宗教習俗ノ利用及指導ノ問題』

渡辺楳雄『軍政下ニ於ケル宗教習俗ノ利用及指導ノ問題』（馬来調資第四三号、馬来軍政監部調査部、一九四四年八月、全三四頁。以下、報告書4と略）は、馬来軍政監部調査部での研究会報告がもとになっている。(43) 同書の構成は、〈一、馬来諸民族間ニ於ケル宗教ノ滲透〉、〈二、馬来諸宗教ト一神教的立場〉、〈三、宗教及習俗ニ於ケル利用及指導スベキ場面或ハ事項〉、〈四、宗教及習俗ノ利用並ニ指導ノ方法〉、〈五、宗教及習俗ノ利用並ニ指導ノ方向〉、〈六、結ビ〉、〈附録　地方長官会同ニ於ケル軍政監指示事項、回教徒指導要領〉である。

報告書3と4は、渡辺のほか、同調査部民族班に所属した陸軍軍属の長屋有二が、報告書の作成に助力した。東京商科大学出身の長屋は、東京市立芝商業学校教諭から陸軍軍属に任用された人物である。

第六節　諸宗教の調査

渡辺楳雄は、前述のとおりに判明しているだけで四冊の報告書の執筆を担当したが、調査の範囲はいかなるものであっただろうか。渡辺が調査で記録したノートや収集した資料は現存しない。復員時に、記録した文書類の持ち帰りは認められず、恩師や義兄からの手紙さえも没収されたためである。後に渡辺は、「記念すべき高楠〔順次郎〕先生の手紙を、今はやはり亡き兄〔橋本関雪〕の手紙ともども懐の奥深くしまいこんで、長く記念したいと願っていたら、文書なるが故に、マライ駐在の英国官憲のために、両方とも取り上げられてしまった(44)」と述べている。ただし戦後に渡辺が、マレー半島やシンガポールの宗教事情を論じた著述のなかには、調査での印象が断片的に記述されている(45)。そこで渡辺が、戦後に執筆した論考を参考としながら、調査対象との関わりを見てみよう。注意すべき点は、渡辺は文献学者であって、マラヤ赴任前まではフィールドワークに基づいた調査研究を実施した形跡が認められないことである。渡辺は、軍が接収した英語の文献を参照したほか、各宗教施設や村落を訪問して、報告書に反映させていたのである。

1　ヒンドゥー教

前掲の報告書2の三章から一〇章までは、「チエテイヤー寺院」と表記された、シンガポールのヒンドゥー教寺院である通称チェッティア寺院（Chettiars' Temple）での調査に基づき、同寺での行事や活動を報告している。正式名称は、スリ・タンダユタパニ寺院（Sri Thendayuthapani Temple）と称され、同地で貸金業を営んでいたイン

図3　スリ・タンダユタパニ寺院。1859年建立、1983年改築（筆者撮影）

ド系商人が一八五九年に建立したものである。日本占領下でのチェッティア寺院には、天皇皇后の御真影が奉安されていた。渡辺によれば「「チヱテイヤー寺院」ハ、……現在昭南特別市ニアル印度教諸寺院中ニテ結構ノ最モ大ナルモノナル……廻廊及ビ廊下ノ上方ノ天井ヲ支フル各壁間ニハ、諸種ノ神格者ガ極彩色ノ図像トシテ飾ラレアリ。コレラハ概ネ硝子張リノ額面ニ納メラレ、或ハ天井ニ近ク高ク掲ゲラレタリ。カヽル額面ノ正面廻廊ノ上方ニ　天皇皇后両陛下ノ御真影ヲ奉安シヲレリ。ソノ御真影ノ向ツテ右方高キ天井際ニハ、在独ノ印度独立連盟領袖「チャンドラ・ボース」氏ノ写真ヲモ掲ゲアリ[46]」と報告している。

2　中国宗教

渡辺は、中国系寺院の調査を実施した。華人の信奉する宗教は儒教・仏教・道教が混淆する。渡辺は、「観音信仰なるものは、結局如上法華経の品第二十五・観世音菩薩普門品を基い《ママ》におこなわれているものであるけれども、そうした観音信仰について、著者はすぐる第二次世界大戦中、マライ半島における華僑の諸寺院を対象に少しく調査してみた記憶がある。それによると、当時著者が実地踏査した、シンガポール、クアラ・ルムプール、マラッカ、ピナン等等におけるそれらの諸寺院は全数九十七であったなかにおいて、本尊仏としてのみではなく、とにかく尊像としてまつってあった諸仏諸尊中断然多数だったのが観音菩薩像で、その数は実に一百十余と算せられた。これについだのは仏教の教祖釈尊の像で、……九十余体であったと記憶している。第三位は関帝像か何か、とにかく道教神の像だったようである(47)」と記している。

渡辺は、華人の出身地についても調査した。「戦前すでにシンガポール全人口の八割は華僑、一割ないしは二割がセイロン人をも含めてのインド人、そしてこれらの残りがマライ人……でした。／……華僑は、私が調査した範囲内におきましては、民国本土中の福建省、広東省、広西省などの出身者が多数を占めていました(48)」と記憶している。シンガポールでの華人調査により、渡辺の中国人観が変わった。渡辺は、「大戦でまずシンガポールに行って、私自身、改めて実地の華僑と親しく交際しはじめました以後、本当のところ、どれだけの数の華僑とつきあい、その上下社会の人たちの人となりに接したかはわかりませんけれども、とにかく私の民国人観はまるで変わってしまったのが事実です。いうまでもなく、私の従来抱いていた民国人観はまったくの偏見であったことに、これはまた痛切に、思いあたらされたものでありました(49)」と述べている。

3　世界紅卍字会

渡辺は、中国系の新宗教である世界紅卍字会《こうまんじ》のシンガポール道院を訪問したが、調査を拒絶された。渡辺によれば、「世界紅卍字会という宗教は、……マライでは、ただ一つ、シンガポールの割りと大通りの、しかし暗い陰気な建造物のなかに、どう見てもたてこもっているとしか思えない感じの宗教でありました。私はここを二回か訪れてくわしく説明していただきたいとねがったのですけれども、ついに私の志願ははたされることができませんでした[50]」と記している。

4　ラーマクリシュナ・ミッション

渡辺は、ラーマクリシュナ・ミッションのシンガポール支部を調査している。前掲の報告書2において、渡辺は「ラーマクリシュナミッション」教会ノ教義及ビ社会事業的活動ハ洵ニ留意ヲ価スベキモノアルナリ[51]」と注目した。渡辺は、「インドの新興宗教といったらいいか、新インド教といったのがいいか、いずれにしましても、ラーマクリシュナ・ミッションというのもあります。とくに……私がマライに滞在していた当時の代表者だったスワミ・サチャナンド……は、実にすぐれた宗教人で、また社会事業家でもありまして、私とはもっとも親交があった人物でありました[52]」と述べている。

ラーマクリシュナ・ミッションは、西ベンガルのカマルクプル生まれのスワミ・ヴィヴェーカーナンダによって創唱された宗教で、ヒンドゥー、イスラーム、キリスト教などが、同一の真理に至ると主張する。渡辺と親交があったスワミ・サチャナンダ（Swami Satyananda　一九〇九―一九六一）は、英領マラヤのイポー州に生まれたタミル人で、インド思想に限らず、東西の諸宗教の思想に関する知識があり著作も多い。サチャナンダは、クアラ・ルンプールのヴィヴェーカーナンダ・アシュラムや、ラーマクリシュナ・ミッションのシンガポール支部で活動した。日本占領下のシンガポールでサチャナンダは、スバス・チャンドラ・ボースのインド国民軍とも関係があった。

5　イスラーム

仏教学者である渡辺は、イスラームに関する知識は持っていなかった。渡辺は、「回教という宗教については、マライ方面へ出向するまでの私は、ほとんど何一つ知らなかったというのが事実であります」[53]と述べている。ただし報告書1では、イスラームに関する七〇冊の英文の参考文献を提示しているなど、文献学者らしく文献へのこだわりを見せている。

文部省の施設である民族研究所（昭和一八年一月一八日勅令第二〇号で設置）の所員であった宗教学者の古野清人は、一九四四（昭和一九）年一月から七月まで、同所からの派遣で所員の及川宏と共に、セレベス、ジャワ、スマトラ、マラヤ、タイ、フランス領インドシナを視察した[54]。マラヤで古野は、第二五軍の軍政顧問の徳川義親[55]、渡辺楳雄らと視察を共にしたことを次のように記している。

ある日、徳川義親侯のお伴して渡辺楳雄氏と郊外のゲイランとかいうカンポンに赴き有力者のティーパーティに招待された。日本のマルキー（侯爵）を迎えるというので心からの歓喜を止めえず、小道の両側には可愛い服装をしたイスラムの童子童女がマライ月光の曲とか称せられる可憐な歌などを唄うて奏楽裡に家屋に案内された。そして珍らしい料理に与った。マライ人はことのほかに音楽に愛好すると聞いた。この部落にある唯一のイスラム宗教学校を参観した。二〇年前に設立されたもので大きさは民屋と大差はない貧弱なものである。先生が三名、助手三名などが職員で、コーランを読むことが主な授業である。またアラビア語やマライ語の教授も行なうという[56]。

渡辺は、実地調査においてムスリムらと接した。渡辺は「シンガポールの大寺院《モスク》など、毎金曜日ごとに、八百人は一堂に集まるのだそうですけれども、熱帯地方相応というべき個人的な体臭といったものはまったく鼻につかぬのは、私も見上げたものよと感じさせられました[57]」と記している。また「ピナン〔ペナン〕は古い町で、にぎやかな貿易商工の町でもありますから、キリスト教側でも、カトリック僧院がありますし、ここで回教の一学者にも出会うことができました。そして、その人からアラビア語と英語と対訳した回教の聖典クール・アン、すなわち俗称コーランを贈られる光栄を担った思い出も私にはあります[58]」と回顧している。

おわりに

本章では、日本軍政下のマラヤで陸軍司政官として宗教調査に従事した渡辺楳雄の活動を考察してきた。日本軍はマラヤでの統治のため、「治安維持ノ根本ハ民心ヲ把握シテ自発的ニ軍政ニ協力セシムルニアリ／之カ為施策セシ主ナル事項左ノ如シ／（一）現住民ノ風俗、習慣、宗教ノ尊重[59]」がなされた。そして「軍政当面ノ目的ニ就テハ中央ヨリ指示セラレ治安ノ維持、重要国防資源ノ供出、現地自給自足ヲ三大目的トス[60]」であったため、軍政下の治安維持を目的として、宗教事情の把握を意図する宗教調査が実施されたのである。

南方軍政総監部調査部と馬来軍政監部調査部では、多数の調査報告書が作成されたが、同部が社会科学者を中心に編成されたなかで、宗教問題の重要性を鑑みていたために、宗教に詳しい渡辺楳雄が参加を要請されたのである。

最後に渡辺楳雄の戦中と戦後の連続について述べてみたい。渡辺は、戦中と戦後を通じて自らが関わった宗教調査について、次のように述べている。

わたくしみずからは、本来からいうと、印度哲学、仏教学を専門とする一学弁にすぎない。だが戦争の、それこそ余慶をこおむ《ママ》つて、そのわたくしが、まず印度教と、その一派であるところのシーク教などとの理論ならびに実際を見聞することができたし、ついでは、回教ならびに中華民国諸氏〔華人〕の奉ずるもろもろの宗教をも一ととおり調査しうる機会にめぐまれた。そのうえ、さらに幸運なことには、終戦後、〔文部省で〕神社神道、教派神道のあらましについても踏査する好機をあたえられたばかりはなくて、またいろいろのいわゆる新興宗教教団の実地に関してもこれを瞥見する光栄に浴することができた。……もともと印度哲学、仏教学によつてつちかわれたわたくしの脳裡には、如上もろもろの宗教がすべて集結して、そこに渾然たる一体にまとまる結果になり、われ知らず、宗教とは何ぞやという一考想が彷彿として一つの体系を形づくるようになつてしまつた。[61]

つまり仏教学者である渡辺楳雄は、本来は仏教の経典や思想など、文献を中心とする研究者であった。そして戦時中にシンガポールとマラヤでの宗教調査の経験、それに戦後の文部省での宗教団体調査の経験から、戦争が契機になったとはいえ、仏教に限らず宗教全般について、学問的関心を広めるに至ったのである。とくに新宗教教団に関する学術的研究については、多くの成果を発表した[62]。渡辺の戦中と戦後を見た場合、マレーの諸宗教に関する専門的な研究は続けられることなく途絶した。しかし仏教の文献学者でありながら宗教の実地調査に従事したその研究姿勢は、戦中と戦後を通じてまさしく連続するものであったといえよう。

注

（1）明石陽至編集・解題『南方軍軍政総監部調査部　馬来軍政監部調査部報告書　一九四三―一九四五』（南方軍政

関係史料三五、全二二巻、龍溪書舎、二〇〇六年）には、防衛省防衛研究所蔵の軍政資料（徳川義親の寄贈資料）や一橋大学経済研究所（旧、東京商科大学東亜経済研究所）が所蔵する南方軍軍政総監部調査部や馬来軍政監部調査部が作成した報告書及び関連する公文書を復刻したものが収録されている。以下、本章の注記で同書からの引用は、『調査部報告書』と略記する。

（2）明石陽至「解説」（前掲、『調査部報告書』第一巻）、七頁。

（3）深見純生「東南アジアにおける日本軍政の調査」（『南方文化』第一五号、天理南方文化研究会、一九八八年）。

（4）防衛庁防衛研修所戦史室編『マレー進攻作戦』（朝雲新聞社、一九六六年）を参照。

（5）及川真学（一九〇四―一九九二）は、京都府出身。島根県邇摩郡温泉津町（現、大田市）の日蓮宗恵珖寺で得度。立正大学文学部社会学科で心理学を学んだ後に、同大学助手を経て、一九三三（昭和八）年から翌年まで台北帝国大学文政学部の聴講生となり、心理学講座の教授の飯沼竜遠と助教授の力丸慈円に師事した。両者とも日蓮宗の僧籍があり、その台湾原住民調査に及川は補助した。その後、立正大学の講師として心理学を教え、一九四〇年以降には南洋群島、インドシナ半島で宗教調査に従事し、一九四一年の開戦後は、マレー語通訳を担当。「鎌田部隊所属司令部付き……奏任官待遇」（「年譜」常圓寺編『本妙院日修上人遺香――及川真学上人法話集』常圓寺、一九九四年、三頁）であった。戦後は、日蓮宗常圓寺（東京都新宿区）、日蓮宗宗機顧問などを歴任。

（6）無署名「南方の宗教行政確立に／現地へ専門係官を派遣／村上宗務官等六氏発令さる」（『中外日報』第一二八五九号、中外日報社、一九四二年七月五日）、二面。関連記事に、無署名「宗務官として南方へ大谷演慧准連枝／大派宗務総長の御曹司」（『中外日報』第一二八六〇号、一九四二年七月七日）、二面。

（7）南方軍政における民間出身者の登用を可能にした、陸軍司政官の特別任用制度の創出前に、民間人である真宗大谷派僧侶の大谷演慧が派遣された発令根拠は確認できなかった。おそらく一度、文部省宗教局の嘱託等に発令してから、南方地域に派遣されたと考えられる。

（8）「叙任及辞令」（『官報』第四七一九号、内閣印刷局、一九四二年一〇月一日）、一九頁。無署名「南方の宗教対策強化／宗教関係の司政官発令」（『中外日報』第一二九三五号、一九四二年一〇月三日）、二面。

（9）陸軍司政官として増派された要員に、引き続き仏教者も任用された。例えば、青柳舜隆（一九〇四―一九四四）

は、浄土宗僧侶であるが、英語を習得していたため、フィリピン派遣となった。青柳は、長崎県南松浦郡新魚目町（現、新上五島町）にある浄土宗浄福寺の出身。大正大学英文学科卒業後、万朝報新聞社を経て、浄土宗開教使として布哇《ハワイ》開教本部に勤務。南カリフォルニア大学の留学、在ニューヨーク日本総領事館嘱託としての勤務を経て、コロンビア大学大学院、ニューヨーク大学大学院にて学ぶ。外務省調査部、同省政務局嘱託。一九四四（昭和一九）年六月一〇日、陸軍司政官に発令。フィリピンのマニラにある第一四軍軍政部（通称、比島軍政監部）に赴任する途中、同年の九月二一日に戦死（海没）。

(10) 渡辺楳雄の経歴は、主に次の資料を参照した。祥雲《しょううん》洪嗣編『昭和二十七年度　曹洞宗現勢要覧——高祖大師七百回大遠忌奉讃記念』（曹洞宗現勢要覧刊行会、一九五二年）、渡辺楳雄『ある老仏教学徒の記録』（大法輪閣、一九七四年）、鶴見大学図書館編『渡辺文庫目録——渡辺楳雄先生旧蔵仏教学関係資料目録』（鶴見大学図書館、一九八〇年）、渡辺諦俊『大亀山福応寺史』（福応寺史刊行会、一九八六年）、浜田高等学校創立百周年記念事業部編『浜田高等学校百年史——創立百周年記念』（島根県立浜田高等学校、一九九四年）、東洋大学井上円了記念学術センター編『東洋大学人名録　役員・教職員——戦前編』（東洋大学井上円了記念学術センター、一九九六年）、浜高野球部百年史編集委員会編『浜高野球部百年史』（島根県立浜田高等学校、二〇〇三年）。

(11) 飯田利行『空林拾葉録』（中外日報社、一九九六年）、三二頁。

(12) 前掲、三四頁。

宇井伯寿は、一九四三（昭和一八）年三月に東京帝国大学を定年退官。この間に駒澤大学学長を兼務したが、学内の内紛により一九四二年二月に学長を辞職。曹洞宗宗務院の執行部である谷口虎山内局の方針に対する不満から、曹洞宗の僧籍を離脱したが、一九四四年一二月一八日に権大教師に復帰した（無署名「宇井伯寿博士曹洞宗へ復籍」『中外日報』第一三五八〇号、一九四四年一二月二三日、二面）。なお宇井は、一九四四年には満洲国の建国大学への異動を表明していたが、実現しなかった。建国大学側は東北帝国大学法文学部研究嘱託の多田等観（一八九一——一九六七）の招聘で調整していた（多田明子・山口瑞鳳編『多田等観——チベット大蔵経にかけた生涯』（春秋社、二〇〇五年、一九九頁）。

(13) 渡辺楳雄「高楠博士全集の刊行を喜ぶ」（『宗教』増刊「高楠順次郎博士特集号」、教育新潮社、一九七六年）、二六頁。

（14）大達茂雄伝記刊行会編『大達茂雄』（大達茂雄伝記刊行会、一九五六年）、四四頁。

（15）渡辺楳雄の長男である故渡辺虎年氏へのインタビュー、二〇〇七（平成一九）年四月一八日。

（16）渡辺楳雄「大達さんと宗教」（大達茂雄伝記刊行会編『追想の大達茂雄』大達茂雄伝記刊行会、一九五六年）、一二頁。

（17）〔昭南軍政監部内政部〕文教科編『文教科宗務報告書』（〔昭南軍政監部内政部〕文教科、〔一九四三年〕）、五―六頁。JACAR（アジア歴史資料センター）Ref. C14110776300、文教科宗務報告書（防衛省防衛研究所）。

（18）〔昭南軍政監部〕文教科宗務編『「マライ」の宗教』〔三―四頁〕。同書は、天理大学附属天理図書館所蔵（〈請求番号〉二二四／二三）。天理図書館編『古野文庫目録』（天理大学出版部、一九八五年）によれば、「出版者不明」、「出版年不明」で、形態として「四枚」「二七cm」「謄写版」とある（四一頁）。古野文庫は、宗教学者の古野清人の旧蔵書で構成されるが、同文庫の中には、古野が一九四四（昭和一九）年の南方調査時に入手したと思われる南方軍政総監部調査部、並びに第二五軍軍政監部下のパレンバン州政庁文化班が作成した調査報告書も含まれている。なお『「マライ」の宗教』の表紙には「渡辺」の判子があり、同一のものは防衛省防衛研究所蔵の前掲『文教科宗務報告書』の表紙にも確認できる。渡辺楳雄による押印の可能性が高いが、確認できない。

（19）渡辺楳雄『軍政下ニ於ケル宗教政策ノ経過』（馬来軍政監部調査部、一九四四年）、三〇頁（前掲、『調査部報告書』第一四巻、三五四頁）。

（20）金谷哲麿は、大分県西国東郡高田町（現、豊後高田市）の真宗本願寺派妙寿寺の住職であった。一九一八（大正七）年仏教大学（現、龍谷大学）卒業。大谷光瑞に近侍して、光瑞が著した『世間非世間』（実業之日本社、一九三一年）に編者として記されている。台湾に渡って台湾南方協会嘱託となり、日本軍の仏印進駐後に印度支那派遣軍司令部嘱託となる。昭南興亜訓練所では主事を務めたが、一九四五（昭和二〇）年七月にタイ南部で戦病死。
　陸軍司政官として興亜訓練所に関わった井上憲司（戦後は新潟県長岡市の浄土真宗本願寺派徳宗寺住職）の証言は、浄土真宗本願寺派国際部浄土真宗本願寺派アジア開教史編纂委員会編『浄土真宗本願寺派アジア開教史』（本願寺出版、二〇〇八年、二六八―二七〇頁）に掲載。

(21) 馬来軍政監部調査部『調査部報』第一号（馬来軍政監部調査部、一九四四年）、〔四頁〕（前掲、『調査部報告書』第一七巻、一三六頁）。
(22) 原覚天『現代アジア研究成立史論――満鉄調査部・東亜研究所・IPRの研究』（勁草書房、一九八四年）、三三一三五頁。著者の原覚天（一九〇一―一九八八）は、新潟県の農家出身。大叔父の山口天外が住職を務める同県西頸城郡木浦村（現、糸魚川市）の曹洞宗東陽寺で得度。熊本の大慈寺僧堂の沢木興道に随身するが勘気に触れ、法相宗に転じて、法隆寺勧学院に学ぶ。二三歳で還俗した後、日本新聞社、報知新聞社を経て、満鉄調査部に入り、後に東亜経済調査局へ異動。戦後はアジア経済研究所調査研究部長、関東学院大学経済学部教授等を歴任。
(23) 防衛庁防衛研究所戦史部編『史料集　南方の軍政』（朝雲新聞社、一九八五年）、四九九頁。
(24) 板垣與一・山田勇・内田直作「板垣與一氏・山田勇氏・内田直作氏――インタヴュー記録」（明石陽至インタヴュー責任者『インタヴュー記録　D　日本の軍政六――特定研究「文化摩擦」』東京大学教養学部国際関係論研究室、一九八一年）、一二〇頁。
(25) 前掲、一一九―一二一頁。
(26) 前掲、一二〇頁。
(27) 馬来軍政監「馬来軍政監部調査部諸規定」一九四四年、〔一頁〕（前掲、『調査部報告書』第一四巻、一頁）。
(28) 前掲、〔二頁〕。
(29) 前掲、馬来軍政監部調査部『調査部報』第一号、〔四―五頁〕（前掲、『調査部報告書』第一七巻、一三六―一三七頁）。
(30) 板垣與一・山田秀雄「南方軍軍政総監部調査部　日本軍政下マラヤ・シンガポールにおける調査――インタビュー―」（「日本の英領マラヤ・シンガポール占領期史料調査」フォーラム編『インタビュー記録　日本の英領マラヤ・シンガポール占領（一九四一―四五年）』南方軍政関係史料三三、龍溪書舎、一九九八年）、三七頁。
(31) 前掲、明石陽至「解説」、一二頁。
(32) 前掲、「板垣與一氏・山田勇氏・内田直作氏――インタビュー記録」、一二八頁
(33) 渡辺楳雄の二男である故渡辺昭雄氏へのインタビュー、二〇〇七（平成一九）年九月二〇日。

（34）赤松要「学問遍路　八――南方調査とマライの独立運動」（『世界経済評論』第一一巻第一一号、社団法人世界経済研究協会、一九六七年）、四二頁。
（35）赤松要『わが旅路――歌集』（赤松要先生歌集刊行会、一九六一年）、一四五頁。
（36）ブリンクリー「私と仏教」（『月刊浄土』第一八巻第二号、法然上人鑽仰会、一九五二年）、二九頁。
（37）渡辺楳雄の復員した日付について、前掲『福應寺史』では一九四六（昭和二一）年四月二一日、前掲『ある老仏教学徒の記録』では三月二日。
（38）渡辺楳雄「私が文部省宗務課にいたころ」（『宗務時報』第二九号、文化庁文化部宗務課、一九七二年）、八〇頁。
（39）渡辺楳雄「仏様・神様がたのお導き――七十六年のわが遍歴」（渡辺楳雄『朝礼日記』鶴の林社、一九七〇年）、九六頁。初出は、『鶴の林』一九七〇年二月増刊号（鶴の林社）。
（40）渡辺楳雄『マライ及スマトラニ於ケル宗教』（昭南軍政監部内政部文教科、一九四三年）、〔表紙裏〕頁。ＪＡＣＡＲ（アジア歴史資料センター）Ref. C14060706600、マライ及スマトラにおける宗教　昭和一八年四月（防衛省防衛研究所）。
（41）渡辺楳雄『附録　昭南特別市ニ於ケル印度教諸寺院』（昭南軍政監部内政部文教科、一九四三年）、〔表紙裏〕頁。防衛省防衛研究所蔵〈請求番号〉南西―軍政―七七）。
（42）前掲、『軍政下ニ於ケル宗教政策ノ経過』、五頁。
（43）渡辺楳雄「（研究会報要旨）軍政下ニ於ケル宗教・習俗ノ利用並ニ指導ノ問題」（『調査部報』第四号、馬来軍政監部調査部、一九四四年）、一―三頁（前掲、『調査部報告書』第一七巻、二六三―二六五頁）。
（44）前掲、「高楠博士全集の刊行を喜ぶ」、二六頁。
（45）渡辺楳雄「東南アジア地域の宗教」（アジア問題研究会編『日本内外の急務』アジア問題研究会、一九五三年）、渡辺楳雄『東南アジアの民族と宗教おぼえ帳』（教育新潮社、一九七六年）。
（46）前掲、『附録　昭南特別市ニ於ケル印度教諸寺院』、四―五頁。
（47）渡辺楳雄『法華経を中心にしての大乗経典の研究』（青山書院、一九五六年）、序文三頁。
（48）前掲、『東南アジアの民族と宗教おぼえ帳』、八四頁。

(49) 前掲、八九頁。
(50) 前掲、一一九頁。
(51) 前掲、『附録　昭南特別市ニ於ケル印度教諸寺院』、三五頁。
(52) 前掲、『東南アジアの民族と宗教おぼえ帳』、一五二頁。
(53) 前掲、六三頁。
(54) 中生勝美「民族研究所の組織と活動――戦争中の日本民族学」(『民族学研究』第六二巻第一号、日本民族学会、一九九七年)、五三頁。
(55) 昭南島の在任時の徳川義親については、E・J・H・コーナー著、石井美樹子訳『思い出の昭南博物館――占領下シンガポールと徳川侯』(中公新書、一九八二年)、小田部雄次『徳川義親の十五年戦争』(青木書店、一九八八年)を参照。
(56) 古野清人「マライ・タイ・仏印視察記」(『古野清人著作集別巻――宗教人類学者の回想』三一書房、一九七四年)、二一八頁。初出は、『新亜細亜』第六巻第九巻(南満洲鉄道東亜経済調査局、一九四四年)。
(57) 前掲、『東南アジアの民族と宗教おぼえ帳』、六五頁。
(58) 前掲、一二一頁。
(59) 復員庁第一復員局史実部編『南方作戦ニ伴フ占領地行政ノ概要』(復員庁第一復員局、一九四六年)。引用は、石川準吉『国家総動員史　補巻』(国家総動員史刊行会、一九八七年)、八〇七頁。
(60) 前掲、八〇七頁。
(61) 渡辺楳雄『宗教』(小山書店、一九四九年)、序一〇―一一頁。
(62) 渡辺楳雄『現代日本の宗教』(大東出版社、一九五〇年)。同書で渡辺は、愛善苑(現、大本)、璽宇、世界救世教、天照皇大神宮教、本門佛立宗、霊友会などを分析した。

第四章　仏教留学生のインドシナ派遣

はじめに

本章では、財団法人大日本仏教会によるインドシナに派遣した青年学徒の留学事業について論じる。第Ⅱ部第一章で述べたように、興亜仏教協会（後に財団法人大日本仏教会に再編）は、インドシナに宇津木二秀と久野芳隆を派遣して調査を実施した。帰国後に、「同会では両師の帰朝報告を基礎として種々方策を検討の結果、南方文化工作の第一着手として、文部省、大東亜省の指導斡旋により[1]」、人員の派遣を策定したのである。

当時のインドシナは、日本軍の武力が駐屯していたとはいえ、主権はフランスのヴィシー政権の影響下にあるフランス領インドシナの総督府にあった。親ドイツ側ではあったが、日本の占領下ではない。そのため日本側の文化工作には、活動の制限があった。大日本仏教会では、インドシナの民衆に対する直接の関与ができないため、知識人層への工作を働きかけたのである。その一環として、僧籍を持つ若い研究者を派遣して、ハノイのフランス極東学院や寺院に滞在させて研究活動を行った。しかし戦争末期のため、活動が円滑に行われなかったのである。

また戦時下の体験から、元留学生の戦後の生き方も取り上げる。その人物は、ベトナム戦争に反対した、社会学者で浄土真宗本願寺派僧侶の鈴木宗憲である。

第一節　財団法人大日本仏教会の留学事業

1　派遣する留学僧の選抜

大日本仏教会による印度支那派遣仏教団の編成から出発までの経過については、同会の興亜局が作成した日誌「仏領印度支那（及泰国）派遣ニ関スル協議録」が参考になる。この資料を参照しながら、編成から派遣までに行われた政府関係機関と大日本仏教会との間での調整と交渉の過程を見よう(2)。

一九四三（昭和一八）年一月一八日、大日本仏教会にて仏印留学に関して協議会が開催され、参加者は駒澤大学元学長の立花俊道、大正大学教授の久野芳隆、元ハノイ総領事の永田安吉の三人であった。会議では、人選、派遣留学生の法衣、大東亜省との折衝、派遣団の名称について議論された。一団の名称は、対外的には「印度支那派遣仏教団」、対内的には「日本仏教留学生団」と称することになり、留学生は選抜後に約一か月間の講習を受けることが決定した。科目と担当者は、松本信広「仏印文化」、立花俊道「巴利語」、久野芳隆「安南仏教」、永田安吉「仏印ノ政治経済一般状勢」、呉文孟・金永鍵・原文雄「安南語」であった。

同年一月二五日の会議では、先の有識者のほか、大日本仏教会の幹部も加わって協議され、派遣留学生の法衣については、立花が考案した亜熱帯地域向けの法衣と袈裟が決定した。また各宗派から推薦された留学生については、後述する真言宗僧侶の飯塚栄斧《えいふ》と浄土宗僧侶の佐藤利勝以外は、「適格者ナラズ」として各宗派からの推薦者を差戻し、あらためて二五歳から三〇歳までの留学者を再度推薦させることが決定した。二月九日の会議で団員六人が決まり、三月一一日の会議では、団員の派遣優先順位が決定した。

『中外日報』は、一九四三（昭和一八）年四月六日付の記事で、「仏印仏教文化の研究／日仏印仏教徒の交驩／大日本仏教会から留学生派遣／立花団長ほか六名ちかく出発」との見出しで、次のように概要を紹介した。

大日本仏教会では先に昭和十六年五月日本仏教徒を代表して大正大学教授久野芳隆、本派本願寺興亜部出仕宇津木二秀の両氏を仏印に派遣し、具さに同国の実状を調査すると共に両国の仏教交流の適切なる方策につき研究せしめ、その帰朝報告を基礎として種々方策を検討しつつあつたが、その結果先づ南方文化工作の第一着手として文部省及び大東亜省の指導斡旋に依り前駒澤大学学長ドクトル・オブ・フイロソフイー立花俊道氏を団長として各宗派推薦の留学生の六名を同国に派しに二ヶ年間ハノイに駐在せしめて仏印仏教文化の研究と日、仏印仏教徒の交驩の任に当らしめる事となり、本月中旬を期して立花団長を始め先づ団員三名が近くハノイに向け出発する事となつた、その要項は左の通りである。

日本仏教留学生団仏印派遣要項

一、組織　団長一名、団員六名　団長は団員を統卒し其の研究調査を指導すると共に日、仏印仏教親善工作の責に任ず／団員は団長の指揮に従ひ主として研究調査に従事し仏教親善工作に関し団長を補佐す

二、任務　（イ）仏印仏教文化の研究（ロ）日、仏印仏教徒の交驩（ハ）大東亜新秩序理念の宣布（ニ）日本語の普及と安南文化の研究

三、任期　二ヶ年

四、出発時期　昭和十八年四月中旬の予定

五、留学地　ハノイ

六、団員氏名

団長　前駒澤大学学長立花俊道

団員　大正大学卒業佐藤利勝（二十五歳）大正大学卒業飯塚栄斧（二十八歳）龍谷大学卒業鈴木宗憲（二十八歳）立正大学卒業三国行恵（三十歳）駒澤大学卒業荻野正三（三十歳）大谷大学卒業佐々木教悟（二十九歳）[3]

団長の立花俊道は、団員の人選について、「全日本仏教徒を代表するとも見られるが、同時に又各仏教大学の出身者を網羅して居て、それをも代表してゐると見ることも出来る。但高野山大学だけがその出身者を加へて居ないのは遺憾である[4]」と述べている。高野山大学は古義真言宗の流れを汲むが、当時は戦時体制により古義と新義の真言宗八派は一派に合同されていた。そのため真言宗代表として、合同前は新義真言宗豊山派に属していた大正大学出身の飯塚栄斧が選抜されたのであろう。

派遣は、先の要項と実際には異なり、一九四三（昭和一八）年の四月ではなく七月出発となり、インドシナに派遣されたのは、団長の立花、団員の鈴木宗憲、佐藤利勝、飯塚栄斧のみであった。

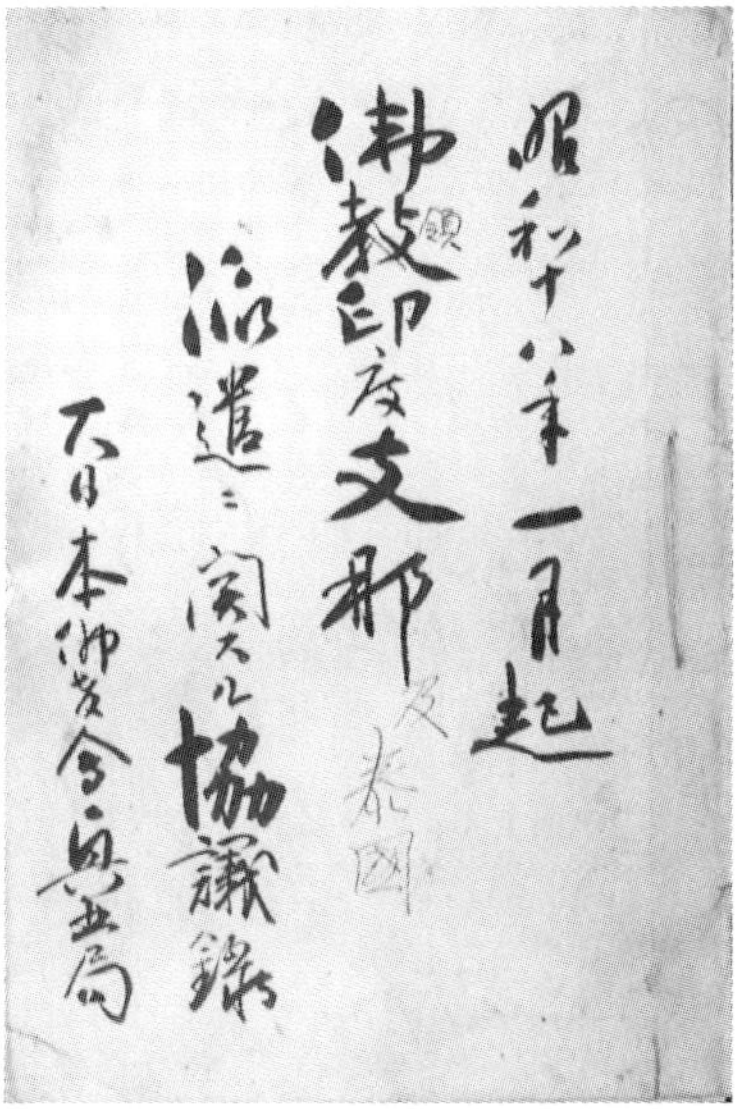

図１　大日本仏教会興亜局の書類簿冊「仏領印度支那（及泰国）派遣ニ関スル協議録」（東京都港区、浄土宗増上寺蔵）

これは仏印関係当局から派遣要員の縮小を要請されたため、調整の末、団長と団員三人を派遣することになったからである。前述の人員のうち、荻野は立花の侍僧として赴任する予定であったが応召のために辞退となり、佐々木と三国はタイに派遣された。佐々木はこの留学から、戦後に上座仏教研究を進めることになった(5)。なお団長の立花は、団員より早く一九四四（昭和一九）年五月に帰国している。

2　参加者の群像

(1) 団長の立花俊道

団長の立花俊道（一八七七―一九五五）は、曹洞宗僧侶で、パーリ語や南伝仏教を専門とする仏教学者であった。一九一九（大正八）年から一九二〇年までイギリスに留学したが、往路の途上、ハノイのフランス極東学院に立ち寄り、約一〇か月の研究に従事した経験があった。その後、オックスフォード大学で学位論文を提出し、一九二六年にはロンドンで出版されるなど、斯界で知られた存在であった。曹洞宗の関係校である駒澤大学の教授と学長を務めた。フランス極東学院と人脈があり、海外にも知られた学者であるため、派遣時には既に年齢が六〇代後半であったにも関わらず、団長に任命されたのである。

(2) 団員の鈴木宗憲

鈴木宗憲（一九一六―一九九〇）は、富山県婦負《ねい》郡寒江《さぶえ》村（現、富山市）に生まれた(6)。生家は、真宗本願寺派の願念寺である。母方の叔父は後に本願寺派の勧学寮頭を務めた桐渓《きりたに》順忍であった。富山県立神通《じんづう》中学校（現、県立富山中部高等学校）を経て、一九三四（昭和九）年には真宗本願寺派の関係校である龍谷大学専門部に入学した。一九三七年三月に卒業後、文学部哲学科社会学専攻に進んだ。フランスに留学してマルセル・モースに師事した宗教学者の松井了穏[7]から指導を受け、後に龍谷大学学長を務める宗教哲学者の星野元豊からも影響を受けた。この時、共に社会学専攻に編入した人物には後に真宗史研究で知られる森龍吉《りゅうきち》がいる。鈴木は、一九四〇年三月に卒業したが、そのまま文学部研究科に残った。同年に徴兵検査を受けて、第二乙種の補充兵と判定された。一九四二年九月、文学部研究科を修了し、同月から文学部研究室の嘱託となったが、在任中に大日本仏教会がベトナムに派遣する留学生に採用されたのである。

前掲した『中外日報』の留学生派遣決定の記事が掲載された直後、鈴木宗憲は同紙に論説「安南仏教の価値――竜山章真の所論に関連して」を発表した。安南《アンナン》は、フランス領インドシナを構成する地域で、現在のベトナム中部に該当する。鈴木は、大谷大学教授の竜山《たつやま》章真（一九〇五―一九五〇）による『南方仏教の様態』[8]を読んで、竜山によるインドシナ仏教の見解について、批判を行った。まず鈴木は次のように言う。

> 私の友人のうちに安南仏教など研究に値ひせず、従つて派遣団の第一の目的を極めて過小評価するものが、少くない。又こんな連中にかぎり、共栄圏の仏教文化も亦、過小評価する徒輩であるが。だがしかし、私の手もとにある二、三の安南関係の書物をみても、安南仏教の現状について悲観的に述べたものが極めて多い。だからといつてそれが、派遣団の目的そのものを過小評価する理由になるであらうか。[9]

戦時中には、日本の南方進出を反映して、出版ブームというべき南方の人文・社会・自然の諸事情に関する文献の出版が相次いだ。竜山の『南方仏教の様態』も、その一冊に数えられる。[10] 竜山は、元来はインド仏教を専門とした仏教学者であるが、この時期の南方出版ブームの特徴は、必ずしも南方を専門としていなかった人物が執筆している例が多いことである。

鈴木は、『南方仏教の様態』の一節を引用している。竜山が述べる「複雑なる混成仏教の各要素を、その原形に還元せしめて理解せんとする試みは、事実上余り価値がないであらう。むしろかかる一種特有の仏教として、或ひ《ママ》は一層適切には一種の混成宗教として、これを考察すべき(11)」との一文である。鈴木は、世界宗教は伝播した現地において在来の信仰と習合することを指摘して、その現状を知るためには、原形を知る必要があると反論したのである。鈴木は結論として、次のように結ぶ。

> 支那仏教との比較研究、巴利仏教との交叉、仏教文化史に属するあらゆる文献研究等、我々派遣団によつて二年後に至り、読者諸彦に報告がもたらされるであらう。どうか我々派遣団のことを記憶に止めて頂き、安南仏教の価値を〔派遣から帰国する〕二年後において評価して頂かん事をお願ひする次第である(12)。

その後、大日本仏教会の留学生一行は出国した。鈴木の胸裏には、前述のようなインドシナの仏教研究に対する目標を抱いたのであろう。後年に鈴木は、この時の心境を、「昭和十七年九月、私は文学部研究科を繰り上げ卒業になり、〔翌年に〕大日本仏教会派遣の留学生としてベトナムに渡り、ついに兵役を免れました。いわば日本からの脱出と、逃避であったわけです(13)」と回想している。当時の男子一般が兵役の義務があったにもかかわらず、出征ではなく学問のためベトナムに行ったことを、自ら「逃避」と認識していたのである。兵役を回避した自責の念が窺えよう。

（3）団員の佐藤利勝

佐藤利勝は、一九一九（大正八）年五月二一日に、大阪府北河内郡庭窪村（現、守口市）の浄土宗西向寺住職である佐藤準勝の長男として生まれた。準勝が、一九二二年に京都市上京区にある大本山清浄華院の子院である無量寿院の住職に転じたことから、一家も移った。

佐藤は、浄土宗の関係校である東山中学校、佛教専門学校（現、佛教大学）を経て、一九四〇（昭和一五）年四月に大正大学文学部仏教学科に入学した。卒業時の成績は学科で上位であったという。

一九四二（昭和一七）年一〇月に浄土宗内の機関である大東亜宗教事情調査室の研究員となった。同年一一月には大正大学浄土学研究室の副手となり、インドシナ派遣の直前まで務めた。研究室主任教授の石井教道から期待された存在であった。佐藤は、石井が仮寓した東京上野の凌雲院に通い、宗祖法然が著した『選択本願念仏集』の研究に助力した。石井は、自著『選択集の研究――註疏篇』の序文で「本篇編輯整理校正等に関し、脇定信氏、金山正好氏、宝田正道氏、佐藤利勝氏、服部英淳氏、藤堂恭俊氏等の労を煩はした[14]」と書いている。後に浄土宗の宗学の中枢を担う研究者と共に、佐藤の名前があることから評価していたのであろう。

佐藤は、大正大学副手に在任中の一九四三（昭和一八）年三月三一日に、浄土宗の推薦で、大日本仏教会による印度支那派遣仏教団員に選ばれた。浄土宗務所から奨学金として一〇〇〇円、大日本仏教会からは渡航準備手当として三五〇円が授与された。四月三〇日には関係省庁との間で事務手続きが終了し、五月一五日には東京府より旅券、フランス領事館より査証が交付された

佐藤は、一九四三年六月一三日、三重の伊勢神宮に参拝して、次の誓願文を記した。

仏印留学誓願三ヶ条

一、時局下国外ハ全テ戦場ナリ自他共ニ死ヲ覚悟シ決シテ悔ヒザル事

一、重任ヲ完遂シ一事ニ大成セザル限リ長年月ニ渡ルト雖モ帰国ヲ許ルサヾル事

一、大日本帝国臣民ノ代表トシテ常ニ其ノ自覚ト誇ニ挙動ヲ謹ミ日本文化ノ本質ヲ厳守スベキ事

右ノ三ヶ条重々天照皇太神宮並ニ三宝ノ御前ニ確ク誓フ

昭和十八年六月十三日伊勢大神宮参拝之日

佐藤利勝　㊞[15]

すなわち佐藤は、覚悟の上での渡航であった。留学という「重任ヲ完遂」を成し得るまでは、帰国しないことを神仏に誓ったのである。

(4) 団員の飯塚栄斧

団員の飯塚栄斧（一九一六―一九五四）は、大正大学仏教学科出身で、真言宗の合同前は新義真言宗豊山派に属した。飯塚の卒業論文は、ヒンドゥー教の最高神シヴァを取り上げた「密教と印度教との関係――特に濕縛《シヴァ》を中心として」であった。大正大学真言学研究室副手の在任中に、派遣団員に任命された。

没後に発行された飯塚栄斧の論文にて、大正大学真言学研究室副手の小野塚幾澄による略歴が記されている。それによれば「筆者本学講師飯塚栄斧氏は昭和廿九年八月三十一日急逝せられ、本論考ははからずも遺稿となつた。氏は昭和十五年三月本学仏教学科卒業後、同十八年にはインドシナに留学され、ハノイの遠東学院〔極東学院〕に

於て安南宗教の研究に従事し、廿三年六月帰国、同年九月より本学講師となり、又高崎市立大学助教授の職にもあつた」[16]という。フランス極東学院の雑誌 *Bulletin de l'Ecole Française d'Extrême-Orient* は、一九四二（昭和一七）年に第四二号、一九四六（昭和二一）年に第四三号が発行された。後者には、彙報欄に日本人留学生のことは記されておらず、フランス極東学院における日本人留学生の動向は不明である。

第二節　インドシナでの活動

1　研究活動と日本語教育

印度支那派遣仏教団の一行は、一九四三（昭和一八）年七月六日に神戸港より出港した。八月一日にはサイゴンに入港して、鉄道で移動してハノイに到着したのは八月九日であった。彼らは、当初の予定どおり、初期にはベトナムでの研究に励んだ。

立花俊道が、大日本仏教会に宛てた書簡に、派遣団の様子を報告していた。それによれば、宿舎の選定には苦労して、ようやくハノイの小田旅館別棟に止宿できたという。留学生活については次のとおりである。

（研究）安南語毎週六回、仏語二回、遠東学院及館使寺蔵書は皆借出しが出来ます。寺院参観、遠東学院にて東京《トンキン》地方寺院案内の筈にてプログラムは既に出来てゐます。
（日曜勤行）白衣白足袋法服袈裟着用の上毎日曜館使寺にて勤行、法服袈裟の評判大によし。
（日語教授）館使寺にて僧侶たちに教授、中には相当出来る人あり、生徒は五名を限度とす、それ以上は仏印

政府の認可を得るの要あり[17]

館使寺〔Chùa Quán Sứ〕とは、ベトナム北部地域の仏教組織である北圻《バッキ》仏教会の事務局が設置された、ハノイ市にある寺院である。鈴木によれば「北部仏教会〔北圻仏教会のこと〕の会長、ブイ・テイン〔ティエン〕・カン（居士）〔Bùi Thiện Cẩn〕や、館使寺の僧、釈智度〔Thích Trí Độ〕、〔釈〕智海〔Thích Trí Hải〕、〔釈〕清明〔Thích Thanh Minh〕などから、親切に遇してもらった。黄造にベトナム語、マドモアゼル・チェックにフランス語、〔フランス〕極東学院の陳文玾〔Trần Văn Giáp〕からベトナム仏典の解読をうけた[18]」という。

地元の仏教者との接触もあった。一九四四（昭和一九）年七月二七日、安南仏教会の副会長が死去したが、派遣団では大日本仏教会の名義で、香典一〇〇円と花環を捧げた。二九日の葬儀では、派遣団員も加わり、計一二人の僧侶が合同で法要を行った[19]。

その後の生活の様子を鈴木は、次のように記している。

私は一九四三年から四七年まで、ベトナム各地で暮したが、……一九四四年から終戦近くまでいた、北ベトナムのヴィンという町についてだけ述べよう。ヴィンは、漢字で栄合とかき、北緯十八度、三十五分、ゲー・アン州の州庁の所在地、戸数二千ほどの小さい町であった。……ハ・チン州〔現、ハティン省〕は、この隣である。私は一九四五年三月九日の対仏戦の前は、日本語学校の教師として、それ以後は、この地の守備隊の通訳をしていた[20]。

日本語学校の教師の就任は、日本語普及会からの要請であった。同会は、一九四三（昭和一八）年四月に大東亜省によって開設された組織で、ハノイには北部仏印日本語普及会、サイゴンには南部仏印日本語普及会が設置された。その後に同僚の佐藤利勝も、鈴木と同じヴィンの日本語学校講師となった。日本語教師になったのは、戦時下の特殊な事情に起因した。団員の飯塚栄斧によれば次のとおりである。

結成早々の印度支那文化研究会〔印度支那派遣仏教団の別名〕では早速総会を開き留学生一同協議の挙句、全員一致で鈴木君に出馬の御苦労を願ふ事とした。その時には、日語教師の到着まで、研究に差支へない程度の負担等の条件が固く約束されてゐた。鈴木君としても、彼は元来社会学専攻の士で期間はさう長くない、新らしき土地で思ふまゝの勉強が出来、且つ当地留学の目標にも抵触しない等の理由で、大きな希望に燃えて普及会の懇請、我々の願ひを受け入れる事になつた。(21)

つまり研究よりも、現地のベトナム人に対する日本語教育が優先されることになったのである。後述する対仏戦後の教育状況について、鈴木は次のように述べる。

教育機関は、全く麻痺していた。その理由の一つは、義務教育制でなかったからでもある。中学校は、日本軍に接収され、校長の家に、将校が住んでいた。小学校は、私が日本語学校の校舎に使用した。当時、不覚にも日本語熱が盛んだと考えていたが、実は、他の教育機関が、なかったからなのである。あえて日本軍進駐だけとはいわぬが、続くベトナム解放戦争も含めて、若者たちは教育を受ける機会を失った。(22)

このように鈴木が自ら関与した日本語学校の生徒は、他に学校が機能していないため、止むを得ず通学したことを認識していたのである。

2　研究の中断と日本軍の通訳

鈴木宗憲は、一九四五（昭和二〇）年三月九日の対仏戦以降は、ゲアン省の省都ヴィンの守備隊の通訳を務めた。陸軍の第二一師団隷下の歩兵第八三連隊の連隊本部付の通訳要員として陸軍嘱託となったのである。その二か月後に連隊本部はタインホアに移動したため、日本語学校には佐藤利勝を残すことになった。鈴木の記録をもとに、当時の状況を見てみよう。

対仏戦以降の戦闘の様子について、「日本軍はフランス軍に向って、戦闘を開始した。……戦闘は一昼夜つづき、私もこれに参加した。……部隊構成の底辺部は、外ならぬベトナム人であった。……戦闘が済んで、フランスの軍人は、収容所に入れられ、のちハノイへ送られた。ベトナム人の兵隊は、そのまま日本軍の補助部隊として、雑役に使用された……。こうしてベトナム人の兵隊は、戦闘から日本の敗戦まで、苦役に従わねばならなかった(23)」と述べる。

ベトナム人の住宅や施設を立ち退かせ接収した時の様子について鈴木は、「連隊本部は、中学校を接収していた。……めぼしいベトナム人の住宅、施設をことごとく接収していた。……その個々の接収事情は、正確に知らないが、町の中央にあったホテルを、配給米支給の契約で、守備隊の慰安所に接収する交渉を、私自身がなしたので、大体、これと似たものと推定される(24)」と述べる。

ベトナムは、中国本土の基地から発進したアメリカ軍機の空襲を受けた。鈴木は、「この町は、ハノイから遠く離れ、古都ユエに近かった。しかし在支米軍は、桂林、重慶あたりから飛来し、連日、盲爆が加えられた。この犠牲となった多くは、武器も避難する自動車もない、ベトナム人であった。……こういう状態は、トンキン・アンナンの全土にひろがり、コーチ・シナとの交通網が寸断されていた[25]」という。

一九四四（昭和一九）年から翌年にかけて、ベトナム北部では大規模な飢饉が生じた。犠牲者数は諸説あるとされるが、鈴木は、戦後の「南ベトナム政府は、日本軍進駐以後、全ベトナムの餓死者は、二百万人と計算している。私はこの数字が決して誇張でないと思う[26]」と断った上で、自ら見聞した実態を、「一九四四年、五月米の不作以来、この小さいヴィンという町にも、餓死者が何ヵ月も続出し、道路に倒れている市民や農民の姿は、さながら地獄絵巻のようであった。この原因は、日本軍の食糧徴発、輸送路の寸断、配給ルートの混乱に加えて、ソン河の氾濫であった[27]」と述べる。

戦時下のベトナムの状況を回顧して、鈴木は「以上に列挙した事実は、誇張ではない。頭に浮かんだものだけでも、随分、深刻なものなので、損害はもっと深いであろう。招かれざる客、日本軍が落した暗い影は、ベトナム大衆から消えないであろう[28]」とした。戦争に巻き込まれたベトナム人を見た鈴木は、戦争は悲惨なものであることを実感したに相違ない。

鈴木は後年、「ベトナム仏教を勉強し、日本仏教徒とベトナム仏教徒との親善をはかる目的であったが、その裏側に日本の帝国主義的侵略戦争の何らかの役割が、秘められていることは否定できない。……私は侵略戦争に加担したという責任を隠したり、弁解しようなどと、いまも思っていない[29]」と述べる。それは同僚であり友人の佐藤利勝の失踪、それに戦争に関わった呵責の念から、戦後は平和運動に関与するのである。

3　佐藤利勝の最期

鈴木宗憲は、一九四五（昭和二〇）年八月一五日の敗戦を歩兵第八三連隊の連隊本部があった、タインホアで迎えた。ヴィンに戻ったところ、日本語学校は閉鎖されて、佐藤が行方不明であることを聞かされる。同僚の飯塚栄斧によれば次の様子であった。

〔佐藤は〕昭和廿年八月廿日午後三時一言も残さず、平常と変らぬ真面目さの中に、日本人の視界から離れてしまつたのである。仏印に於ても行方不明を伝へられる者は少くない。しかし何故一言我々と相談しなかつたらう。丁度少々離れたある町に出掛けて帰つた許りの鈴木君が猛烈に心当たりを探したが、どうしても手掛りを摑なかつたと云ふ[30]。

なぜ佐藤は、失踪したのであろうか。その理由は、前述の「仏印留学誓願三ヶ条」にある。敗戦により留学が成就できなかったため、佐藤は自ら身を隠したのであった。ヴィンに戻った鈴木は、日本語学校の日本人関係者とベトナム人の生徒から、佐藤の最期の様子を聞いた。

佐藤は数人の日本兵とラオスへの国境へトラックで行ったという。一週間、情報を入れ探したが、行方が判らぬので、遂にみすててハノイへ帰った。後日、聞いたところ、ラオス国境のジャングルのなかで、フランス軍敗残兵と戦闘し、死んでいった。両足など腐って、丸太のように腫れていたという[31]。

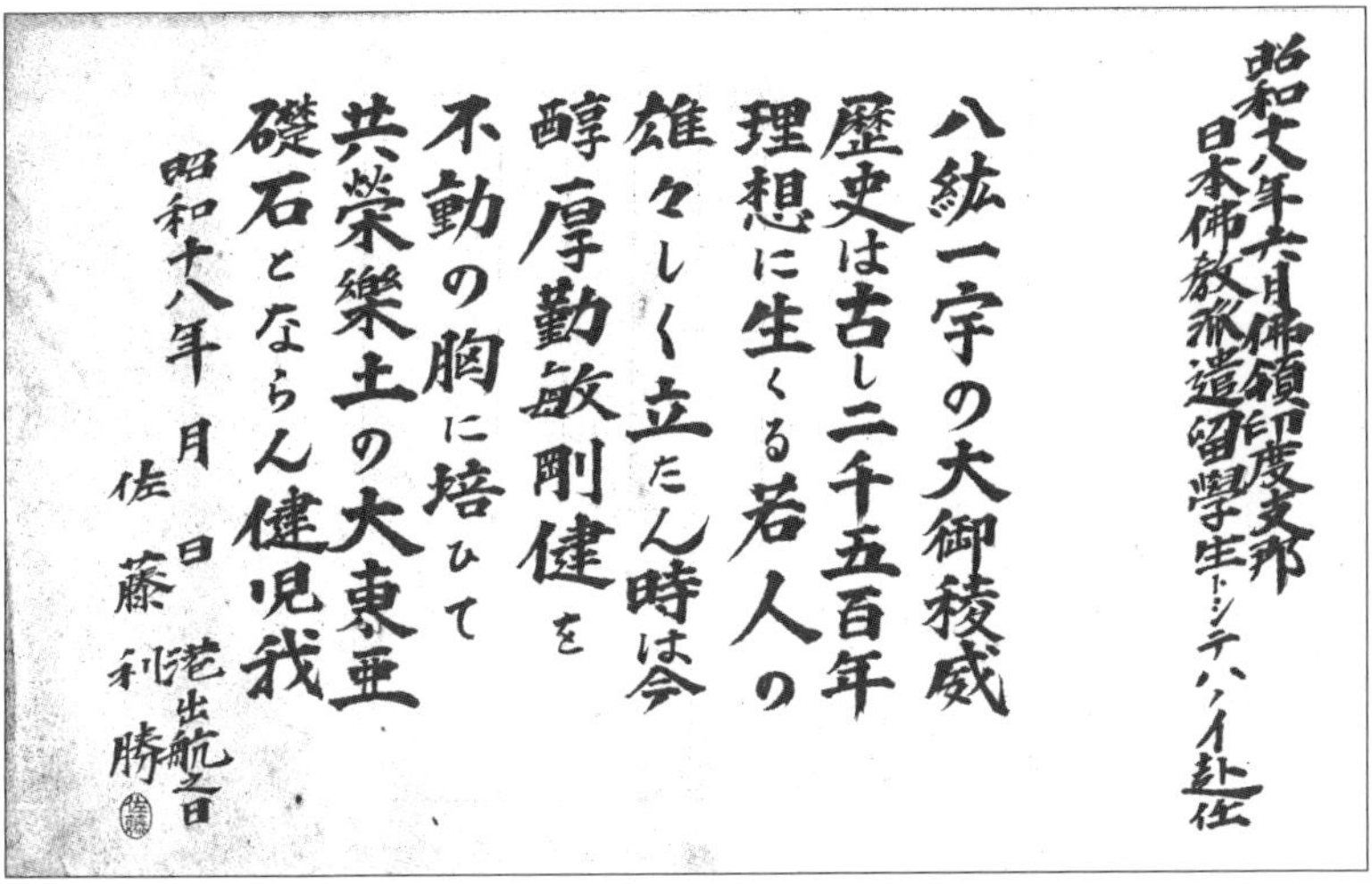
昭和十八年六月佛領印度支那
日本佛教派遣留學生トシテハノイ赴任

八紘一宇の大御稜威
歴史は古し二千五百年
理想に生くる若人の
雄々しく立たん時は今
醇厚勤敏剛健を
不動の胸に培ひて
共榮樂土の大東亜
礎石とならん健児我

昭和十八年　月　日　港出航之日
佐藤利勝

図２　佐藤利勝による文書（京都市上京区、浄土宗無量寿院蔵）

佐藤が戦闘に参加したのは、帝国の「臣民」として最後の務めを果たしたかったからであろう。留学前年の一九四二（昭和一七）年四月に佐藤は徴兵検査を受けたが、第二乙種合格と判定された。乙種の者は、ほとんどが補充兵の要員とされ、現役勤務となることは少なかった。つまり、学生時代から常に勉学が優秀で何度も級長を務めていた佐藤にとって、徴兵検査で上位の甲種合格とならなかったことは、当時の社会的文脈からすれば強い失意であったに相違ない。佐藤も、鈴木と同じく、兵役を経ずにインドシナ留学に参加したのである。仏印留学に際して、前掲の請願文にある「大日本帝国臣民ノ代表」として決意を抱いたにもかかわらず、留学は完遂できないまま日本は敗戦となった。自己の意義を問うべく、インドシナの旧宗主国であったフランスの敗残兵と戦ったのであろうか。

第三節　鈴木宗憲と戦後のベトナム問題

敗戦後に鈴木宗憲は、内地に復員した。鈴木によれば、「敗戦の翌年、昭和二一年七月、私はベトナムのハイフォン港から引き揚げてきた。途中、私の乗ったリバーティ型の船にも、コレラ患者が発生して、何人かの人達が故郷の山河をみずに死んで、南支那海へ水葬された。そのため浦賀港沖で、一ケ月ほど足止めされていた[32]」と記し、同僚の飯塚栄斧と共に、アメリカ海軍から供与されたリバティ型輸送艦にて帰国したのである。

鈴木は、一九四七（昭和二二）年四月に龍谷大学文学部助手として復職した。一九四九年四月に専門部講師、一九五一年四月に短期大学部助教授となるが、翌一九五二年九月には退職した。その後は、立命館大学非常勤講師、四天王寺学園女子短期大学助教授、華頂短期大学教授等を歴任している。

戦後の鈴木による学問領域は、宗教社会学である。個別課題として、浄土真宗教団の社会学的研究、新宗教研究が知られるが、イタイイタイ病や同和問題にも関心を示した論文がある[33]。かつてベトナムに派遣された鈴木は、留学の名目ではあったが、戦時下であったため、研究活動を充分に行えなかった。先に本章では、留学出発前の鈴木によるベトナム仏教研究に対する抱負を紹介したが、そのまとまった研究成果は確認できない。しかるに戦後以降において日本の近代化について研究を進めていくなかで、現地での思索の一端が、ナショナリズム研究において生かされることになった[34]。鈴木は、一九六七（昭和四二）年から翌年にかけて二本の論文を発表したが、近代ベトナムのナショナリズム形成過程について論じているが、前者では仏教とカトリックの葛藤、後者ではベトナムの新宗教であるカオダイ教を中心に論じたものである。行間から、古代と中世に支配した中国、近代に植民地としたフランス、戦時中に進駐した日本、ベトナム戦争に介入したアメリカという、有史より諸外国に翻弄されてきたベトナムのナショナリズムの特質を問う姿勢が見られる。

鈴木宗憲は、仏教者の立場から平和への活動に取り組んだ。一九五〇（昭和二五）年四月に京都で結成された宗教人懇談会に、鈴木は主流のメンバーとして加わった。同会は教派を超えた宗教者の組織で、主要な参加者として、龍谷大学文学部教授の星野元豊、鈴木とは龍大同期生であった森龍吉の名前も見え、キリスト教関係者も加わり二百人近くの参加者を数えた[35]。

また鈴木は、ベトナム問題について意見を発表してきた。特に進歩的文化人に支持されていた岩波書店の月刊誌『世界』には、複数回にわたり寄稿した[36]。これらは「立命館大学講師」の肩書きで投稿したものである。一九六三（昭和三八）年の『世界』には、鈴木が京都仏教徒会議理事の身分で投稿した、論説「南ヴェトナムの仏教徒弾圧」が掲載された。京都仏教徒会議は、一九五四年五月に結成された組織である[37]。一九六〇年代に同会が深くかかわった活動は、ベトナムの平和を求める運動であった。

この頃は、一九六四（昭和三九）年にアメリカが仕掛けたトンキン湾事件を契機として、同国が本格的にベトナム戦争に介入していった時期である。ある論文のなかで鈴木は、論文の問題設定について、「ことに現在、戦火の渦中にあるベトナムに置いたことに、何か時流に迎合したような意図を感ぜられるかも知れない[38]」と断りつつ、ベトナムの状況を論じるなかで、部分的に同時代の状況に言及している箇所が認められる。例えば、「今日のベトナム戦争におけるアメリカの破綻[39]」等の表現を使っていることから、学問的分析を努めるなかにも、ベトナム戦争に介入するアメリカ政府に対する批判の姿勢が窺える。

鈴木宗憲は、一九六七（昭和四二）年四月に金沢経済大学（現、金沢星稜大学）の教授に就任後、教務部長など学内の要職を経て、一九八七年三月に退職し、同年四月に名誉教授となる。この間、浄土真宗本願寺派願念寺の住職や富山大学講師などを務めた。一九九〇（平成二）年四月一四日に没した。

鈴木の訃報を報じた日本共産党中央委員会の機関紙『赤旗』によれば、平和・民主主義と革新統一をめざす富山県懇談会代表世話人、平和・民主主義と革新統一をすすめる全国懇談会世話人、非核政府を求める富山の会代表委員、憲法改悪阻止富山県連絡会議代表委員、富山県宗教者平和協議会会長などを務め、「一九七一年二月から一九八六年二月まで続いた富山市革新市制の誕生と発展にも尽力して[40]」いたという。

おわりに

本章では、財団法人大日本仏教会によるインドシナへの留学僧の派遣事業について、その実態とともに派遣された一人である鈴木宗憲を中心に述べてきた。鈴木は、戦前から戦後に至るまで、ベトナムと関わった研究者なのである。鈴木宗憲の金沢経済大学での同僚であった沢田勳によれば、鈴木は、「学問的にも信念と情熱をもった人である。戦後まもなくレッド・パージを受けられたが、こうした弾圧にも先生は自らの節を曲げない人であった[41]」と評する。鈴木は、友人の森龍吉との思い出を記した回想録のなかで、「戦前、戦中、私たちは戦争に抵抗しましたが、それだけではどうにもならなかった無力と限界性を悔む念仏者の痛みとして、彼〔森龍吉〕はそのことを親鸞聖人に問い、戦後社会の生き方を模索しつづけたのではないかと思うのです[42]」と述べている。それは鈴木自身の問いでもあったのである。

鈴木が、平和問題に関わる理由は何か。それはベトナムで没した印度支那派遣仏教団の同僚である佐藤利勝の存在があったからである。佐藤に対する思いを次のように述べる。

私〔鈴木〕は、同じ団員としてベトナムへ行った友人、佐藤利勝さえも見捨てて帰国してきたのである。……ラオスへ向って出発したという我が友、佐藤を、なぜ追っていき、その無分別を、どうしてとめなかったのか。地の果てまでも、追っていくのが友情ではないのか。それは終生、私が償わねばならない罪業の意識でもあった。その点が他の仏教者よりも、個人的体験を通して、私の場合、切実なものとして受けとめてきたつもりである。[43]

戦後に鈴木が、ベトナム問題に関して発言を続けた動機は、佐藤に対する後悔と懺悔の念からの使命があったからである。

鈴木による戦後の発言は、直接に戦争を体験した者であるからの言動であろう。平和運動をめぐっては、時として政治的な立場に巻き込まれることは否めない。鈴木は、学究の立場から、そして仏教者の立場から同時代の問題に対して発言を続けたのである。

注

（1）無署名「大日本仏教会が研究団を派し／日・仏印仏教徒の交驩を計る」（『高野山時報』第一〇六二号、高野山時報社、一九四三年四月一八日）、六頁。

（2）書類綴「仏領印度支那（及泰国）派遣ニ関スル協議録」、大日本仏教会資料（増上寺蔵、〈分類番号〉大―三―五

二「仏領印度支那（及泰国）派遣ニ関スル協議録」に含む）。

（3）無署名「仏印仏教文化の研究／日仏印仏教徒の交驩／大日本仏教会から留学生派遣／立花団長ほか六名ちかく出発」（『中外日報』第一三〇八三号、中外日報社、一九四三年四月六日）、二面。

（4）立花俊道「印度支那へ　一」（『中外日報』第一三〇八八号、一九四三年四月一一日）、一面。

（5）佐々木教悟（一九一五―二〇〇五）は、「大谷大学研究科（現在の大学院）を修了し、インド大乗仏教を研究していた私は昭和十九年、当時の大日本仏教会と大東亜省によって、タイへ派遣された。そこでまず間衣、輪袈裟姿の日本僧として僧院で暮らすことになる。……書物の研究だけでは上座部仏教を習得、感得できないとの信念によって、タイ政府が認めた正式の比丘になり、托鉢や修行の日々をおくっていた。しかし、日本の敗戦で連合国軍から還俗を命じられてやむなく黄衣を脱ぎ、収容所での生活を経て帰国した」（「土曜インタビュー　大谷大学名誉教授　佐々木教悟氏に聞く」『中外日報』第二六〇八二号、二〇〇〇年八月一二日、一面）と述べる。

なお書類「大日本戦時宗教報国会昭和十九年度予算案」、大日本仏教会資料（増上寺蔵、〈分類番号〉大―二―四五「大日本仏教会関係書類」に含む）によれば、外地派遣留学生費が計上されている。「現在仏印三、泰国二、支那三、合計八名ヲ派遣シアリ」とあるが、中国三人の派遣は未確認。

（6）経歴は主に、「故鈴木宗憲先生略歴」（『金沢経済大学論集』第二四巻第一号、金沢経済大学経済学会、一九九〇年、一一七頁）を参照した。

（7）松井了穏については、拙稿「宗教学研究者と「満洲国」――建国大学の松井了穏」（『佛教文化学会紀要』第一五号、佛教文化学会、二〇〇七年）を参照。

（8）竜山章真『南方仏教の様態』（弘文堂書房、一九四二年）。

（9）鈴木宗憲「安南仏教の価値――竜山章真氏の所論に関連して」（『中外日報』第一三〇九五号、一九四三年四月二〇日）、一面。

（10）天野敬太郎編『大東亜資料総覧』（大雅堂、一九四四年）は、当該地域に関する文献目録で、同書を見ると南方仏教関係は、前掲の竜山章真『南方仏教の様態』のほか、伊与田円止『南方民族の宗教』（宝雲舎、一九四二年）、仏教研究会編『南方圏の宗教』（大東出版社、一九四二年）、大日本仏教会編『南方宗教事情とその諸問題』（東京開成館、一九四二年）、中島莞爾『南方共栄圏の仏教事情』（甲子社書房、一九四二年）、佐藤致孝『泰国の仏教事情』（会通社、一九四三年）の書名が掲載される。論文は多数ゆえ省略する。
(11) 前掲、竜山章真『南方仏教の様態』、二二八頁。
(12) 前掲、鈴木宗憲「安南仏教の価値――竜山章真の所論に関連して」、一頁。
(13) 鈴木宗憲「学生時代の森龍吉君と思想形成」（森龍吉ほか『親鸞に出遇った人びと』第五巻、同朋舎出版、一九九二年）、一〇一頁。
(14) 石井教道『選択集の研究――註疏篇』（誠文堂新光社、一九四五年）、序文三頁。
(15) 佐藤利勝「仏印留学誓願三ヶ条」は、実弟である佛教大学仏教学部教授であられた佐藤健氏の提供による。
(16) 飯塚栄斧「初期越南仏教についての考察」（『大正大学研究紀要』第四一輯、大正大学出版部、一九五六年）、六一頁。飯塚は、高崎市立大学（現、高崎経済大学）の助教授にあった一九五四（昭和二九）年に没した。
(17) 無署名「仏印に於る仏教派遣団消息」（『中外日報』第一三二二一号、一九四三年九月一六日）、四面。
(18) 鈴木宗憲「ベトナム仏教徒弾圧事件」（京都仏教徒会議編『京都仏教徒会議二五年の歩み――戦後京都の社会と仏教』京都仏教徒会議、一九七八年）、七二頁。
(19) 無署名「日本と安南の仏教親善風景」（『中外日報』第一三四九四号、一九四四年八月二二日）、二面。
(20) 鈴木宗憲「ベトナム賠償は誰に支払うべきか」（『世界』第一四八号、岩波書店、一九五八年）、八二頁。
(21) 飯塚栄斧「仏印より帰りて　上」（『中外日報』第一三八九七号、一九四六年六月一八日）、一面。同記事は、中（同月一九日、第一三八九八号）、下（同月二一日、第一三八九九号）と続く。飯塚は、同紙で他にも「安南の寺院と生活」一―六（一九四六年九月六日―二〇日、第一三九四三―一三九五一号）、「安南の阿弥陀仏――なもあぢだは」上・下（一九四六年一〇月一二、一五日、第一三九六四、一三九六五号）を連載。
(22) 前掲、鈴木宗憲「ベトナム賠償は誰に支払うべきか」、八三頁。
(23) 前掲、八三頁。
(24) 前掲、八二―八三頁。
(25) 前掲、八三頁。

(26) 前掲、八三頁。
(27) 前掲、八三頁。
(28) 前掲、八三頁。
(29) 前掲、鈴木宗憲「ベトナム仏教徒弾圧事件」、七二頁。
(30) 前掲、飯塚栄斧「仏印より帰りて　下」、一頁。
(31) 前掲、鈴木宗憲「ベトナム仏教徒弾圧事件」、七三頁。
(32) 鈴木宗憲「続・若き日の森龍吉――堅田前期の思想形成」（川瀬健一編『森龍吉作選集――森龍吉・人と思想』東洋思想研究所、一九八二年）、三〇頁。
なお鈴木は同稿で、一九四六（昭和二一）年七月に帰国したと記しているが、飯塚栄斧は、前掲「仏印より帰りて　上」にて、「去る五月廿一日、コレラ発生のための四十日の長い隔離生活から漸く解放されて我々は懐かしき祖国の大地の上に立つ事が出来た」（一面）と述べている。飯塚は復員直後に同稿を記したので、飯塚の記述が正確であろう。
(33) 鈴木宗憲「越中散居村にみられる部落問題」（『部落問題研究――部落問題研究所紀要』第四七号、部落問題研究所、一九七六年）、同「イタイイタイ病訴訟と仏教福祉」（秦隆真先生追悼論文集刊行会編『仏教と社会福祉――秦隆真先生追悼論文集』佛教大学、一九七七年）。右記の論文二篇は、鈴木宗憲『歴史における宗教と社会』（桂書房、一九八四年）に再録。
(34) 鈴木宗憲「ナショナリズムと宗教の役割　一――南ベトナム仏教徒の組織的抵抗をめぐって」（『金沢経済大学論集』第一巻第一号、一九六七年）、同「ナショナリズムと宗教の役割　二――ベトナム南部における新宗教」（『金沢経済大学論集』第二巻第一号、一九六八年）。
(35) 前掲、京都仏教徒会議編『京都仏教徒会議二五年の歩み――戦後京都の社会と仏教』、三七頁
(36) 前掲、鈴木宗憲「ベトナム賠償は誰に支払うべきか」、鈴木宗憲「再びヴィエトナム賠償問題について――あまりにも取引的な政策」（『世界』第一六〇号、岩波書店、一九五九年）。
(37) 京都仏教徒会議については、大谷栄一「一九五〇年代の京都における宗教者平和運動の展開」（『佛教大学社会学

部論集』第五四号、佛教大学社会学部、二〇一二年）を参照。

(38)　前掲、鈴木宗憲「ナショナリズムと宗教の役割　一――南ベトナム仏教徒の組織的抵抗をめぐって」、七七頁。

(39)　前掲、鈴木宗憲「ナショナリズムと宗教の役割　二――ベトナム南部における新宗教」、二七八頁。

(40)　訃報記事「鈴木宗憲氏」（『赤旗』第一四二二八号、日本共産党中央委員会、一九九〇年四月一八日）、一五面。

(41)　沢田勲「故鈴木宗憲先生を偲ぶ」（『金沢経済大学論集』第二四巻第一号、一九九〇年）、一一五頁。引用文中で沢田が記したレッドパージとは、一九四八（昭和二三）年に龍谷大学で起きた鈴木宗憲、森龍吉らの教員適格審査に伴う辞職問題を指す。詳しくは、前掲の鈴木宗憲「続・若き日の森龍吉――堅田前期の思想形成」を参照。

(42)　前掲、鈴木宗憲「学生時代の森龍吉君と思想形成」、一〇一―一〇二頁。

(43)　前掲、鈴木宗憲「ベトナム仏教徒弾圧事件」、七三頁。

第Ⅲ部　日本仏教の対南文化進出

第一章　真如親王奉讃会とシンガポール

はじめに

本章では、日本軍政下のシンガポール（当時「昭南島《しょうなんとう》」と呼称）に、平安期の真言宗僧侶である真如親王《しんにょしんのう》に関する大仏像の建立を計画していた、真如親王奉讃会の活動について検討したい。

真如親王奉讃会を取り上げる意義は、次のとおりである。奉讃会による建造物は、最終的には敗戦により実現しなかったが、奉讃会に焦点を当てることで、日本の南進政策に仏教が利用され、また仏教界もそれに呼応していたのがわかるからである。そこで本章における問題意識として、次の二つに重点を置きたい。

第一には、戦時下における真如親王の位置である。日本史学者の佐伯《さえき》有清は、真如親王の史実を討究した自著のなかで、「日本の南方侵略にともなって一躍「時の人」となり……「時局」に乗せられて脚光を浴びた(1)」と指摘している。佐伯の著作により、これまで明確ではなかった真如親王に関する伝説と史実がより整理された。ただし同書での佐伯の関心は、真如親王の史伝そのものである。そこで本章では、佐伯の研究を補完すべく、真如親王が戦時中に台頭していった時局の動向を明らかにしたい。

第二には、日本の南方占領に際して、「昭南島」が中心的な聖地として位置づけられていた点である。戦時中のシンガポールには昭南神社が鎮座していた。奉讃会では、同地に真如親王を顕彰した建造物の創建を計画していたが、それは日本と南方の仏教徒を結ぶ象徴となることを意図していた。つまり日本の占領以降には同地に複数の宗教施設が立ち並ぶことが想定されていたのである。

真如親王奉讃会の位置づけは、次のように規定できる。「奉讃会」（奉賛会とも表記する）を字義のとおりに解釈すれば、神仏や社寺などを奉《たてまつ》り讃《たた》える組織である。(2) しかし真如親王奉讃会は、通常の奉讃会とは性格が異なった。同会では、「軍官民一体の一大国民運動」(3) を目指していたのであった。したがって同会の性質は、宗教的な奉讃活動に、通俗的な顕彰活動が複合した団体と解釈すべきであろう。民俗学者の矢野敬一は、「近代における死者への対応について、ここでは宗教的な儀礼を伴う「慰霊」と、他方、世俗的な性格を色濃く帯びた「顕彰」を両極として、その中間に宗教色・世俗性共に希薄な「追悼」が位置する」(4) と、それぞれの概念を規定している。真如親王奉讃会は、仏教者のほか、軍人、官僚、民間人など様々な人物たちが活動に関与した。共通の目標は、シンガポールに記念建造物を創建することであったが、それぞれ立場の相違によって、真如親王に対して「奉讃」又は「顕彰」の姿勢を示していたのである。

第一節　真如親王の再評価

1　時代背景

本章では、真如親王奉讃会を対象とするが、そもそも真如親王とはいかなる人物であったのか。真如親王（生没年不詳）は、平安前期の第五一代平城《へいぜい》天皇（七七四―八二四）の第三皇子で、出家前は「高丘《たかおか》親王」と呼ばれた。八〇九（大同四）年に平城天皇の弟である嵯峨天皇が即位すると皇太子となったが、翌年の薬子《くすこ》の乱で廃位後、三論宗の道詮（七七九―八七六）に出家して、法名を「真忠」と名乗った。後に「真如」と改め、真言宗祖の空海（七七四―八三五）に参じ、その十大弟子の一人に列せられた。その後に真如は求法のため、唐を経て、天竺（インド）へ向かう途中、「羅越国《らえつ》」で虎に襲われて物故したとされる。今日では、小説家の澁澤龍彦による絶筆『高丘親王航海記』のモチーフとして知られる。(5)

「羅越国」の位置をめぐっては、明治初期に地理学者の北沢正誠（一八四〇―一九〇一）がラオスとする説を唱えたが、(6)フランスの東洋学者ポール・ペリオ（Paul Pelliot　一八七八―一九四五）や東洋史学者の桑原隲蔵《じつぞう》（一八七一―一九三一）などの研究で、羅越国はマレー半島南端付近とする説が主流となった。その後に、大正期には言語学者の新村出《しんむらいずる》が、(7)同地への顕彰碑設立を主張した。新村については後述する。真如親王が評価されていった背景には、明治期から顕著に現れてきた南進論があったことも理由にあろう。

一九四〇（昭和一五）年九月の日本軍によるフランス領インドシナ北部への進駐を端緒に、日本の南進政策が本格化すると、仏教界や学界などから、真如親王の顕彰を求める動きが勃興した。一九四一年一二月八日の開戦を経て、一九四二年二月一五日に、シンガポールは陥落した。同地は「昭南島」と改称されて、作戦を担当した日本陸軍の南方軍隷下の第二五軍によって、イギリス領であったマレー半島南部とシンガポール、オランダ領であったスマトラでの軍政が実施された。

日本がシンガポールを占領する前後から、同地が真如親王の終焉の地とする主張が増えていった。それと同時に真如親王の記念建造物を求める動きが急激に高まっていったのである。その結果、関係者によって真如親王奉讃会が発足するのであった。

真如親王の顕彰を求める運動の影響は、大衆文化にも現れた。例えば、一九四三（昭和一八）年に行われた宝塚歌劇団月組の東京宝塚劇場における四月公演では、演目が、「一　歌劇　真如王記」、「二　厚生舞踊　光を浴びて」、「三　歌劇　その日の布哇《ハワイ》」、「四　舞踊　大江戸あさくさ祭」であった。歌劇「真如王記」（作小野晴通、作曲森安勝、振付小原茂人）の配役は、真如王役が佐保美代子、藤原葛能役が室町良子、富緒役が加賀松乃、継麿役が野花千世子であった。この公演の新聞広告には、「戦捷の花咲く春を寿ぐ／宝塚乙女の華麗舞台」[8]と華やかな宣伝文が載った。

教育においても、真如親王の顕彰熱の反映が見られた。一九四三年度より、国史の教科書に初めて真如親王が登場した。国民学校と師範学校向けの教科書に取り上げられたが、前者の記述について見てみよう。

> 尊い御身を以て、支那ばかりか、遠くマライ方面までおでかけになつたお方があります。それは桓武天皇の御孫真如親王で、親王は、はじめ空海から仏教をおまなびになり、第五十六代清和天皇の御代には、唐へ渡つて、その研究をお深めになりました。……不幸にも、途中でおなくなりになりました。土地の人々は、日本の尊いお方であると知つて、てあつく御とむらひ申しあげたと伝へてゐます。[9]

真如親王が「マライ方面」に赴いたどうかについては諸説あり、しかも没後に地元民が弔ったという史実がないにもかかわらず、あたかもこれらが事実として教科書に記載されたのである。

さらに一九四四（昭和一九）年度から、高等女学校の芸能科用教科書に真如親王の奉讃歌も加わった。作詞は土《と》岐《き》善麿《ぜんまろ》（一八八五―一九八〇）、作曲は松島彝子《つねこ》（一八九〇―一九八五）であった。土岐は、東京浅草の真宗大谷派寺院出身の歌人である。この奉讃歌は真如親王の事蹟を歌ったもので、歌詞の最後の第四番は「今こそあれや、昭南の／名におふ島の開けゆく／林のほとり山のかひ／虎伏す野べも空晴れて／真如の御影《みかげ》、くまもなし[10]」というものであった。このように戦争の進展に伴って、にわかに真如親王の存在が増大していったのである。

2　真如親王奉讃会の設立

真如親王奉讃会は、一九四二（昭和一七）年九月に発足した。既に同年四月六日を初回として、以降一八回の準備会合が開催された。その頃、財団法人日本仏教鑽仰会でも奉讃行事の開催を予定していたが、これを取りやめて、真言宗に協力することになった。四月一五日には京都で会合が開かれ、関西方面での顕彰運動を一元化することで一致して、五月一三日には東京内幸町の帝国ホテルにて発起人準備会が開催された。七月に世話人代表として陸軍少将の松室孝良が就任して、毎週一回の世話人会を開き、陸軍省、海軍省、文部省、宮内省などの関係各省と連絡を密にして、発足までに至ったのである。

帝国ホテルにて九月二八日、発起人会が開催されて真如親王奉讃会は発足したが、当初は「高丘親王奉讃会」の名称であった。同日に行われた発起人会の模様は、「細川護立侯座長となり設立委員に二荒〔芳徳〕伯以下卅二名を、幹事に松室少将を推し同八時半閉会した[11]」という。発起人一六五人から賛同を得ていたが、当日は発起人約六〇人が出席した。当初から財団法人化することを目指していたが、任意団体のまま、最後まで実現しなかった。

一九四三（昭和一八）年三月二日に、東京音羽の真言宗護国寺において「真如親王奉讃法要」が開催された。同日に開催されたのは理由がある。この日は真如親王が、唐の広州から天竺に向かった日とされたからである。真言宗管長（合同前は新義真言宗智山派管長）の斎藤隆現を導師に法要が営まれ、真言宗の関係校である中野高等女学校

（現、宝仙学園中学校高等学校）の生徒により奉讃歌「真如親王」が合唱された。

奉讃会では、機関誌『大願』を発行していた。そもそも同誌は、護国寺の教化雑誌である雑誌『法悦』を改題したものであった。『法悦』は、第一九七号（一九四三年五月発行）から真如親王奉讃会の機関誌『大願』と改めて、第二一二号（一九四四年一一月発行）まで刊行された。改題時には次のように告知された。

今般本誌は真如親王奉讃会機関誌として専ら親王の御遺跡及び御高徳の顕彰につとめ、かねて今後の思想戦に対処して皇国日本の真義を発揚することに努め度く、随つて本号より「大願」と改題致し、発行所も下記の如く変更致し候／昭和十八年五月／東京市小石川区大塚坂下町十七番地／真如親王奉讃会内／大願発行所[12]

奉讃会の事務所は、最初は東京芝の浄土宗増上寺内に主たる事務所があった財団法人大日本仏教会内に設置されたが、事業が本格化すると前述の護国寺内に移転した。護国寺は合同まで新義真言宗豊山派（現、真言宗豊山派）の寺院で、奈良の総本山長谷寺における東京の拠点でもあった。そのため奉讃会には後述するように、複数の豊山派関係者が関わっていたことが指摘できる。

一九四三（昭和一八）年度より文部省による国民学校向けの歴史教科書に、初めて真如親王が掲載されたことは前述したが、同省の指導により「高丘親王奉讃会」から「真如親王奉讃会」と改称することになった。国民全体で顕彰熱が高まるなか、文部省としては、仏教宗派を所管する立場から、皇太子の名前ではなく僧侶として出家した法名にこだわったのである。

一九四三年五月一日、護国寺境内の月光殿において、会名変更について会議が開かれた。「柳原〔義光〕伯、佐々木〔教純〕護国寺貫主、宮内省金田〔才平〕諸陵頭、安田〔力〕大日本仏教会長ら四十名列席して審議の結果、高丘親王の御法号にちなみ、同会を「真如親王奉讃会」と改名[13]したのである。
会則については、発足当時のものを抜粋して、これを紹介する。

高丘親王奉讃会会則〔抄〕

第一章　総則

第一条　本会ハ高丘親王奉讃会ト称ス

第二条　本会ハ高丘親王ノ御遺徳及御事蹟ヲ中外ニ顕彰スルヲ目的トス

第三条　本会ハ事務所ヲ東京市ニ置キ本会ノ発展ニ伴ヒ支部ヲ印度支那《インドシナ》半島ノ要地ニ設置ス

第二章　事業

第四条　本会ハ其目的ヲ達成スル為左ノ事業ヲ行フ／一、内外ニ於ケル御事蹟顕彰ニ必要ナル事業／二、現地ニ於ケル御遺蹟顕彰碑ノ建設／三、現地ニ於ケル高丘親王神霊奉祀／四、現地ニ於ケル仏教文化会館（仮称真如会館）ノ建設／五、現地ニ於ケル寺院（仮称真如寺）ノ建立

第三章　機構

第五条　本会ハ高丘親王ノ御遺徳及御事蹟ヲ奉讃スル個人及団体ヲ以テ組織ス

第六条　本会ニ左ノ役員ヲ置ク／一、会長　一名／二、顧問　若干名／三、理事　若干名／四、監事　若干名／五、評議員　若干名／六、参与　若干名[14]

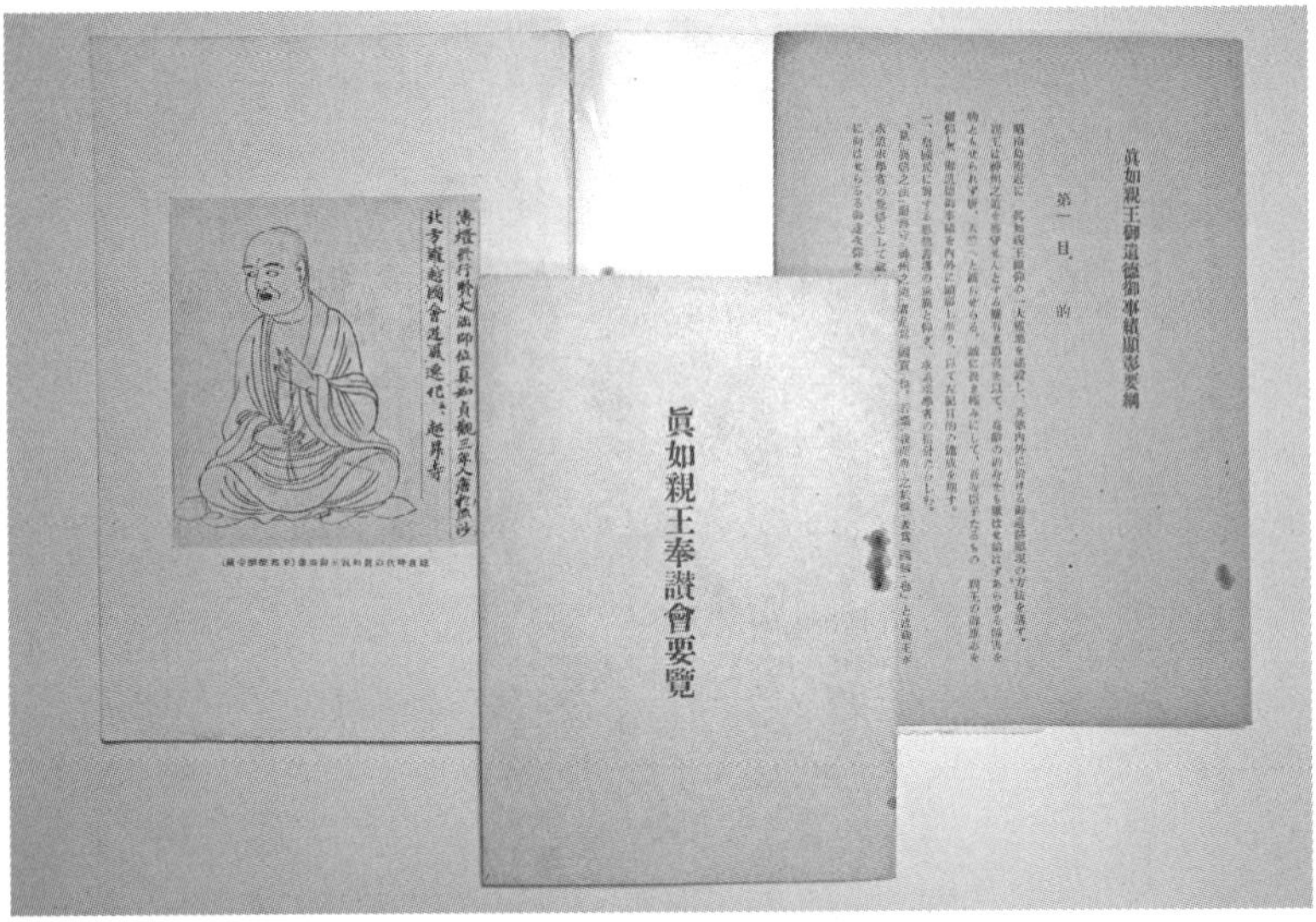

図１　真如親王奉讃会の作成資料（筆者蔵）

図２　ジョホールバル日本人墓地の真如親王供養塔（筆者撮影）

会則の第四条にあるように、同会の最終目標は、真如親王ゆかりの場所に顕彰碑、会館（真如会館）、寺院（真如寺）を建立することであった。第三条には、インドシナ半島の要地に支部を置くとある。建設を目指したシンガポールは、同半島より南にあるマレー半島の先端にあるが、真如親王がラオスで没したとする説もあり、物故地が定かではない。そのため、南方地域の広域を指してインドシナ半島としたと考えられるのである。

3　敗戦による事業の中断と関係者のその後

真如親王奉讃会は、敗戦後に事業が中断した。奉讃会の評議員であった歴史学者の杉本直治郎（一八九〇―一九七三）は、真如親王の研究成果を出版予定だったが、版元が戦災を受けて実現しなかった。戦後に『真如親王伝研究』として改めて刊行された。同書で杉本は、当時の様子を次のように回顧する。

> 太平洋戦争中、澎湃として起った真如親王奉讃会が、終戦とともに、いつしか消え去ってしまったので、……戦後間のないときのこと、わたくしは、わざわざ食料をリュックサックにつめ、窓硝子も破れ放題の冬の満員列車で、寒さにふるえながら、ようやくの思いで、〔居住地の〕広島から上京し、ただちに東京音羽の護国寺内の奉讃会本部を訪ねてみると、空しく「真如親王奉讃会」の大きな標識がたっているのみで、一人の人影も、そこになかった。(15)

真如親王への追慕は、戦後も関係者によって続けられた。一九七〇（昭和四五）年一月にシンガポールの北方に隣接するマレーシアのジョホールバルの日本人墓地に「真如親王供養塔」が建立された。供養塔は五輪塔形式で、設計は仏教考古学者の石田茂作（一八九四―一九七七）であった。真如親王の開基による高野山親王院の住職で高野山大学教授の中川善教（一九〇七―一九九〇）が建立したもので、塔の両側には、日本語ならびにマレー語と英語での由来記がある。それによれば「恩師尭栄和上の宿願に任せ供養の宝塔を建立するものなり」[16]と記されている。「尭栄和上」とは親王院先代住職の水原尭栄（一八九〇―一九六五）のことである。学僧である水原は、真如親王奉讃会の理事を務め、戦時中には『真如親王御伝』を刊行した[17]。時局とは関係なく大正期より真如親王の研究を進め、同時期には『六大新報』にて「真如親王建碑問題に就て」[18]と題する自説を述べていた。それが実現することなく遷化して、中川が遺志を引き継いだのである。

真如親王奉讃会は、時局の要請で設立された団体である。戦時下において、江戸前期にシャム（タイ）で活躍した山田長政らと共に、「南進の先覚者」として時局を背景に存在感が増大した。しかしその後の敗戦で、仏教界以外からはいわば忘却されてしまったのである。同会の「顕彰」の事業が挫折したとはいえ、親王院関係者によって戦後に供養塔が建立されたことは、ようやく時局の制約から離れて、仏教者の主導による「奉讃」として結実したといえるのである。

第二節　真如親王奉讃会の関係者

1　主な幹部人事

真如親王奉讃会の役員名簿については、一九四三（昭和一八）年五月の改称時に発表された「真如親王奉讃会役

表1　真如親王奉讃会の役員（一九四三〈昭和一八〉年）

会長	細川護立（侯爵）
顧問	秋田清（衆議院議員）、姉崎正治（文学博士）、安藤紀三郎（陸軍中将）、石井光雄（前日本勧業銀行総裁）、小倉正恒（貴族院議員）、大川周明（法学博士）、大隈信常（侯爵）、奥村信太郎（毎日新聞社長）、葛生能久（黒竜会主幹）、小泉又次郎（衆議院議員）、小村捷治（侯爵）、酒井日慎（大日本仏教会会長）、幣原坦（興南錬成院長）、正力松太郎（読売新聞社長）、田中都吉（日本新聞会会長）、高楠順次郎（文学博士）、高橋三吉（海軍大将）、徳川義親（侯爵）、中島久万吉（男爵）、菱刈隆（陸軍大将）、二荒芳徳（伯爵）、藤村密幢（高野山金剛峯寺座主）、藤山愛一郎（日本商工会議所会頭）、松井石根（陸軍大将）、水野錬太郎（大日本興亜同盟総裁）、村山長挙（朝日新聞社長）、山本英輔（海軍大将）、柳原義光（伯爵）
評議員	青木道晃（天台宗宗務総長）、朝比奈策太郎（大日本青少年団副団長）、網代智海（真言宗総本山長谷寺事務長）、安藤正純（衆議院議員）、安藤円秀（興南錬成院主事）、井下清（東京市公園部長）、宇井伯寿（文学博士）、宇野円空（文学博士）、馬田行啓（日蓮宗宗務総監）、梅山英夫（大日本仏教会総務局長）、大倉邦彦（東洋大学学長）、大谷瑩潤（真宗大谷派宗務総長）、大村桂巌（大正大学教授）、大森亮順（浅草寺貫主）、荻洲立兵（陸軍中将）、川崎巳之太郎（衆議院議員）、小高長三郎（衆議院議員）、三宮千秋（大日本神祇会理事）、新村出（文学博士）、杉本直治郎（広島文理科大学教授）、立花俊道（前駒澤大学学長）、高神覚昇（智山専門学校教授）、谷口虎山（曹洞宗総務）、友松円諦（大正大学教授）、東海裕山（臨済宗宗務総長）、永田安吉（元ハノイ総領事）、花山信勝（文学博士）、本多恵隆（真宗本願寺派執行長）、宮本正尊（東京帝国大学教授）、安田力（大日本仏教会副会長）
理事長	松室孝良（陸軍少将）
常任理事	〈総務部長〉中村教信（大日本仏教会興亜局長）、〈顕彰部長〉長井真琴（文学博士）、伊藤弘憲（真言宗財務部長）、大岩誠（満鉄嘱託）、小野清一郎（法学博士）、岡田戒玉（真言宗宗務長）、小池四郎（日本南方協会理事長）、里見達雄（浄土宗宗務長）、鈴木善一（東亜文化圏社主幹）、高見之通（衆議院議員）、中山理々（教学新聞社長）、野口照清（真言宗庶務部長）、宮崎忍海（真言宗興亜部長）、山名義鶴（仏教圏協会理事長）、山本快竜（東京帝国大学講師）
理事	久野芳隆（台北帝国大学教授）、倉持秀峰（智山中学校長）、下村寿一（東京女子高等師範学校長）、永淵三郎（大日本航空常務）、細川英道（前真言宗財務部長）、水原堯栄（真言宗親王院住職）、渡辺楳雄（陸軍司政官）
宮内省	〈理事〉渡部信（帝室博物館総長）、金田才平（諸陵頭） 〈参与〉和田軍一（諸陵寮考証官）、樹下快淳（図書寮編輯官）
文部省	〈理事〉阿原謙蔵（教化局長） 〈参与〉松下寛一（教化局総務課長）、吉田孝一（教化局宗教課長）
大東亜省	〈理事〉宇佐美珍彦（支那事務局長）、水野伊太郎（南方事務局長） 〈参与〉藤井重雄（支那事務局文化課長）、東光武三（南方事務局文化課長）
情報局	〈理事〉堀公一（第三部長）、橋本政実（第五部長） 〈参与〉田付景一（第三部対外事業課長）、井上司朗（第四部文芸課長）

員」がある。それによると会長、顧問、評議員、理事長、常任理事、理事などの氏名が確認できる（**表1**参照）[19]。

本項では、活動に参加した幹部の来歴を確認したい。ただし会長や顧問、評議員は、いわば名誉職であり、実務は理事長の松室孝良を中心に、常任理事らが進めていた。

（1）会長の細川護立

細川護立《もりたつ》（一八八三―一九七〇）は、旧熊本藩主細川家の第一六代当主で、奉讃会の会長を務めていた。戦前には貴族院議員、文部省の諮問機関である国宝保存会（昭和四年六月二九日勅令第二一一号で設置）の会長などを歴任していた。細川は、奉讃会の機関誌『大願』の発刊時には、次のように述べていた。

> この昭南島が真如親王御縁の地として出現したことは日本が東亜を征服するに非ずして歪められた形から東亜本然の姿に還すことを示すにある。……機関紙「大願」を発刊して以て真如親王の御事蹟を国民に説き、御遺徳を鑽仰せむとする目的は国民一般は勿論更に現地に活躍する日本人が親王の御垂範に従つて大東亜諸民族を敬愛し之を指導する精神を高揚せしめんとするにある[20]。

細川の発言は、会長としての立場からのものである。時代背景として日本がアジア諸民族を「指導」するという大義名分が、ここでも反映されていた。

細川が会長に就任した経緯は、定かではない。しかし当時の細川は、財団法人聖徳太子奉讃会（総裁は皇族で軍人の久邇宮《くにのみや》朝融王《あさあきら》）の会長でもあった。飛鳥時代に仏教信仰を勧奨した聖徳太子は、用明天皇の第二皇子であったため、戦前に聖徳太子は天皇と仏教をつなぐ「皇道仏教」を具現化した象徴とされた。例えば、仏教学者で大正大学学長を務めた椎尾弁匡《しいおべんきょう》は、自著『国体と仏教』のなかで、「太子様の御精神を奉ずると云ふ事は　陛下の御信念を啓沃し奉ると云ふ事[21]」と記している。

つまり真如親王も皇室出身であるため、聖徳太子奉讃会の会長である細川が、真如親王奉讃会の会長を兼ねたことは、適任であったに相違ない。

（2）評議員の新村出

言語学者の新村出《しんむらいずる》（一八七六―一九六七）は、開戦直後の一九四一（昭和一六）年一二月一〇日、マレー沖海戦において、日本が「英国の主力艦を撃沈せしめた戦果は深き因縁といはうか魂の踊る思ひがして堪へがたい喜びである。真如法親王の記念碑建設の理想も最早遠からぬ現実として表はれるのではないかと思ふ[22]」と発言している。そもそも新村は、以前からシンガポールでの顕彰碑建設を主張して、大正期には次のように表明していた。

> 親王を記念し奉るべき場所は、奈良及び其西郊を始め、高野〔山〕なり〔京都〕東寺なり御事蹟の地に求めることは固より当然であるが、私が一層熱烈なる情を以て計画したいと思ふのは、新嘉坡《シンガポール》の適当なる地域に於て雄大にして崇厳なる記念碑を建立する事である[23]。

新村は、一九二五（大正一四）年頃に、シンガポールのイギリス当局に対して、同地に記念碑の建設を申し入れたが、実現しなかった。後述する久野芳隆によれば「先生のこの主張は北沢〔正誠〕氏の提唱以後の大きな波紋を画き、大にその記念碑建設の気運が起りましたが、当時イギリスの妨害を受け不成功に終りましたことは甚だ残念であります[24]」と述べている。

（3）理事長の松室孝良

理事長の松室孝良（一八八六―一九六九）は、民族問題に詳しい陸軍将校であった。陸軍士官学校を卒業後、陸軍大学校を経て、参謀本部に勤務した。その後に、情報収集や謀略工作に従事する特務機関の承徳機関、チチハル機関、北平機関の機関長などを歴任した。一九三六（昭和一一）年三月に少将となり、翌年に予備役となった。その後は、大民会の顧問や大日本回教協会の総務部長などを務めた。東京日日新聞（現、毎日新聞）記者の伊藤金次郎は、松室について次のように批評する。

彼、元来民族問題の研究家で、この方面にかけては、二十年来の蘊蓄あり、部内一方の権威者だった。しかも民族問題に当然付随するものは宗教関係である。彼が陸海両省と外務省の暗黙の諒解により、新たに設立せられた〔大日本〕回教協会総務部長に選任せられたことは、けだし、適材適所というべきであろう。何しろ、器用で機敏な彼のことだ。協会設立、その日いまだに浅いにもかかわらず、三億回教徒のため、短軀を縦横にかって、なにやかやと活躍している。／第七十四議会における宗教団体法案をめぐって、回教徒のため八方尽力した影武者は、実は松室孝良であったのだ。由来、松室は他民族を説くに、明快な弁舌と、あふれる熱意のある人物であろうことを、その過去の閲歴において立証し得る[25]。

松室は、中国での軍歴が長かったため「支那通」として知られた人物であった。真如親王奉讃会では、民族問題に詳しく交渉力に長けていた松室を理事長に迎えたのであった。既に真言宗との間では関係が築かれており、東京愛宕の真言宗宗務所（合同まで新義真言宗智山派宗務所が所在）内に設置されていた真言宗喇嘛教研究所の顧問の一人として名前を連ねていた。[26]松室は、日本の勢力下にあった満洲と蒙古におけるラマ教（チベット仏教）の事情についても熟知していたからである。

2　設立に参画した三つの流れ

真如親王奉讃会の役員について述べたが、この名簿を見ると、会長、顧問、評議員等と共に、仏教界や学界、軍人、政治家、民族派団体の関係者などが参加していたことがわかる。注目すべきは、宮内省、文部省、大東亜省、情報局など、奉讃事業に関わる関係省庁からも役員が選出されていたことである。会則の「第三章　機構」の第十三条には「参与ハ関係官庁ノ官吏ニ付会長之ヲ委嘱ス／参与ハ本会ノ運営ニ関シ理事長ノ諮問ニ応ズ」とある。

真如親王奉讃会の発足までは、主に三つの組織が独自で奉讃準備を進めてきた。それぞれの運動を統合して設立されたのが奉讃会であった。その組織とは、第一に真言宗、第二に日本南方協会、第三に財団法人青年文化協会である。次に、奉讃会の組織を形成した、右記の三団体の主要な人物たちを見てみよう。

(1)　真言宗

真如親王奉讃会には、合同前の新義真言宗豊山派に属した複数の関係者が関わっていたことを先に指摘した。本項では実務と学術に関わった二人を取り上げたい。

まずは奉讃会総務部長の中村教信（一八九三―一九六一）である。豊山大学（大正大学の前身の一つ）の出身で、新義真言宗豊山派では教学部長、宗務長などの要職を歴任した。合同後は、真言宗興亜部長を務めたほか、財団法人大日本仏教会の興亜局長にも在任した。真言宗興亜部に在職した広沢栄孝は、当時の中村について次のように述べている。

大東亜戦は南へ拡大され二月十五日遂にシンガポール陥落となったのでありますが、〔真言宗〕興亜部事業に課せられた一大使命が着々と運ばれていてこれを具体化する問題があったのであります。それは真如親王奉讃会の設立であります。……中村さんは自分の立場からこの聖業完遂に踏み切ったのであります。それは親王の御英断を顕彰する許りでなく、その足跡を通して南方仏教との親善提携を図る大目的のもとに出席したのであります。……ここで特に記して置きたいことがあります。それは親王様の奉讃事業が神道の側からも企画されたのですが、彼の方は高丘親王奉讃会と呼称していたのであります。真言宗の方では初めから真如親王奉讃会と打ち出していたのであります。処が最後に前者が後者に合流することとなり呼称も文部省から「真如親王」と決定し、国定教科書にも採用するという中村さんの熱意と献心が自ら認められた事実であります。[27]

引用文中で「神道の側」とあるが、正確には後述するように高丘親王奉讃会の結成時に合流した日本南方協会を指すと思われる。この団体は、神道形式で真如親王を祭祀することを主張していたのであった。

続いては、奉讃会の活動を学術から支えた人物として、仏教学者で常任理事の久野芳隆（一八九八―一九四四）がいる。豊山派僧侶でもある久野は、大正大学教授に在任中、奉讃会の顕彰部主事に就任した。一九四三（昭和一八）年度から台北帝国大学南方人文研究所教授として異動してからも活動に関与した。

会長の細川護立は、「運動の準備委員として終始設立に努力して来た本会常任理事の久野芳隆君は大正大学教授の余暇を割いて絶えず親王の御伝記を研鑽してをられた。殊に昭和十六年春南方諸地域を視察してから後は一層に熱烈な御遺跡顕彰者となつて実際運動に携つてをつた[28]」と評価する。

引用文にあるように久野には、真如親王に関する複数の論著があった[29]。南方の視察とあるが、これは興亜仏教協会（後、大日本仏教会）と陸軍参謀本部の命令で、フランス領インドシナとタイの宗教事情の調査に従事したものである。この現地調査を機に、久野は南方諸民族に対する宗教工作として、真如親王の顕彰を発案するのである（第Ⅱ部第一章参照）。

前述のように、一九四二（昭和一七）年九月二八日、東京内幸町の帝国ホテルにて高丘親王奉讃会が発足し、久野は理事に就任した。当日は、京都帝国大学名誉教授の新村出より「高丘親王の御事蹟に関する学界の定説」と題する講演のほか、久野から高丘親王奉讃運動のこれまでの経過報告がされた。久野は、次のように述べている。

私は昨年大日本仏教会の代表派遣使節として南方仏教圏諸国に赴きました時考へましたことは日本帝国が南方へ進出するに当つて当然近き将来に起つて来ることは、大東亜諸民族のアジア的結束問題である。……多くの亜細亜民族の精神的の血となり肉となつてゐるものは何と言つても仏教であるから、……南方に於て我が皇道を仏教によつて活かし得る唯一の道は真如親王の御遺徳を顕彰することに外ならないと斯くの如く考へて帰朝以来各方面の有識者に愚見を申述べてをりました[30]。

久野はその具体策として、「真如親王の御遺跡を基地として宗教文化工作を行ふことは極めて意味のあることであつて、真如親王が昭南島附近に御足跡を遺された事実を単に過去の追憶として紀念するのみでなく、更に将来への宗教文化工作の発足となる様にせねばならぬ[31]」と主張していた。

このほか新義真言宗豊山派に属していた関係者として、奉讃会評議員に網代《あじろ》智海、後述する真如親王御事蹟調査研究会に勝又俊教、また会誌『大願』には、加藤精神、三浦章夫、永井義憲、篠山《しのやま》信弘（写真家篠山紀信の関係者）らが寄稿していた。三浦は、奉讃会の事務局に関わっていた。

（2）日本南方協会

シンガポール陥落直後の一九四二（昭和一七）年三月、小池四郎と大岩誠の共著による『高岳親王の御事蹟』が日本南方協会から発行された。両者による序文は、次のようにある。

〔大東亜共栄圏〕新建設の緒点たる安南〔現、ベトナム〕から昭南島にかけての西太平洋沿岸なるものは、既に一千有余年の昔、畏くも一時皇太子の御位にあらせられた　高岳親王の親しく踏破せられ……貴きゆかりの土なのであります。驚くべきほど神速なシンガポールの攻略は……　高岳親王の尊霊の導き給へるところであつた……のであります。

よって私共は、昭南島附近のよき地に、うやうやしく　高岳親王の尊霊奉祀のことを企り、以て大東亜一円の中心的聖地たらしめ、永くその御遺徳を憬仰し奉り、且つその霊地に参拝することによつて、後世更に一層雄志と壮心とを昂揚すべき……ものであります。[32]

日本南方協会は、政治家の有馬頼寧《よりやす》（一八八四―一九五七）が会長を務めた団体である。会則第三条によれば、「本会ハ南方建設ニ必要ナル産業ノ技術指導者ヲ養成シ併テ之ガ関係アル調査研究ヲ行ヒ以テ大東亜共栄圏確立ノ国是ニ寄与セントスルヲ目的」[33]とした。

著者について、小池四郎（一八九二―一九四六）は衆議院議員で、協会の理事長を務めていた。一九三二（昭和七）年に赤松克麿（一八九四―一九五五）が結成した日本国家社会党に参加するなど、国家社会主義運動に関わっていた。一九四二年の翼賛選挙に落選後、同協会が運営した静岡の函南《かんなみ》訓練所の所長を務め、南方での綿作栽培要員の訓育に関わった。

大岩誠（一九〇〇―一九五七）は、政治学者である。京都帝国大学助教授にあった一九三三（昭和八）年、滝川事件（文部大臣鳩山一郎が思想問題を理由に同大教授滝川幸辰を罷免）により、立命館大学に移った。一九三七年に思想問題で検挙され、保釈後には満鉄東亜経済調査局嘱託となった。時局の影響もあり南方民族問題への関心から、前掲書を刊行したのである。奉讃会の発足後には、同会に合流して、小池と大岩は常任理事を務めた。

（3）青年文化協会

奉讃会の結成に際して、財団法人青年文化協会の関係者も合流した。同協会の寄附行為「第二章　目的及ビ事業」によれば、「第四条　本会ハ内外学徒ノ指導啓発ニ拠リ東洋文化圏ノ拡充ヲ図ルヲ以テ目的」とした団体である。第五条には事業が明記され、「一、外国主トシテ南洋及東南アジア諸国ノ留学生ニ対スル教育施設ノ設置経営」、「二、本邦青少年ニ対スル東洋文化思想ノ普及及所要ノ訓練」[34]などである。会長は満鉄副総裁を務めた貴族院議員の八田《はった》嘉明、理事長は東京文理科大学長の河原《かわはら》春作、理事は佐島敬愛、永淵三郎ほかであった。永淵は協会の運営に大きく関与して、奉讃会では理事を務めた。

協会では雑誌『東亜文化圏』を発行していたが、発行所の名義は協会内の東亜文化圏社であった。同誌には興亜問題に関する論考が掲載されていたが、実務の中心は、鈴木善一（一九〇三—一九九八）であった。奉讃会の結成後には、鈴木は常任理事に就任して、会誌『大願』にもたびたび寄稿していた（第Ⅰ部第三章参照）。

第三節　活動

1　帝国議会に対する請願と建議

帝国議会では、第七九回帝国議会を端緒として、複数回にわたり真如親王に関する誓願と建議が提出された。大日本帝国憲法によれば、請願とは、「第二章　臣民権利義務」の第三〇条に「日本臣民ハ相当ノ敬礼ヲ守リ別ニ定ムル所ノ規程ニ従ヒ請願ヲ為スコトヲ得」とある。建議とは、「第三章　帝国議会」の第四〇条に「両議院ハ法律又ハ其ノ他ノ事件ニ付キ各々其ノ意見ヲ政府ニ建議スルコトヲ得但シ其ノ採納ヲ得サルモノハ同会期中ニ於テ再ヒ建議スルコトヲ得ス」とある。また「議院法」（明治二二年二月一一日法律第二号）には、「第十三章　請願」（第六二—七一条）があり、議員の紹介による請願とその審議についての手続きが規定されていた。第七一条に「各議院ハ各別ニ請願ヲ受ケ互ニ相干預セス」とあり、貴族院と衆議院に提出された請願は、それぞれ政府に送られたのである。

第七九回帝国議会（一九四一年一二月—一九四二年三月）では、真如親王に関する二件の請願、一件の建議があった。[35] 衆議院に「真如法親王御遺蹟調査並御偉業顕彰ニ関スル請願」が提出されて、衆議院議員の高見之通《ゆきみち》、川崎巳之太郎、加藤知正の紹介で、真言宗管長の藤村密幢《みつどう》ほか一〇人の各大本山の住職による連名であった。また貴族院にも同様の請願が提出され、こちらは貴族院議員の柳原義光伯爵、村田保定男爵などが紹介議員となり、それぞれ採択された。また前述の小池四郎は、「高岳親王ノ尊霊ヲ「シンガポール」ニ奉祀ニ関スル建議案」（第二八号）を提出して可決された。

第八一回帝国議会（一九四二年一二月—一九四三年三月）では、一件の請願、一件の建議があった。衆議院議員の猪野《いの》毛《け》利栄《としえ》ほか四人の紹介で提出された「真如法親王御遺蹟調査並御偉業顕彰ニ関スル請願」である。同じく衆議院の清水留三郎《とめさぶろう》ほか七人が「昭南島附近ニ於ケル高丘親王薨去ノ聖地調査ニ関スル建議案」を提出して、それぞれ可決された。会期中の二月八日に行われた予算委員会第一二回では、衆議院議員の安藤正純（一八七六—一九五五）と文部大臣の橋田邦彦（一八八二—一九四五）の間で、次のような質疑応答があった。

安藤（正）委員　……今度ハ文部大臣ニ質問致シマス、……高丘親王ノコトデアリマスガ、……之ニ対シテハサウ云フ会モ成立シテ居リマスシ、学界ニモ其ノ説ガ頻リニゴザイマス、之ニ対シテ政府ハ果シテドウ云フ御方針ニ出デラレマスカ、簡単ニ承リタイノデアリマス

橋田国務大臣　御答へ致シマス、高丘親王、真如法親王ノ御遺蹟ニ付キマシテハ、此ノ時局下洵ニ感慨又深キモノガアリマシテ、其ノ顕彰ニ付キマシテハ、只今御話ノ通リ既ニ会モ出来テ居ルヤウデゴザイマスシ、本省〔文部省〕ト致シマシテモ既ニ其ノ事業ノ進行ニ付キマシテハ多大ノ関心ヲ持チ、又援助モ惜シマザル積リデゴザイマス[36]

以前の第七九回帝国議会でも請願と建議が出されたが、その後に真如親王の顕彰施設が具体化しないことを安藤は問い質した。安藤は、真宗大谷派寺院出身で仏教界と強いつながりがあったからである。

その安藤は、第八四回帝国議会（一九四三年一二月—一九四四年三月）において、自らが紹介議員となり、「真如親王御遺蹟調査並御遺徳顕彰ニ関スル請願」を提出した。この時は奉讃会会長の細川護立の名義であった。今回も採択されたが、以降においても現地の昭和島における顕彰事業は進まなかったのである。

2　由緒地の調査

真如親王奉讃会では、一九四三（昭和一八）年八月に「真如親王御遺徳御事蹟顕彰要綱」を発表して、親王の顕彰事業を準備した。『朝日新聞』の報道によれば、次のとおりである。

> 真如親王奉讃会では、御遺徳顕彰の要綱を次のやうに決定した／△文化団体、文化人を動員して親王に関する単行本刊行、講演会、展覧会開催、小説、映画、歌劇の活用など△国民学校、師範学校等へ教材の頒布△奉讃会員の募集△各宗教団体等の協力△昭南島その他に支部設置△原住民に対する顕彰運動／なほ御事蹟調査に関しては宮内、文部、大東亜各省に協力、同会内に中央及び地方調査委員、現地調査団を設けてこれに当る[37]

一九四四（昭和一九）年四月になり、奉讃会内に「真如親王御事蹟調査研究会」が発足して、学識経験者を動員して、国内外の由緒地調査が計画された。「真如親王御事蹟調査研究会規程[38]」によれば、「第一条　本研究会ハ真如親王奉讃会会則第十八条ニ則リ真如親王ノ御事蹟ヲ内外ニ亘リテ研究シ未ダ決定セラレザル御事蹟ヲ精査検討スルヲ目的トス」、「第二条　本研究会ハ調査研究員若干名ヲ委嘱ス」とある。特に第四条には「本研究会ハ文部省大東亜省及宮内省ト連絡シ且ツ文部省大東亜省宮内省ノ調査上必要アル場合ハ本会ヨリ調査研究資料ヲ提供スルコトアルベシ」と明記され、関係省庁と連携して真如親王の物故地を探し出そうとしたのである。その真如親王御事蹟調査研究会の構成は**表2**のとおりである(39)。

真如親王御事蹟調査研究会では、国内外の遺跡調査を計画したが、国内では戦争末期に関西方面で調査が実施されたことが確認できるが、国外調査は不明である。

会員の曹洞宗僧侶で仏教学者の渡辺楳雄《ばいゆう》は、当時は陸軍司政官として「昭南島」に駐在した、宗教行政と宗教調査に従事していた（第Ⅱ部第三章参照）。渡辺は、東京帝国大学にて仏教学者の高楠順次郎から指導を受けた。シンガポールで渡辺は、最晩年の高楠から次の内容の書簡を受け取った。

表2　真如親王御事蹟調査研究会

会長	細川護立（侯爵）
主査	長井真琴（文学博士）
会員	新村出（文学博士）、杉本直治郎（広島文理科大学）、上田天瑞（高野山大学教授）、黒板昌夫（文部省教学局文化課）、五十嵐智昭（大東亜省総務局輔道課）、堀一郎（教学錬成所助手）、勝又俊教（大正大学講師）、山本快竜（大正大学教授）、泉康順、工藤康海、永井義憲（大正大学講師）、渡辺楳雄（陸軍司政官、在昭南）、亀山宥雄（在上海大使館内）

> これがおそらく〔渡辺〕君に送る最後の手紙になるだろう。望むらくは公務の余暇に、マライ半島の諸地方を巡って、昔渡印の雄図むなしく確かマライ辺りで病没せられた真如法王様の五輪塔の一部をでも探し出し、全日本仏教徒を代表して、法親王様ご供養の寺院を一つ建立して貰いたい(40)。

高楠は、奉讃会の顧問でもあり、「羅越国は昭南港海峡〔ジョホール海峡〕の北岸にあつたことは確かである。真如法親王の御事歴が昭南島に於て適宜の方法に依て記念せらるべきは大東亜海指導国の責務である[41]」と述べている。文中の「大東亜海」とは、西南太平洋を意味した。

第四節　「昭南島」における顕彰事業の構想

真如親王奉讃会の目的は、先述した会則「第二章　事業」にあるように、顕彰碑、会館（真如会館）、寺院（真如寺）を昭南島に建設することであった。

当該施設の設計図などの資料は、現在までに確認できないため、具体的な様式は不明である。ただし奉讃会では、東京帝国大学名誉教授の伊東忠太と接触していた。雑誌『大願』の彙報欄によれば、一九四四（昭和一九）年の「十一月九日……小石川富士菜館に伊東忠太博士を招待し、顕彰造営物建立に就いて先生の御高見を拝聴す[42]」とある。建築家で知られた伊東は、様々な宗教施設の設計を手がけた。主な仏教関係のもので、名古屋の日泰寺仏舎利奉安塔（一九一八年）、千葉の日蓮宗法華経寺の聖教殿（一九三一年）、東京の本願寺築地別院（一九三四年）などである。伊東は、アジア各地を踏破した経験を生かして、右記の施設にはインド様式を織り込んだ。真如親王は、仏教発祥の地インドへ求法の途中、羅越国で没したとされる。奉讃会が伊東と交渉していたことは、真如親王の奉讃施設は、インド風の建築物を想定していたのかもしれない。なによりインド様式をまとうことで、宗派色が薄れて通仏教を演出できただろう。つまり仏教による文化工作としては、適切な手法であった。

「昭南島」に安置を計画していた真如親王像の様式は、判明している。彫刻家の長谷川塊記《かいき》（一八九八―一九七三）によって、その試作像が制作されていた。長谷川は朝倉文夫に師事した人物で、その作風は写実的な人物像が多かったのである。『朝日新聞』は一九四三（昭和一八）年に次のように報道をしている。

〔長谷川〕氏の親王奉讃はいまから十年前元内相安達謙蔵氏が横浜市本牧海岸に建立した八聖殿のため八聖人の一人弘法大師の像を制作したことに端を発してゐる、……大東亜戦争勃発するや親王御遺徳顕彰熱は澎湃として巻きおこり昨夏、奉讃会の結成が行はれたが、氏の十年にわたる赤誠の苦心を知つた奉讃会では理事長の松室孝良少将以下が心から氏を激励、新しい構想の下に親王の尊像試作が再び旧臘開始せられたのだつた(43)

記事によれば、真如親王像は僧衣を着た高さ一メートルの坐像で、写真を見ると右手に神職や貴族が持つ笏《しゃく》、左手には百八の念珠を持っている姿である。つまり通常とは異なる様式を持つ仏像であった。この像は、京都府加佐郡志楽《しらく》村（現、舞鶴市）の金剛寺の三重塔に安置される親王像に基づいて彫刻したという(44)。同寺は八二九（天長六）年に真如親王が開山したとされ、三重塔は親王の供養のために室町時代後期に建立された。

真如親王像は、いかなる姿で完成が予定されていたのであろうか。

高丘親王奉讃会では親王の御骨を埋め給うた羅越国、いまの昭南島附近に……奈良の大仏を凌ぐ巨大な親王御尊像を建立し参らせようと計画、着々準備中であるが、思ひ出のシンガポール陥落から早くも一周年の日を前にして親王の御像試作が同会の援助の下に……赤心の一彫刻家の手で奇しくも完成、さらに推敲を加へて新生昭南市の明日の霊場に力強い一異彩を贈ることになつた(45)

図3『朝日新聞』記事、「昭南市に建つ御尊像／御遺徳を偲び奉り心血の制作／高丘親王を奉讃」（一九四三年一月二二日付夕刊）

高丘親王の御尊像を制作する長谷川氏

昭南市に建つ御尊像
御遺徳を偲び奉り心血の制作
高丘親王を奉讃

つまりシンガポールには、奈良東大寺の大仏のように、巨大な真如親王像が計画されていたのである。真如親王奉讃会は、「親王顕彰造営物を中心として霊域内に高丘神社、真如寺を建立（但し神仏の混淆を避く）すると共に仏教文化会館、仏教博物館、錬成道場、医療機関等の附属造営物を建設[46]」することを計画した。そして真如親王像がそびえ立つ敷地一体は、「該地に旅する皇国民参拝の霊廟たらしめ、大東亜各住民は其信仰する宗教を超越して茲に巡礼するの聖地たらしむ[47]」ことを構想したのである。

なお高丘神社と真如寺について、発足当初の「高丘親王奉讃会会則」の第四条に、事業として「三、現地ニ於ケル高丘親王神霊奉祀」とある。一九四二（昭和一七）年八月二一日に真言宗宗務所で行われた高丘親王奉讃会設立発企人会では、会則案において、事業には「昭南神社への尊霊合祀請願[48]」の文言が明記されていた。しかし、最終的には、真如親王の合祀は、実現しなかったようである。なぜなら皇太子の出自とはいえ、僧侶として出家したため、祭神である天照大神との合祀は、あり得なかったためである。結局、その後の真如親王奉讃会の構想案では、神社と寺院の両立を決めたのである。

第五節　関連する動き

第二五軍軍政監部（通称、昭南軍政監部）では、文教科が宗教行政を担当していたが、同科が作成した『文教科宗務報告書』には「高丘親王奉讃」の項目がある。

内地ニハ高丘親王奉讃会アリ、現地マタ研究者ハ尠カラズ。而モ戦争ノ現段階ニテハ、直ニソノ奉讃施設ヲ現地ニ造営スルコトハ時機尚早ナレバ、将来時到リテ陸軍省（文部省）並ニ奉讃会ト連絡ノ上適宜善処スベシ[49]。

昭南軍政監部では、引用文中で「時期尚早」とあるように、所管外である真如親王の奉讃事業は、消極的であったことがわかる。同地の中国系民族は儒教・仏教・道教、インド系民族はヒンドゥー教、マレー系民族はイスラームを信仰するなど、複雑な宗教事情であった。奉讃会と現地との連携が、どれだけ機能していたのかは未確認であるが、少なくとも軍では、現地の宗教対策などの案件があったため、奉讃事業の優先順位は低かったのである。

昭南神社には、真如親王の図像が、奉安されていた。陸軍参謀本部の依頼により、日本画家の橘天敬《てんけい》（一九〇六―一九八四、当時は園部香峰）が描いたものである。橘は一九四一（昭和一六）年から、「真如親王の御事蹟を調査、一ケ年余を費して親王の御像を描き奉つたが、資料は高野山親王院の古書により、衆生済度の菩提樹枝を持し、白象を配したもの、縦七尺横十二尺の大幅で、その左右には降魔図、波切不動図を並べ、観音開きの壁画形式になつてゐる荘厳端麗なもの(50)」であった。「神殿奉祀の尊像が御法衣姿であることも珍らしい(51)」とされた作品「高丘親王御図」は、その後に昭南神社へ奉納されたのであるが、祭神の神体ではなかったのである。

橘は、東京美術学校の出身で、一九三八（昭和一三）年に川口春波《しゅんぱ》と共に日東美術院を創設したが、同院は大政翼賛と日本美術の海外進出を目的に活動した。一九四〇年には、関東軍参謀の陸軍少将吉岡安直の要請によって、満洲国の新京特別市副市長の関屋悌蔵と共に新京美術院を創設した。橘は、画家の川端龍子《りゅうし》を院長に推薦したが、その川端も一九四三年には自らが主宰した第一五回青龍展に作品「真如親王」を出展していた。戦時中の芸術家にとって真如親王は、南方への浪漫と創作意欲を掻き立て、芸術活動を通した戦争協力に適した題材であった。とくに皇室出身ゆえに、南方進出の象徴として相応の存在であったといえよう。それゆえ昭南神社には、仏僧ではあるが真如親王の図像が奉安されたのである。

おわりに

本章では、真如親王奉讃会の顕彰事業を事例に考察してきた。開戦直後から各方面で急激に高まった真如親王への顕彰熱から、一九四二（昭和一七）年九月に奉讃会が組織された。事業が本格化した頃には、既に戦局が悪化していたため、事業の実現には至らず敗戦によって中断したのである。冒頭で筆者は、本章における問題意識として二点を提示したが、それについて若干のまとめを行いたい。

第一の戦時下に真如親王顕彰の機運が台頭していった要因については、次のとおりである。真如親王は空海の十大弟子の一人の「高僧」で、平安期に「南方」で没し、なおかつ「皇室」出身という三つの要素が備わっていたため、時局の要請からその存在が注目されたのである。

第二の「昭南島」が中心的な聖地として位置づけられた点については、当地には既に様々な宗教施設が集約されつつあったことが指摘できる。同地には南方軍の祭祀である昭南神社が鎮座していたが、それは「昭南神社ヲ以テ南方全域ノ中心神社タラシメタキ念願[52]」から創建された施設で、将来は官幣大社に列格することも想定されていた。また日本軍が占領した南方地域にはムスリムが多かったため、イスラームの本質を無視して、同地に「第二のメッカ」を作ろうとしていたともいう[53]。

真如親王奉讃会は、日本の南進政策に対応して、仏教界をはじめ、軍部や関係省庁、民族派の関係者が参画して設立された団体であった。彼らの共通の目標は、同地に真如親王の記念建造物を建造することであり、かつてのイギリスの植民地経営の拠点であったシンガポールを「大東亜共栄圏」の聖地として意味づけようとしたのである。しかしその事業は、参加者の立場と思惑によって、「奉讃」と「顕彰」のあいだで錯綜した志向を示したため、円滑に遂行することを困難にしていたのである。

真如親王という歴史上の仏教者をめぐり、戦時中と敗戦後では社会からの評価に著しく差異があったことについては、日本仏教と南方地域の関わりを考える上で、今後も見過ごすことのできない課題の一つである。

注

(1) 佐伯有清『高丘親王入唐記――廃太子と虎害伝説の真相』(吉川弘文館、二〇〇二年)、五頁。
(2) 真如親王奉讃会の名称について、「讃」は俗字であるため、本来は「讃」を用いるべきである。しかし同会の会則や刊行物を見ると当時から「讃」が用いられているので本書はこれに従う。
(3) 松室孝良編『高丘親王の御事蹟』(高丘親王奉讃会、一九四二年)、一頁。
(4) 矢野敬一『慰霊・追悼・顕彰の近代』(吉川弘文館、二〇〇六年)、六―七頁。
(5) 澁澤龍彦『高丘親王航海記』(文藝春秋、一九八七年)。
(6) 北沢正誠『高岳親王羅越国墳墓考』(北沢正誠、一八九三年)。
(7) 桑原隲蔵「高岳親王」(『六条学報』第一〇四号、六条学報社、一九一〇年)。
(8) 広告「宝塚歌劇月組」(『読売報知』第二三七七六号、読売新聞社、一九四三年三月二四日)、朝刊四面。歌劇「真如王記」は、宝塚歌劇団の本拠地である兵庫の宝塚大劇場でも、同年五月に月組によって公演された。
(9) 文部省編『初等科国史　上』(文部省、一九四三年)、六八―六九頁。佐伯有清は、教科書の文中にある「土地の人々は、……御とむらひ申しあげた」とは史実と異なると指摘する。「慎重な検討を経ないで、草卒のうちに筆を執ったためか、これらの国定教科書には疑わしい記述や、正確ではない説明が目につく」(前掲、佐伯有清『高丘親王入唐記――廃太子と虎害伝説の真相』、五頁)と指摘する。同年刊行の『師範歴史　本科用巻一』にも、真如親王が登場した(一九四―一九五頁)。
(10) 土岐善麿作歌「真如親王――中等学校女子用『音楽』教科書巻二に掲載せる奉讃歌」(『大願』第二〇九号、真如親王奉讃会内大願発行所、一九四四年)、九頁。
(11) 無署名「高丘親王奉讃会誕生」(『読売新聞』第二三六〇一号、読売新聞社、一九四二年九月二九日)、朝刊三面。
(12) 無署名「法悦改題に付謹告」(『大願』第一九七号、一九四三年)、二四頁。
(13) 無署名「真如親王奉讃会／高丘親王奉讃会を改称」(『朝日新聞』一九四三年五月二日、第二〇五一三号、朝日新聞社)、朝刊三面。無署名「真如親王奉讃会と改称」(『六大新報』第二〇二二号、六大新報社、一九四三年五月九日)には、「高丘親王奉讃会では去る一日午後三時より東京小石川音羽護国寺境内月光殿に於て、……同会の会名

変更につき審議会を開催、慎重審議の結果、高丘親王の御法号に因み同会を真如親王奉讃会と改称すること、なった」（五頁）とある。

(14)「高丘親王奉讃会会則」（前掲、松室孝良編『高丘親王の御事蹟』）、三六―三七頁。

(15) 杉本直治郎『真如親王伝研究――高丘親王伝考』（吉川弘文館、一九六五年）、二二頁。

(16) マレーシアのジョホールバル日本人墓地における現地調査により確認（二〇〇八年一一月八日）。

(17) 水原尭栄『真如親王御伝』（金尾文淵堂、一九四二年）。

(18) 水原尭栄「真如親王建碑問題に就て」（『六大新報』、第一一〇四号、一九二五年三月一日）。

(19)「真如親王奉讃会役員」（『大願』第一九七号、一九四三年）、二〇―二一頁。肩書きや書式は、引用に際して適宜に補訂した。

(20) 細川護立「大願発刊の辞」（『大願』第一九七号、一九四三年）、三頁。

(21) 椎尾弁匡『国体と仏教』（東文堂書店、一九四一年）、五二頁。

(22) 無署名「真如法親王薨去の地に／英国主力艦撃沈の戦果／深き因縁に魂踊る／新村博談」（『中外日報』第一二六九三号、中外日報社、一九四一年一二月一二日）、二面。

(23) 新村出「真如法親王の記念碑を新嘉坡に建つるの議」（『中外日報』第七五九二号、一九二五年一月一日）、四面。『新村出全集　第九巻』（筑摩書房、一九七二年）に再録。

(24) 久野芳隆「高丘親王奉讃会設立の経過報告」（前掲、松室孝良編『高丘親王の御事蹟』）、三―四頁。

(25) 伊藤金次郎『軍人わしが国さ』（上・下巻、今日の問題社、一九三九年）。引用は、同書の改題復刻版である伊藤金次郎『陸海軍人国記　新装版』（芙蓉書房出版、二〇〇五年）所載の「松室孝良と回教徒」、二六〇頁。

松室孝良が総務部長を務めた大日本回教協会では、宗教団体法案の条項に「回教」を明記させ、政府に対してイスラームの公認を求めたが実現に至らなかった。重親知左子「宗教団体法をめぐる回教公認問題の背景」（『大阪大学言語文化学』第一四号、大阪大学言語文化学会、二〇〇五年）を参照。

(26) 真言宗喇嘛教研究所については、拙稿「昭和前期における真言宗喇嘛教研究所の学術活動について」（『大正大学大学院研究論集』第三二号、大正大学、二〇〇八年）を参照。

(27) 広沢栄孝「中村興亜部長の業績を偲ぶ」(「人間中村教信」刊行委員会編『人間中村教信』「人間中村教信」刊行委員会、一九六四年)、九九―一〇〇頁。戦後に中村は、和歌山県の根来寺を総本山とする新義真言宗の独立に関わり、一九六〇(昭和三五)年に根来寺座主となった。
(28) 細川護立「序」(久野芳隆『真如親王』照文閣、一九四三年)、〔序・i〕頁。
(29) 引用文中にある「伝記」とは右記の書籍のほか、久野芳隆「真如親王と古代南方文化」(『密教論叢』第二二・二三号、「興教大師八百年御遠忌特輯号」、大正大学真言学研究室、一九四二年)、同『真如法親王と南方諸国』(真言宗宗務所興亜部、一九四二年)など。
(30) 前掲、久野芳隆「高丘親王奉讃会設立の経過報告」、四―五頁。
(31) 前掲、久野芳隆「真如親王と古代南方文化」、一〇〇頁。
(32) 小池四郎・大岩誠『高岳親王の御事蹟』(日本南方協会、一九四二年)、一頁。
(33) 日本南方協会編『日本南方協会案内』(日本南方協会、一九四三年)、八頁。
(34) 財団法人青年文化協会の雑誌『東亜文化圏』(発行名義は東亜文化圏社)に掲載された「財団法人青年文化協会寄附行為」を参照した。
(35) 無署名「真如法親王御遺跡/調査と御偉業の顕彰/真言宗が帝国議会に請願」(『中外日報』第一二七四〇号、一九四二年二月一一日)、二面。無署名「真如法親王の尊霊を新嘉坡に奉祀の建議案/衆議院に於て採択さる」(『中外日報』第一二七四三号、一九四二年二月一五日)、二面。
(36) 『帝国議会衆議院委員会議録　昭和篇一三九』(東京大学出版会、一九九八年)、三五六頁。
(37) 無署名「真如親王御遺徳顕彰」(『朝日新聞』第二〇六〇九号、一九四三年八月六日)、夕刊二面。
(38) 無署名「真如親王御事蹟調査研究会規程」(『大願』第二〇九号、一九四四年)、一六頁。
(39) 無署名「会報」(『大願』第二一二号、一九四四年)、一五頁。
(40) 渡辺楳雄「高楠博士全集の刊行を喜ぶ」(『宗教』増刊「高楠順次郎博士特集号」、教育新潮社、一九七六年)、二六頁。
(41) 高楠順次郎『大東亜海の文化』(中山文化研究所、一九四二年)所載の「南洋仏教文化と真如法親王」、一一八頁。

(42) 無署名「真如親王奉讃会日誌」(『大願』第二〇七号、一九四四年)、一六頁。
(43) 無署名「昭南市に建つ御尊像／御遺徳を偲び奉り心血の制作／高丘親王を奉讃」(『朝日新聞』第二〇四一四号、一九四三年一月二二日)、夕刊二面。なお長谷川塊記による真如親王像のその後の行方について、現時点で所在は確認できなかった。
(44) 無署名「真如親王尊像謹作」(『真言宗報』第二一号、真言宗宗務所、一九四三年)、三〇頁。京都府舞鶴市の金剛院は、現在は真言宗東寺派の寺院である。
(45) 前掲、無署名「昭南市に建つ御尊像／御遺徳を偲び奉り心血の制作／高丘親王を奉讃」、夕刊二面。
(46) 真如親王奉讃会編『真如親王御遺徳御事績顕彰要綱』(真如親王奉讃会、〔一九四三年〕)、八頁。
(47) 前掲、七頁。
(48) 無署名「来月総会を開き活潑な実動に入る高丘親王奉讃会会則等成る」(『六大新報』第一九八八号、一九四二年八月三〇日)、一〇頁。
(49) 〔昭南軍政監部〕文教科編『文教科宗務報告書』(〔昭南軍政監部〕文教科、〔一九四三年〕)、三頁。
(50) 無署名「昭南神社へ真如親王像奉納／筆者・園部香峰画伯」(『六大新報』第二〇〇一号、一九四二年一一月二九日)、一〇頁。
(51) 無署名「法衣姿の高丘親王尊像奉祀／御造営中の昭南神社に」(『中外日報』第一二八九〇号、一九四二年八月一一日)、三面。
(52) 前掲、『文教科宗務報告書』、一—二頁。
(53) 戦時下に、回教圏研究所の研究員であった中国史学者の野原四郎(一九〇三—一九八一)は、「日本政府の回教政策に対しては……疑問をもっていました。……シンガポールに第二のメッカをつくろうという計画を耳にしたこともありました。これなどは、イスラム教の本質を無視しており、宗教に対するまったくの無知をさらけ出したようなものです」(野原四郎「回教圏研究所の思い出」『東洋文化』第三八号、東京大学東洋文化研究所、一九六五年、八九頁)と証言する。

第二章　ジャワの仏教遺跡ボロブドゥール

はじめに

本章では、日本軍が占領したオランダ領東インド（略称「蘭印」、現インドネシア）のジャワ島にある仏教遺跡ボロブドゥール（Borobudur）をめぐって、それに関与した現地の日本軍政当局及び仏教界の関係者の動きを概観する。特に、同遺跡を対象とした分析ではなく、遺跡が置かれた社会的及び歴史的な文脈について論じるものである。日本が「南方共栄圏」の建設を進めていった過程で、ボロブドゥールに注目が集まった。海外の仏教遺跡に対して、日本仏教は進出を目指して、その存在に意味づけを行ったのである。

本章の対象となるボロブドゥールの概要を確認する。石造によるインドネシア最大の仏教遺跡で、ジャワ島中部のジョグジャカルタ北西のケドゥ盆地にある。八世紀後半から九世紀初頭にかけて仏教とヒンドゥー教が興隆した時期に、シャイレーンドラ朝によって建立された安山岩の切石で組み立てられた遺跡である。その構造は、丘陵に盛土を行い、方形六層壇（一二〇メートル四方）を築き、さらに上部には円形三層壇を載せている。三層壇には円周に沿って鐘型の小さい仏塔群を配し、頂上には大きい仏塔がある。遺跡はその後、ムラピ山噴火の火山灰と密林の生長で埋もれた。一六世紀末からオランダがジャワ島を支配し、一八一一年から一八一六年までイギリスが統治したが、この間の一八一四年にジャワ総督代理ラッフルズ（Sir Thomas Stamford Raffles　一七八一―一八二六）によって、遺跡が再発見された。ボロブドゥールの解釈をめぐっては議論があるが、民衆が参詣する立体マンダラの構造であることは、共通する見解である。なお国際連合教育科学文化機関（ＵＮＥＳＣＯ）により、世界遺産（文化）として、一九九一年に「ボロブドゥール寺院遺跡群」が登録された。

続いて当該地域における戦況の経過について、本章に関係する事項を述べる。オランダ領東インドについて、日本軍は一九四二（昭和一七）年三月一日にジャワ島へ上陸して、蘭印軍は三月九日に降伏した。この間の三月七日には日本軍は軍政を開始したが、七月一〇日には第一六軍軍政監部（通称、ジャワ軍政監部）を設置して、以降は機構の拡充を進めた。陸軍の編成単位として総軍の一つである南方軍の指揮下に、第一六軍が置かれた。一九四四年九月七日に内閣総理大臣の小磯国昭は東インドの独立を認める声明を発表した後に、敗戦直後の一九四五年八月一七日にインドネシアは独立を宣言した。旧宗主国のオランダは認めず、独立戦争が起きたが、一九四九年のハーグ協定によりオランダがインドネシアの独立を承認した。

戦時下の日本の出版界では、にわかに南方関係の図書の刊行が相次いだが、宗教関係では特にインドや東南アジアの仏教美術に関する多くの書籍が刊行された。日本人による著述のほか、とくに西洋人の著作からの翻訳紹介が目立った。もちろん開戦以前から、日本における当該領域に関する研究が行われていなかったわけではないが、ボロブドゥールの場合、後述する千原《ちはら》大五郎は、「それまで〔戦前〕の日本におけるヒンズー・ジャワ芸術に対する研究について回顧してみよう。／残念ながら、それは他の方面、例えばインド本国ないしは西域地方の、文化芸術などに対する研究に比して、著しく稀薄であったようである。即ち太平洋戦争以前に、ヒンズー・ジャワ芸術に深い関心を示した日本人は、殆ど皆無」(1)と述べている。そうしたなかで、ボロブドゥールに関する数少ない研究や紹介として、第二次世界大戦期までに限ると、大正期に調査した井尻進（一八九二―一九六五）、東京美術学校が所蔵する各種の壁画写真を解説した三浦秀之助、ジャワに別荘を構えた仏教者の大谷光瑞（一八七六―一九四八）、インド学者として複数の仏教遺跡を発掘した松本文三郎（一八六九―一九四四）、洋画家の太田三郎（一八八四―一九六九）、詩人の川路柳虹（一八八八―一九五九）と洋画家の土橋醇一《どばしじゆんいち》（一九一〇―一九七八）による著述がある。(2)

第一節　ジャワ軍政監部の古沢安二郎

日本軍政下のボロブドゥールに関わった人物として、まずは古沢安二郎（一九〇二―一九八三）を挙げたい。英文学者の古沢は、ジャワ軍政監部に勤務する陸軍司政官として現地に赴いた。司政官とは武官ではなく行政を担当する文官であるが、在勤中にはボロブドゥール遺跡の増築による隠れていた基壇の発掘を行ったのである。なお本名は古沢安次郎であるが、戦後は「古沢安二郎」の名義で多くの英米文学作品の翻訳を行い、こちらの名前が知られているので、本章ではこれに従う。

古沢は、新潟県南蒲原《かんばら》郡三条町（現、三条市）の出身で、一九二三（大正一二）年三月に名古屋の第八高等学校文科甲類を終えて、一九二六年三月に東京帝国大学文学部英吉利《イギリス》文学科を卒業した。一九二七（昭和二）年から明治大学の教授を務めた。英文学を専門としたが、イスラームに興味を持ち、ロシア革命により日本に亡命してきたトルコ系のタタール人で指導者のクルバンガリー（一八八九―一九七二）と親交があった。古沢は、サウジアラビアの初代国王のイブン・サウドに関する評伝を翻訳したが、その序文に次のように書いている。

> 私〔古沢〕はこの訳書を上梓するに当り、私を回教に導いて呉れた恩人ム・ガ・クルバンガリ氏を憶ふこと切なるものがある。……同氏は、土耳古と日本とを貫くウラル・アルタイ民族の大合一の理想に向つて一生を賭してゐる隠れたる偉大な回教学者であり、かつ志士である。……不幸日本内地回教徒の勢力争ひの犠牲となり、失脚して日本を離れ、今年〔一九三八年〕の陽春代々木にいよいよ実現した回教寺院〔現、東京ジャーミイ〕の落成式をも見ず、満洲国の何処かの配所に望郷の思ひをかこつてゐられる筈である。日本在住回教徒其の他の狭量を歎きつつ、この訳書が同氏の所在を確かめる機因ともなれば幸甚である。[3]

また古沢は、日本におけるイスラームの認識について、強い意見を持っていた。古沢は、「我々の知つてゐる回教なるものは、千有余年間、回教徒と敵対的位置にあつた基督教の眼に、異端として映つた、歪められた回教である」[4]と主張する。日本のイスラーム研究の黎明期において、宗教学研究者からではなく、英文学研究者からイスラームに対して、右記のような発言がなされたことは注目に値する。

古沢は、一九四三（昭和一八）年六月九日付で陸軍司政官（高等官五等）の発令を受けた。イスラームに関する知識があったゆえに、ムスリムが多いジャワ島に派遣された。最初の任務は、ジャワ軍政監部の機構に属したケドウ州庁での文教関係の業務である。同州庁は、ジャワ島中部マゲラン市に所在したが、ボロブドゥールはマゲラン南方の約一〇キロメートルに位置した。後に古沢は、ボロブドゥールの隠れた基壇の発掘経緯について、記録を残している。

> 私〔古沢〕の仕事の中にはボロブドゥールの管理も含まれていたのを幸い、私は最初のうち日曜日ごとにそ

こを訪れ、ボロブドゥールの村長には異常なほど歓待された。村長はボロブドゥールの地下を掘ってみましょうと、しきりに私をそそのかすのであった。(5)

村長は、かつて修復工事に雇われたという九八歳になる老石工を連れて来て、石工は伝聞として、基壇の地下には「地獄変」など沢山の彫刻面が埋蔵することを証言した。この石工は、一九〇七年から一九一一年まで蘭印軍の技術将校であるファン・エルプ（Theodoor van Erp　一八七四―一九五八）を責任者とする修復工事に参加していたのである。村長の誘いに古沢は、「とうとう好奇心に負け」て、東南隅の基壇から二メートルほど離れた地点を掘ったが、基壇の積み石だけで、壁面は見当たらなかったという。

古沢は、この体験からボロブドゥールに関する文献による予備調査を開始した。ジャワ軍政監部は一九四三年三月にジョグジャカルタにおいて仏蹟復旧工事事務所を設置したが、これは旧蘭印政庁の古蹟調査局を継承する組織であった。古沢は、同事務所が保存するファン・エルプによるボロブドゥール修理工事の写真、図面のほか、各種文献を読み込んだ。

古沢は、陸軍報道班員としてボロブドゥールの撮影に来ていた写真家の小川晴暘《せいよう》（一八九四―一九六〇）と知り合う。古沢が、まさに「こんな世界的な遺跡を私が勝手にいじくるのはやめにして、再び基壇を元どおり積み直したものかどうか思い悩んでいたとき」(6)であった。古沢は、小川に相談したところ賛成の意見を得た。小川の助言に従って発掘を進め、旧基壇と新基壇の接合部分が現れた。かつて旧基壇を発掘した考古学者イーゼルマン（Jan Willem IJzerman　一八五一―一九三二）による一八八五年の調査から六〇年ぶりに、「地獄変」の浮彫面の第一六面と第一七面の二面が白日に曝されたのである。長らく地中にあった彫刻面の石は軟化しているため、道具を使わず小川と共に水で泥を落としながら、慎重に作業を進めた。古沢は、発掘した感動を次のように描写する。

現われ出たその浮彫りのみごとさは、全く申し分なかった。ふくよかな人物の一人ひとりが、呼吸しながら生き生きと躍動しているではないか。しかもそれは地上にきらびやかに積み重ねてある石壁の彫刻とは全然手法が異なっている。両手に横顔をもたらせている女の顔は、ギリシャ彫刻の手法を思わせる手法である。唇の厚い、両あごの突き出た猿のような男の顔は、奈良の薬師寺の如来三尊の中央基壇に彫られた男の顔にそっくりである。(7)

図1　日本軍政下ジャワの10、40セント切手（1943年）。図柄はボロブドゥール（筆者蔵）

古沢の発掘は、仏教美術に造詣が深い小川の助力があったからこそ、実現したのである。[8] 発掘されたのは、一九四四（昭和一九）年二月一五日とされる。[9] 古沢は、ジャワ軍政監部のケドゥ州庁に勤務した後は、同監部宗務部第三課の課長となり、ムスリム対策に関わった。[10] 初期の宗務部は庶務班、宣撫班、調査班で構成されたが、古沢が着任した頃は、四課制で編成した。

古沢は、一九四六（昭和二一）年七月にジャワから復員後、義兄が勤務していた日本曹達《ソーダ》に入り、一九四七年に和進商工専務を経て、教員として明治大学に復帰した。後には芝浦工業大学教授となった。

敗戦から長い年月が経過したある日、後述する千原大五郎が、古沢を訪ねてきた。古沢は、「千原氏はボロブドゥールの地下を掘ったのは私であることを確かめた上、……私は掘っていたときのスナップ写真などを提供して、その前後の事情[11]」を説明した。千原は、古沢と同じ時期に、日本軍政下のジャワ島に滞在して、現地でボロブドゥールを知り、魅せられ、そして戦争後も生涯をかけてボロブドゥールの修復に関わった人物なのである。

第二節　バンドン工業大学の千原大五郎

建築史学者の千原大五郎（一九一六—一九九七）は、ジャワ軍政監部の機構に属したバンドン工業大学に勤務して、ジャワ島中部におけるヒンドゥー教と仏教の遺跡について調査研究に従事した。現在では「バンドン工科大学」と邦訳されるが、ここでは占領当時の日本側の呼称に従う。

東京に生まれた千原は、静岡高等学校を経て、一九四一（昭和一六）年三月に京都帝国大学工学部建築学科を卒業した。同年四月から一九四四年一月までは、竹中工務店に勤務してビルマのラングーン、タイのバンコクにおいて、日本軍の飛行場や倉庫、兵舎などの施設建設に従事した。ラングーン滞在中に、連合国側による夜間の空襲に遭った。投下された照明弾によりシュエダゴン・パゴダが、闇夜のなか金色に反射するのを見て、南方地域の仏教建造物の美しさを認識した。「この戦争が終ったら、あらためて南の国の古寺を巡り歩いてみよう[12]」と思ったという。帰国後は一九四四年二月から五月まで、京都帝大の研究嘱託となった。

再び千原は、外地に赴くことになる。一九四四（昭和一九）年五月に陸軍軍政地教授が発令され、任地はジャワ島のバンドン工業大学であった。陸軍軍政地教授とは、「陸軍特設部隊等臨時職員設置制中改正ノ件」（昭和一八年六月一日勅令第四六九号）で、追加された官職である。陸軍が軍政を担当した地域において行政を司る文官は、当初は陸軍司政長官と陸軍司政官であった。改正の背景として、旧宗主国が設置した各地の高等学術機関を日本軍は接収したが、より専門性の高い調査研究と教育活動を行うために陸軍軍政地教授を設けて、行政職と教育職を区分したのである。

千原が勤務したバンドン工業大学について説明する。オランダ領東インド当時の一九二〇年に、バンドン工業高等学校が設置された。修了者はオランダ本国のデルフト工科大学の卒業生と同等であることが認められた。

日本の占領後、現地ジャワで高度の技術者を養成することが課題となり、ジャワ軍政監（陸軍少将国分新七郎）によって、「バンドン工業大学設立要綱ノ件」（昭和一八年一〇月一日治政秘第八八〇号）が公布された。方針として「旧バンドン工業大学施設ヲ利用開校シ現地民青年ニ対シ大東亜理念ニ則ル心身ノ錬成及戦力培養上須要ナル工業高級技術ヲ授ケ以テ現下緊要ナル高級技術者ノ現地取得ヲ期ス[13]」とした。一九四四年四月一日には、ジャワ軍政監部に属するバンドン工業大学が開校した。現地ではローマ字で“Kogyo Daigaku”と表記された。「バンドン工業大学学則」（昭和一九年七月一五日軍政監告示第四七号）によれば、「第一条　バンドン工業大学ハ軍政監ノ監督ノ下ニ大東亜共栄ノ理念ニ則リ工業ニ関スル高等ノ学術理論並ニ応用ニ関スル教育ヲ施シ以テ新ジャワ建設ニ挺身スル人物ヲ錬成スルト共ニ兼テ戦力培養上須要ナル工業技術ヲ研究スル以テ目的トス[14]」とある。大学の組織は、三年制の大学部（土木建築科、電気機械科、応用化学科）、三年制の専門部（同三科）である。

一九四四年五月に千原は、バンドン工業大学教授として着任し、土木建築の教育と研究に携わることになる。ジャワ島内の遺跡群について、実地調査をする機会を得たが、そのなかで、「鮮烈な緑の椰子の樹海のただ中に、ボロブドールが黒ぐろと盛り上がっていた。これもまた、厳かに美しかった[15]」と述べている。大学図書館にある資料で、これらの遺跡について文献調査を行った。図書館の蔵書が、南方地域の宗教建築研究を進める契機となったのである。

敗戦後に千原は抑留されて、復員時には研究成果などの記録類は没収された。その後に千原は、横浜駐留のアメリカ陸軍第八軍司令部第五技術建設集団、鹿島建設、大建設計に勤務した。また金沢工業大学、拓殖大学、上智大学で研究と教育に関わった。この間にボロブドゥールの研究を進め、一九七二（昭和四七）年からのユネスコによるボロブドゥールの修復事業では、インドネシア政府により組織された国際技術諮問委員会委員において、各国から選抜された五人の委員の一人に選ばれた。インドネシアからのロセノ（Roosseno Soerjohadikoesoemo　一九〇八―一九九六）は、かつて軍政下のバンドン工業大学での千原の同僚で、その後も親交を続けた人物であった。

千原による研究の原動力は、ジャワに対する憧憬であった。「わたしが自分の青春の情念を燃焼させて接触した、東南アジアの風物や人びとへの、生涯をかけたセンチメンタル・ジャーニイであった[16]」と告白している。千原の戦争体験が、戦後の研究課題を定めたのである。

第三節　仏教界とその周辺

1　真言宗の思想戦対策委員会

戦時中に真言宗は、ボロブドゥールに関心を示していた。真言宗は、宗祖の弘法大師空海が、中国から請来した密教により開宗した宗派である。そのため真言宗では、マンダラを立体化したボロブドゥールについて、同じ密教であるとして共通性を見出していたのである。『六大新報』では、次の論調が掲載された。

古来、亜細亜は宗教の淵叢である。その全亜細亜が今起ち上つたのである。赫々たる皇軍の戦果は南方から印度に迄伸びようとしてゐる。南方には泰の仏教国を始め、大仏蹟ボロブードルを残す蘭印あり。泰の西に続いては、緬甸《ビルマ》あり、更に印度の仏教発祥地に続いてゐる。昭和の南天の鉄塔は皇軍の手によつて開かれ、その光明はあまねく南方仏教国に伸びつゝある。大乗仏教国日本の力によつて、小乗仏教諸国が多年の桎梏から解放されようとしてゐる。将に亜細亜仏教の復興期である。それのみにならず、仏教に互して拡つてゐる回教は白人の暴手から逃れる歓喜を叫び、基督教さへ大東亜建設に協力してゐる。この歓喜に満ちた宗教の力が、又大亜細亜建設の力であり、否亜細亜人の手になる建設には不可欠なのである。(17)

つまり日本仏教と共に、蘭印に残るボロブドゥールも、全てが「亜細亜仏教」であると見なしていた。仏教はアジアのものであることが強調されていたのである。

真言宗では、宗務所に思想戦対策委員会を設置して内外の宗教問題の審議に当たった。「思想戦対策委員会規程」（昭和一八年五月二五日宗達第七号）によれば、「第二条　本会ハ宗祖ノ洪範ニ則リ大東亜戦完遂ノ天業ヲ翼賛スルヲ以テ目的トス」[18]とある。一九四三（昭和一八）年六月一八日と一九日に第一回委員会が東京愛宕の真言宗宗務所で開催された。初日に会長である真言宗宗務長の岡田戒玉（一八九〇―一九六六）のもと、開会式と総会が行われ、その後は計四つの分科会を設けて、課題ごとに検討することになった。第一分科会「思想戦対策ノ研究」、第二分科会「真言教学ニ関スル研究」、第三分科会「日本精神作興運動」である。注目すべきは、第四分科会でボロブドゥールについて議論されたことである。

第四分科会「興亜文化事業ニ関スル研究」　会議事項

一、興亜密教学院ノ内容拡充
二、喇嘛《ラマ》教研究所ノ強化拡充
三、大東亜共栄圏内ニ於ケル宗教習俗ノ調査研究
四、ジャバーブルブドールノ研究（特ニ密教的見地ニ立チテ）
五、満蒙開拓団ノ教化的施設
六、興亜諸団体トノ密接ナル提携策
七、外地ニ教師養成機関設置ノ件。[19]

会議事項の「ジャバーブルブドール」とは、ジャワ（Java）のボロブドゥールを意味する。第四分科会に参加し

た高野山大学教授の栂尾祥雲《とがのおしょううん》（一八八一―一九五三）は、次のように述べている。

先づ北方では、喇嘛教文化施設の研究である。この喇嘛教はわが真言密教とその淵源を等しくし現に西蔵《チベット》や満蒙に拡まつてゐる……。それからさらに、われ等のなすべき文化事業としては、南方爪哇《ジャワ》にあるボロブヅウル塔の研究である。……。

要するに、われわれ真言宗徒の立場からする限り、北方に於ては喇嘛教、南方に於てはボロブヅウル塔の実躰なり、内容なりを充分に調査し研究し、これを文化事業の上に、もしくは宗教対策の上に資するやうせねばならぬと思ふのである。[20]

右記の発言からは、真言宗の教団としてのアジアへの視座が窺えよう。ただし思想戦対策委員会では、その後にボロブドゥールに関して議論された形跡は無い。第一回委員会の後に、小委員会を設けて後日の継続審議を行ったが、国内の僧侶動員と檀信徒の錬成などについて方策が議論された。第二回委員会が一九四四（昭和一九）年二月二〇日と二一日に行われたが、第四分科会は開かれなかった。

戦時中の真言宗では、アジアの宗教工作について、密教に関連する事物を象徴的に用いていた。北方方面では満洲と内蒙古のチベット仏教（ラマ教）対策に力を入れ、南方方面では平安期に南方で没したとされる真如親王の顕彰と共に、ボロブドゥールに注目していたのである。しかし本章で述べたボロブドゥールの調査研究については、成果が出ないまま敗戦となった。

日本占領下のボロブドゥールをめぐって、周辺の動きを列記しよう。

2　その他の人物

大正期に日本で本格的にボロブドゥールを紹介した人物に、前記の井尻進がいる。ジャワの日系貿易商店に商社に勤めていたが、真宗本願寺派の第二二世宗主であった大谷光瑞との出会いからボロブドゥールを知り、独学で研究を始めた。その成果は、大谷が経営に関わり井尻が編集主幹を務めた中国上海の大乗社が発行した雑誌『大乗』に発表された。井尻の成果は、海外の学者からも注目を集めた。戦時中に井尻は、ボロブドゥールを始めとするジャワの文化財の毀損を防ぐべく動いていたという[21]。

洋画家で日本画家の太田三郎は、戦時中にはジャワ島に渡航して、ボロブドゥールに訪れた。現地で描いた絵画と印象記は、『爪哇の古代芸術』として刊行された。同書には、ヒンドゥー教遺跡であるプランバナン寺院群なども紹介されている。序文で太田は、「私は、たま〳〵今次、軍の命を帯びて数ケ月南方へ旅した折、幸ひにも当局の支援を得て、具さにそれ等の芸術史的遺跡を探査するの機を得、一ケ月有半を費して、烈日の下に巡礼の歩みをつゞけた[22]」と述べている。太田は、陸軍により南方に徴用された画家の一人である。

ドイツのボン大学教授を務めた浄土宗僧侶の松本徳明《とくめい》（一八九八―一九八一）は、一九四三（昭和一八）年に、海軍省嘱託として南方地域を調査した。この時に、ジャワ島にも立ち寄り、四日間にわたりボロブドゥールを調べた。ジャワの軍政担当者に対して、「軽率な修理はかえってボロブドゥールの価値を破壊する所以をとき、その保存には厳重な注意を注ぐよう[23]」に強く進言したという。

仏教美術史学者の高田修（一九〇七―二〇〇六）は、陸軍司政官としてジャワに駐在していた。一九三一（昭和六）年に東京帝国大学文学部印度哲学科を卒業後、帝国学士院嘱託などを経て、一九四三年一〇月二二日付で陸軍司政官（高等官六等）が発令された。ジャワ軍政監部付となり宗務部に勤務していた。現地で高田は、専門の文化財ではなく、ムスリム工作を担当した。戦時中の知見に基づいて、戦後に高田はボロブドゥールについて論説を発表している。(24)

真宗本願寺派僧侶で、台湾総督府外事部調査課嘱託の天津《あまつ》慈雲は、『東印度の仏教文化』を著した。巻末の参考文献によれば、外国語と日本語の文献資料を駆使して、インドネシア仏教通史を描いている。このなかで「世界七不思議の一と称せられ、また「石造の史詩」と讃へられるボロブドウル」(25)と記している。同書には時局を意識した文言はなく、学問的立場からの記述に努めている。なお天津は、「龍大〔龍谷大学〕では真宗学を専攻、在学中方面違ひの高文〔文官高等試験〕の準備をして発病、卒業後は刑務教誨師などもつとめたといふ毛色の変つた人で、三、四年前から〔台湾〕総督府に勤務(26)」したという。

最後に仏教学者の久野芳隆（一八九八―一九四四）について見てみよう（第Ⅱ部第一章参照）。この頃の著述である『南方民族と宗教文化』は、仏教学者であった久野が、民族学に接近した著書である。(27)同書の「第五章　インドネシア地帯」の「第六節　古代ジャワの仏教」では、多くの紙幅を割いてボロブドゥールを論じている。特に久野は、真言宗僧侶であるため、密教の見地から遺跡の構造と教理的な意味を解説している。その後の久野による研究の成果に、「ボルブドゥール塔研究序説」がある。(28)戦時中に執筆したものだが、一九五一（昭和二六）年まで発行が遅延した宇井伯寿（一八八二―一九六三）の還暦記念論文集に掲載された。この時既に刊行を見ることなく、久野は一九四四年の航空機事故で物故していた。

おわりに

本章では、戦時下におけるジャワ島の仏教遺跡ボロブドゥールをめぐって、日本側の関与の動向を見てきた。日本の勢力拡大に伴い、本章で述べたオランダ領東インドのボロブドゥールのほか、フランス領インドシナのアンコール、イギリス領ビルマのバガン（パガン）など、日本側は南方地域の各地にある仏教遺跡に着目した。アジアにおける仏教は多様である。日本の仏教とアジア諸地域の仏教は、戒律と文化が大きく異なるが、「大東亜共栄圏」の建設に際して、各地の仏教遺跡が注目された意味について述べたい。

前述した千原大五郎は、ジャワ軍政当局が遺跡を保護修復したことは、現地の民心を掌握することや、戦死した将兵の慰霊も目的にあったという。ただし「これらの日本軍政下の工事も、戦時下のことではあり、結局全体としては大して見るべきものはなく、やがて戦局が日本に不利に傾むくと共に、それどころではなくなって中絶した」(29)と述べる。

イギリス領インドについても、同地の仏教遺跡に注目が集まった。例えば「印度は仏教発祥の地である。然るにその仏蹟の発掘や保存は英国の手にゆだねられた……。日本仏教徒は大東亜指導者たる日本国民の立場上、印度仏教の再興を図り、仏祖の恩に酬ひたい、少くとも仏蹟の整頓の企図は日本仏教徒の責任(30)」などとの言辞が見られた。「大東亜共栄圏」の建設により、西洋の旧宗主国に代わって、圏域内にある仏教遺跡を掌中に収めることは、日本側にとって使命であると考えていたようである。

日本のアジア拡張と仏教遺跡をめぐっては、既に考古学史や美術史からの研究はあるが(31)、近代宗教史の文脈からの読み直しが必要である。手始めに本章では、ボロブドゥールを事例に、日本側からの現地仏教遺跡への関与を見てきた。戦時下の真宗大谷派では「東本願寺南方美術調査隊」を編成して、画家の杉本哲郎（一八九九―一九八五）を隊長としてアンコール遺跡の調査を実施した。(32) 遺跡は過去の遺産だけではなく、現地で崇拝対象となっている場合もあり、また日本側が保護と調査を行うことで、現地に対する文化の影響力が誇示でき、民心を収攬しようとしたのである。宗教による文化工作を見る際に、遺跡の存在との関わりは見過ごすことができない視点であるといえよう。

注

（1）千原大五郎『仏跡ボロブドール――ヒンズー・ジャワの建築芸術』（原書房、一九六九年）、一〇〇―一〇一頁。

（2）金子史朗・金子民雄『ボロブドールの滅んだ日――インドネシアの古代遺跡』（胡桃書房、一九八四年）の「参考文献」（一七八―一八六頁）には、ボロブドゥールに関する新旧の文献が記載される。

この内、主要な文献には解題が付されているが、第二次世界大戦期までの成果に限ると、次のとおりである。井尻進『ボロブドゥル』（大乗社、一九二四年）、ボロブヅゥル刊行会編『闍婆《ジャワ》仏蹟ボロブヅゥル』第一―三帙（ボロブヅゥル刊行会、一九二四年）、三浦秀之助『闍婆仏蹟ボロブヅウル解説』（ボロブヅゥル刊行会、一九二五年）、大谷光瑞『蘭領東印度地誌』（有光社、一九四〇年）、松本文三郎『東洋の古代芸術』（創元社、一九四三年）、太田三郎『爪哇の古代芸術』（崇文堂、一九四三年）、川路柳虹・土橋醇一『南方古代文化と芸術――アンコールとボロ・ブドゥル』（大八洲出版、一九四四年）。

書名のみの紹介は、小野玄妙『仏教之美術及歴史』（仏書研究会、一九一六年）、大村西崖『東洋美術史』（図本叢刊会、一九二五年）、小野玄妙『大乗仏教芸術史の研究』（大雄閣、一九二七年）、逸見梅栄『印度仏教美術考建築篇』（甲子社書房、一九二八年）、沢村専太郎『東洋美術史の研究』（星野書店、一九三二年）、伊東忠太著、伊東忠太建築文献編纂会編『東洋建築の研究』下巻（竜吟社、一九三七年）、高田修『印度・南海の仏教美術』（創芸社、一九四三年)。

(3) アアムストロング著、古沢安次郎訳『イブン・サウド』(豊文書院、一九四〇年)、iv頁。引用文中にある「勢力争ひ」とは、本文で述べたクルバンガリーと対立関係にあった、同じく日本に亡命したタタール人のイスハキ(Ayaz Ishaki 一八七八―一九五四)の一派との抗争を指す。

(4) 古沢安次郎「日本に於ける回教の確立」(『宗教研究』新第八巻第二号、宗教研究会、一九三一年)、五一頁。

(5) 古沢安二郎「ボロブドゥールを掘る」(『文藝春秋』第六一巻第八号、文藝春秋社、一九八三年)、九二頁。

(6) 前掲、九三頁。

(7) 前掲、九三頁。

(8) 小川晴暘(一八九四―一九六〇)について、美術史研究者で子息の小川光暘(一九二六―一九九五)は、「尽きせぬ東洋美術へのあこがれからか、昭和十八年の秋になると、父〔晴暘〕は南方への旅に立った。ジャワのボロブドゥルとカンボジアのアンコールがおもな目標であった。／ボロブドゥルでは、この寺を管理する土民の部落に単身で泊まりこみ、約半月というもの連日撮影を継続した」(小川光暘「父・晴暘と古美術写真――あとがきに代えて」小川晴暘撮影、小川光暘監修・解説『アジアの彫刻』読売新聞社、一九六八年、五一頁)。と述べている。この後に小川晴暘は、ジャワの中部から東部にかけて寺院遺跡やバリ島もめぐり、約三カ月間、南方地域の仏教とヒンドゥー教の遺跡群を精力的に撮影して回った。

(9) 深見純生編『日本占領期インドネシア年表』(インドネシア史研究会、一九九三年)によれば、オランダ側の資料を典拠として、一九四四(昭和一九)年二月一五日に「ボロブドゥールの隠れた基段、軍政監部の指示により掘り出される。技術的理由でオランダ人が埋め戻したものである」(一四一頁)と記す。

(10) ジャワ軍政監部宗務部における古沢安二郎の活動については、高田修による証言を収めた衛藤瀋吉他『インタヴュー記録 C 日本の南方関与 四』(特定研究「文化摩擦」、東京大学教養学部国際関係論研究室、一九八〇年)を参照。

なおジャワ軍政監部に勤務した仏教界の関係者に、次の人物がいる。村上俊雄(後に豊隆、一九〇六―?)は、徳島県出身。真言宗僧侶で、東京帝国大学で宗教学を学んだ後に、同大学文学部副手となり、文部省宗教局の事務嘱託と宗務官補を経て、一九四二（昭和一七）年六月三〇日に陸軍司政官（高等官六等）が発令。ジャワ軍政監部で宗教行政を担当。その後に、軍政監部総務部調査室の主査附として勤務。調査室（主査は医学者の柘植秀臣）は財団法人東亜研究所から派遣された人員を中心に組織された。戦後は、海技大学校教授などを歴任。

蓑輪英章（一九一三―一九七六）は、福井県出身。大谷大学文学部西洋哲学科を卒業。ジャワ軍政監部附の軍属として二か年勤務した。戦後は、真宗大谷派の宗議会議員や宗務総長、財団法人全日本仏教会の理事長などを歴任。

（11）前掲、古沢安二郎「ボロブドゥールを掘る」、九三頁。

（12）千原大五郎『南の国の古寺巡礼――アジア建築の歴史』（日本放送出版協会、一九八六年）、八頁。

（13）爪哇軍政総務部調査室編『爪哇に於ける文教の概況――昭和十八年十二月三十一日現在』（総調資料第七六号、爪哇軍政総務部調査室、一九四四年）、二二八頁。同書を復刻した、倉沢愛子編『爪哇に於ける文教の概況』（南方軍政関係資料七、龍溪書舎、一九九一年）を参照した。

（14）「バンドン工業大学学則（昭和一九年七月一五日軍政監告示第四七号）」（ジャワ軍政監部編『治官報』第二〇号、ジャワ新聞社、一九四四年）、一四―一五頁。同書を復刻した、倉沢愛子編『治官報』第二巻（龍溪書舎、一九八九年）を参照した。

（15）前掲、千原大五郎『南の国の古寺巡礼――アジア建築の歴史』、九頁。

（16）前掲、一四頁。

（17）無署名「起て！教家／大東亜の宗教的建設／興亜宗教会議と仏教の南進／偲び奉る真如法親王の御雄図」（『六大新報』第一九五八号、六大新報社、一九四二年二月一日）、一〇頁。

（18）「思想戦対策委員会規程（昭和一八年五月二五日宗達第七号）」（『真言宗報』第二四号、真言宗宗務所、一九四三年）、二一頁。

（19）無署名「敵性思想の掃滅を期し思想戦対策委員会開催さる――岡田宗務長思想国防を強調　活潑に討議された委員会」（『真言宗報』第二五号、一九四三年）、二七頁。第四分科会の構成員は、星野俊英（主査）、関栄覚、栂尾祥雲、草繋全宜、倉持秀峰、山本忍梁、市橋本賢、鴇昌清、大塚教識であった（二八頁）。

（20）栂尾祥雲「興亜文化事業の研究」（『真言宗報』第二五号、一九四三年）、二二頁。

(21) 井尻進『ボロブドゥル』（中央公論社、一九八九年）の著者紹介及び同書所載の佐藤健「解説」より。

(22) 前掲、太田三郎『爪哇の古代芸術』、序三頁。現地での記録は、太田三郎『ジャワ縦横』（新紀元社、一九四三年）、同『南瀛《なんえい》を行く』（陸軍恤兵部、一九四五年）がある。

(23) 松本徳明「文化外交の展開」（『全仏』第一五八号、全日本仏教会、一九七〇年）、二頁。

(24) 高田修「ボロブドゥル――仏教美術史上のユニークな建造物」（『ミューゼアム――東京国立博物館研究誌』第二六号、美術出版社、一九五三年）。高田は、ジャワ在勤中に、高田修『印度・南海の仏教美術』（創芸社、一九四三年）、逸見梅栄・高田修『印度美術史』（創芸社、一九四四年）を出版。戦後に高田は、連合国最高司令官総司令部（GHQ／SCAP）の美術顧問、東京国立文化財研究所美術部長、東北大学と成城大学の教授を歴任。

(25) 天津慈雲著、台湾総督府外事部編『東印度の仏教文化』（台湾総督府外事部調査第一三七（文化部門第八）、台湾総督府外事部、一九四四年）、九九頁。

(26) 無署名「大東亜戦下の輝しき学術研究／台湾総督府が刊行／〝東印度の仏教文化〟」（『中外日報』第一三四九二号、中外日報社、一九四四年八月一九日）、二面。天津慈雲は、熊本県熊本市の真宗本願寺派順正寺に衆徒として所属した。副住職の大友抱璞は、龍谷大学教授を務めた真宗学者。

(27) 久野芳隆『南方民族と宗教文化』（第一出版協会、一九四三年）。

(28) 久野芳隆「ボロブドゥール塔研究序説」（宮本正尊・辻直四郎・花山信勝・中村元編『印度哲学と仏教の諸問題――宇井伯寿博士還暦記念論文集』岩波書店、一九五一年）。発行時には論文集寄稿者のうち、池田澄達、井原徹山、笠松単伝、久野芳隆、山本快竜は物故していた。井原と笠松は、宇井と同じ曹洞宗僧侶。

(29) 前掲、千原大五郎『仏跡ボロブドール――ヒンズー・ジャワの建築芸術』、一〇四頁。

(30) 無署名「日本進出を待つ印度仏蹟」（『六大新報』第二〇六九号、一九四四年四月十六日）、七頁。

(31) 坂詰秀一『太平洋戦争と考古学』（吉川弘文館、一九九七年）、藤原貞朗『オリエンタリストの憂鬱――植民地主義のフランス東洋学者とアンコール遺跡の考古学』（めこん、二〇〇八年）所載の「第八章　アンコール遺跡の考古学史と日本」など。なお当事者の記録として、長廣敏雄『雲岡日記――大戦中の仏教石窟調査』（日本放送出版協会、一九八八年）がある。

(32)　東本願寺南方美術調査隊は、一九四二（昭和一七）年一〇月に出発して、一九四三年三月一八日に帰国した。真宗大谷派が調査資金を提供したが、計一二名で編成された調査隊の人材は、京都日本画家連盟から選出された。隊員として参加した京都の教王護国寺（通称東寺）で主事を務めていた真言宗僧侶の高崎光哲（一九〇八―一九七四）は、早稲田大学で会津八一（一八八一―一九五六）から、仏教美術の指導を受けた。アンコール遺跡で収集した資料をもとに、高崎光哲『アンコール・ワット拓本集』（立命館出版部、一九四四年）を出版した。戦後に高崎は、京都市下京区の真言宗東寺派の不動寺で住職を務め、武庫川女子大学で教鞭をとった。

第三章　バンコクの日泰文化会館と仏教界の支援

はじめに

本章の目的は、戦時下のタイの首都バンコクにおいて計画された、日泰文化会館の新規建築工事をめぐって、日本の仏教界が展開した事業支援の実態を明らかにすることである。

日泰文化会館は、一九四二（昭和一七）年に調印された日泰文化協定に基づく施設である。広大な敷地に会館を建造すべく建築設計競技まで行われたが、日本の敗戦で完成しなかった。会館は単一の建造物ではなく、複数の施設で構成することを計画していた。五重塔を併設した仏教館が含まれたゆえに、仏教界では募金により建設費の支援を行ったのである。

まずは先行研究を整理した上で、本章の立場を明示する。主な研究として、日泰文化協定と会館建設をめぐる異文化摩擦を検証した歴史学から市川健二郎の研究。会館の設計競技の経過を分析した建築史から倉方俊輔の研究。日泰文化会館の館長であった柳沢健の思想を明らかにした比較文化論から酒井健太郎の研究。日泰文化協定をめぐる文化政策と会館が発行した雑誌の内容分析については東南アジア地域研究から加納寛の研究。日泰文化会館が行った日本語教育の実態については言語学から嶋津拓の研究がある。(1)

先行研究を概観すると、ある課題が浮かび上がる。すなわち仏教徒が多数を占めるタイで計画された日泰文化会館に、仏教館が含まれた意味を重視していない点である。そこで本章は、日泰文化会館の実態について、前述の研究成果を参考にしつつ、「仏教」の視点から分析したい。

本章で主に用いる一次資料を説明すると、財団法人大日本仏教会（第Ⅰ部第一章参照）の旧蔵資料（東京都港区浄土宗増上寺所蔵）から、当時の事務書類を参照する。(2) 日泰文化会館に併設する仏教館の建設費の大半は、大日本仏教会の呼び掛けにより、同会に参画する仏教各宗派や各府県仏教会の募金から捻出されたからである。この資料の内で一部の図面は、先行研究で用いられた建築家の内田祥三《よしかず》の旧蔵資料（東京都公文書館所蔵）とも重複する。(3)

本章において「日泰文化会館」の用語には、バンコクで計画された建造物としての日泰文化会館、並びに東京に主たる事務所を置いた事業者としての財団法人日泰文化会館の二つの意味があるので、文脈に留意されたい。

第一節　建設の背景

1　日タイ関係と日泰文化協定

日泰文化会館が設置された法的根拠は、一九四二（昭和一七）年に発効した日泰文化協定である。まずは協定が成立した背景について、当時の日本とタイの国家関係から概観しよう。

東南アジア大陸部に位置するタイは、西洋列強からの外圧を巧みにかわし、周辺地域とは異なり植民地化を免れて独立した主権を有した。一九三二年六月に絶対君主制から立憲君主制に移行した革命が起きたが、この時に陸軍少佐として参加したピブーンソンクラーム（Plaek Phibunsongkhram　一八九七―一九六四）は、一九三八年一二月には首相に就任した。翌年六月にシャムからタイに国号を変更した。

一九三九（昭和一四）年九月に欧州で第二次世界大戦が勃発すると、タイは中立を宣言した。一九四〇年六月に、東京で日泰友好和親条約が署名調印された。正式には「友好関係ノ存続及相互ノ領土尊重ニ関スル日本国「タイ」国間条約」（昭和一五年一二月二七日条約第一二号）という。タイは同時に、バンコクにてイギリスとフランスとの間で相互不可侵条約を結んだ。

一九四〇（昭和一五）年九月に日本軍が北部仏印に進駐した。同年一一月には、フランス領インドシナとタイの間で、国境線をめぐる紛争が発生して、一九四一年三月に日本が調停に関与した。同年七月の日本軍による南部仏印進駐の後に、八月には日本とタイの両国の公使館が大使館に昇格したが、これは戦時体制により日本政府がタイを重視したからである。

一九四一（昭和一六）年一二月八日の開戦により、同日に「日本国軍隊ノ「タイ」国領域通過ニ関スル日本国「タイ」国間協定」が結ばれ、日本軍がタイ領内に駐屯した。この後に日本軍は、タイに隣接するイギリス領のビルマとマラヤに進攻をした。同年一二月二一日には日泰攻守同盟条約、すなわち「日本国「タイ」国間同盟条約」（昭和一六年一二月二七日条約第二〇号）が締結される。一九四二年一月二五日にタイは、閣議の全員一致により、イギリス、アメリカに宣戦布告を行った。このようにタイは、日本と同盟国となったため、日本側が主導する「大東亜共栄圏」の勢力下に組み込まれた。しかし戦争終了後にタイは、日本の圧力で締結されたとして同盟条約は無効であると連合国側に対して主張した。国内外のタイ人による抗日地下活動の自由タイ運動の活動実績が認められて、敗戦国となることは免れたのである。

さて、その間の一九四二（昭和一七）年一〇月二八日に東京で、通称「日泰文化協定」が署名調印され、その後一二月二一日にバンコクで批准書が交換された。本章に関わる条文を見てみよう。

日本国「タイ」国間文化協定（昭和一七年一二月二六日条約第二号）〔抄〕

第六条　締約国ハ両国間ノ文化関係ノ増進ニ寄与スベシト認ムル著述家、芸術家及宗教家等ノ活動ヲ奨励シ且此等ノ者ヲ交換、派遣又ハ招聘スルニ努ムベシ

第十一条　締約国ハ両国間ノ文化関係ノ増進ニ寄与セシムル為夫々相手国ノ首府ニ文化紹介機関ヲ設置スルニ努ムベク且右機関ノ事業ニ対シ相互ニ能フ限リ便宜ヲ供与スベシ(4)

日泰文化協定の発効に際して、文部省教化局宗教課（現、文化庁文化部宗務課）の課長の吉田孝一は、同協定の意義を解説した。吉田は、第六条に「宗教家等ノ活動ヲ奨励」が記載されたことについて、「〔宗〕教家の深甚なる留意を促したい(5)」と強調した。日本が諸外国と締結した文化協定において、「宗教」の用語が含まれたのは本協定が唯一であったからである。

吉田は、日本仏教のタイ進出について秩序を求めた。「協定が締結されたからといつて、どやどやと出かけて日本仏教の宣布だなどといふ調子でやつては絶対に困る。宗教に関する事項を挿入したのはかかる協定としては特に注目され、重大な意義があるのであるが、またそれだけに慎重を期すべきで、挿入するか否かについても可成り問題があつたと聞くが、結局文部省としては今後充分指導し、右協定の真精神を活かすことに努力し度いと思つてゐる(6)」と述べた。かつて中国大陸で日本仏教が進出した際に、現地での各宗派の競合が問題になったことを念頭に発言したのである。

日泰文化会館の設置は、前掲した協定の「第十一条」にある「相手国ノ首府ニ文化紹介機関ヲ設置」が根拠となった。同会館庶務課長の額彦四郎は、「条文の第十一条……により、日泰文化会館を創設し、対泰文化事業の一元的代行機関たらしめ、事業運営の任に当らしめた[7]」と記した。政府は、日本からタイへの関係機関の個別の進出を統制すべく、日泰文化会館を計画した。会館に仏教館を含めることで、タイにおける各宗派の個別活動を制限する意図もあったのである。

2　柳沢健の館長就任

日泰文化会館の館長は、外交官で詩人の柳沢健《やなぎさわたけし》（一八八九―一九五三）が任命された。外務省の対外文化事業の一環として、日泰文化会館が建設されることになったが、前述の日泰文化協定の締結前から、会館の設立に向けて柳沢は動いていた。当初は「在バンコク日本文化会館」の名称で準備が進められていた。

一九四〇（昭和一五）年七月に第二次近衛文麿内閣が発足して、松岡洋右（一八八〇―一九四六）が外務大臣に就任した後に、外務省職員の定員削減を行ったため、柳沢は辞表を出した。その後に柳沢は、国策会社である南洋興発株式会社の顧問に転じたが、ある時にバンコクにて建設する日本文化紹介の施設に関して、職務の依頼が来た。柳沢は、乗り気ではなかった。「僕は文化事業にはコリゴリだつた……ほんとうに寝食を忘るるほどの激務に四・五年を送つたのだ。その結果はと言へば、物見高い世上の批評やら非難やら、……それに省内での案外の無理解……三等官が最後で二十年近くも務めた外務省を追ひ出されるといふハメにすらなつたのである。文化事業といふ字を見ただけでもゾツとする[8]」と述べていた。

かつて柳沢は、外務省文化事業部第二課長の在任中、財団法人国際文化振興会（現、独立行政法人国際交流基金）、国際学友会（後に財団法人化。現、独立行政法人日本学生支援機構）の創設に関わり、対外文化事業の執務経験があったからである。柳沢によれば、日泰文化会館の「設立を目論見同時に僕を引つ張り出すべく最初の口火を切つた[9]」人物は、国際文化振興会の専務理事で伯爵の黒田清（一八九三―一九五一）であったという。

柳沢の在勤時の上司である外務省文化事業部長は、坪上貞二《つぼがみていじ》（一八八四―一九七九）であった。その後に坪上は、拓務次官、満洲拓殖公社総裁を経て、一九四一（昭和一六）年九月から一九四四年九月までタイの初代特命全権大使となった。シャム王国期には、公使を派遣していたが、一九三九年六月のタイ王国への国名変更を経て、一九四一年八月に大使館に昇格して、初代の大使となった。

日泰文化会館の位置づけについては、館長の柳沢健の名義による趣意書に詳しい。長文となるが基礎資料ゆえ全文を掲載する。

日泰文化会館設立の意義並に其の事業

客年（一九四二年）十一月東京に於いて調印せられ同十二月盤谷《バンコク》に於いて批准交換が行はれた日泰両国間の文化協定なるものは、我国が大東亜共栄圏内の一国に対し締結した最初の且唯一の文化協定であり、然かもその内容とする所は単なる文化交流の為めといふに止らず、実に日泰の両国相協力して新たなる東亜文化を興隆せんとする世にも雄大なる構想をば包含し居るものなのである。而してこの大事業を具体的に計画、実施すべき任務を帝国政府から一元的に課せられて生れ出でたるのが我日泰文化会館であり、これに対し泰国政府は能ふ限りの便宜を供与する旨の公約を与へてゐるのである。

従つて帝国政府の所見としても本会館の使命達成並に其の事業の遂行は、決戦下の今日一日も忽がせに出来

図１　柳沢健『泰国と日本文化』表紙

ぬ性質のものであつて、本協定実施に伴ひ直ちに本年度事業費予算として金六拾数万円を本会館に補助せらる、ことになつたのも其の明証の一つに外ならぬのである。

　然るに彼地の現状を見るに、広汎多岐なる事業を営むべき基地たる家屋は皆無であり折角の活動もこれを実施するに由が無い有様なので、泰国政府当局とも充分に懇談した結果、同国政府の積極的協力の下に盤谷市内に宏壮なる建造物を新築すること、し、目下各般の準備にひたすら専念しつ、ある次第である。而してこの新建造物は「中央会館」「産業館」「仏教館」「芸能館」「観光館」「社交館」並「日本武道館」（スポーツ倶楽部内に建設）等数箇の建物より成り、最も日本的なる構想の下に設計・建築を遂げ、竣工の暁はこ、を基地として我国文化の優秀性を泰国朝野に遺憾なく理解せしむると共に、能く日泰両国民の文化的協力を確保し高揚して行きたいと存じてゐる次第である。

　従来欧米諸国が泰国其の他の国々に設けてゐた文化的施設なるものは主として学校と病院等であり、本会館としてもこの種の施設を怠るべきでないことは勿論であるが、前記の如き建造物と其の事業の運営とは嘗て孰れの諸外国も考案、実行せることはなく、然かも極めて現地の実際にも即した最も有効適切なる文化施設と言ふを憚からぬものである。幸ひに我国朝野の充分なる協力に依りこの画期的なる新施設が見事に完成するに至らんことを衷心切望して止まぬ次第である。

昭和十八年七月／日泰文化会館／館長　柳沢健(10)

つまり日泰文化会館は、日泰の文化交流のみならず、「新たなる東亜文化」の創造も意図したのである。そこには「我国文化の優秀性」をタイ側に宣伝する文化工作の目的があったのである。

第二節　日泰文化会館の沿革

1　前身の日泰文化研究所

日泰文化協定の調印前には、在バンコク日本公使館の外郭団体として、日泰文化研究所と盤谷《バンコク》日本語学校があった。協定の締約後は、日泰文化会館と改称して機構を強化したが、旧来の施設は継続した。これは暫定措置であり、本章で述べるように会館の新規建設が目標であったためである。なお盤谷日本語学校は、バンコクの日暹《にっせん》協会を母体として一九三八（昭和一三）年一二月に設置されたが、一九四三年四月に日泰文化会館の附属施設となった。

日泰文化研究所は、一九三八年一二月に開設された。その後に仏教学者で真宗本願寺派僧侶の平等通昭（後に通照、一九〇三―一九九三）が主事となり、一九四〇（昭和一五）年一〇月に着任した。日泰文化研究所と日本語学校に勤める日本人責任者二人の間で不和が生じたため、双方とも解雇されたことにより、後任者として着任したことによる。バンコク大使館の駐在武官であった陸軍大佐の田村浩（一八九四―一九六二）からの要望で、平等が着任することになった。かつて田村は南支派遣軍司令部報道部長であった時に、平等が同司令部附で従軍したゆえ、旧知の間柄であったためである。

平等は、日泰文化研究所で図書の出版等の文化活動に関与した[11]。その後に平等は、ある問題から、日泰文化会館の再編を契機に帰国した。社団法人同盟通信社（現、一般社団法人共同通信社）からの取材で、タイ文化に対する見解を求められた際に、平等の発言が両国間で政治問題となったためである。取材において平等は、外交的立場からタイを称揚すべきであったが、インド学研究者として次の趣旨の発言をした。平等は、タイ文化は「印度文化をセイロン・ビルマを通じて移入したもので、例へば言語なら、泰語本来の語彙は数百だが、大部分は梵語・巴利語から移入したものです[12]」と述べた。同盟通信が英語で配信した結果、タイ政府関係者が問題視したのである。平等は、学術的な見解を述べたに過ぎないが、「外交官と学者との立場の混同・はき違え[13]」をしていたと後述する。この問題により、平等は日泰文化会館の要員に選任されず、一九四三（昭和一八）年五月に帰国した。

2　財団法人日泰文化会館

タイに日泰文化会館を建設するため、日本国内での財務基盤を確立すべく、財団法人日泰文化会館が設立された。まずは準備段階の動向から見てみよう。

柳沢健は、外務省と情報局の命令により視察のため、一九四二（昭和一七）年四月二六日に羽田飛行場からタイに向けて出発した[14]。その後は七月の帰国まで現地に滞在して、タイの政府関係者と交渉を進めた。その結果、七月一六日にタイ政府宣伝局長が、新聞記者との会見で、王宮北方の離宮であるバーンクンプロム宮殿内に会館を設置予定と発言した[15]。ただし後日に、別の土地で建設計画が進められることになった。

大東亜省が、同年一一月一日に発足して、南方地域の事務は、外務省から大東亜省に移った。大東亜省南方事務局が、日泰文化会館の事務を所掌した。

一九四三（昭和一八）年二月の新聞によれば、在盤谷日本文化会館は、日泰文化会館と改称され、東京事務所を置き、現地と国内の連絡を開始したと報じられた。[16] 記事は詳しく書いていないが、大東亜省から財団法人日泰文化会館の設立許可を受けたことにより、寄附行為（定款に相当）に基づいて、この名称で設立登記をしたためである。財団法人の登記上の主たる事務所は、東京都赤坂区溜池町五番地であった。国内での窓口として日泰文化会館東京事務所の名称も併用しており、所長は石丸優三が就任した。石丸は元官僚で、朝鮮総督府、外務省、文部省を勤務した後に、大分高等商業学校長を歴任した人物である。

館長の柳沢健が、タイ政府との交渉により、一九四三（昭和一八）年春にはルンピニー公園付近の隣接地に一万五千坪の会館を建設することが決定した。[17]「泰国政府より一切の便宜の供与を得[18]」たもので、チーク材、セメント、煉瓦等の建築資材の調達と提供も、タイ政府からの協力を得た。

同年六月には、「友邦泰国首都バンコックのルンピニー公園に建設されることになつた日泰文化会館の陣容は十二日決定した[19]」として、各担当の氏名が発表された。教育・日本語関係は国友忠夫（前国際学友会総主事）、新聞・出版は笠岡巌（前報知新聞社会部次長）、美術・映画は里見宗次《むねつぐ》（在仏十年、ポスター書画）、音楽は伊藤良平（東京音楽学校邦楽部卒）、一般情報は松本薫（前京城帝大教授、内閣顧問松本健次郎子息）、建築は稲葉正凱《まさよし》（子爵、前情報局嘱託）と田中於莵丸《おとまる》（横浜高工出身）、仏教は武藤叟（前巴里会主事、青年宗教家）、記念事業は熊谷鉄太郎（兵庫県盲人会長）、会計は菱川敬三（前外務省会計理事官）、産業文化は竹内三雄（東大仏文科出身、故竹内栖鳳画伯子息）、女子体育は中西柳子（前松坂屋女子総監督）とある。仏教担当の武藤については後述する。

「日泰文化協定成立一周年記念祝賀の夕」が、同年一二月二一日に、東京内幸町の帝国ホテルの演芸場にて開催された。[20] 日泰文化会館、日本タイ協会、国際文化振興会の共催行事であった。この催事の一環として行われた大東亜大臣主催の祝賀晩餐会には、日泰の要人が参加して、両国の音楽と舞踊が余興として披露された。

日泰文化会館の事業として、日本語とタイ語を掲載した雑誌『日泰文化』が、一九四四（昭和一九）年一月に創刊された。ただし第一号を発行して、その後は休刊したと見られる。

東京丸ノ内の大東亜会館（現、東京会舘）にて、大東亜大臣の青木一男（一八八九―一九八二）の招待による後援会の結成式が同年一月一九日に行われ、各界著名人が発起人となった。会長には、元日銀総裁で政治家の池田成彬《しげあき》（一八六七―一九五〇）が推された。「仏教方面では国際仏教協会と大日本仏教会が支援し、仏教館の建設準備に着手してゐる[21]」という。

一九四四年二月現在での役員は、次のとおりである。

財団法人日泰文化会館役員

館長・理事長　柳沢健／常務理事　石丸優三／理事　加藤三郎、船田中、水野伊太郎／監事　華山親義、藤山愛一郎

場所　赤坂区榎坂町二番地[22]

なお財団の設立当初は、前述のとおり東京都赤坂区溜池町に事務所を設置したが、この頃は右記のように同区榎坂町に移転していた。現在の住居表示では、前者は千代田区赤坂一丁目と後者は同区赤坂二丁目で、極めて隣接した距離に立地したことになる。同地は国会と各省庁が集まる永田町と霞ヶ関の近隣であった。

アメリカ軍による大空襲が、一九四五（昭和二〇）年五月二五日に発生した。日泰文化会館の事務所がある東京

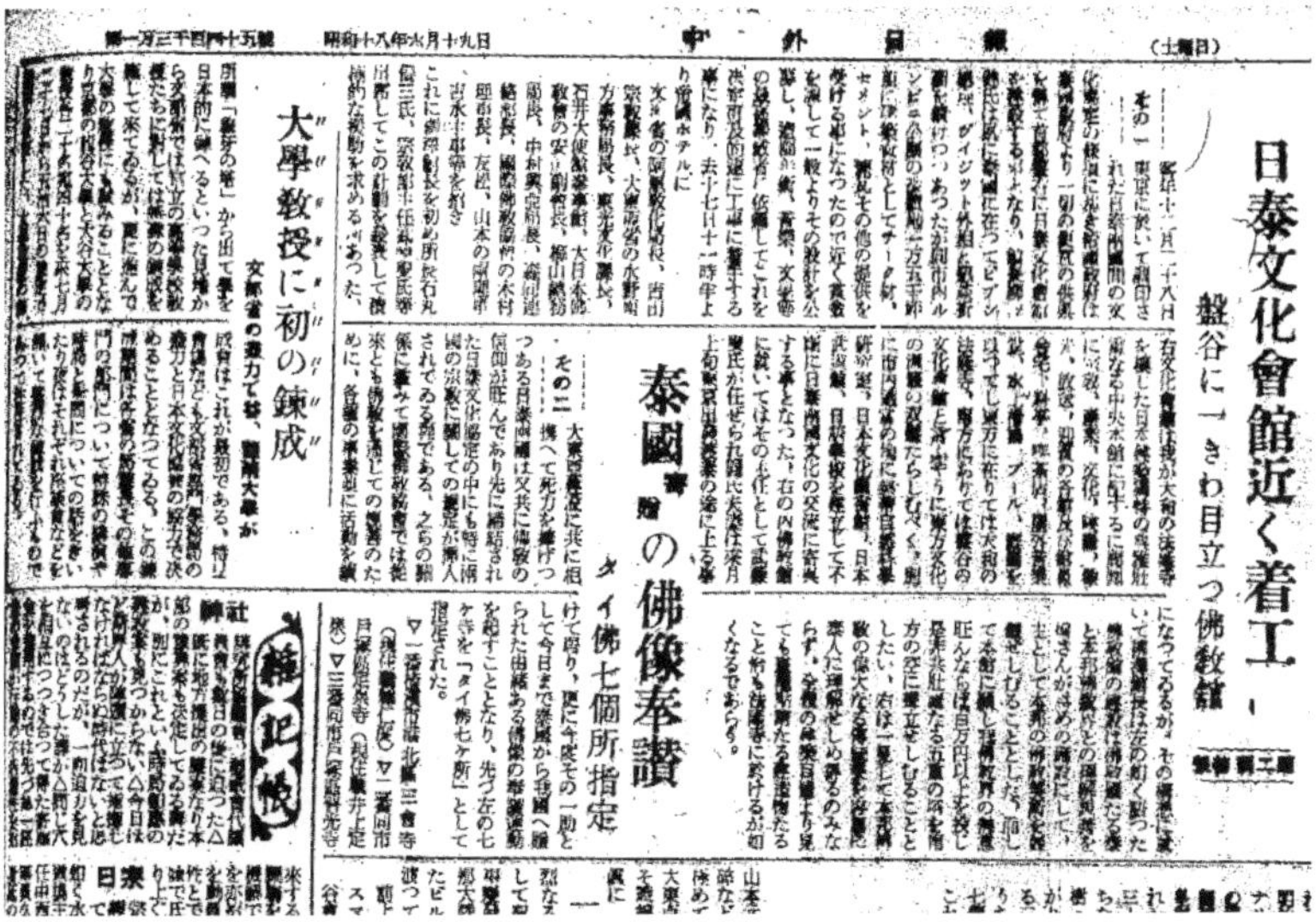
中外日報
日泰文化會館近く着工
盤谷に一きわ目立つ佛教館
泰國の佛像奉讃
タイ佛七個所指定
大學教授に初の錬成

図２　『中外日報』記事、「日泰文化会館近く着工／盤谷に一きわ目立つ仏教館」（1943年６月19日付）

都赤坂区を含む広い地域が被害を受けて、その建物は罹災した。なお別地での空襲のため、財団法人日本タイ協会の仮事務所も、日泰文化会館に仮移転したが、再び被害を受けたのであった[23]。

日泰文化会館の動向を伝えた同年八月の記事がある[24]。会館の東京事務所は埼玉県浦和市に疎開して、既に館長と館員を現地に送り建設準備を進めているというが、戦争末期ゆえ実際に機能していたかは定かではない。また記事には同年六月二五日にバンコクで、会館主催によりタイの首相と官僚や軍人らを招き、日本大使館員らと親善晩餐会を開いたという。記事の報道から半月後に、日本は敗戦を迎えた。

敗戦直後の一九四五（昭和二〇）年八月二六日に、財団法人日泰文化会館の主務官庁である大東亜省は廃止された。大東亜大臣が所管した社団法人と財団法人は、外務大臣に移管されたが、その後に会館は目立った活動を行っていない。

第三節　建設準備の経過

1　日泰文化会館建設事業後援会実行委員会

大日本仏教会資料には、日泰文化会館建設事業後援会実行委員会による打合会報告の議事概要が残されている。第一回から第五回まであるが、会館の建設事業に関することのほか、日泰文化会館を構成する各館の設計仕様について議事がなされた。ここでは本項に関係する議論を中心に取り上げよう。

第一回打合会は、一九四三（昭和一八）年八月五日に行われた。帝国ホテルにて、大東亜次官の山本熊一《くまいち》（一八八九―一九六三）を招いた午餐会が開催されたが、この席上にて日泰文化会館建設事業後援会が結成され、直ちに最初の打合会が開かれたのである。同日の山本熊一の挨拶文が残されているが、後に山本は坪上貞二の後任としてタイ大使となっている[25]。後援会の発足当初に作成した名簿として、書類「日泰文化会館建設事業後援会実行委員」がある。幹事が無記名だが、その後の打合会では、実行委員の追加と幹事の委嘱が行われた[26]（**表1**）。

第二回打合会は、同年八月一七日に東京築地の料亭八百善で開かれた。館長の柳沢健は大東亜大臣から建設経費の三分の一のうち二百万円は補助を考慮すると発言があったことを報告した。また委員長の船田中より、募金に際して各界の要人を網羅すべきことが提案された。大日本仏教会副会長の安田力は、仏教館の経費が多いのは、仏舎利を奉安する五重塔の建設のためであり、寄附金が必要であることが説明された。それを受けて柳沢は、五重塔は多額の経費となるので、仏教館を構成する五重塔以外の建物は早く着工すべきと主張した。

第三回打合会は、同年八月二五日に帝国ホテルで行われた。木村日紀は、五重塔の建設は第二期の工程で行うべき旨を発言した。また文部省教化局宗教課長の吉田孝一の代理で出席した同課宗務官の相原一郎介は、吉田からの伝言として、仏教館の勧募は主要な仏教宗派の本山格の寺院が多い京都方面にも呼びかけることを求めた。第四回打合会は、同年一一月一日の大東亜会館で行われ、議事の後には設計競技に応募した図面の内覧が行われた。第五回打合会は一九四四（昭和一九）年二月三日に東京上野の明月園で開催され、寄附金の税制優遇について議論されたのである。

表1　日泰文化会館建設事業後援会実行委員

委員長	船田中（東京商工会議所理事）
委　員	黒田清（国際文化振興会専務理事、伯爵）、川村博（日本タイ協会常務理事）、船田中（前掲）、米沢菊二（日本交易協会専務理事）、宮原武雄（財団法人タイ室理事長）、安田力（大日本仏教会副会長）、木村日紀（国際仏教協会理事長）、大塚俊雄（三井物産常務取締役）、金指英一（映画配給社常務）、横田巌（日本観光協会常務理事）、高田寛（東亜旅行社専務）、永野護（衆議院議員、講道館）、石川昌重（森永製菓）、実吉雅郎（食糧営団理事）、中村忠充（美術工芸統制会）、福本柳一（東京都経済局長）、東光武三（大東亜省南方事務局文化課長）、吉田孝一（文部省教化局宗教課長）、田付景一（情報局第三部対外事業課長）、井上清一（情報局第三部芸能課長）、新田義実（盤谷商工会議所会頭）、石井康（在泰国大使館参事官）、柳沢健（日泰文化会館長）、石丸優三（日泰文化会館東京事務所長）
幹　事	無記名

2　建築設計競技の実施

日泰文化会館の建設のため、一九四三（昭和一八）年七月から設計競技の募集が始まり、第一に中央会館、産業館、芸術館の建設設計図案、第二に全建造物の配置計画の二点を広く募ることになった。(27) 在盤谷日本文化会館建築設計図案懸賞募集審査委員会が組織され、委員長には建築家で東京帝国大学名誉教授の伊東忠太（一八六七―一九五四）が就任した。

設計競技の実施に際しては、応募者向けに『在盤谷日本文化会館建築設計図案懸賞募集規程』が配布され、参考資料として「設計心得」、図面「在バンコック日本文化会館建設用地　敷地図及附近略図」（縮尺一／一〇〇〇）、図面「在バンコック日本文化会館建築設計図案懸賞募集　参考平面略計画及配置案」（縮尺一／一五〇〇及び一／二〇〇〇）、「日泰文化会館設立の意義並にその事業」（全文前掲）の四点が添付された。

右記にある応募者に配布した「敷地図及附近略図」によれば、日泰文化会館はバンコク市内にあるルンピニー公園北側に立地を想定していたようである。[28]現在の地図と対照すると、同公園の北側を東西に通るサラシン通りと南北にあるラーチャダムリ通りの交差する一角の北東側の一帯にあった。

「参考平面略計画及配置案」には、敷地内の建物の配置が詳細に記している。[29]①中央会館、②産業会館、③芸能館、④二千人野外観覧席、⑤仏教館、⑥観光館、⑦軍事参考館、⑧館長舎宅、⑨館員舎宅、⑩独身者寮、⑪社交館附属日本館、⑫使用人建物、⑬自動車庫とある。敷地中央の中央会館は、二階建てで両翼に部屋棟が飛び出た設計である。その東側には産業館、西側には野外観覧席がある。

前記の図面によれば、仏教館は中央会館の北東に位置する。現存する青焼の図面「日本文化会館　仏教館並日本武道館」（縮尺一／五〇〇）によると、仏教館は正門、五重塔、陳列室、事務室が回廊で結ばれた構造になっており、あたかも奈良時代の寺院伽藍の配置を想起させる。

内田祥三旧蔵資料に『在盤谷日本文化会館建築設計図案懸賞募集規程』がある。同書から、仏教館関係の設計仕様に関する条文を抜粋しよう。

設計心得〔抄〕

第五　中央会館、芸能館及産業館以外ノ諸建物ノ建築面積及配置図記入方法ニ関スル事項

一、種類及其ノ使用目的

イ　仏教館

仏教ヲ通シ泰ト本邦トノ理解親善ヲ深ムルヲ以テ其ノ目的トシ、本邦仏教美術ヲ展示スル本館ノ外ニ五重ノ塔ヲ配サントスル計画ナリ

二、諸建物ノ建築面積及配置図記入法

仏教館　九〇〇平方米／（五重塔ヲ含ム）[30]

応募者は、これらの資料を参考に指定された仕様に従って、自らの着想も加味して図面を作成したのである。先行研究において倉方俊輔は、「応募案（入選案）は、多様な読みを許容する「参考平面略計画図」との「共同設計」として解釈される必要があるだろう[31]」と指摘している。

一九四三（昭和一八）年一〇月三一日までに設計競技の募集が行われた。審査の結果、一等入選者は丹下健三（一九一三―二〇〇五）、二等入選者は前川國男（一九〇五―一九八六）となった。丹下は、「鉄は次第に不足していたし、タイはチーク材の本場でもあるから、「必ず木造」でという条件がついていた。木造ならやはりこう配屋根であろう。湿気が多いから床は高くしよう。そう考えてやってみると、日本古代建築に似たようなものが出来上がった[32]」と述べる。倉方俊輔は、東京帝国大学教授の岸田日出刀《ひでと》（一八九九―一九六六）が、設計競技の実施に際して募集規定を取りまとめて、早々に実施に向けた準備として丹下案の立面と前川案の平面を折衷した図面を用意し

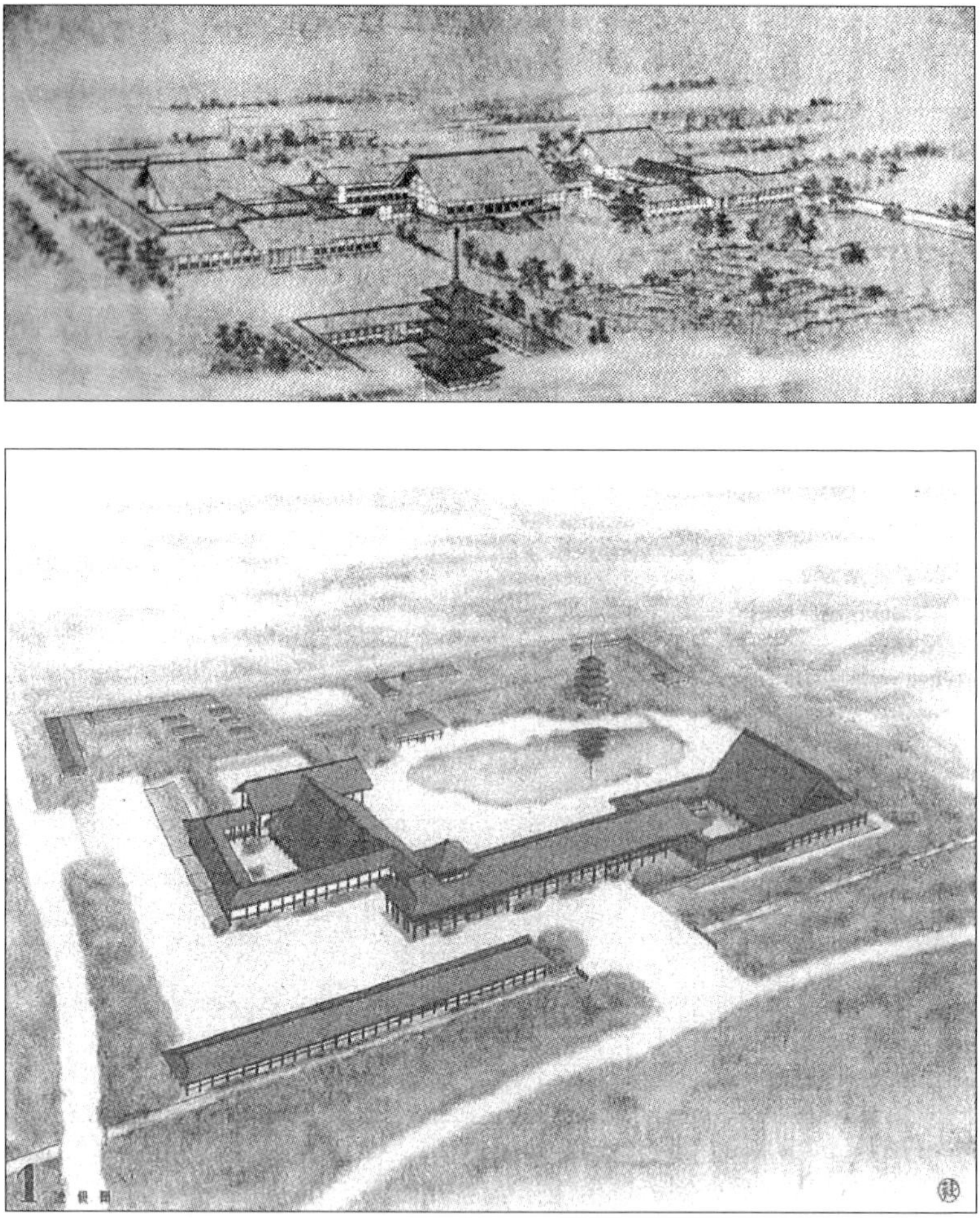

図３　日泰文化会館、競技設計入選作。上から、１等丹下健三、２等前川國男（『新建築』第20巻第１号、新建築社、1944年）

ていた逸話を紹介する。[33]

日泰文化会館では、「別に市内適当の地に熱帯自然科学研究室、日本文化図書館、日本武道館、日語学校を建立して不断に日泰両国文化の交流[34]」も計画していた。同会館では、一九四四（昭和一九）年五月一二日に華族会館にて、関係者を招いて入賞と選外佳作となった設計図案の展示会を行った。[35]

3　建設費における政府補助金と民間寄附金

日泰文化会館への政府補助金は、大東亜省から支出され、事業を本格的に開始した一九四三年度には六四万円、一九四五（昭和二〇）年度には九五万五四五〇円であった。[36]

一九四四（昭和一九）年一二月の閣議では、政府の第二予備金から、日泰文化会館建設費補助として二五〇万円を支出することが決定した。[37] 第二予備金とは、「会計法」（大正一〇年四月八日法律第四二号）の第九条第三項に「予算外ニ生シタル必要ノ費用ニ充ツルモノ」とある。

先述した日泰文化会館建設事業後援会実行委員会において、一九四三（昭和一八）年八月五日の第一回打合会の議題の一つが寄附金募集額の件であった。総額は六六五万円とされ、この内の政府補助金は二七五万円、民間から三九〇万円と説明された。打合会で配布されたと思われる書類「建設経費総額」には、建設に伴う政府補助金と民間寄附金の配分案が記されてあるが、まとめると**表2**のようになる。[38]

本書類を見ると、敷地と中央会館、職員住宅等は、政府の補助金で支出することが明確である。それ以外の仏教館をはじめ、産業館、芸能館、観光館、日本武道館等は、政府補助金よりも民間寄附が高額である。仏教館建築設備費は総額一五〇万円で、このうち政府補助が三〇万円、民間寄附が一二〇万円とある。つまり中央会館等は政府

表2　日泰文化会館建設経費の当初案

（単位：円）

	費　目	政府補助	民間寄附	合　計
1	敷地借料（半ヶ年分）	20,000	—	20,000
2	地均工事費	100,000	—	100,000
3	建設設計図案懸賞募集	30,000	—	30,000
4	中央会館建築設備費	800,000	—	800,000
5	産業館建築設備費	—	1,250,000	1,250,000
6	芸能館建築設備費	300,000	700,000	1,000,000
7	仏教館建築設備費	300,000	1,200,000	1,500,000
8	観光館建築設備費	—	200,000	200,000
9	日本武道館建築設備費	100,000	150,000	250,000
10	館長舎宅及迎賓建築設備費	300,000	—	300,000
11	館員舎宅建築設備費	300,000	—	300,000
12	社交館及同附属日本館	200,000	400,000	600,000
13	庭園及屋外施設荘雑建物費	200,000	—	200,000
14	旅費、雑費及予備費	100,000	—	100,000
	合　計	2,750,000	3,900,000	6,650,000

補助金で賄われ、他の出展施設は当該分野の業界団体からの寄附金に依存していたのである。

先に触れた日泰文化会館建設事業後援会実行委員会では、第三回打合会で館長の柳沢健から、先般の建設経費案に修正が加えられ、政府の補助金が二七五万円から三一〇万円、民間寄附金が三九〇万円から四〇〇万円となり、合計金額が六六五万円から七一〇万円となったことが説明された。また大日本仏教会副会長の安田力の意見を反映して、仏教館の政府補助金は当初の三〇万円から八五万円になった。財団法人大日本仏教会による各宗派と各府県仏教会に対する募金活動の実態は後述する。

第四節　仏教館と仏教界

1　仏教館の理念

仏教界では、日泰文化協定の調印後から柳沢健と意見交換を緊密に行っていた。学術団体である国際仏教協会〔第I部第二章参照〕は、一九三三（昭和八）年一二月に設立され、当初は西洋の東洋学や仏教学の研究者と学術交流をしていたが、開戦以降は「大東亜共栄圏」の仏教事情の調査研究と文化工作に関与した。同会では、その一環として、日泰文化協定の発効に伴う宗教問題について、タイ赴任前の日泰文化会館館長の柳沢を招いて、一九四三年一月一九日に東京の丸之内会館で懇談を行った(39)。

一九四三（昭和一八）年四月末に柳沢健は、連絡のためタイから帰国した後に、国際仏教協会では、五月一五日に丸之内会館にて柳沢の歓迎会を兼ねた懇談会を開いた(40)。柳沢は、「日タイ文化会館中に仏教館を建設し、特にこれを五重塔として日本仏教美術の紹介に当てたき案を出され、これに協力方御懇談」が行われ、「本会〔国際仏教協会〕は関係各位と研究を重ねた結果柳沢氏とも相談の上、大体両国仏教の活動方面に資する仏教館と美術紹介の使命を帯びたる五重塔建立とを併立させることとなり、その建築上の問題並資料の件につき、本会は出来得るかぎりの協力を惜しまぬことを約した(41)」という。つまり仏教館の方針策定は、国際仏教協会が関与したのである。

中外日報社の後援による懇談会が、一九四三年八月四日に東京芝公園にある洋食店の三縁亭で開かれた(42)。懇談会は、柳沢のほか、政府関係者と仏教者らが参加した。柳沢は、日泰文化会館の事業を説明したが、仏教館について「アジアは一にならなければならないとしたならば、せめても相互の仏教界は相手を知り、己を知らしめることだけは何を措いてもやらなければならぬ仕事ではないか……、この仏教館に依つて日泰両国の仏教徒が不断の接触、不断の研究をすることが出来る」[43]と発言した。

柳沢が、日泰文化会館長の就任後に書いた複数の論評は、後に単行本『泰国と日本文化』としてまとめられた。同書には仏教を通した文化事業の私案が掲載されている。

同じ仏教といふも日本の仏教と泰の仏教とでは、軽率にこれを接触せしめるやうなことをすれば、親善工作どころか阻隔工作にしかならぬことが、すぐ感ぜられたものである。……従つて僕が差当り両国間の仏教文化事業として考へてゐることを順序なく列挙すれば左の通りである。それこそ仏教専門家の叱正を俟つや切である――。

一、僧侶に非ざる仏教学者の派遣乃至交換
一、我国学徒の泰国仏教並びにそれの及ぼす社会生活・個人生活等の慎重なる研究調査
一、泰国の仏教文学（殊にラマヤーナ）の翻訳紹介
一、泰国寺院及び仏像（殊にスコダイ時代の――）紹介並両国仏教美術の交換等
一、我国の仏教文献（殊に高僧伝の如きもの）の泰語翻訳
一、現代の我国仏教文学例へば（倉田百三氏の『出家とその弟子』並びに岡本かの子夫人の諸作）の紹介[44]

「僧侶に非ざる仏教学者」は、ここでは無記名であるが、別稿では高楠順次郎（一八六六―一九四五）と鈴木大拙（一八七〇―一九六六）の名前を挙げていた[45]。

柳沢による他の原稿を見ても、日本仏教とタイ仏教の戒律の違いを、強く認識していた。これは前述のように国際仏教協会と大日本仏教会の関係者との意見交換から知識を吸収したのであろう。

日泰文化会館で仏教館を担当した武藤叟（一八九八―一九七四）は、臨済宗妙心寺派の僧籍（僧名、仁叟）を有した、フランス滞在経験のある文化人である。[46] 前述のとおり武藤は、一九四三（昭和一八）年六月に担当として任命され、同年八月には日本を出発して、現地では仏教館の建設に向けて奔走した。なぜ武藤が、仏教館に関わったのか。かつて武藤は、一九二八年から二度目となるフランス滞在の際に、日仏仏教協会の設立に関わった。この協会は、フランス留学経験があった大正大学教授で浄土宗僧侶の渡辺海旭《かいぎょく》（一八七二―一九三三）が同地に仏教寺院である仏国寺を建てることを目的に設立されたもので、武藤はその事業に助力した。この時の経験が、日泰文化会館の仏教館の建設計画に生かされたのであった。

2　仏教館建設期成後援会と各宗派

仏教界から、日泰文化会館の仏教館に対する建設支援の体制を見てみよう。財団法人大日本仏教会と国際仏教協会の幹部を集めた会議が、一九四三（昭和一八）年六月一七日に、帝国ホテルで開かれた。館長の柳沢健、東京出張所長の石丸優三、宗教部主任の武藤叟から会館の計画が発表され、出席者に対して事業の協力要請が行われた。

当日の参加者は、阿原謙蔵（文部省教化局長）、吉田孝一（文部省教化局宗教課長）、水野伊太郎（大東亜省南方事務局長）、東光武三（大東亜省南方事務局文化課長）、石井康（在泰国大使館参事官）、安田力（大日本仏教会副会長）、梅山英夫（同会総務局長）、中村教信（同会興亜局長）、森大器（同会同局連絡部長）、木村日紀（国際仏教協会代表常任理事）、友松円諦（同会理事）、山本快竜（同会理事）、吉水十果（同会主事）らである。[47]

同日の会議後に、仏教館建設期成後援会が結成され、後援会の準備委員が委嘱された。後援会に関する資料が残されているが、資料からは仏教界として日泰文化会館を支援する体制が読み取れる。

仏教館建設期成後援会（案）／要綱〔抄〕

一、日泰文化会館ハ盤谷ニ総合的文化会館ノ新築ヲ計画シ居リ仏教館モ其ノ一部ニ含マレ居ル所ナルガ之ガ建築費ハ政府ノ補助金ト民間ノ醵金トニ依ルノ趣旨ナルヲ以テ極力之ヲ後援シ以テ目的ノ達成ヲ期スル為本後援会ヲ組織ス

二、仏教館ハ特設的ノモノナルヲ以テ本邦五千万仏教信徒ノ熱誠ナル信仰ノ結晶ニ因リ建設シ以テ之ヲ泰国ニ贈ルコト、セバ最モ意義アル事業ナルヲ以テ広ク各宗団一般信徒ニ訴ヘ建築費ノ蒐集ニ当ルコト

三、仏教館ニハ修道館、研究室、仏教美術館、宿舎、迎賓室等ヲ設クルノ外特ニ仏舎利奉安日泰戦没英霊供養ノ為ニ宏壮ナル五重塔ヲ建造スルコト、シ総建坪約五百坪内外、経費約二百万円見当トスルコト

四、他ノ建築トノ関係モアルニ依リ即時活動ヲ開始シ向フ一ケ年ヲ期シ取リ纏ムルコト

仏教館建設期成後援会準備委員

安田力／中村教信／梅山英夫／森大器／宮崎乗雄／木村日紀／山本快竜／友松円諦／吉水十果／吉田孝一／東光武三／石丸優三[48]

一九四三（昭和一八）年七月二八日には大東亜会館で、日泰文化会館が仏教界要人を集めた招待会を開催した。参加者は、**表3**のとおりで順位は原資料による。[49]

この会合では、各宗派の幹部を集めて、事業の概要と勧募の呼びかけが行われた。その後は、日泰文化会館建設事業後援会実行委員会で数次にわたる打合会が行われた後に、大日本仏教会の取りまとめによる仏教各宗派と各府県仏教会への募金活動が始まったのである。

表3　日泰文化会館主催の招待会出席者（一九四三〈昭和一八〉年七月二八日）

文部省	阿原謙蔵（教化局長）、吉田孝一（教化局宗教課長）
大東亜省	水野伊太郎（南方事務局長）、東光武三（南方事務局文化課長）
大日本仏教会	安田力（副会長）、中村教信（興亜局長）、梅山英夫（総務局長）、森大器（連絡部長）、宮崎乗雄（調査部長）
国際仏教協会	木村日紀（理事長）、山本快竜（常務理事）、友松円諦（常務理事）、吉水十果（主事）
仏教宗派	青木道晃（天台宗宗務総長）、岡田戒玉（真言宗宗務長）、瀬木俊明（真言律宗宗務長）、北川行戒（律宗執行長）、里見達雄（浄土宗宗務長）、岩尾景明（浄土宗西山派宗務長）、東海裕山（臨済宗宗務総長）、般林洪川（臨済宗国泰寺派執行長）、谷口虎山（曹洞宗総務）、中村弘道（黄檗宗宗務課長）、本多恵隆（真宗本願寺派執行長）、大谷瑩潤（真宗大谷派宗務総長）、谷徳淳（真宗高田派宗務長）、華園称淳（真宗興正派総務）、佐々木篤祐（真宗仏光寺派宗務長）、浅井自観（真宗木辺派宗務長）、友金重任（真宗出雲路派宗務長）、仏木道原（真宗山元派宗務長）、波多野源流（真宗誠照寺派宗務長）、水野了応（真宗三門徒派宗務長）、山田日真（日蓮宗宗務総監）、高矢恵教（法華宗宗務総監）、崎尾正道（日蓮正宗宗務総監心得）、河野悦然（時宗宗務長）、清林亮玄（融通念仏宗宗務長）、川西学猷（法相宗執行長）、平岡明海（華厳宗宗務長）
日泰文化会館	柳沢健（館長）、石丸優三（東京事務所長）、稲葉正凱（館員、子爵）

3　財団法人大日本仏教会の建設支援

大日本仏教会では、日泰文化会館の仏教館建設の支援を含めて、各種の興亜事業を実施していた。同会の興亜局が作成した書類「興亜仏教文化事業建設資金募集要項（案）」を見ると、各種事業のなかの一つに日泰文化会館の仏教館の建設支援が位置づけられていたことがわかる。増上寺所蔵の書類には「八・二六会合」の書き込みがあり、一九四三（昭和一八）年八月二六日に行われた会で配布されたものであろう。

興亜仏教文化事業建設資金募集要項（案）〔抄〕

一、募集額　金五百万円也
二、募集期間　昭和十九年四月ヨリ五ケ年間
三、資金使途内容
イ　仏舎利奉安ニ関スルモノ／敷地購入及礼拝堂（舎利殿）、布教殿、錬成機関、図書館、学生寮等ノ建設セントス
ロ　日泰文化会館ニ関スルモノ／盤谷ニ建設サル、日泰文化会館内ニ約二百万円ノ予算ヲ以テ仏教会館ヲ建設セントス
ハ　真如親王御遺徳顕彰ニ関スルモノ／奉讃会ニ於テ計企セル事業ニ対シ助成金ヲ交附セントス
ニ　玄奘三蔵遺蹟顕彰ニ関スルモノ／南京報恩寺跡ニ於テ発見セラレタル玄奘三蔵ノ骨塔ヲ中心トシテ計企サレタル報恩寺再興資金中ニ其ノ一部ヲ寄贈セントス
四、募集ニ関スル事項
イ　各宗派負担ニ委嘱スルカ／ロ　各宗派及府県仏教会ノ両者ニ委嘱スルカ／ハ　募集ノ方法ハ負担セラル、側ニ一任スルコト(50)

文中に「日泰文化会館内ニ約二百万円」とあるが、建設費が当初の一五〇万円から増額したことがわかる。仏舎利については、一九四三年七月にタイから仏舎利が贈られていたが、これは前年夏にタイで発生した水害に、大日本仏教会からの見舞金に対する返礼の意味があった(51)。

その後に一九四三年九月二〇日には、大日本仏教会の理事会を開いた。議題は、「一、日泰文化会館建設に関する件」、「二、印度独立運動支援に関する件」、「三、各宗派管長主導、決戦精神昂揚、軍人援護強化運動実施に関する件」であった(52)。同会では、タイとインドを重視していたことが見て取れよう。

大日本仏教会では、一九四四（昭和一九）年二月一七日に東京芝公園の明照会館にて、一九四三年度の第四回協議員会を開いた。参加者は各都道府県の仏教会代表ら約六〇人であった。協議要項の一つが日泰文化会館の資金援助である。記事によれば、政府が五五〇万円の予算で会館を建設するが、「文化の殿堂として重視さるる仏教会館の資金募集（大日本仏教会よりの醵金額七十五万円にして内、五十万円を各宗派より残る二十五万円を各府県仏教会より勧募醵出）に関する件(53)」について、申し合わせが行われた。引き続き参加者は、同日夕方より帝国ホテルにて、日泰文化会館東京事務所が招待した懇談晩餐会に参加した。この場で、会館担当者より勧募の意義が説明されたのである。

書類「日泰文化会館建設費中へ醵出負担金（案）」には、各宗派に呼び掛けて大日本仏教会が用意する建設費について、総額五六万一八七九円五〇銭と示されている。年次は未記載であるが、一九四四（昭和一九）年に作成された書類であろう。同会が加盟する各宗派の規模に応じて金額を決定したもので、算出基準は寺院数（一か寺二円）、教会数（一教会一円）、檀徒数（一戸五銭）、信徒数（一戸二銭五厘。銭位繰上）であった。当時は「宗教団体法」（昭和一四年法律第七七号）に基づき、仏教宗派一三宗二八派が認可されていたが、順序は原資料に基づく。まとめる

表4　各宗派別による日泰文化会館仏教館の建設負担金（案）

（単位：円、小数点以下銭）

	寺院割	教会割	檀徒割	信徒割	**合　計**
天台宗	8,910.00	412.00	9,379.00	6,068.30	24,769.30
真言宗	23,538.00	1,020.00	53,566.20	15,000.00	93,124.20
真言律宗	138.00	1.00	435.60	3,091.70	3,666.30
律宗	46.00	16.00	94.70	209.40	366.10
浄土宗	14,910.00	225.00	41,002.50	2,795.80	58,933.30
浄土宗西山派	2,350.00	160.00	4,463.10	1,617.30	8,590.40
臨済宗	12,016.00	23.00	18,709.80	3,323.40	34,072.20
臨済宗国泰寺派	54.00	――	77.00	63.70	194.70
曹洞宗	29,638.00	465.00	59,818.50	2,198.00	92,119.50
黄檗宗	996.00	9.00	323.80	399.60	1,728.40
真宗本願寺派	19,242.00	1,061.00	58,318.70	14,086.00	92,707.70
真宗大谷派	16,868.00	973.00	58,489.50	13,324.80	89,655.30
真宗高田派	1,216.00	44.00	1,917.00	121.30	3,298.30
真宗興正派	616.00	259.00	742.90	299.50	1,917.40
真宗仏光寺派	694.00	44.00	1,375.20	225.30	2,338.50
真宗木辺派	108.00	187.00	175.60	429.50	900.10
真宗出雲路派	92.00	61.00	153.00	15.10	321.10
真宗山元派	22.00	31.00	43.00	137.20	233.20
真宗誠照派	90.00	11.00	303.90	158.20	563.10
真宗三門徒派	70.00	26.00	86.60	51.50	234.10
日蓮宗	8,214.00	880.00	16,834.70	12,355.00	38,283.70
日蓮正宗	150.00	42.00	493.00	208.90	893.90
法華宗	1,180.00	521.00	3,778.40	1,372.00	6,851.40
本化正宗	8.00	20.00	――	150.70	178.70
時宗	884.00	4.00	2,235.80	555.50	3,679.30
融通念仏宗	690.00	――	654.40	176.50	1,520.90
法相宗	86.00	34.00	4.30	166.60	290.90
華厳宗	72.00	32.00	100.00	243.50	447.50
合　計	142,898.00	6,561.00	333,576.20	78,844.30	561,879.50

と上の**表4**になる[54]。なお各府県仏教会の負担金額は、この資料には記載がない。

勧募の開始後に、仏教界から募金拠出が相次いだ。例えば真言宗では、一九四四年度歳出予算の一〇一万三三九〇円のうち、特別会計において「日泰文化会館建設負担金」として三万二〇〇〇円が計上された[55]。浄土宗では議決機関である宗会での協賛を経て、六万五千円を寄附することが決まった[56]。

大日本仏教会では、一九四四年三月一五日から四月一六日にかけて、北海道から九州までの全国各地で、建設資金勧募の説明会を開いた。これにより各宗派と各府県仏教会から寄附金の支出を徹底させたのである。[57]

財団法人大日本仏教会は、文部省の指導で解散となり、一九四四年九月に財団法人大日本戦時宗教報国会の仏教局に再編され、勧募を継続した。一九四五（昭和二〇）年八月時点で、仏教館建設費の寄附金約七〇万円のうち、既に各宗派から約五〇万円の募金が集ったという。[58] しかし日本全国の仏教寺院の資金協力にもかかわらず、設計競技の一等入選者である丹下健三によれば、「戦局は日本にとって次第に不利となり、これは結局造られずに終わった」[59]のである。柳沢健と館員らは現地の収容所に入り一九四六年に、内地へ引き揚げた。

おわりに

本章では、日本の対タイ文化事業の一つである日泰文化会館の建設計画について、同館に含まれた仏教館をめぐる仏教界の関与を述べてきた。本章をまとめるに当たり、次の二点を指摘しておきたい。

第一の点として、仏教界における日泰文化会館の位置について述べる。仏教界では、タイにおける日本仏教の進出拠点とすべく、日泰文化会館の仏教館の資金援助と展示物の企画に関与した。それは大東亜省が背後にある日泰文化会館側と綿密に意思疎通を行い、計画段階から仏教界の意見を反映させるためであった。南方地域では監督官庁により布教が制限されたため、タイにおける文化活動を通して日本仏教の存在を宣伝しようとしたのである。

第二の点として、「南方共栄圏」建設における仏教館の役割について述べる。仏教館は、日本とタイの仏教徒との連帯を目指す象徴的な建造物となることを想定していた。大乗仏教と上座仏教では、戒律に大きな違いがあるとはいえ、共栄圏建設のために、同じ仏教徒であることが強調された。仏教建築の建立により、その連帯を可視化させようとしたのである。日泰文化会館の仏教館に五重塔を併設しようとしたことが象徴的である。なぜなら五重塔は、仏教が発祥したインドの仏塔ストゥーパに由来し、タイの仏塔チェディも同じ起源であるが、起源は同じでも、様式が大きく異なる日本仏教の文化様式をそのまま南方に移出したのである。

会館のその後の動きを紹介して本章を終える。敗戦から長い時間が過ぎた一九九八（平成一〇）年九月の『官報』に、「財団法人日泰文化会館」の名称が突如として掲載された。公告「法人の所在不明理事への申出の催告」であった。つまり長らく休眠法人となっていたため、主務官庁である外務省により、法人格整理の方針から設立許可の取消手続きが始まったことを知らせるものであった。「当該法人の理事は、本公告掲載の翌日から二月以内に、当該法人の理事であることを証明する書類を添えて申し出てください(60)」として知らされたが、理事らは既に物故していた。翌年の『官報』には、次の公告が載った。

　法人設立許可取消処分公告
財団法人日泰文化会館（主たる事務所の所在地東京都赤坂区榎坂町二番地）……は、正当の事由なく引き続き三年以上事業を行っていないので、民法（明治二九年法律第八九号）第七一条後段の規定により、その設立の許可を取り消す。
平成一一年三月二四日　　外務大臣　　高村　正彦(61)

本公告をもって設立許可が取り消され、財団法人は法的に解散となったのである。会館の完成を見ることなく、挫折した「大東亜」の陰影として法人格だけが残っていた財団法人日泰文化会館。その戦後処理は、五〇余年を経て終わった。

注

（1）主な先行研究は、市川健二郎「日泰文化協定をめぐる異文化摩擦」（『大正大学研究紀要　人間学部・文学部』第七九号、大正大学、一九九四年）。倉方俊輔「日泰文化会館設計競技の経緯について」（『日本建築学会大会学術講演梗概集　F―2　建築歴史・意匠』社団法人日本建築学会、二〇〇二年）、同「在盤谷日本文化会館建築競技をめぐって」（生誕一〇〇年・前川國男建築展実行委員会監修『建築家　前川國男の仕事』美術出版社、二〇〇六年）。酒井健太郎「柳沢健の思想における文化相対主義と「大東亜共栄圏」」（『音楽芸術運営研究』第三号、昭和音楽大学音楽芸術運営研究所、二〇一〇年）、同「柳沢健の一九四〇年代タイにおける事績――柳沢健研究　二」（『音楽芸術運営研究』第四号、同、二〇一一年）。加納寛「一九四二年日泰文化協定をめぐる文化交流と文化政策」（『愛知大学国際問題研究所紀要』第一一五号、愛知大学国際問題研究所、二〇〇一年）、同「戦時下日本による対タイ文化宣伝の一断面――『日泰文化』刊行をめぐって」（『中国21』第三一号、愛知大学現代中国学会編、東方書店、二〇〇九年）。嶋津拓『海外の「日本語学習熱」と日本』（三元社、二〇〇八年）所載の「第三章　シャム（タイ）における「日本語学習熱」について」など。

（2）本章では、大日本仏教会資料（増上寺蔵、〈分類番号〉大―四―一〇六「日泰文化会館仏教会館之件」に含む）を参照した。前掲の『増上寺史料集　附巻』には、詳細な目録がないため、資料計二四点の表題を記す。

〈書類〉

（一）「仏教館建設期成後援会（案）」。（二）「〔柳沢健と石丸優三から安田力宛の招待会出席依頼状、一九四三年七月二八日大東亜会館開催〕」。（三）「七月廿八日招待会出席者芳名　於大東亜会館」。（四）「日泰文化会館建設事業後援会実行委員会第一回会合〔打合会〕報告」。（五）「建設経費総額」。（六）「山本〔熊一、大東亜〕次官挨拶〔八月〕五日正午帝国ホテル」。（七）「松村〔光磨、東京都〕次長挨拶要旨」。（八）「日泰文化会館建設事業後援会実行委員」。（九）「日泰文化会館建設事業後援会実行委員会第二回打合会報告」。（一〇）「日泰文化会館建設事業後援会実行委員会第三回打合会報告」。（一一）「日泰文化会館建設事業後援会実行委員会第四回打合会報告」。（一二）「日泰文化会館建設事業後援会実行委員会第五回打合会報告」。（一三）「興亜仏教文化事業建設資金募集要項（案）」。（一四）「日泰文化会館建設資金勧募要項　地区別会合」。（一五）「日泰文化会館建設資金勧募依頼額　都道府県別一覧表」。（一六）「日泰文化会館建設費中へ醵出負担金（案）」。

〈図面〉
（一七）「在バンコック日本文化会館建設用地　敷地図及附近略図」。（一八）「在バンコック日本文化会館建築設計図案懸賞募集　参考平面略計画及配置案」。（一九）「配置図」。（二〇）「日本文化会館　仏教館並日本武道館」。（二一）「日本文化会館　館長舎宅」。（二二）「日本文化会館　館員舎宅並雑建物」。（二三）「日本文化会館　社交館」。（二四）「日本文化会館　社交館付属日本館」。

（3）東京都公文書館編『東京都公文書館　内田祥三資料目録　二』（東京都公文書館、一九九五年、一三三―一三四頁）には、「泰国盤谷日本文化会館建築設計案懸賞募集」（ファイル一冊、請求番号U五二六・三七―う―四二三八）に含まれる資料計一四点の目録が掲載される。内田は、日泰文化会館の設計競技の審査に関わった。

（4）「条約第二号　日本国「タイ」国間文化協定」（『官報』第四七八九号、内閣印刷局、一九四二年一二月二八日）、六一八―六一九頁。

（5）吉田孝一「日泰文化協定成立と宗教」（『中外日報』第一三〇〇〇号、中外日報社、一九四二年一二月二三日）、二面。

（6）無署名「協定の真精神／活かすことに努力／文部省吉田宗教課長談」（『中外日報』第一三〇〇一号、一九四二年一二月二四日）、二面。

（7）額彦四郎「日泰文化会館の使命」（『日本語』第四巻第五号、日本語教育振興会、一九四四年）、五三頁。

（8）柳沢健『泰国と日本文化』（不二書房、一九四三年）所載の「日泰文化会館の館長として――序に代ふ」三―四頁。

（9）前掲、一五頁。

(10) 書類「日泰文化会館設立の意義並に其の事業」（東京都公文書館蔵）。
(11) 例えば、鈴木大拙・平等通昭著、国際文化振興会原編『泰文　仏教思想と日本精神』（日泰文化研究所、一九四一年）など。
(12) 平等通照・平等幸枝『我が家の日泰通信　略称　盤谷通信——愛は死を越えて』（印度学研究所、一九七九年）、三一九頁。
(13) 前掲、三二一頁。
(14) 無署名「タイに日本文化会館」（『財団法人日本タイ協会々報』第二八号、財団法人日本タイ協会、一九四二年）、九二—九三頁。出典は『東京日日新聞』一九四二年三月二七日。『財団法人日本タイ協会々報』は、村嶋英治・吉田千之輔編『戦前の財団法人日本タイ協会会報集成解題』（研究資料シリーズ第四号、早稲田大学アジア太平洋研究センター、二〇一三年）の附属ＤＶＤに収録された会報の電子化復刻版を参照した。
(15) 無署名「日タイ文化会館候補地」（『財団法人日本タイ協会々報』第三〇号、一九四二年）、八九頁。出典は同盟通信によるバンコク発の配信、一九四二年七月一七日。
(16) 無署名「日泰文化会館と改称」（『朝日新聞』第二〇四二七号、朝日新聞社東京本社、一九四三年二月四日）、二面。
(17) 無署名「日泰文化会館と大図書館」（『財団法人日本タイ協会々報』第三四号、一九四三年）、八二頁。出典は朝日新聞特派員バンコク発の配信、一九四三年四月一五日。
(18) 無署名「日泰文化会館近く着工／盤谷に一きわ《ママ》目立つ仏教館」（『中外日報』第一三二四五号、一九四三年六月一九日）、二頁。
(19) 無署名「日泰文化会館陣容決定す」（『朝日新聞』第二〇五五五号、一九四三年六月一三日）、三面。
(20) 無署名「日泰文化協定成立一周年記念祝賀の夕」（『国際文化』第二九号、国際文化振興会、一九四四年）、六一頁。
(21) 無署名「日タイ文化会館」（『海外仏教事情』第一〇巻第一号、国際仏教協会、一九四四年）、四〇頁。

(22) 前掲、額彦四郎「日泰文化会館の使命」、五四頁。
(23) 無署名「協会事務所」(『財団法人日本タイ協会々報』第四三号、一九四六年)、一二頁。
(24) 無署名「事業着々進捗の日泰文化会館」(『中外日報』第一三七二一号、一九四五年八月一日)、二面。
(25) 山本熊一(一八八九―一九六三)は、山口県の出身。東亜同文書院を卒業後、高等試験行政科に合格。外務省に入り、一九四〇(昭和一五)年に東亜局長、一九四一(昭和一六)年にアメリカ局長を兼ねて日米交渉に当たった。外務次官を経て、大東亜省発足後は大東亜次官となり、坪上貞二の後継として一九四四年タイ大使。戦後は公職追放。
(26) 書類「日泰文化会館建設事業後援会実行委員」、大日本仏教会資料(増上寺蔵、〈分類番号〉大―四―一〇六「日泰文化会館仏教会館之件」に含む)。
(27) 無署名「日泰文化会館の設計」(『朝日新聞』第二〇五九九号、一九四三年七月二七日)、三面。
(28) 図面「在バンコック日本文化会館建設用地　敷地図及附近略図」、大日本仏教会資料(増上寺蔵)。
(29) 図面「在バンコック日本文化会館建築設計図案懸賞募集　参考平面略計画及配置図」、大日本仏教会資料(増上寺蔵)。
(30) 日泰文化会館編『在盤谷日本文化会館建築設計図案懸賞募集規程』(日泰文化会館、〔一九四三年〕)、一三―一五頁(東京都公文書館蔵)。
(31) 前掲、倉方俊輔「日泰文化会館設計競技の経緯について」、三八三頁。
(32) 丹下健三『一本の鉛筆から』(日本経済新聞社、一九八五年)、四四頁。
(33) 前掲、倉方俊輔「日泰文化会館設計競技の経緯について」、三八四頁。
(34) 前掲、無署名「日泰文化会館近く着工/盤谷に一きわ《ママ》目立つ仏教館」、二面。
(35) 無署名「日泰文化会館設計図案展示」(『中外日報』第一三四〇八号、一九四四年五月六日)、二面。
(36) 大東亜省編『昭和十八年度大東亜省所管　予定経費追加要求書各目明細書――第八十一回帝国議会』(大東亜省、一九四三年)、一七頁。大東亜省編『昭和二十年度大東亜省所管　予定経費要求書各目明細書――第八十六回帝国議会』(同、一九四三年)、五五頁。

なお昭和二〇年度版は、東京大学東洋文化研究所の蔵書を参照したが、政府関係機関の旧蔵書と推定される。日泰文化会館の補助金九五万五四五〇円について、行間に内訳の書き込みがあり、日泰文化会館八二万円、アロースター日語校一三万五四五〇円とある。引用に際して数字の誤記は修正した。

（37）文書「外務省所管電信料補助第二予備金ヨリ支出ノ件外十六件」（公文類聚・第六十七編・昭和十八年・第八十三巻・財政十二・会計十二・臨時補給二（第二予備金支出　一）（独立行政法人国立公文書館蔵、〈請求番号〉本館-2A-012-00・類02751100、〈件名番号〉045、〈作成部局〉内閣、〈年月日〉昭和一八年一二月一八日）。

（38）書類「建設経費総額」、大日本仏教会資料（増上寺蔵）。引用に際して数字の誤記を修正した。

（39）無署名「日泰文化協定と仏教／坪上大使、柳沢謙《ママ》氏ら中心に／〝国際仏教〔協会〕〟が懇談会開く」（『中外日報』第一三〇一九号、一九四三年一月一九日）、二面。

（40）無署名「日タイ文化会館々長　柳沢健氏歓迎会」（『海外仏教事情』第九巻第三号、一九四三年）、四五―四六頁。歓迎会の出席者は、柳沢健、鈴木大拙、石丸優三、和田助一、五十嵐智昭。国際仏教協会側は、理事の木村日紀、立花俊道、宇野円空、山本快竜、主事の吉水十果、調査部長の中島関爾、研究員の岡本貫瑩、安永弁哲。

（41）無署名「日タイ文化会館に仏教館並に五重塔建立企画」（『海外仏教事情』第九巻第四号、一九四三年）、三六頁。

（42）「仏教を通じての日泰文化交流語る　二」（『中外日報』第一三一九二号、一九四三年八月一三日）、一面。懇談会の模様は、計一九回にわたり第一三二二三号（同年九月一八日）まで連載された。参加者は、矢田部保吉（前駐シャム公使）、阿原謙蔵（文部省教化局長）、吉田孝一（文部省教化局宗教課長）、相原一郎介（同課宗務官）、深川恒喜（同課宗務官補）、東光武三（大東亜省南方事務局文化課長）、村松某（大東亜省調査官）、奥村某（タイ国大使館翻訳官）、柳沢健（日泰文化会館長）、石丸優三（同東京出張所長）、宮本正尊（東京帝大教授、文学博士）、山本快竜（同講師）、平等通昭（陸軍嘱託、前日泰文化研究所長）、来馬琢道（第一次仏骨奉迎使節随員）、中村教信（日本仏教親善使節随員、大日本仏教会興亜局長）、森大器（同会興亜局連絡部）、安田力（同会副会長）、里見達雄（同会常務理事）ほか。

（43）「仏教を通じての日泰文化交流語る　五」（『中外日報』第一三一九六号、一九四三年八月一八日）、一面。

（44）前掲、柳沢健『泰国と日本文化』所載の「仏印から泰国へ」五五―五七頁。

(45) 前掲、柳沢健『泰国と日本文化』所載の「対泰文化事業私案」九四頁。

(46) 武藤叟（一八九八―一九七四）は、福岡県糸島郡長糸村（現、糸島市）の出身。七歳で福岡姪浜の臨済宗妙心寺派清楽寺の養子となる。福岡県中学修猷館を経て、臨済宗大学（現、花園大学）に進むが一年で中退。東京に移る。文学者の島崎藤村らと交友し、元真宗大谷派僧侶の伊藤証信が主宰した無我愛運動に関わる。一九二一（大正一〇）年に私費で第一回目のフランス渡航を果たし、日本大使館内にあった国際連盟帝国陸軍代表部に勤務した。一九二四年清楽寺住職の遷化により帰国。一九二五年岐阜の正眼寺僧堂で修行。一九二六年頃には福岡女子専門学校教授となり、フランス語を教える。一九二八（昭和三）年から二度目のフランス滞在。帰国後は一九三〇年に東京銀座で活動する巴里会の結成に関与、主事となる。同会が発行した雑誌『あみ・ど・ぱり』の編集にも従事。一九四三年から一九四六年まで日泰文化会館の業務のため現地滞在。
　履歴は「略歴　武藤叟」（和田博文監修・西村将洋編『ライブラリー・日本人のフランス体験　第五巻　パリへの憧憬と回想――「あみ・ど・ぱり」Ⅲ』柏書房、二〇《ママ》〇九年、四六七頁）等を参照した。

(47) 前掲、無署名「日泰文化会館近く着工／盤谷に一きわ目立つ仏教館」、二面。

(48) 書類「仏教館建設期成後援会（案）」、大日本仏教会資料（増上寺蔵）。

(49) 書類「七月廿八日招待会出席者」、大日本仏教会資料（増上寺蔵）。原文は「寺院」だが、理解しやすいように「仏教宗派」とした。

(50) 書類「興亜仏教文化事業建設資金募集要項（案）」、大日本仏教会資料（増上寺蔵）。

(51) 岸本昌也「日タイ「宗教」外交の展開――昭和十八年仏舎利奉遷をめぐって」（近代日本研究会編『年報・近代日本研究』第一七号、山川出版社、一九九五年）。

(52) 無署名「日本仏教会理事会」（『高野山時報』第一〇八六号、高野山時報社、一九四三年一〇月三日）、五頁。

(53) 無署名「日泰会館建設へ協力／大日本仏教会／戦時僧侶勤労動員その他／緊急協議会開く」（『中外日報』第一三三四六号、一九四四年二月一九日）、二面。

(54) 書類「日泰文化会館建設費中へ醵出負担金（案）一覧表」、大日本仏教会資料（増上寺蔵）。引用に際して数字の誤記は修正した。

(55)「告示第三号　昭和十九年度歳入歳出予算」(『真言宗報』第三三号、真言宗宗務所、一九四四年)、六頁。
(56) 無署名「日泰文化会館建設資金／浄宗〔浄土宗〕は六万五千円」(『中外日報』第一三三五九号、一九四四年三月五日)、二面。
(57) 無署名「日泰文化会館建設資金勧募遊説」(『中外日報』第一三三六四号、一九四四年三月一一日)、二面。
(58) 前掲、無署名「事業着々進捗の日泰文化会館」、二面。
(59) 前掲、丹下健三『一本の鉛筆から』、四四頁。
(60) 公告「法人の所在不明理事への申出の催告」(『官報』第二四七二号、大蔵省印刷局、一九九八年九月二四日)、一三頁。
(61) 公告「法人設立許可取消処分公告」(『官報』第二五九一号、一九九九年三月二四日)、一五頁。なお『官報』第二四七二号では、財団法人日泰文化会館の主たる事務所は「東京都赤坂区溜池町五番地」で、本号では「東京都赤坂区榎坂町二番地」とある。外務省が法人の解散手続きを進めた際に、財団の設立後に主たる事務所の移転を確認したため、住所が修正された。

結　論

以上のように、戦時下の日本仏教と南方地域について、仏教界と政府・軍部の協働関係を踏まえて、全三部（計一〇章）にわたり論述してきた。

日本は、一九四〇（昭和一五）年の北部仏印進駐、一九四一（昭和一六）年の南部仏印進駐、同年の対米英への宣戦布告を経て、南方地域の攻略を開始した。この地域は、仏教徒が多いため、政府や軍では、日本の仏教界に国策協力を求め、仏教界もそれに呼応していた。その結果、南方地域における諸活動に、複数の仏教関係者が関与していたのである。最後に本書の結論を述べて、課題を総括したい。

南方進攻における日本仏教の応用

本書の課題は、「南方進攻における日本仏教の応用」であった。序論で述べたように、ここでの「応用」とは布教を直接の目的とはしない、仏教関係者による調査や工作などの諸活動である。

第Ⅰ部では、本書の前提として日本本土における南方対策の動きを踏まえた。南方地域における実際の関与については、第Ⅱ部において僧籍を持った学者の動向から、第Ⅲ部において諸団体と関係者の文化工作から、諸問題を論じた。以下に、課題をもとに本書が明らかにした点を整理して、本書の内容を要約する。

第Ⅰ部　戦時体制と仏教界・仏教学界

「第一章　財団法人大日本仏教会の組織と活動」では、仏教界の連合組織を中心として、仏教界の再編過程と対南方地域に向けた諸事業を論じた。前身の仏教連合会が、文部大臣より財団法人の設立許可を受けたのが、一九三八（昭和一三）年という日中戦争勃発の翌年であった。以後に連合組織は文部省からの指導と監督を受けながら、南方対策など国策に沿った活動を行う。一九四四（昭和一九）年に大日本仏教会は解散となり、宗教界全体の連合組織である財団法人大日本戦時宗教報国会に再編されたが、それは文部省と宗教界が一体となった半官半民の組織であったのである。

「第二章　国際仏教協会の調査研究とその変容」では、学術団体である国際仏教協会について、設立当初は西欧の学者との研究交流を主に活動しており、外務省と文部省が共管した財団法人国際文化振興会から資金援助を受けていた。やがて日本の南方進出が具体化されるなかで、活動内容が変化していったことを論じた。一九四〇（昭和一五）年前後から、南方地域の仏教事情に関する調査活動を行い、さらには「南方仏陀祭」と称して国内で上座仏教の行事であるウェーサク祭を行い、国外ではタイやビルマ、インドシナの政府要人や仏教界と接触を図るなど、仏教学の研究者が国策協力を実践した団体であったのである。

「第三章　財団法人仏教圏協会の工作要員養成」では、前者の国際仏教協会から分離して、南方地域に派遣する仏教宣撫要員の養成を行った財団法人仏教圏協会について論じた。その教育訓練組織は、当初には南方地域で活動する要員を育成するため、巴利文化学院の名称で運営していたが、やがてアジア全体に要員を派遣する方針に拡大したため、所在した地名をもとに萩山道場と改称した。仏教圏協会の運営の中枢は、政治家や元軍人が関わっていたため、特定の宗派によらない通仏教による宣撫工作を実施することができたのである。

第Ⅱ部　南方進攻と仏教学者の関与

「第一章　興亜仏教協会のインドシナ調査」では、興亜仏教協会（後に大日本仏教会へ吸収再編）が、龍谷大学教授で真宗本願寺派僧侶の宇津木二秀と大正大学教授で真言宗僧侶の久野芳隆の二人をインドシナに派遣した調査活動を論じた。名目は学術調査であったが、現地では要人と接触して、日本招聘を交渉するなどの工作も行った。この派遣は、陸軍参謀本部からの委嘱も兼ねており、帰国したのが一九四一（昭和一六）年七月という日本軍によるインドシナ南部の武力進駐の直前であり、現地の宗教事情を報告書にまとめるなどの謀略活動を行っていたのである。

「第二章　ビルマ進攻作戦と仏教宣撫工作」では、ビルマ進攻作戦を担当した日本陸軍第一五軍において、司令部附で宗教宣撫班が編成されたが、高野山大学教授で真言宗僧侶の上田天瑞による同班への参加とその活動を論じた。そもそも上田は、戒律研究のためタイに留学していたが、滞在中に開戦となり、タイ経由でビルマに進軍する軍の要請により、研究活動の優先を条件に参加した。また宗教宣撫班は、僧侶を中心に編成されたが、陸軍参謀本部からの命令により、大日本仏教会が各宗派に依頼して、推薦を受けた人員で構成されていたのである。

「第三章　マラヤの占領と宗教調査」では、学内の対立を受けて駒澤大学教授を辞職した曹洞宗僧侶である渡辺楳雄が、シンガポールで日本軍の軍政機構に勤務したことを論じた。当初に渡辺は、昭南軍政監部では内政部文教科で宗教行政、改組後の馬来軍政監部では調査部で宗教調査に従事した。シンガポールは、中華系住民が信仰する仏教のほか、マレー系住民のイスラーム、インド系住民のヒンドゥー教などがあった。本来の渡辺は、インド哲学・仏教学の文献学研究者であったが、民族学者のごとく諸宗教の実地調査を行い、報告書にまとめた。戦後に渡辺は、文部省宗務課に入り、宗教団体の調査を行うが、これは、シンガポール時代における実地の調査経験が素地となったのである。

「第四章　仏教留学生のインドシナ派遣」では、大日本仏教会の事業としてインドシナ留学のために派遣された、龍谷大学出身で真宗本願寺派僧侶の鈴木宗憲、大正大学出身で真言宗僧侶の飯塚栄斧らによる活動を論じた。そのなかの大正大学出身で浄土宗僧侶の佐藤利勝は、日本の仏教徒を代表して戦時下のインドシナに留学するという立志を抱き、目的を貫徹しない限り日本に戻らないと誓願した人物である。敗戦により留学は果たせず、悲観した佐藤は、ラオス方面でフランス敗残兵に銃を向け、現地で悲劇的な死を遂げた若い学徒であったのである。

第Ⅲ部　日本仏教の対南文化進出

「第一章　真如親王奉讃会とシンガポール」では、平安時代の真言宗僧侶で皇族出身の真如親王（高丘親王）にちなむ顕彰運動を論じた。真如親王は、インド求法の途中に羅越国で没したとされるが、イギリスの植民地であったシンガポールが日本軍によって陥落する前後から、親王が死去したのはシンガポールとする説が、にわかに強調されるようになった。真言宗を中心に官民が一体となった真如親王奉讃会が組織され、昭南島と改称されていたシンガポールに真如親王の大仏像の建立を計画したのである。しかし敗戦で大仏像の建立は実現せず、日本の南方進出で脚光を浴びた真如親王の顕彰熱そのものが消え失せてしまったのである。

「第二章　ジャワの仏教遺跡ボロブドゥール」では、日本占領下にあったオランダ領東インドのジャワ島にある仏教遺跡のボロブドゥールについて、日本軍の軍政当局と仏教界の対応を論じた。ジャワ軍政監部に所属した英文学者の古沢安二郎は遺跡の基壇発掘を行い、同監部が設置したバンドン工業大学に勤務した建築史学者の千原大五郎は、遺跡の調査を行い、戦後も遺跡修復に関わった。また仏教界では、真言宗がボロブドゥールの様式は同じ密教であると主張して、西洋の異教徒から取り戻したボロブドゥールが、南方と日本の仏教徒が統合する象徴であると強調していたのである。

「第三章　バンコクの日泰文化会館と仏教界の支援」では、大東亜省の外郭団体である財団法人日泰文化会館により、タイの首都バンコクに日本文化を紹介する複数の建造物からなる会館の建設計画を論じた。日泰文化会館は、複数の建造物で構成することが構想され、その展示館の一つに五重塔を模した仏教館が加わることになった。日本とタイは同じ仏教国である象徴が五重塔であるとされ、大日本仏教会では、全国の府県仏教会、各宗派から建設資金の募金を行った。敗戦で会館の構想は実現せず、財団法人は活動しないまま、休眠法人として法人格だけが戦後長らく残り、二〇世紀末にようやく解散した。

このように、戦時下の日本仏教による南方地域への関与は、政府と軍部の思惑から、仏教界が動員されたのである。特定の宗派に僧籍がある人物や仏教関係者が、各所で関わっていたとはいえ、宗派を主体とした諸活動を行うことはなかったことが明らかになった。

日本仏教と南方地域

戦時下における日本仏教による南方地域への関与は、朝鮮・台湾・中国など東アジアへの関わり方とは異なる。本書の最後に、その全体像の提示を試みたい。

結論から言えば、日本仏教のアジア関与について、東アジアの植民地の場合は、日本人移住者への布教活動や社会事業を主たる目的として、寺院や布教所などの施設を置いたが、個別の宗派を主体として進出する場合が多かったのに対し、南方地域は、開戦を前後して武力進駐と急激な占領地の拡大を行ったが、日本仏教は文化と学術を通して関与を行った。しかもその関与は、各宗派による個別の進出ではなく、仏教界の連合組織及び特定の宗派を背景としない各種団体が、政府・軍部との協働により行われたのである。

以下に、その理由を述べよう。まず関与した時期の差異である。朝鮮・台湾は、明治期に日本が領有化した植民地で、敗戦まで朝鮮は三五年、台湾は五〇年に亘って日本が統治した。中国については、日露戦争後に満洲の利権を得て、昭和に入り中国本土から東北部を分離して、満洲国を建国して、日中戦争では占領地を拡大した。ただし朝鮮や中国は、明治期の早い段階から、日本が触手を伸ばしてきた地域であり、仏教各宗派でもその進出を行っていた地域である。一方の南方地域は、各地に居留する日本人がいたとはいえ、植民地ではなかった。一九四〇（昭和一五）年の北部仏印進駐を端緒に南方地域へ勢力を拡張したが、敗戦までは五年であった。つまり東アジアと比べて、占領した時期が短いのであった。

次に、統治形態の差異である。植民地の朝鮮・台湾は、総督府により統治が行われたのに対し、南方地域は、独立国のシャム（タイ）を除いては西欧の植民地下にあり、日本の主権が及ばなかった。そのため、日本人の大規模な移住が行われず、植民地に建立された各宗派の拠点と比べても、その数は少なかった。その後、日本による南方地域への武力進駐と占領が行われると、現地の宗教事情を尊重する方針と共に、中国占領地で仏教各宗派が現地で競合した教訓から、原則として各宗派の新規進出は制限された。

続いて、仏教系統の相違である。朝鮮・台湾は、日本と同じ漢訳仏典を使う大乗仏教である。南方地域では、インドシナのうち現在のベトナムは大乗仏教が主流であったが、それ以外は上座仏教であった。日本人の一般僧侶にとって、漢訳仏典は親しんだものであるが、上座仏教で用いるパーリ語経典の読誦ができる僧侶は限られており、各宗派が設立した学校で教育を受けた学僧でなければ理解は難しかったのである。

こうして比較すると、日本仏教は南方地域に対して、布教ではなく、文化と学術から関与するという方法を採っていた事実が見えてくる。現地の仏教は、日本仏教と大きく異なり、布教活動を行ったところで、現地に受け入れらないことは明白であった。そのため、民衆ではなく知識人層や指導者層への働きかけが効果的であると考えられた。そのために高度な専門知識を持つ仏教界の知識人すなわち学僧によって、文化と学術による参画を行うこととなったのである。政府・軍部からの動員により、仏教関係者は事前の調査活動から進攻時の宣撫工作、平定後の宗教行政から文化工作までの諸場面において、関与したのであった。

なぜ仏教界は、国策に関わったのか。仏教宗派は、「宗教団体法」に基づき設立認可を受けており、政府の指導監督下にあったためである。また連合組織の大日本仏教会は、「民法」に基づく公益法人として設立されており、当時の社会的文脈では、戦時下における国策に貢献する「公益」目的の活動が求められたのである。そして各宗派の管長は、天皇から任命された勅任官という待遇を受けた。つまり各宗派の管長は、高級官僚と同等の扱いを受けた仏教者として、国家への協力を求められたのである。

南方地域には、多数の仏教徒が存在し、日本と「南方共栄圏」をつなぐ象徴が、それぞれに共通していた仏教であるとされた。世界宗教の一つである仏教は、インドを淵源として、中国、朝鮮を経て、日本に伝播した。日本の大乗仏教と南方地域の上座仏教と大乗仏教は、釈尊に帰一する同じ仏教とはいえ、戒律などの面で様相が異なり、直接の連携は難しいが、宗教活動ではなく、文化と学術から接近すれば両者は協力することができると考えられた。

ただし対等な協調関係ではなかった。日本にとって仏教は外来の宗教であるが、アジア諸地域の仏教に対して、日本仏教は優位にあることを標榜していたのである。それは、日本が官民を挙げて、アジアの盟主であると主張し、仏教界もその影響を受けていたためであった。

国策と仏教界の協働関係は、社会状況が今の時代と異なるため、単純な批判は避けねばならない。ただし過去の事象を切り捨てることなく、本書が明らかにした諸事実を教訓に文化と学術に根ざした交流を継承して、今後も対等な協調関係をめざして東南アジアと関わっていくことが望まれる。

初出一覧

序　論　書き下ろし

第Ⅰ部　戦時体制と仏教界・仏教学界

第一章　財団法人大日本仏教会の組織と活動（原題「昭和前期の仏教界と連合組織――仏教連合会から大日本戦時宗教報国会まで」『武蔵野大学仏教文化研究所紀要』第三一号、武蔵野大学仏教文化研究所、二〇一五年）。

第二章　国際仏教協会の調査研究とその変容（原題「国際仏教協会と大正大学をめぐって――昭和前期の仏教思潮」『佛教文化学会紀要』第一四号、佛教文化学会、二〇〇五年）。

第三章　財団法人仏教圏協会の工作要員養成（原題「巴利文化学院の対外活動――戦時期における宗教宣撫工作の一事例として」『近代仏教』第一四号、日本近代仏教史研究会、二〇〇七年）。

第Ⅱ部　南方進攻と仏教学者の関与

第一章　興亜仏教協会のインドシナ調査（原題「戦時期フランス領インドシナにおける宗教工作――宇津木二秀と久野芳隆の現地調査」『東洋文化研究』第一五号、学習院大学東洋文化研究所、二〇一三年）。

第二章　ビルマ進攻作戦と仏教宣撫工作（原題「戦時期ビルマにおける宣撫活動と日本人仏教者――上田天瑞を中心に」『宗教学論集』第二七輯、駒沢宗教学研究会、二〇〇八年。原題「ビルマ占領と仏教対策――東洋大学出身者の動向を中心として」『アジア文化研究所研究年報』第四三号、東洋大学アジア文化研究所、二〇〇九年）。

第三章　マラヤの占領と宗教調査（原題「日本軍政下のマラヤにおける宗教調査――渡辺楳雄について」『アジア文化研究所研究年報』第四二号、東洋大学アジア文化研究所、二〇〇八年）。

第四章　仏教留学生のインドシナ派遣（原題「戦乱のベトナムと仏教者の鈴木宗憲」『武蔵野大学仏教文化研究所紀要』第二九号、武蔵野大学仏教文化研究所、二〇一三年）。

第Ⅲ部　日本仏教の対南文化進出

第一章　真如親王奉讃会とシンガポール（原題「第二次世界大戦下の仏教界と南進――真如親王奉讃会とシンガポール」『佛教文化学会紀要』第一九号、佛教文化学会、二〇一一年）。

第二章　ジャワの仏教遺跡ボロブドゥール（原題「日本軍政下ジャワの仏教遺跡ボロブドゥール」『宗教学論集』第三三輯、駒沢宗教学研究会、二〇一四年）。

第三章　バンコクの日泰文化会館と仏教界の支援（原題「日泰文化会館の建設構想と仏教界」『武蔵野大学仏教文化研究所紀要』第三〇号、武蔵野大学仏教文化研究所、二〇一四年）。

結　論　書き下ろし

なお、各章の内容に関連する論考に、次のものがある。必要な情報は、本文中において適宜に反映させた。

第Ⅰ部第二章

「国際仏教協会と『海外仏教事情』」（『舞鶴工業高等専門学校紀要』第四九号、吉永進一と共著、舞鶴工業高等専門学校、二〇一四年）。『海外仏教事情』の総目次を掲載。

第Ⅱ部第一章

「昭和前期の宗教人類学と調査研究機関——久野芳隆の場合」（『アジア文化研究所研究年報』第四〇号、東洋大学アジア文化研究所、二〇〇六年）、「仏教学者と南方進出——大日本仏教会の仏印派遣」（『季刊日本思想史』第七五号、林淳・大谷栄一責任編集、特集「近代仏教」、ぺりかん社、二〇〇九年）、「第二次世界大戦前後の大正大学関係者のアジア研究——戦前・戦中を中心に」（星野英紀編『大正大学——回顧と展望』大正大学出版会、二〇一〇年）、「国際派仏教者、宇津木二秀とその時代」（吉永進一・中川未来と共著、『舞鶴工業高等専門学校紀要』第四六号、舞鶴工業高等専門学校、二〇一一年）。

第Ⅱ部第三章

「戦後初期の渡辺楳雄——宗務行政と宗教界との関わりから」（『國學院大學日本文化研究所紀要』第一〇〇輯、國學院大學研究開発推進機構日本文化研究所、二〇〇八年）、「南方軍政と宗教研究者の動員——昭南軍政監部、馬来軍政監部の渡辺楳雄」（『日本・イスラーム関係のデータベース構築——戦前期回教研究から中東イスラーム地域研究への展開』平成一七—一九年度科学研究費補助金基盤研究（A）研究成果報告書、研究代表者・臼杵陽、二〇〇八年）。

第Ⅱ部第四章

前掲、「仏教学者と南方進出——大日本仏教会の仏印派遣」。

初出一覧

第Ⅲ部第一章
「昭南神社——創建から終焉まで」（『アジア遊学』第一二三号、柴田幹夫・郭俊海編、特集「シンガポール都市論」、勉誠出版、二〇〇九年）。

あとがき

本書は、著者が過去に発表した論考をもとに、大幅に加筆と修正を行い、構成したものである。本書での着想の萌芽は、大正大学に提出した博士学位請求論文「昭和前期におけるアジア諸宗教の調査研究活動に関する分析的研究」（二〇〇六年度）にさかのぼる。この論文は、戦前と戦中のアジア拡張に伴った宗教調査における知の在り方を述べたものである。調査研究を行った諸団体や大学を分析の対象とした。南方仏教について国際仏教協会と財団法人仏教圏協会、内蒙古のチベット仏教について真言宗喇嘛教研究所、イスラームについて回教圏研究所と大日本回教協会、満洲国の建国大学研究院、台湾の台北帝国大学南方人文研究所などを扱った。本書の第I部第二、三章に当たる部分は、この論文で触れた。その後、日本による仏教を通した南方関与について、研究の重点に据えた。

なぜ南方地域なのか。そもそも、東南アジアに関心を抱いたのが、大正大学大学院に在籍していた二〇〇三年から二〇〇四年にかけて、タイ、フィリピン、ベトナムを訪問したことによる。著者にとって初めての海外滞在でもあった。これは星野英紀先生を研究代表者とする「国際結婚における宗教的・文化的アイデンティティをめぐる諸問題に関する調査研究」（二〇〇三年度大正大学学術研究助成）において、弓山達也先生（現、東京工業大学）による現地調査の補助で同行を許されたものである。国際結婚をした現地在住の日本人から貴重な話を伺ったが、調査の途中で、先生とともにバンコクの日本人納骨堂を訪問して、高野山真言宗から派遣された僧侶の方に挨拶を申し上げて参拝した。当時は、そこに故国へ帰れなかった日本人の遺骨と位牌がある意味を考えていなかった。帰国後に、納骨堂の歴史を調べてみると、戦前に建てられて、戦争に翻弄されたことを知るのである。やがて戦時下の南方地域に関わった日本人仏教者が多くいたが、今となっては語られていないことを知り、事実の発掘と分析を積み重ね、戦時下における政府、軍部、学者、仏教界の動向に関して、総合的に研究を行い、取りまとめたのが本書である。

本書の完成まで、多くの方々からの御協力と御支援をいただいた。かつて学生として在籍した大正大学の星野英紀先生をはじめとする各先生、研究員として所属した公益財団法人国際宗教研究所の宗教情報リサーチセンター及び國學院大學研究開発推進機構日本文化研究所では井上順孝先生、東洋大学アジア文化研究所では三沢伸生先生に御指導をいただいた。また武蔵野大学仏教文化研究所のケネス・タナカ先生、石上和敬先生にも御理解をいただいている。

大学院の学生時代から現在に至るまで、様々な先生方から研究上の御教導をいただいた。地域研究については、全京秀先生（韓国ソウル大学校、現、中国貴州大学）、臼杵陽先生（日本女子大学）、中生勝美先生（桜美林大学）、近代仏教研究については、林淳先生（愛知学院大学）、吉永進一先生（舞鶴工業高等専門学校）、大谷栄一先生（佛教大学）に御礼を申し上げる。

近代宗教の一次資料に対する素養と感覚を学んだのが、真宗大谷派僧侶の近角常観が主宰した求道会館（東京都文京区）での資料整理である。令孫の近角真一先生（株式会社集工舎建築都市デザイン研究所）からの御理解のもと、岩田文昭先生（大阪教育大学）を中心に、一万五千点余りの書簡・名刺・肉筆原稿等の目録を作成したことは、最良の経験であった。その膨大な資料を共に整理した碧海寿広氏（龍谷大学）には、本書の草稿を読んでいただいた。

本書で述べた当事者の御遺族及び関係者である宇津木二秀令孫の宇津木一秀住職（浄土真宗本願寺派正徳寺）、佐藤利勝令弟の佐藤健先生（元、佛教大学）、志村陸城令息の志村孚城先生（元、東海大学）、渡辺楳雄の御遺族から貴重な情報と資料を御提供いただいたこと、旧財団法人大日本仏教会の歴史資料の閲覧許可をくださった浄土宗増上寺に御礼を申し上げる。この増上寺資料の所在については、武田道生先生（淑徳大学）からの御教唆による。また龍谷大学と巴利文化学院を経て内蒙古に派遣された御尊父を持つ安渓遊地先生（山口県立大学）より、同学院の集合写真を御提供いただいた。久野芳隆の薫陶を受けた仏教学者田久保周誉の令息である田久保海誉先生（東京都健康長寿医療センター研究所）より、久野の人と学問を伺った。

かつてハノイに所在して現在はパリにある、フランス国立極東学院での資料調査に際しては、彌永信美先生（同学院東京支部）に御紹介をいただいた。柴田幹夫先生（新潟大学）から、日本統治期の台湾高雄に建てられた大谷光瑞別荘「逍遥園」の現状調査のお誘いを受けた際には、日本の南方進出の拠点であった台湾について考える機会を得た。また本書で用いた一部資料の入手は、塚田穂高氏（國學院大學）の協力による。オリオン・クラウタウ氏（東北大学）には、種々の配慮をいただいた。

二〇一五年度は京都大学地域研究統合情報センターにおいて、著者を研究代表者とする共同研究ユニット「仏教をめぐる日本と東南アジア地域――断絶と連鎖の総合的研究」（複合研究ユニット「宗教実践の時空間と地域」所属）を実施したが、研究会の参加者各位から大いに啓発を受けた。特に、林行夫先生（京都大学）には共同研究立ち上げの準備段階からの議論で大いに示唆をいただいた。本書の表題に「地域」を用いたのはその対話からの着想に基づく。中西直樹先生（龍谷大学）から資料の御提供、小島敬裕先生（京都大学）、北澤直宏氏（京都大学・院）からは地域研究の立場から御助言をいただいた。

現在、文化庁文化部宗務課において、研究者の立場から、宗教法人制度の運用と資料収集、『宗教年鑑』と『宗務時報』の作成などに関わる。同課への着任後は、個人研究の時間確保が、常に課題であった。それでも、法の意義に気づかされ、自分の研究に努めて法制度の視点を応用させたのは、行政勤務の恩恵である。宗務課の元専門職員である石井研士先生（國學院大學）、河野訓先生（皇學館大学）、村上興匡先生（大正大学）からは、日頃より本務と研究の両立に御理解をいただいている。それに勤務の合間に資料を利用した、庁舎内にある文部科学省図書館及び国立教育政策研究所教育図書館の歴代職員の各位にも謝意を表したい。

この他、本書の刊行までに、御指導と御支援をいただいた多くの方々に衷心より御礼を申し上げる。また家族にも感謝したい。

本書担当の株式会社法藏館編集部の大山靖子氏及び後任の丸山貴久氏には、大いに尽力をいただいた。当初は、早期に本書を仕上げる計画であったが、遅延したことは著者の責任にある。拙い本書を通して、仏教から見た日本とアジアの関係について、考える資料の一つとなれば執筆者として幸甚である。

二〇一五（平成二七）年八月一五日　戦争終結の詔書から七〇年を経て

著者識

人名索引

凡例
・日本人及び外国人ともに、本文中の表記で五十音順に配列した。
・本文中における先行研究の著者名は、採録していない。

あ行

か行

さ行

た行

な行

は行

ま行

や行

ら行

わ行

大澤　広嗣（おおさわ　こうじ）

1976（昭和51）年生まれ。現在、文化庁文化部宗務課専門職、東洋大学文学部非常勤講師。駒澤大学仏教学部禅学科卒業。同大学院人文科学研究科仏教学専攻修士課程修了。大正大学大学院文学研究科宗教学専攻博士後期課程単位取得退学。博士（文学）

戦時下の日本仏教と南方地域

二〇一五年一二月八日　初版第一刷発行

著　者　大澤広嗣

発行者　西村明高

発行所　株式会社　法藏館
京都市下京区正面通烏丸東入
郵便番号　六〇〇-八一五三
電話　〇七五-三四三-〇〇三〇（編集）
　　　〇七五-三四三-五六五六（営業）

装幀者　高麗隆彦

印刷　立生株式会社／製本　新日本製本株式会社

ISBN 978-4-8318-5542-8 C3021